21 世纪高等院校教材

统 计 学

周 丽 高和鸿 编著

科 学 出 版 社
北 京

内 容 简 介

本书讲解如何运用统计方法对社会经济现象的总体特征和发展规律进行描述、分析；主要内容包括统计学基本概念、统计调查、数据的整理与展示、统计基本过程及指标计算、抽样推断、相关与回归分析、时间数列、统计指数、我国国民经济核算体系、Excel在统计学中的应用；主要任务是培养学生收集数据和分析数据的能力，加强学生对统计软件的操作和对现实经济管理问题分析能力的培养，并为后续课程的学习及科学研究奠定理论基础。

本书可作为统计学本科专业基础课教材使用，也可作为经济管理类各专业的核心课程教材使用。

图书在版编目（CIP）数据

统计学/周丽，高和鸿编著. —北京：科学出版社，2018.1

21世纪高等院校教材

ISBN 978-7-03-056039-1

Ⅰ. ①统… Ⅱ. ①周… ②高… Ⅲ. ①统计学–高等学校–教材 Ⅳ. ①C8

中国版本图书馆CIP数据核字（2017）第320855号

责任编辑：方小丽 / 责任校对：王晓茜
责任印制：张 伟 / 封面设计：蓝正设计

科学出版社出版
北京东黄城根北街16号
邮政编码：100717
http://www.sciencep.com

中煤（北京）印务有限公司印刷
科学出版社发行 各地新华书店经销
*
2018年1月第 一 版 开本：787×1092 1/16
2025年1月第八次印刷 印张：20 1/4
字数：480 000

定价：49.00元

（如有印装质量问题，我社负责调换）

前　言

作为认识社会现象和自然现象的有力武器——统计学，从产生至今已逾三百年，是一门历史悠久、发展迅速、前景广阔的方法论科学，在社会经济、科学研究等各个领域被广泛使用。

统计学是财经管理类各专业学生必修的基础课程，在经济学科、管理学科中的地位日益提高，学生对统计学的学习日益重视，兴趣极大。学习统计知识、掌握统计方法、开展统计实践活动是财经管理类各专业学生掌握专业知识、提高专业技能、丰富实践经验的重要任务之一。为解决统计学教学两难问题并不断满足财经管理类学生学习统计学的客观需要，编写了本书。

本书是北京物资学院统计学教研室全体教师长期从事理论研究、教学实践的经验总结。本书在写作中突出内容的实用性和文字的通俗性，努力向学生和广大读者奉献一本简明、实用的读本。

参与本书编写的有：吴海建（第一章）、周丽（第二、七章）、刘洪伟（第三章）、高和鸿（第四、十章）、郭茜（第五、六章）、庄菁（第八章）、张方风（第九章）、韩嵩（第十一章）。最后由周丽和高和鸿负责全书的总纂和定稿。

本书在编写过程中，得到了北京物资学院信息学院、教务处等单位领导的大力支持和帮助，在此表示衷心感谢！

目前，统计学方面的教材多种多样，各具特色，给予作者很好的启迪。为编好此书，作者尽了最大的努力，但深知自己的理论水平和实践经验有限，书中难免有不当之处，恳请广大读者批评指正。

作　者

2017 年 7 月

目　录

第十一章

附录

第一章 总论

第一节 统计学概述

一、统计实践活动的简史

人类最早的统计实践，起始于对社会经济现象的计量活动，而后随着社会经济和科学技术的进步而发展起来。

统计作为一种社会实践活动，已有四五千年的历史。据考证，在我国原始社会末期及奴隶社会形成过程中，已经出现了统计的萌芽，“结绳记事”是最早的统计调查活动，并且将所记之事的“大事”和“小事”，以“结”的大小来表示。中国奴隶社会统计活动的主要内容是“丁口”和“田亩”，即人口和耕地，主要是为了战争和贡赋的需要。经过漫长的封建社会，统计活动的范围逐渐拓宽，内容也逐渐丰富，除了人口和耕地统计，财产统计、产量统计、仓储统计、交通运输统计、矿冶统计、物价统计、军费统计、驿传统计、财政统计、海关统计等也慢慢产生和发展，并逐渐积累了一定的统计资料。我国民国时期已经逐渐按行业进行统计，并具备了一定的规模。中华人民共和国成立后，尤其是改革开放以来，我国的统计实践得到了极大的发展，为我国的经济建设和社会发展做出了重大贡献。

在国外，统计实践活动开展得也很早。据历史记载，远在公元前 3000 年，古埃及的统治者为征兵赋税等方面的需要，就调查过全国的人口、土地、牲畜和财富的数量。另外，古希腊在公元前 600 年曾进行过人口普查，古罗马在公元前 400 年就建立了人口出生死亡的登记制度。

由于奴隶社会和封建社会的生产力水平落后，这些所谓的统计活动均处于原始的调查登记和简单计数的低级水平，其统计的主要对象是人口、土地、粮食、牲畜和其他社会财富，统计的主要目的是为国家政治管理服务。人类进入资本主义社会以后，由于国家管理职能的扩大与科技文化的兴旺发达，统计活动才得到了广泛的发展。19 世纪 30 年代，伴随着社会分工和产业结构的变化，生产组织日益复杂化；各类科学在建立与发展的过程中，开始大量应用统计方法和统计资料；统计对象逐步向社会各个领域扩展，统计机构成立、统计刊物出版、国际统计组织成立和国际统计会议召开，出现统计科学研究和统计学术活动空前活跃的“统计狂热时代”。在人类社会的信息时代，统计活动随着各种技术的发展和应用，具有了更为广阔的发展空间。

二、统计学的产生和发展

统计学是在资本主义上升时期，为适应社会经济发展和统计实践的需要而产生的。统计学是统计实践活动发展到的一定规模和水平时，人类对统计实践活动总结的产物。

统计学说在开始建立时就有记述学派和政治算术学派。现在一般认为，政治算术学派是统计学的真正起源。

记述学派产生于德国，亦称国势学派或德国大学学派。创始初期的主要代表人物是康令（H. Conring，1606—1681）和阿亨瓦尔（G. Achenwall，1719—1772）。当时他们在德国大学中开设一门新课，最初叫“国势学”，其主要内容是用文字记述各国的“显著事项”，包括土地、人口、财政、军事、科学、宗教及国家组织与结构、立宪制度、社会秩序等内容。至 1749 年，阿亨瓦尔把国势学改名为 statistik，即统计学。可以看出，统计学的原意是国家显著事项的学说，是研究各国基本制度和基本状况的学问，它与现代统计学有很大差别。由于记述学派始终没有把数量对比分析作为其基本方法，所以它虽有统计学之名，并无统计学之实。

政治算术学派起源于英国。创始初期的主要代表人物是配第（W. Petty，1623—1687）和格朗特（J. Graunt，1620—1674）。格朗特是应用大量数据研究社会人口变动规律的创始人，1662 年他出版了《关于死亡率的自然考察和政治观察》一书，提出了计算人口出生与死亡的比率、男与女的性别比例等研究人口规律的方法，并对当时社会的人口进行了比较科学的估计。1690 年，配第的《政治算术》一书出版，在当时社会上产生了重要影响。他在书中应用了大量的统计资料，通过对英、法、荷等三国国情国力的系统数量对比分析，来论证英国今后可以超过法国和荷兰而称霸世界。值得注意的是，按照配第新的思维方法，书中的一切论述都通过数量描述，都用“数字、重量和尺度”来表达，而不用“思辨式的议论”。马克思曾称他为“政治经济学之父，在某种程度上也可以说是统计学的创始人”。配第所开创的政治算术研究方法，为统计学的建立提供了方法基础。因此，政治算术学派研究的是社会经济现象之间的数量关系，研究方法以数量分析为主要特征，因而被认为是统计学的真正起源。

在一段较长的时期内，记述学派与政治算术学派并存，两个学派围绕着是否将数量分析方法作为这门科学的基本特征，相互争论了近二百年。至 1850 年，德国社会统计学派的先驱者克尼斯（K. G. A. Knies，1821—1898），出版了《独立科学的统计学》一书，他提出阿亨瓦尔的统计学不过是历史学的一部分，其研究对象与研究方法没有独立的特点；而政治算术学派则以社会经济现象的数量关系为依据，研究其发展规律，它与历史学相比具有不同的特色。因此，他主张把统计学的名称赋予政治算术。历史实践证明，统计学是按照克尼斯的观点向前发展的。

当记述学派和政治算术学派的争论还没有结束时，统计学就有了新的发展，产生了新的学派，即社会统计学派和数理统计学派。

社会统计学派以德国为首，主要的代表人物是恩格尔（C. L. E. Engel，1821—1896）和梅尔（G. V. Magr，1841—1925）等。在一定意义上社会统计学派是政治算术学派的继续。它吸收了凯特勒（L. A. J. Quetelet，1796—1874）的一些观点，把政府统计和社会调查融合起来，形成了社会统计学。其主要观点认为：统计学的研究对象是社会现象，它是一门实质性科学，而数理统计学是一门应用数学，在社会统计学中不排除数理统计方法的应用。随着时代的推移，社会统计学派的后起者，正逐步从实质论向方法论转化。

数理统计学派产生于 19 世纪中期，创始人是比利时的数学家、物理学家、天文学家、统计学家凯特勒。他对统计学的发展做出过巨大的贡献，其中最重要的就是把概率论引进了统计学，从而使统计学产生了新的突破，为近代统计学奠定了基础。因此有些学者称他为现代统计学之父。凯特勒所开辟的这一统计方法，既可研究自然现象，又可研究社会现象。数理统计学派的主要观点是：统计学是一门方法论科学，通用于社会现象和自然现象的研究。它否定社会统计学的存在。

数理统计学派应用概率论研究随机现象数量规律的数理统计方法，在统计学的研究方法中得到迅速发展。这一学派对统计方法的研究，早期比较注重现象总体数量特征的描述和比较，称为描述统计学。它以皮尔逊（K. Pearson，1857—1936）为代表。后来到 20 世纪 20 年代，其统计方法的研究发展到以随机样本为基础，推论有关总体数量特征的方法，称为推断统计学。它以费希尔（R. A. Fisher，1890—1962）为代表。

我国的统计学术界从中华人民共和国成立初期至改革开放以前，基本是苏联的社会经济统计学派占主导地位。改革开放以后，不同学派之间通过广泛深入的学术探讨，使我国统计学的理论产生了许多重大突破。当前，不同学派趋向于承认统计学属于方法论科学，这已成为一种普遍性思潮。

目前，在现代科学技术的影响下，统计学出现了新的发展，研究领域和应用领域不断扩展，有可能像数学和哲学一样，成为几乎所有学科的基础。

第二节 统计学的研究对象

一、统计的含义

在我国古代，统计一词的意义与“合计”“总计”相似。现代意义的统计，是 20 世纪初从国外传来的概念。

据有关文献记载，英语“statistics”语源出自拉丁语 status 和 statista。根据这些语根组成的意大利语 stato，表示国家的概念以及关于各国国家结构和国情方面知识的总称。18 世纪德国记述学派的代表人物把国势学命名为 statistik，即统计学。直到 18 世纪末，英文 statistic 才作为德文 statistik 的译语传入英国，并赋予新的含义，即用数字表述事实。实际上英文 statistics 有两个含义：一是当它以单数名词出现时，表示“统计学”；二是当它以复数名词出现时，表示“统计资料”或“统计数据”。

现在，我国对“统计”一词的含义有广义的和狭义的两种理解。广义的统计，包括统计工作、统计资料和统计学三种含义。统计工作或统计实践活动，是搜集、整理、分析和提供统计资料的工作过程；统计资料是反映客观现象的数字资料；统计学是关于认识客观现象总体数量特征和数量关系的科学，它是统计实践活动的经验总结。狭义的统计，仅指统计工作即统计实践活动，不包括统计资料和统计学。在本节，使用狭义的统计概念。

一般认为，统计是人类所进行的一种认识活动，是一种调查研究活动。认识活动是主体对客体的反映活动，它需要具备两个条件：一是要有认识的主体和客体，主体是人类，客体是自然界和社会中的各种现象；二是主体和客体之间要发生反映关系。人类的认识活动又可分为两种情况：一种是不自觉地被动反映，另一种是自觉地能动反映。这两种情况中的后者，就是调查研究活动。

社会经济统计是人类所进行的全部统计活动中的一个组成部分，其认识客体主要是在社会经济领域，它是人们有目的、自觉能动地反映社会经济客观事物的一种活动。因此可以说，社会经济统计是人类对社会经济现象所进行的一种认识活动，是一种调查研究活动。

二、社会经济统计的主要特点

概括地说，社会经济统计的研究对象是社会经济现象总体的数量特征和数量关系。社会经济统计的特点是由其研究对象来反映的，因此社会经济统计的主要特点归纳如下。

（一）数量性

社会经济统计的研究对象是客观现象的数量方面。这与某些只进行定性分析的社会调查活动不同。“数字是统计的语言”，即社会经济统计通过数字描述、推断和分析来研究社会经济现象，包括现象的数量表现及特征、现象之间的数量关系和决定现象质量变换的数量界限。社会经济统计活动过程是对客观现象进行定量认识的过程，是以定性认识为基础，与定量认识相结合的过程。

（二）总体性

社会经济统计的研究对象是客观现象总体的数量方面。这与某些只对个别事物所进行的调查研究不同。社会经济统计要对大量个别事物组成的总体进行调查和综合分析以后，才能得出反映客观现象总体数量特征与数量关系的结论。因为社会经济中的个别现象往往具有偶然性、特殊性，而总体现象才具有普遍性、稳定性，只有对总体进行观察和分析，才能发现和认识现象的规律。当然，统计认识过程要从个别事物入手，要与个体认识相结合，才能完成对总体数量规律的正确认识。

（三）社会性

社会经济统计的研究对象是社会客观现象总体的数量方面。它包括人类社会活动的条件、过程和结果。社会经济统计总会与人们的切身利益有关，归根结底是人的社会关系的反映。从认识的主体上看，统计人员的社会立场和观点，将直接影响统计活动的过程与认识结论；从认识的客体上看，人或物组成的各种现象都是人类有意识的社会活动的结果。从主体对客体的反映过程来看，自始至终地会产生各种社会矛盾，它集中表现为统计资料是如实客观地反映情况，还是歪曲客观存在。

（四）具体性

社会经济统计的研究对象是具体社会客观现象总体的数量方面。它与数学研究的抽象数量关系不同。它所研究的都是实际存在的具体事物，是客观现象在一定时间、地点和条件下的数量表现，与现象的质有着密不可分的有机联系。

除了上述主要特点，社会经济统计的研究对象还有变异性、历史性、广泛性等特点。

三、统计学的研究对象

（一）统计学的性质

关于统计学的性质，一直存在着不同观点的争论。从统计学的发展历史上看，其争论主要围绕着两个问题：一是统计学是属于社会科学还是属于自然科学？二是统计学是实质性科学还是方法论科学？上述问题与统计学本身的发展过程有关，也与统计学这门科学的特点有关。这些争论一直延续到现在。

本书认为，统计学是一门方法论科学，其研究方法通用于社会现象和自然现象。如果将统计学分为经济统计学和数理统计学，则经济统计学属于应用统计学，数理统计学属于理论统计学，它们都是统计学的分支。社会经济统计学是社会经济科学理论与数学方法有机结合而形成的一门方法论科学。本书的主要内容属于社会经济统计学原理的范畴。

（二）社会经济统计学的研究对象

如前所述，社会经济统计活动是人类对社会现象总体的一种调查研究活动，社会经济统计学则是研究这种活动的理论与方法的科学。

社会经济统计学的研究对象与社会经济统计的研究对象有区别。社会经济统计的研究对象是社会经济现象总体的数量方面，其活动成果表现为统计资料和数量关系分析结论。而社会经济统计学并不以这一活动成果为研究对象，而是以统计活动过程的理论与方法作为研究对象，即以统计设计、统计调查、统计整理和统计分析的理论与方法作为研究对象。因此，社会经济统计学的研究对象可以表述为社会经济总体现象的数量特征及其规律性、统计认识活动过程本身和认识方法。

第三节　统计学科体系相关问题

一、统计学的分类

随着社会的发展进步，统计学的研究领域和应用领域越来越广泛，现代统计学已发展为一门具有多个分支的科学，它以统计学科群体存在于人类各门学科之林。由于统计学分类体系的构造涉及各学派的不同观点，所以我国学术界还存在不同的统计学分类方法。

（一）按统计方法研究和统计方法应用的程度分类

按统计方法研究和统计方法应用的程度分为描述统计学和推断统计学。

统计方法的研究早期比较注重现象总体数量特征的描述和比较分析，到 20 世纪 20

年代，统计方法研究的核心内容又发展为以随机样本为依据，推断有关总体数量特征和规律的方法。这样，从统计学的产生和发展过程所经历的两个阶段来看，可以把统计学分为描述统计学和推断统计学。而这一划分方法，也正好符合人们对客观现象总体数量特征和规律的探索与认识的一般过程。

描述统计不仅是整个统计学的基础，还是统计认识过程的初级阶段。描述统计的内容主要包括对客观现象的度量，统计数据的搜集、整理及显现方法，对总体数量特征的计算和初步分析等。可以设想，如果对客观现象进行调查搜集到的是总体数据，则经过描述统计就可以直接分析总体数量特征与规律；如果搜集到的只是总体中的一部分数据（也称样本数据），这时要想达到认识全部总体数量特征与规律的目的，就必须要运用概率论原理，依据样本提供的信息并选择科学的方法，去推断总体的数量特征与规律，这就是推断统计。推断统计的主要内容包括抽样方法与组织方案的选择，对总体的推断估计方法及如何进行推断，对推断结果的检验与分析等。推断统计是现代统计学的核心，是统计认识过程的高级阶段。

实际统计工作中直接获得总体数据的情况很少见到，其原因在于客观现象的总体往往由大量的个别事物组成，有时考虑到时间、人力和经费的投入问题，往往获得的是样本数据。这样，描述统计更多的情况是对样本数据的搜集、整理和分析。由此可以看出，描述统计是统计认识过程的基础，推断统计要依赖于描述统计。

（二）按统计方法的类型分类

按统计方法的类型可分为理论统计学和应用统计学。

理论统计学指统计学的数学原理。它不仅包括对总体数量特征描述的初等数学方法，还有对总体数量规律探索的高等数学方法，包括对总体数量进行推断所需的概率论等。理论统计学是包括全部统计分析方法数学原理研究的一门科学。

应用统计学是将统计方法原理应用于不同客观现象研究的方法论科学。它可以分为两类：一类是自然技术统计学，另一类是社会经济统计学。自然技术统计学是应用于自然现象和工程技术领域的研究，如气象统计学、生物统计学、医学统计学等。社会经济统计学是应用于社会现象和经济现象领域的研究，如经济统计学、社会统计学、人口统计学等。以上这些应用统计学所用的基本方法都有共同的来源，都以理论统计学中的统计数学为原理，并以描述统计和推断统计为主要方法。由于各应用领域都有其特殊性，上述统计方法的应用就在各领域中形成了不同的特色。

还有其他的一些观点。例如，从统计学科体系的角度，认为统计学主要包括统计学原理、数理统计学、经济统计学和社会统计学等几个方面。总之，统计理论处于不断发展之中，统计学科体系也在不断地发展变化，一些新兴的统计分支学科不断产生，新的统计方法被不断地发现，它们丰富和发展着统计学的学科体系。与此同时，一些陈旧的统计分支学科逐渐被改造或淘汰，从而使统计学科体系总是处于更新之中。

二、统计学与其他学科的关系

在事物都是相互联系、相互依存的思想指导下，正确认识统计学必须明确它与其他学科之间的关系。

（一）统计学与哲学的关系

统计学是一门方法论科学，其内容依统计认识过程的各种方法而展开。马克思主义哲学是人类认识世界最一般的方法论。它既适用于自然科学，又适用于社会科学。因此，马克思主义哲学中的辩证唯物主义和历史唯物主义都对统计学具有普遍而具体的指导意义。哲学中关于存在决定意识的原理、特殊与一般的关系原理、感性认识与理性认识的关系原理、事物质与量辩证统一的关系原理等，都对统计研究所应用的各种方法具有指导作用。

（二）统计学与数学的关系

统计学的研究对象是客观现象总体的数量特征与数量关系，这就必然要和数学发生联系。在现代统计学的研究方法中，广泛应用着几乎所有的现代数学方法，可以说，数学为统计学提供了统计理论与方法的数学基础。实际上，统计方法与数学方法一样，它们都不直接研究客观现象的规律，而是为各学科提供研究和探索客观规律的数量分析方法。但统计学与数学又存在本质差别，其主要表现为：①数学是研究抽象的数量关系规律，而统计学是研究具体现象的数量关系规律；②数学研究更多使用的是演绎推理方法，而统计学则是演绎与归纳推理相结合，并更侧重于归纳。数学可以从假设的命题推导出一定的结果，而统计学则必须深入实际搜集数据，才能得出有价值的结论。

（三）社会经济统计学与社会学、经济学的关系

社会学和经济学是研究社会规律与经济规律的实质性科学，而社会经济统计学是为研究社会经济规律提供方法的方法论科学。它们之间的关系是实质性科学与方法论科学的关系。正如生物统计要以生物学为指导，物理统计要以物理学为指导一样，社会经济统计学应以其相应的社会科学和经济科学为理论指导。社会经济统计学中的一些指标，如国内生产总值、利税额、劳动生产率以及就业人口数、犯罪率等，在确定指标概念的内涵和外延时，必须以相应的社会学和经济学中的有关理论为依据。

三、统计学的主要研究方法

每门学科都有其特定的研究对象，不同的研究对象往往需要不同的方法。当然，同一种研究方法可以用于不同的研究对象。统计学有自己的研究方法。这里所讨论的是统计学研究中最基本的方法。

（一）大量观察法

大量观察法是统计学（包括数理统计学、经济统计学和其他统计学）中的特有方法。它是指统计在研究社会经济现象等的数量方面时，必须对总体现象中的全部或足够多的个体进行观察，以达到对现象总体数量特征及其规律性的认识。社会经济总体现象是复杂的，它是在各种错综复杂的因素影响下形成的，总体中的个体之间存在着数量上的差

异，如果统计仅对少数个体进行观察，就会失之偏颇，得不出符合实际的结论来。概率论证明：随着观察次数（个体）的逐步增多，样本指标和总体指标之间的离差将缩小，样本平均数将逐步逼近总体平均数，样本的分布将逐步趋同于总体的分布。因此，只有被观察的个体“足够多”的时候，才能消除偶然因素影响造成的误差，样本对总体才有足够的代表性，用样本指标推断总体指标时，才具有较高的可靠性。“足够多”意味着样本容量要比较大，理论认为，样本容量在 30 以上为大样本。但在实际中，人们为了确保统计结果的可靠性，往往选取更多的个体进行观察，具体数目可由抽样原理计算确定。

（二）统计分组法

统计分组法既是统计资料整理的方法，也是统计分析的基本方法。根据统计研究问题的目的不同，可以选择不同的分组标准，以反映总体的构成和现象之间的依存关系。例如，要研究我国国有企业的有关情况，选择“企业规模”为标准进行分组，结果可以反映国有企业的大、中、小型企业的数量和比例；选择“盈亏状况”进行分组，可以观察国有企业的亏损面及亏损额，发现问题的严重性；等等。

（三）综合指标法

综合指标法是根据大量观察获得的资料，计算、运用各种综合指标，以反映总体一般数量特征的统计分析法。通常使用的综合指标主要有总量指标、相对指标、平均指标、变异指标等。这些指标从不同的角度对总体的特征进行刻画，将其结合运用，可以更加全面、深入地分析社会经济总体现象的数量方面。

（四）时间数列分析法

时间数列分析法是分析现象在较长时期中的发展情况及变化趋势的统计方法。一般来说，现象在较长历史时期内，会发生较大的变化，这种变化是受多种因素影响形成的，这些因素有些是可以量化、预期的，有些是难以或不能量化、预期的，前者可以用统计的方法进行分析，后者则不能。影响时间数列变化的因素主要有长期趋势、季节变化、循环波动、偶然性因素等。通过适当的方法对这些因素进行必要的测算和分析，是统计研究的重要方面。

（五）指数分析法

现象的总体是复杂的，其发展变动受其构成要素变动的影响，但这些构成要素往往不可以直接相加，很难进行直接的观察比较，因此需要对各因素进行分析，分析它们的变化对总体变动的影响程度和影响方向。例如，多种不同类型商品价格的总变动受各种商品价格变动的影响；多种产品总成本的变动受每种产品单位成本变动的影响；社会劳动生产率的变动受各部门、各行业劳动生产率变动的影响；等等。指数分析法就是用来解决此类问题的。

（六）相关分析法

现象是复杂的，同时现象之间也是相互联系的。有些现象相互间存在着确定的联系，当某一现象变动一定量时，相关现象随之变动，且变动的量是确定的。例如，在价格既定的条件下，鲜蛋的销售量和销售额之间的关系就是确定的联系。但有些现象之间存在的是一种不确定的关系，如施肥量和作物产量之间的关系、工业品生产批量和单位成本之间的关系、人的身高和体重之间的关系等，这些现象之间的关系是密切的，但却是不固定的。它们相关的程度和方向是视情况不同而不同的，相关分析就是要研究这些现象之间相互关系的程度和方向，为对现象之间关系的进一步研究分析奠定基础。

（七）抽样推断法

抽样推断法是指按照随机原则从总体中选择少数单位进行调查，并根据登记结果对总体的数量特征做出有一定正确性和一定把握性的估计的统计方法。这种方法主要用于难以进行全面调查的场合（如总体规模巨大或总体为无限总体等）和不宜或不能进行全面调查的场合（如对部分工业品质量性能的破坏性试验等）。当然在可以进行全面调查或进行其他非全面调查的场合，抽样调查仍然具有独到特点。例如，人口调查，可以用普查的方法取得全面资料，也可以用抽样的方法推断全面情况。抽样推断所依据的虽然是少数单位的情况，但其目的却在于取得总体的数量特征。目前，抽样的方法在经济、社会、医疗卫生、体育、科研等许多领域都得到了广泛的应用，而且在各种非全面统计调查方法中居于主导地位。

第四节　统计制度和统计工作过程

一、统计制度

统计制度是规范统计活动和统计资料的一整套法律、法规、办法、措施和管理模式。在不同的国家和地区或一个国家的不同历史发展阶段上，统计制度都是不同的，例如，联合国的国民经济核算体系就是一种规范各成员国统计活动和统计资料的统计制度。美国没有专门的国家统计局，其统计资料分别由不同的政府职能部门负责搜集和公布，这种管理体制与我国不同。本节简要介绍我国的统计制度和统计工作。

（一）统计管理体制

中华人民共和国成立后，中央人民政府财政经济委员会（以下简称中央财经委员会）在计划局内设立了统计处，负责规划全国的财经统计工作。1952 年，我国成立国家统计局，领导全国的统计工作。从那时起，国家建立了由国家统计局，各省、自治区、直辖市统计局，市、县、区统计局等组成的政府综合统计系统和各级政府职能部门及大中型企业内设的专业统计机构，它们共同承担着国民经济和社会各方面的统计工作，实行统一领导、分级管理的管理体制。其突出的特点是，各级统计部门受上级统计部门和同级人民政府的双重领导，这就基本上保证了各级政府管理决策及社会各方面对统计资料的需求。目前，我国所有的官方统计数字一律由政府统计部门会同有关部门搜集、由各级政府统计局公布，这较好地保证了各种统计数据的权威性和协调统一。

（二）统计调查制度

中华人民共和国统计调查制度是从1950年开始的。1950年3月在中央财经委员会统计总处的领导下，进行了第一次全国工业普查。此后，全国各种统计调查报表制度先后建立起来，而且大部分是关于定期报表，如《工业统计报表制度》《运输邮电统计报表制度》《物资统计报表制度》《基本建设统计报表制度》《贸易统计报表制度》《农业统计报表制度》《劳动统计报表制度》《文教卫生统计报表制度》和各项专门调查等。在中华人民共和国统计调查的历史上，曾出现过一些问题，20世纪50年代初期滥发统计报表就是其中的一例。据统计，那时中央政府各部门和各级地方政府部门共发放各种统计表格34993种。20世纪80年代以后，人们开始思考统计制度的改革问题。从统计队伍来说，政府统计部门重新组建了农调队，成立了城调队，20世纪90年代又成立了企调队。从调查方法制度上来讲，过去实行的全面统计报表制度，已不能满足改革开放对统计的要求，必须进行改革，以定期普查和抽样调查为主、多种调查方法相结合，是我国现行的统计调查体系的基本特征。调查方法制度是随社会、经济的发展和政治、经济管理体制的改革而不断改革与完善的。除了政府统计系统的调查，非政府统计部门组织的各种市场调查业务，在各类市场调查咨询公司的运作下，正逐步兴旺并成为政府统计的重要补充。同时，各类市场调查咨询机构在行业自律的基础上，也须纳入法制管理的轨道。

（三）统计法制

统计法制是保证统计工作依法进行，保证统计资料及时、客观、真实地反映社会经济现实的必要手段。中国第一个具有法律意义的统计文件，是1950年东北人民政府批准公布的《东北统计报告暂行规定》。1953年，中央人民政府政务院以命令的形式发出了《中央人民政府政务院关于充实统计机构加强统计工作的决定》，它为在全国有组织、有领导地建立统一的、系统的、科学的统计工作铺平了道路，并对以后的统计工作建设产生了深远的影响。1954年，在治理滥发统计表格的基础上，中央人民政府政务院颁发了《关于制定及审批调查统计报表的暂行办法》和《关于调查统计报表制订送审的几项规定》，这在一定程度上规范了统计报表制度。1962年，中共中央、国务院发布了《关于加强统计工作的决定》，要求在领导上、业务上、组织上加强统计工作，同一切虚报、瞒报统计数字的违法行为作斗争。1963年3月，国务院发布了《统计工作试行条例》，这是中华人民共和国的第一个统计法规，具有重要的历史意义。1983年12月8日《中华人民共和国统计法》正式公布，并于1984年1月1日起实施。《中华人民共和国统计法》是我国统计史上第一部正式法规，该法规的颁布，标志着我国统计工作真正开始走上法制轨道。现在许多地方政府也已制定了法规性的统计条例，使得统计工作的法制管理真正切实可行。在社会主义市场经济条件下，统计业务越来越多，统计工作涉及面越来越广，统计主体也由“一元”发展成“多元”。在这个过程中，将不断有新情况和新问题出现，因此，统计法制建设也必须不断加强和完善。

二、统计工作过程

统计活动是一种调查研究活动，是一种认识活动。与其他认识活动相同，统计认识活动是一个不断深化、反复进行的过程。统计工作过程即统计实践活动过程，它是实现统计认识目的的基础。统计工作过程和统计认识过程具有密切的联系，哲学中关于实践与认识关系的一般原理对统计工作过程和统计认识过程具有重要的指导意义。

（一）统计工作过程的阶段

从理论上讲，一项完整的统计工作可分为四个阶段，即统计设计、统计调查、统计整理和统计分析。需要说明，上述四个阶段的划分，是仅就一次统计活动来讲的一个完整工作过程。

统计设计是根据统计研究对象的特点和研究的目的，在统计活动之前对整个统计工作过程的各个方面（各部分、横向方面、静态考察）和各个环节（各阶段、纵向方面、动态考察）所进行的通盘考虑和安排。统计设计是统计认识过程的第一阶段，即定性认识的阶段。统计设计之所以必要，是因为统计是一项需要高度集中统一的工作，如果没有预先科学的设计，就没有具体的工作规范，就难以达到预期的统计研究目的。因此，在一项大规模的统计活动开始前，必须进行统计设计。统计设计的结果表现为设计方案，其主要内容包括统计指标和统计指标体系的设计，统计分组和分组体系的设计，调查方案和整理方案的设计等。

统计调查是根据统计设计的要求，有计划地具体搜集统计资料的工作过程。统计调查是统计认识过程的第二个阶段，是定量认识的阶段。统计用数字说话，而各种统计数字都直接来自于统计调查。管理者和决策者需要根据大量翔实的统计信息进行管理和决策，科研工作者也需要根据调查资料进行科学研究。调查是统计的基础，“没有调查，就没有发言权”。统计调查的方法主要有统计报表制度、普查、抽样调查、典型调查和重点调查等。

统计整理是将原始资料和次级资料进行科学的分类和汇总，使其条理化、系统化的工作过程。统计整理是统计认识过程的第三阶段，其主要任务就是为统计分析阶段准备资料，准备能在一定程度上说明总体特征的统计资料。在实际工作中，统计整理、统计调查和统计分析并非总是截然分开，而是相互交织在一起的。统计整理是统计调查的继续，也是统计分析的开始。

统计分析是统计认识过程的最后阶段，是在统计整理的基础上，根据研究目的和任务，利用科学的统计方法，对统计研究对象的数量方面进行计算、研究的工作过程。统计认识的结论要从分析中得出，因此这一阶段虽然是对统计资料的计算分析，但其目的却是要揭示统计研究对象的状况、特点、问题、规律性等，所以从本质上说，它是统计认识的定性阶段。统计分析不能仅限于统计数字，还必须将统计数字和社会经济现实问题密切结合起来，只有在对社会经济现实客观、准确地把握的基础上，并运用恰当的统计方法对统计资料进行分析，才能得出科学的结论。

统计认识过程四个阶段的划分，在很大程度上只是理论上的，是相对的，实践中是很难时时分开的。

（二）统计认识过程的基本特点

（1）统计认识过程是从定性认识到定量认识的过程，是定性认识和定量认识相结合的过程。

统计对客观现象总体进行的定量认识，要从定性开始，要以定性认识为基础。这在社会经济统计认识过程中非常重要。因为社会经济现象的量不可能离开质而存在，量受质的制约。而统计对现象定量认识是为了定性认识的深化和具体。如果仅仅对客观现象的特征进行质的描述，则对其认识是模糊的、不准确的；如果对其特征进行具体的数量描述，则对其特征及实质的认识就会深刻。另外，社会经济统计中特别强调决定现象质的数量界限，即把握质的变化的“度”。忽视了这一点，往往会导致认识结论出现谬误。

（2）统计认识过程是从个体到总体的过程，是个体认识和总体认识相结合的过程。

统计的研究对象是客观现象的总体，这是统计认识的最终目标，但实际认识过程要从组成总体的每一个基本单位开始。例如，只有在调查了某市每一个企业的流通费用率之后，才可以汇总计算出全部企业的平均流通费用率。这是从每一个流通企业开始，经过逐步汇总计算后，才过渡到对全市所有流通企业的总体认识。此时，还可以了解到费用率最高和最低的是哪个企业，它们与平均水平的差距。这就是个体认识和总体认识相结合的过程。

第五节　统计学的基本概念

统计学的基本概念或范畴，主要有统计总体和总体单位、标志和统计指标、变量和变异等。它们在统计思想和方法的理解及应用中，有着非常广泛的影响。

一、统计总体和总体单位

统计总体是指客观存在的许多性质相同的个别事物所组成的整体，简称总体。总体单位是组成总体的个别事物，简称个体。总体单位的同质性，是构成统计总体的必要条件。统计上所讲的单位，与人们日常生活中所说的单位并不完全相同，它可以是一个人、一家企业或一所学校等。“全国高等学校”是一个总体，那么，全国的每一所高等学校都是总体的一个总体单位，这时的“单位”同人们日常生活中所说的单位，其意义是相同的。但如果把“全国总人口”作为一个总体，那么，该国每一个公民都是其中的总体单位，这时的“单位”就不同于人们平常所说的单位。

统计总体具有如下特征。

（1）同质性，即构成总体的各单位，必须至少在某一方面的性质相同。

（2）大量性，即总体应该由为数众多的总体单位构成。

（3）变异性，即构成总体的各单位，除某一方面或几方面的性质相同，必须在其他方面存在着差别，变异性是统计的必要条件。

统计总体按其包含的单位数目是否可数，分为有限总体和无限总体。如果一个总体的单位是可数的，称为有限总体，否则称为无限总体。社会经济统计所研究的大多是有限总体。对于无限总体的调查，只能从中抽取一部分进行，这部分单位所组成的整体，称为样本。样本是抽样调查中使用的概念，它是指按照随机原则，从统计总体中抽选出来的那部分单位所组成的小总体。

统计总体还可分为变量总体和属性总体。如果研究的是总体各单位数量方面的特征，这时的总体称为变量总体；如果研究的是总体各单位性质方面的特征，此时的总体可称为属性总体。

统计总体和总体单位的划分是相对的。同一个事物，在不同的统计研究中，有时属于总体，而有时则属于个体。某一个事物在统计研究中究竟属于总体还是个体，一定是依据不同的统计研究目的和任务而定的。随着研究目的和研究对象的变化，某一事物是总体还是个体可能发生变化，即总体可能变化成个体，个体也可能变化成总体。

二、标志和统计指标

（一）标志

统计标志简称标志，是说明总体单位特征的名称或概念，可以分为数量标志和品质标志。说明总体单位数量特征的名称或概念，称为数量标志；说明总体单位属性特征的名称或概念，称为品质标志。例如，人口总体中的每一个人（单位）都有年龄、性别、身高、体重、民族等方面的特征，这些特征使得某个人同其他人区别开来。这里，年龄、身高、体重是数量标志，而性别、民族是品质标志。各种标志都有自己的标志表现，即标志值。数量标志表现为具体的数值，如在人口研究中某人的年龄是 30 岁、体重是 56 公斤等，这里的 30 和 56 都是标志值；品质标志表现为对特征加以描述的文字，如民族的“汉”，性别的“男”等。

在社会经济统计中，有时可把总体单位的品质标志按具有或不具有某种属性分为两组。例如，把产品分为合格品或不合格品；把职工按性别分为男性或女性；等等。这种按“是”“否”或“有”“无”表示的标志，称为是非标志。是非标志可以数量化，一般用“1”表示肯定，即具有该种属性，用“0”表示否定，即不具有该种属性。用“1”和“0”表示是非标志的两种状态，不仅是因为两个数字较简单，还由于它们分别与其标志表现的内容相一致。

标志还可分为不变标志和可变标志，这与统计总体的同质性与变异性相联系。当总体各单位在某一标志上的表现相同时，称该标志为不变标志，如在全国国有工业企业中，“经济类型”即不变标志；当总体各单位在某一标志上的具体表现不完全一致时，称该标志为可变标志，如各工业企业的“产品类别”“职工人数”即可变标志。

（二）统计指标

1. 统计指标的概念

统计指标简称指标，是说明统计总体特征的名称或概念。

统计指标的概念有两种理解，一是指标名称，二是指标名称和指标数值。不同理解所反映的指标构成要素不同，“指标名称”包括名称、计量单位、计算方法等三个要素；“指标名称和指标数值”则包括六个要素，即名称、计量单位、计算方法、数值、时间标准、空间范围。统计指标概念的两种不同理解，反映了统计指标从理论设计到实际使用的过程。

统计指标的设计具有重要的理论和实践意义。统计指标的设计方法，表现为指标的设计过程。由于统计指标包括多种要素且各要素的内容不同，所以不同指标的设计方法也不完全一样。从各种要素的共性来看，统计指标的设计方法，从总体上讲，是定性分析，属于理论性的研究。统计指标的设计是一个过程，它需要把理论与实践相结合，由粗到细、由大到小、由抽象到具体，所以说，设计指标是一个理论性的研究过程。统计指标的设计内容，主要是统一指标口径。指标口径的统一，表现为指标除数值以外的其他基本要素的可比性或一致性。所以，统计指标的设计内容也就是除数值以外，其他五个要素的设计。

2. 统计指标的分类

从不同的角度对事物进行观察，就是分类。基于不同的研究目的，就可以有不同的分类。在统计实践活动中，经常做如下分类。

(1) 按其表现形式不同分为绝对数指标、相对数指标、平均数指标。

绝对数指标反映现象的总规模或总水平，如人口总数、工资总额、增减量等。

相对数指标反映现象之间的对比关系，如发展速度、经济比例等。

平均数指标反映现象总体内部各单位在某个标志上的一般水平，如粮食平均亩产量、平均年龄、平均发展速度等。

(2) 按其反映现象的内容不同分为数量指标和质量指标。

数量指标反映现象的绝对量的多少，也称外延指标，表现为绝对数形式，如工业总产值、利税总额等。

质量指标反映现象间的数量关系，也称内涵指标，表现为相对数或平均数形式，如发展速度、第三产业比重、平均工资等。

(3) 按其所反映现象范围的大小分为总体指标和样本指标。

总体指标如总体单位总量、总体平均数、总体成数、总体方差等。

样本指标反映样本的数量特征，如样本容量、样本平均数、样本成数、样本方差等。

(4) 按其所反映现象的时间状况不同分为静态指标和动态指标。

静态指标反映既定时间上现象的规模、水平、数量关系等，如一般平均数、绝对数和许多相对数等。

动态指标反映不同时间现象发展变化的情况，如序时平均数、发展速度、增长速度等。

(5) 按计量形式不同可分为实物指标和价值指标。

实物指标反映以实物计量的统计指标，它包括实物单位、度量衡单位、双重单位、复合单位和标准实物单位等。

实物指标不仅能给人们以明确具体的数量概念，而且是计算价值指标的基础。

价值指标反映以货币计量的统计指标，它具有较强的综合性和概括能力。价值指标在使用中要注意不同价格概念对指标数值的影响。

3. 统计指标的计量尺度

按照对事物计量的精确程度，可将指标计量尺度由低级到高级、由粗略到精确分为四个层次，即定类尺度、定序尺度、定距尺度和定比尺度。

（1）定类尺度（nominal scale），也称类别尺度或列名尺度，是最粗略、计量层次最低的计量尺度。这种计量尺度只能按照事物的某种属性对其进行平行的分类或分组，它测度了事物之间的类别差，但不反映各类之间的其他差别。各类别之间是平等的并列关系，无法区分优劣或大小，各类别之间的顺序是可以改变的。定类尺度的计量结果，通常是计算每一类别中各元素或个体出现的频数或频率。

在使用定类尺度对事物进行分类时，必须符合穷尽和互斥的要求。定类尺度是对事物最基本的测度，是其他计量尺度的基础。

（2）定序尺度（ordinal scale），又称顺序尺度，是对事物之间等级差别或顺序差别的一种测度。这种尺度不仅可以将事物分成不同的类别，而且可以确定这些类别的优劣或顺序。定序尺度不仅可以测度类别差，还可以测度次序差，其计量结果是可以比较顺序的类别，但不能测量出类别之间的准确差值。

（3）定距尺度（interval scale），也称间隔尺度，它不仅能将事物区分为不同类型并进行排序，而且可以准确地指出类别之间的差距是多少。定距尺度是对类别或次序之间间距的测度，它通常使用自然或度量衡单位作为计量单位，如收入用人民币、考试成绩用百分制、温度用摄氏度或华氏度、重量用克、长度用米等度量。因此，定距尺度的计量结果表现为数值，并可以比较顺序和异同。同时，定距尺度还可以计算差值，不仅具有定类尺度和定序尺度的特性，而且其结果可以进行加、减运算。

（4）定比尺度（ratio scale），亦称比率尺度，它与定距尺度属于同一层次，一般不作区分，其计量的结果也表现为数值。定比尺度除了具有上述三种计量尺度的全部特性，还具有一个特性，那就是可以计算两个测度值之间的比值。定比尺度有一个绝对固定的“零点”，这也是它与定距尺度的唯一差别。换言之，定距尺度中没有绝对零点，而定比尺度中有绝对零点。定距尺度的计量值可以为 0，这里的“0”表示一个数值，即“0”水平，是一个有意义的数值；而定比尺度的计量值通常不会为 0，在定比尺度中，“0”表示“没有”或“不存在”。举例比较，考试成绩和某地温度，就是定距尺度；职工人数和产品产量，就是定比尺度。对于定距尺度和定比尺度的区别，有些教材形象地比喻为，定距尺度是从桌面上开始测量高度，定比尺度则是从地面开始测量高度。

上述四种计量尺度对事物的测量层次不同，高层次的计量尺度具有低层次计量尺度的全部特性，但不能反过来。在统计分析中，一般要求测量的层次越高越好，因为高层次的计量尺度包含更多的数学特性，能运用的统计分析方法更多，因此应尽可能地使用高层次的计量尺度。

4. 指标和标志的关系

指标和标志是一对相关的概念，它们有区别也有联系。

两者的区别表现：第一，说明的对象不同。指标是说明总体的，而标志则是说明个体的。第二，表现形式不完全相同。所有的指标都表现为具体的数值，不存在不能用数值表现的统计指标；而标志不仅有用数值表现的数量标志，而且存在只能用文字表现的品质标志。

两者的联系表现：第一，综合关系。指标都是根据标志汇总、综合而来的，两者之间存在着从标志到指标的综合关系。第二，变换关系。标志和指标的划分具有相对性，两者有时的名称或名词完全相同。当总体与个体的划分发生变换时，标志和指标的关系也就相应地发生变换。从这个意义上讲，统计上区分标志和指标的根本目的，是叙述问题的方便和层次上的有序。

（三）统计指标体系

统计指标体系是指表明同一总体的各个指标，在内在联系的基础上所形成的一个整体。或者说，统计指标体系是若干个有联系的统计指标所组成的整体。

统计指标体系的形成是社会经济现象特征的客观反映。社会经济现象即统计总体的特征，都具有复杂多样性，不同特征形成不同的指标，同一总体的各个指标，分别从不同角度反映总体特征，都用来说明同一总体。这种内在的联系性，就使各个指标客观上形成了一个整体。在这个整体中，各个指标的地位、作用不同，有些是基础性、本源性的，有些是派生出来的，这种不同或差异形成了指标群体的层次性、结构性和逻辑顺序性，其反映同一总体的指标群就形成一个体系，即统计指标体系。

可以看出，统计总体客观上存在指标体系，但在现实生活中，指标体系都是围绕一定的统计目的和任务而建立的。因此，统计指标体系所包含的指标个数，要根据研究的目的和任务而定。另外，统计指标体系也可以从不同的角度进行种类划分。例如，按统计指标体系的内容不同，可分为基本统计指标体系和专题统计指标体系；按应用范围不同，可分为国家、地区、部门和基层单位等统计指标体系。

统计指标体系的设计要有一个客观的标准。从理论上讲，这个标准就是设计统计指标体系的基本原则，概括为以下几个方面：①目的性原则，又称有用性或实用性原则，即设计要从客观需要或要求出发；②科学性原则，即设计的统计指标体系要符合统计对象的性质和特点；③联系性原则，即设计的统计指标要处理好各方面的关系，不能孤立地来设计统计指标；④可比性原则，即设计的统计指标口径一致，即统计指标的内容、含义、计算方法、计量单位、时空限制等方面的一致性，这种一致性，是统计对比、分析的前提和基础。

三、变量和变异

（一）变量

变量是以数值来反映现象特征的抽象化概念，包括数量标志和所有的统计指标。由于指标是由标志综合而来的，所以变量的基本含义是指可变的数量标志。这里的变量是理论上的定义，实践中，变量在许多场合使用较为宽泛、不严格的概念。

不能混淆变量与变量值。变量是数量标志和指标，是名称（名词）；变量值是变量的具体表现，即具体取值。例如，在企业职工统计中，“平均工资水平”是3841元，“职工总人数”年初为2800人，年末为2900人，“平均职工人数”是2850人，这里有3个变量，4个变量值。年初2800人和年末2900人，是“职工总人数”这一变量的两个变量值。显然，变量值是在某一个变量上的具体取值。

变量个数是数量标志或指标的个数。研究变量之间的关系时，要用到变量个数与变量值个数的概念，在叙述表达上要注意概念的准确性。既要区别变量与变量值的关系，也要区别变量个数与变量值个数。例如，计算 35 个学生统计学考试的平均分数，分数是变量，每个学生的具体分数是变量值，所以，可以说是35个变量值（35个学生的分数）的平均，不能说是35个变量的平均。

统计研究中使用的变量类型很多，各有不同的特点，分别用来反映不同的问题，在计算分析方法及要求上也不完全一样。以下分别说明这些变量类型。

（1）自变量和因变量。自身变化会引起其他变量变化的量，称为自变量；受其他变量影响而变化的量，称为因变量。例如，单位产品的原材料消耗量（简称单耗）影响单位产品成本，因此，单耗是自变量，成本是因变量。这类概念多在相关和回归分析中使用。

（2）确定性变量和随机性变量。受某些确定性因素影响，现象的量会沿着某一方向持续变化，这样的量就是确定性变量。例如，由于科技水平的提高和医疗卫生条件的改善，人类的死亡率逐步降低、平均寿命不断延长，因此从长期来看，平均寿命和死亡率都是确定性变量。有些变量的变动受许多因素变动的影响，变量值的大小没有明确的方向，在特定条件下出现什么样的数值，带有偶然性，这样的变量称为随机性变量。例如，按随机原则从总体中选取容量一定的样本，每次都会得到不同的结果，因此，据样本计算的指标是个随机变量。

（3）连续变量和离散变量。变量的连续性或离散性是以变量值是否可以无限分割为标准的。凡是一个变量相邻的两个变量值之间可以继续分割，取得新的变量值，那么，这样的变量称为连续变量。如道路的长度、耕地面积、人的平均身高、劳动生产率、粮食总产量等，都属于连续变量，它们通常需要用计算或测量的方法取得变量值。凡是一个变量相邻的两个变量值之间只能分割出有限个新的变量值，这样的变量称为离散变量，如人数、企业数、产品件数等。离散变量通常以点数的方法取得变量值。在统计分组和数理统计中，连续变量和离散变量的概念使用较多。

（二）变异

变异是指标志和指标的具体表现不同。品质标志的变异，表现为总体各单位在属性上的差别；数量标志和统计指标的变异，表现为具体数值的不同。

变异的存在是统计的前提条件。如果没有变异，则不需要统计。从这个角度讲，统计就是对变异的统计，包括对各种变异的调查、计算、分析等一系列内容。

变异是一种客观存在，因而也是总体的一类特征。这种特征有其隐蔽性，需要通过分组、汇总等手段和方法，才能进行统计分析；在统计分析方法上，不但要考虑统计内容的特殊性，还要考虑指标和方法的科学性、合理性。因此，变异分析是统计分析的重要内容之一，有其特定的方法。

在社会现实中，变异是客观存在的普遍现象，变异可能决定问题的复杂程度和性质。不同的人，站在不同的立场上，对待各种变异会有不同的态度。控制和运用变异，是社会各行各业的共同管理内容。为此，必须了解和掌握变异的基本状况、程度等现象，通过计算分析，为各种管理提供科学的决策和咨询依据。

本章小结

本章是统计学的一些基本问题讨论。主要内容有统计学的产生和发展、统计学的研究对象、统计学科体系相关问题、统计制度和统计工作过程、统计学的基本概念等四个问题，重点是统计学的基本概念。在统计学的基本概念中，主要讨论了统计总体和总体单位、标志和统计指标、变量和变异等三组相互联系的概念，其中统计指标的考察较为详细。

通过本章的学习，期望能对统计学的基本问题有一个较为全面的了解和掌握，并为后面的学习打下基础。

本章练习题

一、判断题（在题后的括号内，正确的打✓，错误的打×，并改正）。

1. 可变的数量标志是变量，所有的统计指标也都是变量。（ ）
2. 总体的同质性是指总体中的各个单位在所有标志上都相同。（ ）
3. 总体的差异性是指总体单位必须具有一个或若干个可变的品质标志或数量标志。（ ）
4. 数量指标是由数量标志汇总来的，质量指标是由品质标志汇总来的。（ ）
5. 品质标志和质量指标一般不能用数值表示。（ ）
6. 所有的统计指标和可变的数量标志都是变量。（ ）
7. 社会经济现象都是有限总体。（ ）
8. 全国人口普查的对象是每一个人。（ ）
9. 所有总体单位与总体之间都存在相互转换关系。（ ）
10. 统计所研究的对象必须是可度量的现象。（ ）
11. 品质标志不能转变为统计指标数值。（ ）
12. 指标都是可以用数值表示的，而标志则都是不可以用数值表示的。（ ）
13. 统计的信息、咨询、监督职能之间是相互独立的。（ ）
14. 同质性、大量性、变异性是统计总体的三个基本特征，只要具备其中之一就可形成统计总体。（ ）
15. 指标都是用数值表示的，而标志则不能用数值表示。（ ）

二、单选题（将备选答案中唯一正确的选项序号填在括号内）。

1. 统计总体的同质性是指（　　）

A. 总体各单位至少具有某一共同的品质标志或数量标志

B. 总体各单位至少具有某一共同的品质标志属性或数量标志值

C. 总体各单位具有若干互不相同的品质标志或数量标志

D. 总体各单位具有若干互不相同的品质标志属性或数量标志值

2. 设某地区有 800 家独立核算的工业企业，要研究这些企业的产品生产情况，总体是（　　）

A. 全部工业企业　　B. 800 家工业企业

C. 全部工业产品　　D. 800 家工业企业的全部工业产品

3. 要了解全国的人口情况，总体单位是（　　）

A. 每个省的人口　　B. 每一户　　C. 全国总人口　　D. 每个人

4. 现有 200 家公司职工的工资资料，如果要调查这 200 家公司的工资水平情况，则统计总体为（　　）

A. 200 家公司的全部职工资料　　B. 200 家公司的资料

C. 200 家公司职工的全部工资资料　　D. 200 家公司每个职工的工资资料

5. 要了解某班 50 个学生的学习情况，则总体单位是（　　）

A. 全体学生　　B. 50 个学生的学习成绩

C. 每一个学生　　D. 每一个学生的学习成绩

6. 设某地区有 60 家生产皮鞋的企业，要研究它们的产品生产情况，总体是（　　）

A. 每一个企业　　B. 所有 60 家企业

C. 每一双鞋子　　D. 所有 60 家企业生产的皮鞋

7. 一个统计总体（　　）

A. 只能有一个标志　　B. 可以有多个标志

C. 只能有一个指标　　D. 可以有多个指标

8. 统计的数量性特征表现在（　　）

A. 它是一种纯数量的研究

B. 它是从事物量的研究开始，来认识事物的质

C. 它是从定性认识开始，以定量认识为最终目的

D. 它是在质与量的联系中，观察并研究现象的数量方面

9. 以产品等级来反映某种产品的质量，则该产品等级是（　　）

A. 数量标志　　B. 数量指标　　C. 品质标志　　D. 质量指标

10. 某工人月工资为 1550 元，月工资是（　　）

A. 品质标志　　B. 数量标志　　C. 变量值　　D. 指标

11. 在调查设计时，学校作为总体，每个班作为总体单位，各班学生人数是（　　）

A. 变量　　B. 指标　　C. 变量值　　D. 指标值

12. 某班四名学生的统计学考试成绩分别为 70 分、80 分、86 分和 95 分，这四个数字是（　　）

A. 标志　　B. 指标值　　C. 指标　　D. 变量值

13. 年龄是（　　）

A. 变量值　　B. 离散型变量

C. 连续型变量，但在应用中常按离散型变量处理

D. 连续型变量

14. 工业企业的职工人数、职工工资是（　　）

A. 连续型变量　　B. 离散型变量

C. 前者是连续型变量，后者是离散型变量

D. 前者是离散型变量，后者是连续型变量

15. 质量指标是对总体内部数量关系和状况的反映。因此比较较大范围总体计算的质量指标与较小范围总体计算的质量指标，前者（　　）

A. 一定大于后者　　B. 一定等于后者

C. 一定小于后者　　D. 可能大于后者也可能小于后者

16. 数理统计学派的创始人是（　　）

A. 康令　　B. 凯特勒　　C. 高尔登　　D. 配第

17. 统计工作的成果是（　　）

A. 统计学　　B. 统计工作

C. 统计资料　　D. 统计分析和预测

18. 统计学与统计工作的关系是（　　）

A. 工作与结果的关系　　B. 理论与应用的关系

C. 工作与经验的关系　　D. 理论与实践的关系

19. 从统计学自身发展所经历的阶段看，可以分为（　　）

A. 描述统计学与理论统计学　　B. 理论统计学与推断统计学

C. 理论统计学与应用统计学　　D. 描述统计学与推断统计学

20. 在日常的统计工作过程中，有时表现不明显的工作过程是（　　）

A. 统计设计　　B. 统计调查

C. 统计整理　　D. 统计分析

三、多项选择题（将备选答案中全部正确的选项序号填在括号内）。

1. 全国第五次人口普查中（　　）

A. 全国人口数是统计总体　　B. 总体单位是每一个人

C. 全部男性人口数是统计指标　　D. 人口的性别比是总体的品质标志

E. 人的年龄是变量

2. 下列各项中，属于连续型变量的有（　　）

A. 基本建设投资额　　B. 岛屿个数

C. 国民经济中的三次产业比例　　D. 居民生活费用价格指数

E. 就业人口数

3. 下列指标中，属于数量指标的有（ ）

A. 国内生产总值　B. 人口密度

C. 全国总人口数　D. 投资效果系数

E. 工程成本降低率

4. 下列标志中，属于品质标志的有（ ）

A. 工资　B. 所有制类型　C. 旷课次数

D. 耕地面积　E. 产品等级

5. 据 2009 年北京市国民经济和社会发展统计公报，“按常住人口计算，全市人均 GDP 达到 63029 元（按年平均汇率折合 9075 美元），比上年增长 5.2%。三次产业结构由上年的 1.1∶26.8∶72.1 变化为 1.1∶25.7∶73.2”，这一段表述中出现了哪些基本概念（ ）

A. 标志　B. 指标　C. 变量

D. 变量值　E. 统计总体

6. 统计一词的广义含义，通常包括（ ）

A. 统计资料　B. 统计工作　C. 统计预测

D. 统计学　E. 统计分析

7. 对于全省总人口情况，一个市的人口（ ）

A. 可能是总体单位　B. 是大总体　C. 可能是样本

D. 是有限总体　E. 是可相加总体

8. 要了解某市所有工业企业的产品情况，那么（ ）

A. 总体单位是每个企业　B. 总体单位是每件产品

C. 产品产量是个不可相加的总体　D. 全部产品是个有限总体

E. 每个企业是个小总体

9. 总体、总体单位、标志、指标间的相互关系表现为（ ）

A. 没有总体单位也就没有总体，总体单位也离不开总体而存在

B. 总体单位是标志的承担者

C. 统计指标的数值来源于标志

D. 指标是说明总体特征的，标志是说明总体单位特征的

E. 指标和标志都是能用数值表示的

10. 变量就是可以取不同值的量，变量的数值表现就是变量值，所以（ ）

A. 各种数量标志和所有的统计指标都是变量

B. 变量不包括品质标志

C. 所有标志值和指标值都是变量值

D. 某个工业企业增加值 2000 万元是个变量值

E. 某工业企业总产值 2000 万元是个变量

11. 社会经济统计的主要特点有（ ）

A. 数量性　B. 总体性　C. 社会性

D. 同质性　　E. 具体性

12. 统计工作过程应该包括（　　）

A. 统计设计　　B. 统计调查　　C. 统计整理

D. 统计分析　　E. 统计服务

13. 在下列概念中，属于品质标志的有（　　）

A. 人的年龄　　B. 职工工龄　　C. 企业经济类型

D. 企业规模　　E. 职工文化程度

14. 下列概念中是数量标志的有（　　）

A. 产品的合格品率　　B. 商品的价格　　C. 技术人员的职务

D. 耕地的耕作深度　　E. 工业企业的经济类型

15. 研究某厂全体男职工的情况，可变标志是（　　）

A. 厂籍　　B. 籍贯　　C. 工龄

D. 工资　　E. 性别

16. 在北京市第三次工业普查中（　　）

A. 北京市工业企业总数是统计总体

B. 北京市每一个工业企业是总体单位

C. 全市的工业增加值是统计指标

D. 机器台数是连续变量

E. 职工人数是离散变量

17. 了解某地区全部工业企业生产设备的使用情况（　　）

A. 总体单位是每个工业企业

B. 总体单位是每台生产设备

C. 某台设备的磨损程度是统计指标

D. 全部生产设备的完好率是统计指标

E. 报废设备总数是统计指标

18. 研究北京市零售商业企业的经营情况，则数量标志是（　　）

A. 全市所有零售商业企业总数

B. 全市每一零售商业企业的销售额

C. 全市每一零售商业企业的利税额

D. 全市所有零售商业企业的平均利润率

E. 全市每一零售商业企业的资金利润率

19. 下列各项中，属于统计指标的有（　　）

A. 2007 年我国按当年价格计算的国内生产总值为 249529.9 亿元

B. 某班级的“统计学”考试平均成绩为 85 分

C. 全国 2007 年人均公园绿地面积为 8.98 平方米

D. 张建国同学的身高为 173 厘米

E. 山西省 2007 年原煤产量 6.30 亿吨占全国总产量 25.26 亿吨的比重为 24.94%

20. 全国 2007 年大中型工业企业分别有 2910 个和 33596 个，合计 36506 个，规模以上工业企业的全部从业人员年平均人数为 7875.20 万人，其中：北京市的大中型工业企业数为 606 个，全部从业人员年平均人数为 67.80 万人。上述统计报告中出现的有（　　）

A. 总体　　B. 总体单位　　C. 标志

D. 指标　　E. 变量值

第二章

统计调查

第一节　统计调查概述

一、统计调查的意义

统计调查就是按照统计设计所确定的统计指标和统计分组，采用科学的方法，有计划地搜集反映总体各个单位有关标志的大量统计资料的工作过程。

统计调查搜集来的资料有两种：一种是从各调查单位搜集的，尚待汇总整理，需要由个体过渡到总体的个体统计资料。例如，工业普查中向各个被调查的工业企业搜集的产值、产品产量、职工人数、资金状况等，这些资料未经过任何部门的加工整理，一般称原始资料，又称初级资料。原始资料是社会经济统计活动所取得的初级统计资料，是原始的统计信息，是进行统计整理、统计分析的基础。另一种是根据研究目的，搜集已经加工、整理过的综合说明某部门或某地区情况的统计资料，一般称为次级资料，或称第二手资料。一切次级资料都从原始资料过渡而来。因此，这里所讲的统计调查主要是指原始资料的搜集。

对社会经济现象总体中全部或足够多的单位进行调查，搜集大量以数字为主的信息，综合总体的数量特征，是统计调查不同于一般调查研究的主要特征。

统计调查在整个统计工作过程中，担负着提供基础资料的任务，是统计工作的基础环节，是统计整理和统计分析的前提。统计调查属于感性认识阶段，统计分析属于理性认识阶段，只有获得非常丰富和符合实际的感性材料，才有可能形成正确的理性认识，因此对统计资料的搜集必须做到准确、及时、全面，即通常所说的“准、快、全”。三者的关系是：准确是第一位的，要做到准中求快，准中求全。

二、统计调查的种类

统计调查可以分为以下几个种类。

（一）按包括的范围分类

统计调查按包括的范围不同分为全面调查和非全面调查。

全面调查是对总体中的所有单位都进行调查。例如，调查了解某地区大学生的身体状况，对该地区所有大学生都进行调查，就是全面调查。普查和现行的统计报表中的全面统计报表属于全面调查。

非全面调查是对总体中的一部分单位进行调查。例如，某市调查本市职工家庭生活状况，只对其中一部分职工的收支情况进行调查，就是非全面调查。重点调查、典型调查、抽样调查和非全面统计报表都属于非全面调查。

全面调查和非全面调查是以调查所包括的单位是否完全来区别的，而不是以最后是否取得全面资料来区别的。

全面调查固然十分重要，可用于搜集反映国情国力的全面完整的基本统计资料。但是全面调查要耗费大量的人力、物力、财力和时间，而非全面调查和全面调查相比有不可取代的优点：①非全面调查由于调查单位少，可以节省人力、物力、财力和时间，并可集中力量深入调查，获得较为详细的资料，及时满足各级和各方面的需要。②有些社会现象，不可能或不容易采用全面调查。例如，职工家庭生活水平调查，采用全面调查相当困难，只宜采用非全面调查。③有些非全面调查可以对总体进行推断，以获得总体的全面资料。一般说来，如果用非全面调查可以满足调查任务的要求，则尽可能不要采用全面调查。

（二）按登记资料的连续性分类

统计调查按登记资料的连续性不同分为经常性调查和一次性调查。

经常性调查，要随着调查对象的发展变化，随时将变化的情况进行连续不断的登记。对于变化较快，又需随时掌握其情况的现象，应采用经常性调查。例如，产品产量、原材料的投入、能源的消耗等，必须在观察期内连续登记，才能满足需要。

一次性调查是间隔一个相当长的时间（如一年以上）进行的调查。例如，工业设备的拥有量、固定资产总值等指标的数值在短期内变化不大，不需要连续登记，可以采用一次性调查。

经常性调查都是定期调查；一次性调查可以是定期进行的，也可以是不定期进行的。

（三）按调查的组织方式分类

按调查的组织方式不同分为统计报表和专门调查。

统计报表是自上而下的统一布置，报告单位根据原始记录和核算资料，按统一的表式、统一的指标、统一的报送时间和报送程序，自下而上逐级报送统计资料的统计调查方式。因为它是一种严格的自下而上报告统计资料的制度，又称为统计报表制度。一般把以表格形式提出的书面报告称为报表。

专门调查是为了某一特定目的而专门组织的统计调查。专门调查既可以组织专门的调查队伍，深入实际搜集调查单位的资料，也可以制发调查表由报告单位填报。专门调查具体包括普查、重点调查、典型调查和抽样调查。

第二节 统计调查的方法

统计调查的组织形式是指组织统计调查，采集信息资源的方式方法。统计调查的组织形式取决于调查对象的特点和调查的目的与要求，不同情况应采用不同的组织形式。我国常用的统计调查组织形式介绍如下。

一、普查

（一）普查的概念和作用

普查是专门组织的一次性的全面调查，如人口普查、物资普查、农业普查等。

普查的基本特点是：①专门组织的；②一次性的；③统一时点；④统一方案；⑤具有全面性。普查比其他调查方式所取得的资料都更全面、更系统。普查主要用于搜集那些不宜用经常调查方式来搜集的关系国情国力的全面、准确的统计资料。有些社会现象，如人口普查、人口增长及其构成情况、耕地面积情况、物资库存情况等，不可能也不需要用经常性调查方式来取得全面、准确的资料，但是这些资料又是党和国家采取重大决策、制定方针政策、编制国民经济长远规划的重要依据，对这些社会现象可以采取普查的方法。

近年来，为了搞清楚某些关系到国情国力的重要数字资料，我国曾进行一系列普查。如基本建设项目普查、工业普查、农业普查、科学技术人员普查、人口普查等。这些普查为党和国家制定方针政策、采取重大措施以及编制经济与社会发展的长远规划提供了重要资料。

（二）普查的方式

普查的方式有两种：一种是组织专门的普查机构，配备普查人员，对调查单位直接观察登记，如我国五次人口普查都采用这种方式。另一种是利用调查单位的原始记录和核算资料，颁发一定的调查表，由填报单位填报，如 1954 年以来进行的多次物资库普查，1978 年进行的自然科学技术人员普查和 1986 年及 1996 年的工业普查都是采用这种方式。

（三）普查的组织原则

普查与其他调查相比，其特点是涉及面广、工作量大，往往需要动员很多人力和物力，对调查内容要求有较高的准确性和时效性。因此，需要由政府组织各方面的力量配合进行。在组织普查时，要遵循以下原则。

（1）必须规定普查的标准时点。所谓标准时点是指确定一个统一的调查资料所属的时点，所有调查资料都必须反映这一时点上的状况。如我国前四次人口普查的标准时点都是 7 月 1 日零时，规定标准时点，是为了避免普查资料因时间和空间变动而发生的重复与遗漏。

（2）在普查范围内，普查登记工作要同时进行，并且尽可能在较短时间内完成，以保证调查资料的时效性和准确性。

（3）统一规定的调查项目，不能任意改变或增减，以免影响汇总和综合。

（4）同一普查要尽可能按一定周期进行；历次的调查项目要尽可能保持相对稳定，以便进行动态对比。

二、抽样调查

抽样调查也是一种很重要的非全面调查。它是按照随机原则从调查对象中抽取部分单位进行调查，以调查所得的指标来推断总体指标的调查方式，又称为抽样推断。

抽样调查有以下三个特点：①按随机原则抽取调查单位；②调查的目的是从数量上推算总体，因此它实际上起到了全面调查的作用；③抽样调查会产生抽样误差，但抽样误差可以事先计算并且可以加以控制。

抽样调查的应用范围主要有：①有些社会现象不可能进行全面调查，只能采用抽样调查；②有些社会现象从理论上讲可以进行全面调查，但实际上办不到或不必要进行全面调查，可用抽样调查；③运用抽样调查可以检查全面调查的质量，对全面调查的资料进行修正和补充。有关抽样调查的详细内容，将在第七章详细介绍。

三、典型调查

典型调查是一种非全面调查，它是在对总体进行初步且全面分析的基础上，从中有意识选择一个或几个有代表性的单位，进行深入细致的调查研究的一种调查方式。从总体中选择的具有代表性的单位进行调查，称为典型调查。

典型调查具有如下两个特点。

（1）一种深入、细致的调查。由于它的调查范围小，调查单位少，所以调查指标可以多一些、细一些，专门用来研究某些复杂的问题。

（2）调查单位不是任意选择的。调查单位是根据调查的任务和目的，在对调查对象进行全面分析的基础上有意识地选择出来的。

典型调查大体上可以分为两种：一种是“解剖麻雀”式的典型调查，通过典型单位来说明事物的一般情况或一般规律；另一种是“划类选典”的典型调查，通过各类典型资料，从数量上推算总体，不过，它是一种极其粗略的推算。

典型调查的主要作用如下所示。

（1）补充全面调查的不足。例如，补充定期报表、年度报表只有数据而没有具体情况的不足。

（2）在一定条件下，验证全面调查数据的真实性。

（3）对于研究新生事物，了解新情况、新问题的数量表现，尤其具有重要意义。

典型调查不是统计活动所特有的方法，但从统计活动的全过程来说，它是一种必不可少的方法。在统计活动中运用典型调查方法，一般主要不在于取得社会现象的总体数值，而在于了解与统计数字有关的生动的具体情况，即与社会经济现象的数量有关的社会条件及其相互联系，以便进行深入的统计分析，做到定性分析与定量分析相结合。

很明显，典型调查的效果，在很大程度上取决于调查者的主观条件。如果调查者对情况相当熟悉，研究问题的态度比较客观，深入调查研究的作风也比较好，便可以使典型调查运用得当，取得较好的效果；反之可能会发生较大偏差。因此，必须同其他调查结合起来使用，才能避免出现片面性。

典型调查的关键问题在于如何正确选择典型，保证典型单位具有充分代表性。一般要从全面着眼，分析和掌握调查对象的全面情况和平均水平，然后对比可供选择的调查单位的具体情况和具体水平，从中选出几个代表性较大的单位作为典型调查单位。

四、重点调查

（一）重点调查的概念和作用

重点调查是专门组织的一种非全面调查。它是从全部调查单位中，选择一部分重点单位进行调查。所谓重点单位是指这些单位占总体单位数的比重不大，但就调查的标志来说，这些单位的标志值之和要占总体标志总量（全部单位的标志值之和）的绝大比重。因此，只要对这些重点单位进行调查，就可以了解现象的基本情况。例如，要了解全国港口货物吞吐量，只要对全国吞吐量较大的港口，如上海、天津、广州、青岛、大连、烟台等十几个港口进行调查就可以。虽然这些港口占全国港口数量的比重不大，但它们的货物吞吐量加起来占全国港口货物吞吐量的比重很大。这十几个港口就是重点单位，通过对这些重点港口进行调查来掌握全国货物吞吐量的基本情况。

（二）重点调查的条件和组织方式

重点调查是经常采用的一种调查方式，但进行重点调查是有条件的。一般说当调查目的只要求掌握研究对象的基本情况或了解发展趋势，而被调查的标志值的总量又绝大部分集中在部分单位上时，或者说研究对象中有明显重点单位时，才可以采用重点调查。这两个条件缺一不可。

重点调查既可用于经常性调查（向重点单位布置定期报表），也可用于一次性调查。其组织方式有两种：一种是组织专门的调查机构，派调查人员对重点单位进行直接观察登记。另一种是向重点单位颁发调查表，由重点单位根据原始记录和核算资料进行填报。我国有一些重点调查已纳入统计报表制度，逐渐按月、季或年上报。

五、统计报表

统计报表制度是指依据统计法，对统计报表如何制定、实施和管理的一整套方法。它是按照国家有关的规定，自上而下统一布置、自下而上逐级按照统一要求提供基本统计资料的一种报告制度，是我国统计调查工作的一种重要组织形式。执行统计报表制度，是各地区、各部门、各基层单位必须向国家履行的一种义务。

我国现行统计报表制度，根据各地区、各部门需要与可能，合理分工协作，实行“基层一套表”制度。现行统计报表制度的内容主要包括报表目录、表式、填表说明、分类目录以及实施范围等。其中，全面统计报表要求调查对象的每个单位都填报，属于全面调查；而非全面统计报表，包括重点的、抽样的和典型的，只要求调查对象的一部分单位填报，属于非全面调查。统计报表要以一定的原始记录为依据，按照统一的指标、分组、报送时间和报送程序填报。

统计报表同其他统计调查方式相比有如下优点：①在规定范围内的各单位必须按期填报，这就保证了统计资料的全面性和连续性；②由于调查内容、表式、时间都是统一规定的，这就保证了统计资料的统一性和及时性；③由于定期报表制度要求各填报单位必须依据原始记录进行填报，只要基层单位认真执行，建立起原始记录，那么统计资料的来源和准确性便有了可靠基础；④定期统计报表，从基层单位填报之后，经过所在地区、所属部门的统计机构汇总整理，可以满足各级党政领导机关和有关部门掌握这些统计资料的需要；⑤便于完整地积累资料，进行历史对比，以便系统地分析研究现象发展变化的规律性。

统计报表也有其不足之处：①在经济利益多元化的条件下，有的单位为了本单位的利益可能会虚报或瞒报某些数据，影响统计资料的质量；②如果上级机关向基层单位布置统计报表过多，会增加基层负担，甚至造成某些混乱。对此，必须重视，力加防范。

按报送周期不同，统计报表分为日报、旬报、月报、季报、半年报、年报。报送的周期越短，花费的人力、物力、财力就越多，因此，统计报表的报送周期与其报表繁简有密切联系。一般来说，报送周期短的报表，指标应力求简明；报送周期长的报表，指标可以多一些，细一些；年报的周期最长，内容可以详尽一些。同时报送周期短的报表，在及时性上要求强一些，在准确性、全面性上则要求低一些；报送周期长的报表，特别是年报，在报送时间要求上可以宽松一些，在准确性、全面性方面则必须严格要求。定期报表中的日报、旬报周期最短，其内容只限于填报经济生活中最主要的指标。一般原则是：凡年报或年报能够满足要求的，就不用季报、月报；凡月报能够满足要求的，就不用日报、旬报。

六、统计调查方法体系

各种调查方式各有其优越性和局限性，有着不同的实施条件。整个国民经济门类众多、情况复杂，尤其是在社会主义市场经济建立和形成时期，经济结构多样化，利益主体多元化，在改革开放的形势下瞬息多变。社会经济统计活动必须适应新的情况，根据调查对象和人力财力条件的不同灵活地结合运用多种不同调查方式，形成统计调查方法体系。因此，必须在我国原有的一些方式方法基础上，创建一套具有中国特色的、科学合理的统计调查方法体系。

一般，凡是抽样调查、重点调查或典型调查可以满足需求的，就不必进行全面调查；凡是一次性调查可以满足需求的，就不必进行经常性统计。为了适应社会主义市场经济发展的形势，我国的统计工作正在形成一个以必要的定期普查为基础，以经常性的抽样调查为主体，同时辅之以重点调查、科学估算及有限的全面统计报表结合运用的统计调查方法体系，主要包括以下几方面。

（1）建立周期性的普查制度，掌握国情、国力最主要及最基本的指标。

（2）大力普及广泛采用抽样调查技术，依据部分单位资料，推断总体的有关数据。

（3）适当采用全面统计报表掌握全面情况，继续发挥重点调查和其他科学推算方法的作用，更广泛、更深入、更具体地掌握情况。

建立健全我国新的统计调查方法体系，加强多种调查方式的结合运用，既可以掌握全面的、基本的资料，又可以搜集到重点的或典型的资料；既可以观察到事物数量变化的情况，又有助于深入研究事物发展变化的规律性，做到统计信息准确、全面、迅速和灵敏，发挥统计的信息、咨询和监督的作用。

第三节 搜集资料的方法

一、直接观察法

直接观察法是调查人员亲自到调查现场，对所调查的现象直接观察、计数或测量来搜集统计资料的方法。例如，对商品库存量调查时，调查人员亲自到仓库盘点登记；农作物收获量调查时，调查人员到调查地块参加收割、检斤入库；产品质量检验时，检验人员根据仪器指示登记。直接观察法能保证所搜集的资料真实可靠。但采用这种方法需要大量的人力、物力和时间，并且对历史资料的搜集不可能采用直接观察法。因此，它的应用受到很大限制。

二、采访法

采访法是由调查人员根据调查提纲向被调查者逐项询问，根据被调查者的答复来搜集统计资料的一种方法。采访者可以对每个调查单位采访登记，也可以对集体采访登记。它又分为个别口头询问和开调查会两种。例如，人口普查就是由普查工作者逐户逐家访问、搜集所需资料的方法。采访法取得的数据准确性高，还可以了解一些生动情况，但花费的人力、时间也比较多。

三、报告法

报告法也称报表法，是由报告单位根据原始记录和核算资料，按照统计调查机关颁发的统一的表格和要求，按一定的报送程序提供统计资料的方法。这种方法的优点是：从调查者角度来说比较省时省力，从被调查者角度来说可以促其建立健全原始记录制度，加强基层统计工作。不足之处是在经济利益多元化的条件下容易发生虚报瞒报现象。

四、问卷法

问卷法是以答卷形式提问，由被调查者自愿回答的一种搜集资料的方法。这种方法多用于对主观指标的调查，习惯上称“民意测验”。如果运用得好，对了解民意有重要作用。但问卷必须精心设计，问题要简明扼要，填写答案不需要很长时间，或者设计标准答案以便汇总整理。同时调查程序必须严密，能够保证为被调查者保密（一般采取不记名形式），否则会影响问卷的回收率和答案的质量。

问卷法是应用范围比较广泛的一种调查方法。既适用于理论问题的调查，又适用于应用性问题的调查；既适用于小规模的调查，又适用于大规模的调查。在统计研究活动中，问卷法或单独使用，或与其他方法，如采访法、直接观察法同时使用。

问卷调查的效果关键在于提出问题的质量。根据问卷中问题的性质，问题又分为两类：一类是事实性问题。它包括个人和群体的行为状态、自然属性等。另一类是主观性问题。这类问题表明人对事物的看法、意见、态度、价值观念和行为取向状况等。根据问卷中问题是否有固定答案，问题又可分为两类：一类是开放性问题，即不标明答案的问题，可由填写人自由回答。另一类是封闭性问题，即标明答案的问题，答案供填写人选择。

问卷中问题的形式与问卷的形式有密切关系。如果问卷中的问题均是开放性的，则问卷属于开放性问卷；如果问卷中的问题均是封闭性的，则问卷属于封闭性问卷；如果问卷中兼有开放性和封闭性问题，则问卷属于混合型问卷。

问卷的调查对象，即问卷发放的地点，可用抽样方法选定，也可把有限范围内全部单位作为调查对象，如一所学校、一条街道、一个商店等。由于问卷调查的回收率和有效率一般都不可能达到 100%，问卷发放的数量应多于所要研究的问卷的数量。一般可用如下公式确定问卷发放的数量：

$$\text{应发问卷的数量}=\frac{\text{需要研究的问卷数量}}{\text{回收率}\times\text{有效率}} \tag{2-1}$$

例 2.1　需要研究 500 份有效答卷，问卷回收率为 70%，有效率为 90%，则

$$\text{应发问卷的数量}=\frac{500}{70\%\times 90\%}=794\text{（份）}$$

问卷回收率对问卷调查的可信度影响很大。一般来说，回收率低于 70%，问卷调查结论的可靠性就很低。因此，必须对问卷回收率实行有效控制，以提高其质量。

五、实验法

实验法是一种特殊的观察调查方法，它是在所设定的特殊实验场所、特殊状态下，对调查对象进行实验以取得所需资料的一种调查方法。这种方法需要控制调查环境，有计划地强化或创造实验对象所处的环境，在经过加工的环境中对实验对象进行调查，以便得到在自然条件下难以得到的资料。实验可以重复进行，实验对象具有明显的动态性，实验对象不断发生运动和变化。

第四节　调查方案的设计

统计调查是一项复杂细致的工作，具有高度的科学性和群众性，在组织调查之前必须首先设计一个周密的调查方案。统计调查方案就是包括统计调查目的、调查对象、调查表、调查项目，以及调查时限、空间标准和组织实施等在内的严密完整的工作计划方案。它是统计设计在统计调查阶段的具体化，一般包括以下几方面。

一、调查目的

制订调查方案首先要确定调查的目的和任务。任何一项统计研究，都是为解决某种问题或达到某种目的而进行的。如果目的不明确，解决什么问题不清楚，就无法确定调查对象、调查单位、调查内容、调查方式和方法，甚至会使一项调查徒劳无益。调查目的和任务，主要是根据社会主义市场经济的实际需要，并结合调查对象本身的特点来确定，把需要和可能结合起来。

二、调查对象

确定调查对象、调查单位和报告单位，是为了回答向谁调查，具体由谁来提供资料，

以及由谁负责向上报告调查内容的问题。调查对象，就是需要调查的社会现象的总体，由性质相同的许多调查单位组成。调查单位就是调查对象中所要调查的总体单位，也就是在调查对象中所要调查的具体单位。例如，调查目的是了解北京市工业企业机床使用情况，那么全市工业企业的所有机床就是调查对象，而全市工业企业的每一台机床就是一个调查单位。

调查单位和报告单位是两个不同的概念。调查单位是调查内容的承担者，即调查中需要登记的具体标志的承担者；报告单位则是向统计调查机关提交调查资料的单位。在北京市工业企业机床使用情况调查中，调查单位是每一台机床，而每一个工业企业则是一个填报单位。但在某些统计调查中，两者也可能是一致的。例如，在工业普查中，每个工业企业既是一个调查单位，又是一个填报单位。

三、调查表和调查项目

调查项目也就是调查内容，是在调查中所要登记的总体单位的标志，是要解决在调查中向调查单位“调查什么”的问题。例如，第四次全国人口普查，按统计的概念，涉及的标志有姓名、性别、年龄、民族、在业人口的职业等 15 项。

调查单位登记的标志表现，经过汇总和计算就获得反映总体数量特征的各种统计指标。因此，统计指标是确定调查指标的依据。经过简单汇总获得的统计指标，直接可以作为调查标志，如“工资总额”既是统计指标，也是作为调查单位的企、事业单位的调查标志。而有些则要通过对统计指标分解后再确定调查标志，如“产值利润率”指标，要以该指标的计算根据确定调查标志。经过计算的统计指标，是“利润”除以“产值”的结果，因此“利润”和“产值”作为调查单位的调查标志。

拟定调查项目应注意以下问题。

（1）根据统计调查目的，选择那些最必要的和可能得到确切答案的项目。可有可无或备而无用的项目不应列入，那些得不到答案或得不到圆满答案的项目也不应列入。

（2）调查项目的含义要明确、统一，不能模棱两可。有多种可能答案的和容易发生混淆的项目，可以把答案全部列出，以供选择。

（3）调查项目之间尽可能做到互相联系，便于资料本身进行逻辑检查、核对。要注意本次调查项目和前一次调查项目之间的衔接，便于进行动态对比。

（4）要确定调查项目的答案形式。调查项目的答案形式主要有两种：填充式和选择式。填充式是在调查项目后面留出空格，由报告单位填写。选择式是在调查项目后面提供全部备选答案，由报告单位从中选择答案。

为了便于填写和以后的汇总，通常都把调查项目按合理顺序排列在表格里，这种表达调查项目的表格称为调查表。它是统计调查的重要工具。调查表一般有两种形式：单一表和一览表。单一表是在一份调查表上只登记一个调查单位的资料。一份调查表可以由几个调查表组成。目前我国工业企业的定期统计报表、职工登记表均为单一表形式。一览表是在一份调查表上登记若干调查单位的资料。例如，全国人口普查登记表就是一览表式的调查表，如表 2-1 所示。

单一表的优点是可以容纳较多的调查项目，也便于进行分组和汇总。缺点是每份表只登记一个调查单位，要耗费较多的人力、物力和时间。一览表和单一表相比，更节约人力、物力和时间。但是这种表格一般不能包括较多的调查项目，因此适宜调查项目不多时使用。

自动化信息技术的运用，对调查表的设计增加了新的要求，即必须给每个标志加上代码。

为了保证调查表的填写质量，在编制调查表时，还要编写填表说明。主要内容有调查项目内容解释、填写和计算方法及填写时应注意的问题等。

表 2-1　第四次全国人口普查表（简化表）

本户住址__________县（市，区）_________乡（镇，街道）______普查区__________

调查小区（_______街巷____号）集体户名称________

每人填报						五岁及五岁以上的人填报		六岁及六岁以上的人填报	十五岁及十五岁以上的人填报				十五岁至六十四岁的妇女填报	十五岁至五十岁的妇女填报
一 姓名	二 与户主关系	三 性别	四 年龄	五 民族	六 户口状况和性质	七 1985 年 7 月 1 日常住地状况	八 迁来本地的原因（有迁移的人填报）	九 文化程度	十 在业人口的行业	十一 在业人口的职业	十二 不在业人口的状况	十三 婚姻状况	十四 妇女生育存活子女数	十五 1989 年 1 月 1 日以来的生育状况

申报人__________普查员__________填报日期_______月_____日

四、调查中的其他问题

（一）确定调查时间和调查期限

确定调查时间有两种含义，即调查资料所属的时间和调查期限。

确定调查资料所属的时间，又分为两种情况：如果调查的对象是时期现象，即反映一定时期内发展过程总量的现象，如产品产量、商品销售额、投资额、货运量等，调查时就要确定资料所属的起止时间；如果调查的对象是时点现象，即反映一定时点上的状况的现象，如人口数、企业数、库存量、生产设备数量等，调查时就要规定统一的标准时点。例如，第五次全国人口普查的标准时点是 2000 年 11 月 1 日零时。

调查期限是指从搜索资料开始到报送资料为止的整个工作时间。为了保证调查资料的及时性，要尽可能缩短调查期限。

（二）调查的空间标准

调查的空间标准是指调查单位应在什么地点接受调查。若调查单位都固定在某个地区之内，这个问题是没有争议的，若调查单位处于流动状态，或者某地区间存在交叉状况，这就是一个必须有明确规定的问题。例如，人口普查中，流动人口就必须规定是按户籍所在地登记，还是按常住地登记；在工业普查中，有的总公司在某地，有些分支机构则在外地，那么在外地的分支机构就必须规定是按隶属关系调查登记，还是按所在地调查登记。有时候，为了研究目的的需要也有按几个空间标准登记的，那更要规定明确，以免混淆。

（三）规定调查的组织实施计划

为保证调查工作顺利而有秩序地进行，还需要制订一个周密的组织计划。组织计划主要包括以下几方面内容：确定调查的组织领导机构和调查人员的组成；确定调查的方式、方法和步骤；调查前的准备工作，包括宣传教育、干部培训、试点调查、文件准备和开支预算等。

第五节 统计调查误差

数据误差通常是指统计数据与客观现实之间的差距。误差按来源不同可分为代表性误差和登记性误差两类。

一、代表性误差

代表性误差主要是指用样本数据进行推断时所产生的随机误差。其产生的原因主要有抽样时没有遵循随机原则，样本结构与总体结构存在差异，样本容量不足等。这类误差通常是无法消除的，但可以事先进行控制和计算。

二、登记性误差

登记性误差是调查过程中由于调查者或被调查者的人为因素所造成的误差。调查者所造成的登记性误差主要有：调查方案中有关的规定或解释不明确导致的填报错误、抄录错误、汇总错误等。被调查者造成的登记性误差主要有：因人为因素干扰形成的有意虚报或瞒报调查数据，这种误差在统计调查中应予以特别重视。从理论上讲，登记性误差是可以消除的。

三、调查误差的控制

统计数据的质量直接影响统计分析的客观性与真实性。为确保统计数据的质量，在数据搜集、整理、分析等各阶段都应尽可能减少误差。实际中控制误差的方法如下所示。

（1）正确制订调查方案，力求调查的范围明确、调查项目解释清楚、方法科学适用。

（2）加强调查人员培训，提高调查技术水平。

（3）做好思想教育工作，坚持实事求是，加强法律观念。

（4）严格要求调查人员认真细致，多加审核，及时更正。

（5）完善各种计量、测量工具。

本章小结

统计调查在整个统计工作过程中，担负着提供基础资料的任务，是统计工作的基础环节，是统计整理和统计分析的前提。

统计调查按包括的范围不同，可分为全面调查和非全面调查。按登记资料的连续性不同，可分为经常性调查和一次性调查。按调查的组织方式不同，可分为统计报表和专门调查。我国常用的统计调查组织形式主要有普查、抽样调查、典型调查、重点调查、统计报表。数据搜集的方法有直接观察法、采访法、报告法、问卷法、实验法。统计调查方案就是包括统计目的要求、调查范围、调查方法、工作步骤、人员和经费来源等在内的严密完整的工作计划方案。它是统计设计在统计调查阶段的具体化。数据误差按来源不同可分为登记性误差和代表性误差两类。

本章练习题

一、判断题（在题后的括号内，正确的打✓，错误的打×，并改正）。

1. 普查是一种不连续的调查。（　　）
2. 普查的调查对象就是时点现象。（　　）
3. 重点调查中的重点单位就是统计工作中的重点内容。（　　）
4. 典型调查主要取决于调查者的主观判断与决策，也可用来推断总体特征。（　　）
5. 全面统计报表可以摸清国情国力，可以完全代替普查。（　　）
6. 调查期限是指从搜集资料开始到报送资料的整个工作所需的时间。（　　）
7. 我国的人口普查每 10 年进行一次，它是一种经常性的调查。（　　）
8. 抽样调查是非全面调查中最有科学根据的方式方法，因此它适用于完成任何调查任务。（　　）
9. 统计调查方案是统计设计在统计调查阶段的具体化，同时也是统计调查获得成功的前提。（　　）
10. 代表性误差，只在非全面调查中产生。（　　）

二、单选题（将备选答案中唯一正确的选项序号填在括号内）。

1. 我国历次人口普查都明确规定标准时间是（　　）

A. 为了统一调查期限　　B. 为了确定统一的调查对象范围

C. 为了避免登记的重复和遗漏　　D. 为了具体确定调查单位

2. 对上海金属交易所、郑州粮食交易所、深圳有色金属交易所、苏州钢铁交易所等全国十大期货交易所的成交额进行调查，应采用的调查方法是（　　）

A. 普查　　B. 抽样调查　　C. 重点调查　　D. 典型调查

3. 人口自然变动（出生和死亡）的资料通常来源于（　　）

A. 普查　　B. 抽样调查　　C. 典型调查　　D. 统计报表

4. 对一部分城市居民家庭收入支出情况通过提问、算账方式进行调查，这种搜集资料的方法属于（　　）

A. 普查法　　B. 报告法　　C. 采访法　　D. 直接观察法

5. 工业企业中，采购员、领料员、保管员所填写的原材料入库单、出库单等是（　　）

A. 统计台账　　B. 企业内部报表　　C. 会计账簿　　D. 原始记录

6. 对医院的医疗设备普查时，每个医院是（　　）

A. 调查单位　　B. 填报单位

C. 既是调查单位也是填报单位　　D. 既非调查单位也非填报单位

7. 了解某工业企业期末的原材料库存量，调查人员亲自盘点库存，这种搜集资料的方法是（　　）

A. 实验法　　B. 直接观察法　　C. 采访法　　D. 报告法

8. 调查几个主要产棉区，就可以了解我国棉花生产的基本情况，这种调查方式属于（　　）

A. 典型调查　　B. 重点调查　　C. 普查　　D. 抽样调查

9. 在统计调查中，调查项目的承担者是（　　）

A. 调查对象　　B. 调查单位　　C. 调查表　　D. 填报单位

10. 对某省饮食业从业人员的健康状况进行调查，调查单位是（　　）

A. 某省饮食业的全部网点　　B. 某省饮食业的每个网点

C. 某省饮食业所有从业人员　　D. 某省饮食业每个从业人员

三、多项选择题（将备选答案中全部正确的选项序号填在括号内）。

1. 我国第五次全国人口普查，标准时间是 2000 年 11 月 1 日零时，下列情况不应计算人口数的有（　　）

A. 2000 年 11 月 3 日出生的婴儿

B. 2000 年 10 月 29 日出生，但 11 月 1 日 8 时死亡的婴儿

C. 2000 年 10 月 31 日 23 时死亡的人口

D. 2000 年 10 月 29 日出生，20 时死亡的婴儿

E. 2000 年 11 月 1 日 1 时死亡的人口

2. 我国每逢年份为 3 时所进行的第三产业普查是（　　）

A. 全面调查　　B. 非全面调查　　C. 专门调查

D. 经常性调查　　E. 一次性调查

3. 对下列哪些情况的调查，应明确规定统一的标准调查时点（　　）

A. 产品产量　　B. 人口出生数　　C. 员工出勤数

D. 员工调出数　　E. 在职员工数

4. 统计调查误差指调查结果所得的统计数字与调查总体实际数量之间表现的差别，其主要种类有（　　）

A. 登记性误差　　B. 代表性误差　　C. 系统性误差　　D. 计算性误差

5. 选取重点单位，应遵循的原则是（　　）

A. 重点单位应尽可能少

B. 标志值在总体中所占的比重应尽可能大

C. 管理比较健全、业务力量较强

D. 统计工作基础较好的单位

6. 根据重点调查的特点，重点调查的主要作用在于反映调查总体的主要情况或基本趋势。因此，重点调查（ ）

A. 通常用于不定期的一次性调查　　B. 有时也用于经常性的连续调查

C. 可用来推断总体的数字特征　　D. 实质是小范围的全面调查

7. 普查的主要特点有（ ）

A. 普查比任何其他调查方式、方法所取得的资料更全面、更系统

B. 普查主要调查在特定时点上的社会经济现象总体的数量

C. 不能反映一定时期的现象

D. 普查都是不定期的、一次性的

8. 目前，我国所进行的普查主要有（ ）

A. 人口普查　　B. 农业普查　　C. 工业普查

D. 第三产业普查　　E. 基本单位普查

9. 典型调查的特点是（ ）

A. 一种非全面调查

B. 典型调查的结果一般情况可用以推算全面数字

C. 进行典型调查的主要目的在于了解与有关数字相关的生动具体情况

D. 典型单位代表性要高

10. 抽样调查是一种（ ）

A. 非全面调查

B. 抽选一部分单位进行调查，据以对全部调查研究对象作出估计和推断的一种调查方法

C. 目的在于取得反映总体情况的信息资料

D. 可起到全面调查的作用

11. 所谓问卷调查，就是根据调查目的，制定调查问卷，由被调查者按调查问卷所提的问题和给定的选择答案进行回答的一种专项调查形式。问卷调查是（ ）

A. 一种常用的专项调查手段

B. 国际通行的一种专项调查形式

C. 我国近年来进行调查的一种主要形式

D. 问卷是用来搜集调查数据的唯一工具

第三章

统计整理与显示

第一节　统计整理概述

一、统计整理的概念和作用

统计整理是统计工作的第三个阶段。它是根据统计研究的目的，对统计调查所取得的原始资料（初级资料）进行科学的分类和汇总，使之条理化、系统化，得出能反映总体特征的综合资料的过程。从广义上讲，统计整理也包括对已经加工的综合资料（次级资料）进行再加工，但统计整理作为一个独立的工作阶段来说，主要是指对原始资料的整理。

通过统计调查所搜集到的大量原始资料只能反映每个总体单位的具体情况，对总体来讲是零碎的、分散的、不系统的资料，不能反映总体的特征。例如，通过人口普查，只是得到每一人口的性别、年龄、民族、文化程度、职业和婚姻状况等情况的材料，这些材料只能反映个体的情况，还不能反映一个国家或一个地区的人口的总量和基本特征，即不能反映人口总体的基本情况。因此，只有经过加工整理，才能得出反映一个国家或者一个地区的人口总数，以及性别构成、年龄构成、民族构成、文化程度构成、城乡人口构成等。这些经过加工整理后的资料，才能说明人口的基本特征。

由此可见，统计整理是从量上对总体单位特征的认识过渡到对总体特征认识的连接点，起承前启后的作用，是统计调查的继续，统计分析的前提。统计整理的质量直接关系到统计工作的质量，它在整个统计工作中占有重要的地位。

二、统计整理的步骤

统计整理由于手工整理、电子计算机整理的技术条件不同，具体步骤也有差异，但基本步骤是一致的，如下所示。

（一）设计统计整理方案

统计整理方案主要分两部分：一是根据统计研究的目的，把已经确定的统计指标体系、统计分组体系具体地过渡到统计整理表（过录表）和统计综合表（提供表）中，并且要详细规定整理、综合的方法。二是根据统计调查所取得的原始资料的数量和统计整理表、统计综合表的要求，仔细计算工作量，定出具体可行的工作计划，包括人力的组织培训、技术设备和财力的保证、每个工作环节的责任及相互衔接的办法等。

（二）对原始资料进行审核

统计调查过程中由于种种原因难免会出现一些差错。为了保证统计资料的质量，在统计资料进入数据处理过程之前，必须对调查资料进行审核。审核的内容主要是资料的完整性和准确性。对资料完整性的审核，主要是看应该调查的单位是否有遗漏，指标数值填写是否齐全，应收到的调查表是否按规定已经收齐等。对资料准确性的审核，包括数据的计算范围、计算方法、计算单位是否符合规定等。在使用电子计算机汇总时，由于有些标志是手工编码的，对于代码的审核也极为重要。对于检查出来的问题，根据统计整理方案工作计划中规定的办法加以处理和订正。

（三）数据处理

手工整理一般称为对原始资料进行汇总。手工汇总即将原始资料中的数据，按照统计整理表和统计综合表的要求，进行过录和计算，求出单位数与合计数，计算一些综合指标。电子计算机数据处理则需先将数据通过录入设备记载到磁介质上，然后进行处理。

（四）编制统计表

使用电子计算机整理一般称为制表打印。这里说的统计表已不是整理表，而是指正式提供的综合表。在编表之前，应该对汇总整理得出的综合数据按编表要求进行审核，确实无误后，再正式填制、打印。

三、统计整理的组织方式

在手工整理的条件下，统计整理主要采用逐级整理的方式。在电子计算机整理的条件下，则一般采用集中整理或逐级整理与集中整理相结合的方式，随着计算机向小型化发展，采用逐级整理的可能性也在增加。

（一）逐级整理

逐级整理是按照一定的统计管理体制，对原始资料自下而上地逐级汇总整理。我国定期统计报表大多采用这种整理方式，不少专门调查也采用这种整理方式。这种方式的优点是可以将整理出来的汇总资料及时提供给各级领导使用，同时在发现差错时可以及时查对。缺点是汇总层次多，反复重录，易发生差错，统计信息损失较多，难以交叉分组得出更深入的资料。如人口普查中，用手工整理逐级汇总，很难作出职业和文化程度交叉分组的资料，也难以作出文化程度和年龄、民族和文化程度等交叉分组的资料。

（二）集中整理

集中整理是把全部原始资料集中在一个统计调查机构中直接进行汇总整理。对于十分重要或者时效要求极高的统计资料，如大中型工业企业年报，是由国家统计局集中进行汇总整理的。其优点是使用大型电子计算机进行整理，能够提高统计资料的准确性、及时性，并可进行各种交叉分组从而提高统计资料的利用率。不足之处是不易发现和纠正原始资料中的差错，整理结果不能及时满足各级领导的需要。

（三）逐级整理与集中整理相结合

逐级整理与集中整理相结合可以有两种形式：一种是对一些最基本的统计指标先实行逐级整理，同时将全部原始资料集中整理；另一种是在一定层次以下（如地市级）实行集中整理，而在该层次以上实行逐级整理。

四、统计整理的方法

由于统计整理技术正在由手工整理向电子计算机整理发展，统计整理的具体内容在不同条件下也有所不同。

在手工整理的条件下，统计整理一般是为了单一目的而进行的，受计算手段条件的限制，统计整理的主要内容是汇总、分组，整理后的资料主要储存在纸介质上（纸面上誊写、打印或者印刷在统计表册上），然后按既定的目的使用。

在电子计算机整理的条件下，对统计资料的整理不再强调既定的单一目的，而是把统计调查搜集来的大量原始资料输入计算机后通过建立数据库而加以有序的排列，储存在磁介质（磁盘、磁带）上，然后可以根据多方面、多层次、多种目的的需要，对统计资料进行汇总，加工处理，从而实现统计数据的一源多用，信息共享。这样，统计整理的概念便是：根据统计研究的需要，对统计调查所取得的原始资料或已经加工的综合资料，通过科学方法进行处理和管理，包括对统计资料进行分组、汇总、制表、传输、储存、更新，使之系统化、条理化，反映事物的总体特征，并在建立数据库的基础上达到一源多用。这样一来，统计整理的内容便包括两个方面：统计数据的处理，即分组、汇总、制表；统计数据的管理，即检索、储存、更新、传输等。

统计整理的方法是分组、汇总和编制图表。在本章第二节和第四节将系统介绍统计分组和统计图表的编制，在此主要介绍统计汇总。

统计汇总技术主要包括手工汇总和电子计算机汇总。

（一）手工汇总

手工汇总是最原始的汇总方式，随着电子计算机的产生和发展，手工汇总方式将渐渐地缩小其使用范围，但是，目前在我国依然占有一定的地位。手工汇总使用的工具是算盘和小型计算器，这种汇总工具在我国许多地区还属于常规工具。手工汇总的常用方法有以下四种。

（1）划记法，就是用划“正”等记号，计算各组和总体的单位数的方法。划记法简单易行，但容易出错，它只适合于总体单位不太多的情况。

（2）过录法，是依据统计汇总表中分组的要求，先把该单位的实际统计资料过渡填写到预先准备好的表格上，计算出结果，然后将计算结果填入正式的统计汇总表。这种方法的优点是汇总的内容多，便于校对检查；缺点是工作量大，费时费力。

（3）折叠法，是将各个调查表中需要汇总的项目和数值折在边上，一张一张重叠起来，进行汇总计算。这种方法避免了过录，省时省力。实际工作中常使用这种方法，但工作要细致，并应随时进行检查。

（4）卡片法，是在总体单位多、复合分组多时，手工汇总中较好的方法。先要准备好摘录卡片，将每个总体单位需要汇总的项目数值摘录在一张卡片上，然后根据卡片进行分组和汇总计算。

（二）电子计算机汇总

电子计算机汇总是 20 世纪中叶发展起来的进行统计资料汇总的方式。电子计算机的出现，给统计资料的汇总技术及加工技术带来了新的飞跃，提高了统计资料汇总、加工的速度和质量，同时使广大的统计工作者从繁重的汇总工作中解脱出来。电子计算机汇总是将来人类社会进行统计调查活动的主要汇总方式。其步骤如下。

（1）编程序。程序是指按计算机语言对统计资料处理工作进行的全面系统的流程排列。电子计算机将按照程序进行工作运行。但是编写程序需要大量经费和时间，因此，如果能够利用通用的汇总程序，就会既方便又节约经费。一般在电子计算中心，都存有适用于统计调查的汇总通用程序和加工程序。计算中心的程序，用简单的指令就可以进行各种类型的汇总和加工，可以直接加以利用。一般来说，从调查计划阶段开始，就应和计算中心进行协商，使用预定程序的代码、栏号、调查表等。这些固定的程序，统计上称为统计软件包，它是关于统计资料输入、检查、修改、追加等数据文件构成的程序。有了它，再配上用于操作的指令参数，便可操作。

（2）编码。编码是把调查表中的汉字信息符号（代码）化的工作。代码一般使用如 1、2、3 等数字，也可以用如 A、B、C 等英文字母。在机器汇总时，由于所用汇总程序不同，所使用的符号要受到限制，这是在编码时应考虑的。编码方法有两种，即预定代码法和后定代码法。

预定代码法是指对调查表中的每一种选择项，在设计调查表时确定相应的代码。有了预定代码，可以直接利用代码汇总。

（3）数据录入。数据录入是指经过编码后得到数据和实际数字通过设备记载到存储介质上的工作。存储介质是指软磁盘、磁带、纸带、穿孔卡片等记录数据和文件的物质数料。将调查资料输入存储介质上，便可制成统计资料。

（4）数据编辑。

（5）计算与制表。

第二节　统计分组

统计分组是对统计资料整理和分析的基本方法之一。统计分组的理论和方法，以及由此形成的统计分组体系，在统计理论和实践中占有重要地位。

一、统计分组的概念

统计分组是对统计数据进行整理和描述的第一步。统计分组就是根据统计研究的需要，将总体的所有单位按照一定的标志划分为性质不同的若干类别或部分的一种统计方法。总体的这些组成类别或部分称为“组”。社会经济现象是复杂的，各种现象之间既有共性的一面，也有个性一面。由总体单位组成的统计总体，是以各单位之间的共性，即“同质性”为基础的。但组成社会经济现象总体的各个总体单位之间，还存在着广泛的差别与变化，即有“变异性”。统计分组的目的，就是要按照某些变异标志，把统计总体中具有不同性质与特点的单位分开，从而正确地认识事物的差异及其规律性。例如，要研究中国人口的状况和问题，仅有一个总数显然是不够的，还必须有各种分组的人口数据。要研究人口的民族构成，就要按“民族”这个标志，将人口分成汉族、蒙古族、回族等 56 个组。

通过统计分组，可以将一个复杂的、较大的总体划分为若干个性质不同的、范围小的总体。因此，统计分组具有两方面的含义：对总体而言是“分”，即将总体区分为性质相异的若干部分；对个体而言是“合”，即将性质相同的个体组合起来，就作为分组标准的标志来说，同组的总体单位间都具有相同之处，不同组的总体单位间则具有相异之处。统计分组作为一种方法，在统计整理过程中较多地用来反映显现的个性，即现象的差异性。所以，统计分组主要就是在统计总体内部进行的一种定性分类。

二、统计分组的作用

统计分组的根本作用在于区分现象性质的差异。具体作用有以下几个方面。

(一) 划分社会经济现象的类型

统计分组是确定社会经济现象同质总体，研究现象类型的基础，从广义上看，任何统计分组都是把现象总体划分为一定类型的分组。从狭义上看，划分现象类型是指现象总体按品质标志分组。这种按一定标志把社会经济现象划分为若干基本类型的分组，又称为类型分组。通过类型分组，特别是划分经济类型，对各种经济类型的数量表现及其数量关系进行研究，这对认识社会经济现象总体的本质特征有着重要的意义。例如，2008 年我国某地区工业总产值中各种经济类型的情况如表 3-1 所示。

表 3-1 2008 年我国某地区工业总产值中各种经济类型的情况（按可比价格计算）

按经济类型分组	绝对额/万元	比重/%
国有工业	31220	33.97
集体工业	33623	36.59
城乡个体工业	11821	12.86
其他经济类型工业	15231	16.57
总计	91895	100.0

注：小计数字的和可能不等于总计数字，是因为有些数字进行过舍入修约

(二) 揭示社会经济现象的内部结构和比例关系

揭示现象的内部结构，是指总体按某一标志分组以后，计算各组的单位数或者各组

标志值之和占总体单位数或总体标志值之和的比重，用比重来说明总体内部的构成，用比重的变化说明总体构成的变化。所谓揭示比例关系是指总体各组之间的单位数或者标志值的比例关系。揭示社会现象内部结构和比例关系的分组称结构分组。

根据结构分组可以研究总体的性质，通过结构的变化可以了解总体性质的变化，因为总体中比重最大的部分，其性质往往决定或影响着总体的性质。比重的变化常常反映事物的变化。例如，按产业分组可以反映生产总值中三者的比重和变化，如表3-2所示。

表 3-2　我国某地区生产总值按产业分组资料（按当年价格计算）

按产业分组	1978 年		1980 年		1985 年		1990 年		1995 年	
	绝对额/亿元	比重/%	绝对额/亿元	比重/%	绝对额/亿元	比重/%	绝对额/亿元	比重/%	绝对额/亿元	比重/%
第一产业	1018.4	28.1	1359.4	30.1	2541.6	28.4	5017.0	27.0	11993.3	20.6
第二产业	1745.2	48.2	2192.0	48.5	3866.6	43.1	7717.4	41.6	28173.3	48.4
第三产业	860.5	23.7	966.4	21.4	2556.2	28.5	5813.5	31.3	18094.2	31.0
合计	3624.1	100.0	4517.8	100.0	8964.4	100.0	18547.9	100.0	58260.8	100.0

注：小计数字的和可能不等于总计数字，是因为有些数字进行过舍入修约

（三）研究现象之间的依存关系

一切社会经济现象之间存在着广泛的联系和制约的关系。利用统计分组可以表明这类依存关系的存在，找出影响某种现象变动的因素并以数字具体反映各种现象相互依存的程度。例如，农业生产中的施肥量与亩产量，工业生产中的产量和单位成本，商品销售中的商品销售额和流通费用率等都存在依存关系。分组法是研究依存关系的重要方法。研究依存关系的分组称分析分组。

分析分组的一般做法是：首先把总体按主导作用的原因标志分组，然后计算各组被影响标志值的平均水平或相对水平。例如，为了研究商品销售额与商品流通费用的依存关系，可以先将商店按商品销售额的数量分组，然后计算每个组相应的商品流通费用率，如表 3-3 所示。

表 3-3　某地区 100 个百货商店流通费用率

按销售额分组/万元	商店数/个	流通费用率/%
50 以下	10	14.2
50～100	20	11.4
100～200	30	10.1
200～300	25	9.2
300 以上	15	8.5

由表 3-3 可以看出，流通费用率与商品销售额之间具有明显的依存关系：流通费用率随商品销售额的增加而下降。这种依存关系不通过分组是难以观察到的。

三、统计分组的原则和方法

（一）统计分组的原则

统计分组应遵循如下原则。

1. 科学性原则

科学性原则即统计分组一定要根据统计研究的目的，找到能够反映统计研究任务要求的、存在于个体事物身上的本质特征作为分组的依据，突出社会经济现象在各个方面存在的差异。这主要通过正确选择分组标志和正确划定分组界限来实现。

2. 完整性原则

完整性又称周延性，是指分组后，总体的任何一个单位或任何一个原始数据都有其唯一归属的组别，无一遗漏，这就要求分组时要将所有可能的类别都列出。如《国民经济行业分类标准》就包括全国各行各业，没有任何一种行业不包括在内，一个人无论从事任何行业，总能而且只能归属一个组中。

3. 互斥性原则

互斥性也称不相容性，就是说任何一个总体单位或任何一个原始数据，在一种统计分组方法中只能归属一个组，而不能同时归属两个或两个以上的组。要做到这一点，每次分组只能采用同一的分组标志，而不能采用不同一的分组标志。例如，当研究一个地区的耕地状况时，就不能分组为山地、旱地、水浇地、粮田、棉田等。这样的分组出现了属性的混淆和分类标志的重叠，违反了互斥性原则。因为同一块地，是山地，也可以是旱地，还可以是粮田。可以按不同标准分别分组，或者进行必要的复合分组来解决这种问题。

（二）统计分组方法

统计分组的关键在于正确选择分组标志与划分各组界限。前者主要是指按品质标志分组，后者主要是指按数量标志分组，它们不仅直接影响分组的科学性与资料整理的准确性，而且影响统计分组结果的真实性。

1. 分组标志的选择

分组标志的选择包括以下两个方面：第一，选什么作为分组标志对总体进行分组？第二，分组标志选多少？是选一个，还是选多个？

分组标志是将统计总体划分为性质不同的组的标志或依据。分组时，按什么标志对总体进行分组，这个标志就是分组标志。例如，工人按工种分组，则“工种”就是分组标志。

任何事物都有许多反映其特征的标志，选择不同的分组标志，会得出不同的结果；标志选择不当，分组结果就不能正确地反映总体的性质特征。因此，正确选择分组标志是使分组作用得以充分发挥的关键，也是使统计研究能够获得正确结论的前提。

正确选择分组标志的原则如下所示。

（1）从研究目的出发选择分组标志。同一研究对象，由于研究目的的不同，需要采用的分组标志也就不同。例如，研究工业生产情况，如果研究的目的是要了解工业生产大中小企业的分布，就以企业规模为分组标志；如果目的是要了解工业生产内部结构，就以生产部门为分组标志；如果目的是要了解工业生产技术力量状况，就要以职工技术等级、技术装备水平为分组标志。

（2）选择最能反映现象本质特征的分组标志。在总体的诸多标志中，有些是带本质性的或主要的，有些则是非本质的或次要的，应选择反映现象本质特征的标志作为分组标志。例如，研究职工生活水平时，可以用职工的工资水平作为分组标志，也可以用职工家庭成员平均收入水平作为分组标志。由于职工赡养的家庭人口数差异很大，选用工资水平这个分组标志并不能反映出职工生活的真正水平，只能选用家庭成员计算的人均收入水平作为分组标志。

（3）根据事物所处的具体历史条件和经济条件选择分组标志。社会经济现象的特征是随时间、地点和条件而起变化的，具体情况变化，分组标志的选择也要随之改变。例如，研究工业企业规模可以用很多标志，如职工人数、固定资产价值、生产能力等。中华人民共和国成立初期，以职工人数作为分组标志，这与当时的生产力水平是相适应的。而当前，按生产能力或固定资产价值作为分组标志更切合我国工业生产的实际。可见，我国划分企业规模标志的选择是随生产技术的发展而变动的。

2. *分组方法*

分组标志确定之后，必须解决分组组数和各组界限的划分，即分组的具体方法问题。分组标志的种类很多，分组方法也不尽相同。主要的分组方法如下所示。

（1）根据分组标志的性质，统计总体可以按品质标志分组，也可以按数量标志分组。

①按品质标志分组，就是选择反映事物属性差异的品质标志作为分组标志，并在品质标志的差异范围内来决定各组界限，将总体划分成若干性质不同的组成部分。这种按品质标志分组的方法称为分类法。例如，将人口总体按性别分为男女两组；企业总体按所有制性质不同，分为国有、集体、私营、个体、股份制、外商投资、港澳台投资及其他九组。

在许多情况下按品质标志分组比较容易，当分组标志确定之后，分组数也随之确定，并且数组不多，组与组之间的界限也很明显。例如，人口按性别分组，只有男女两组，这两个组的界限也是很分明的。但在有些情况下，当分组的品质标志确定以后，各组界限和组数的确定则比较复杂。例如，国门经济部门分类、产品分类、劳动者的职业分类等，都是非常复杂的分组。对于这些比较复杂的统计分组，国家有关部门都制定了统一的分类标准确定分组的界限和组数。

②按数量标志分组，就是选择反映事物数量差异的数量标志作为分组标志，并在数量标志的变异范围内确定各组界限，将总体划分为性质不同的若干组成部分。例如，居民家庭按子女数分为无子女家庭（0 人）、单子女家庭（1 人）、双子女家庭（2 人）、多子女家庭（2 人以上）。但要注意事物的数量界限不是随意规定的。例如，现行的《中华人民共和国私营企业暂行条例》中明确规定：雇员人数 8 人以上为个体私营企业，雇员人数 8 人及 8 人以下为个体工商户。其中分组的形式可以是单项式，如上面讲的按子女数分类；而更多的是采用组距式，每一组中包含若干个变量值，如人口按年龄分组、工

人按工资分组。

采用数量标志分组的关键是如何通过数量分组的差异，反映各组的不同性质，从而正确显示出总体的分布特征。按数量标志分组必须解决两个问题：一是组数划分多少为宜？二是各组之间的界限如何划分？这两个问题的解决主要应根据被研究现象的特点和研究任务，找到决定事物的数量界限。

此外，在确定各组的数量界限时，还须结合数分布的影响要素来决定。按数量标志分组的具体方法，将在第三节再做介绍。

（2）根据分组标志数量的分组方法，可以分为简单分组和平行分组体系以及复合分组和复合分组体系。

①简单分组和平行分组体系。简单分组就是按照一个标志对总体进行分组。例如，将人口按性别分男女两个组；将企业按生产规模分为大中小型企业三个组。

社会经济现象是十分复杂的，仅仅依赖一个分组标志对总体进行分组是不够的，而必须运用多个说明总体本质特征的分组标志对总体进行多种分组，形成一个分组体系，才能满足需要。统计分组体系就是根据统计分析的要求，通过对同一个总体进行多种不同分组而形成的一种相互联系，相互补充，能通过总体在各种特征性质意义上的量来加深对社会经济现象总体数量表象的认识的体系。例如，对国民经济进行研究，必须通过按所有制、产业、行业、机构部门等多种分组，才能得到系统、全面、深刻的认识。这就是国民经济分组体系。

平行分组体系是指对同一总体选择两个或两个以上的标志分别进行简单分组然后并列在一起所形成的体系。这一体系是由两个以上互不交叉、互不从属的简单分组并列而成的。例如，为了认识人口构成，分别选择性别、年龄、文化程度、民族四个标志进行分组，得到如下平行分组体系。

按性别分组：男性，女性；

按年龄分组：0～14 岁，15～64 岁，65 岁以上；

按文化程度分组：大学，中专，高中，初中，小学，不识字或识字很少；

按民族分组：汉族，……，蒙古族，回族，藏族……

平行分组体系能从多方面说明总体的特征，能全面地分析研究现象，但是分组标志也不宜太多。

②复合分组和复合分组体系。复合分组就是用两个或两个以上的分组标志层叠起来对总体分组，形成层叠分组，构成复合分组体系。采用复合分组能够更深入地反映总体的内部结构，但应注意复合分组的标志不宜过多，如果分组标志过多，则组数会成倍增加，影响对总体的认识，表 3-4 就是一个复合分组的实例。

表 3-4　2008 年我国某地区人口年龄和性别构成

按年龄和性别分组	人口数/人	比重/%
样本总体	12366952	100.0
男	6294901	50.9
女	6072051	49.1

续表

按年龄和性别分组	人口数/人	比重/%
一、0～14岁	3306222	26.7
男	1743728	14.1
女	1562494	12.6
二、15～64岁	8232601	66.6
男	4167425	33.7
女	4065176	32.9
三、65岁以上	828129	6.7
男	383748	3.1
女	444381	3.6

注：10%人口抽样调查数据

四、统计分类标准化和国民经济中常用的统计分组

（一）统计分类标准化

1. 统计分类标准化的概念

在社会经济现代化和信息处理自动化迅速发展的条件下，为了便于对统计数据和各种有关信息进行分类研究，国家对某些重要的复杂的统计分组体系，制定了统一的标准，实行标准化管理，称为统计分类标准化，如国民经济行业行为分类、职业分类、工农产品（商品、物资）分类等。

统计分类标准与一般的统计分组体系相比较，其特点在于它的统一性、强制性和稳定性。统一性，就是对现象的分类、定义、名称、计算单位和编码都由主管部门统一规定，任何人都不能自行其是。强制性，就是分类标准经主管部门发布实施后，在规定的适用范围内强制执行。稳定性，就是分类标准一经发布，就要长期使用，非经主管部门修改，不得变更。

2. 统计分类标准化的作用

（1）统计分类标准化是社会经济统计活动顺利正常进行的一个前提条件。必须有各类统计分类标准，并把它与统计指标体系结合起来，才能从各个侧面、各个层次、各个环节反映整个社会经济的全貌及其发展变化过程。

（2）统计分类标准是统计信息自动化系统的一个前提条件。必须有各种分类和编码，才能使各种统计信息在电子计算机内得到科学的处理和管理，建立起统计数据库及其网络，充分发挥信息自动化的技术的功能。

（3）统计分类标准化是实现统计信息共享，深入开发利用统计资料的一个前提条件。必须有在规定范围内共同遵照执行的分类标准和编码，才能使各个有关部门从不同方面搜集来的统计信息得以相互交流，共同使用；才能使多种多样的统计信息相互补充，相互结合，得以深入的分析利用。

正是由于统计分类标准具有上述重要作用，早在 1984 年 1 月国务院便在《国务院关于加强统计工作的决定》中，把统计分类标准化规定为统计工作现代化目标之一。国际上也常常把统计分类标准化的程度作为衡量一个国家统计工作水平的重要标志之一。

3. 统计分类标准化的种类

统计分类标准按照其适用范围的不同，可以分为四种：国家标准、行业标准、地方标准和企业标准。

国家标准是指对全国信息的采集、处理和交换具有重要意义的、在全国范围内适用的分类。它是由国家统计局会同有关部门制定，并经国家标准化部门（即国家质量监督检验检疫总局）批准发布的标准。

行业标准与地方标准是指由国务院主管部门及省、自治区、直辖市人民政府标准化主管部门制定发布的，只在本行业、本地区范围内适用的分类标准。

企业标准是指在没有合适的上级标准的情况下，由企业单位或其上级标准化主管部门发布的分类标准。但它只能对上级标准进行补充、重组、延伸、细化，不得与上级标准抵触，并保证可以兼容和转换。

4. 分类标准体系

分类标准体系是已有的和应有的各项统计分类标准，按其内在联系组成的整体。有了这样一个体系，才能使各项统计分类标准有机结合，相互衔接，减少重复，防止矛盾，避免人力、物力、财力的浪费。

统计分类标准体系尚在形成之中。根据国际上的经验和我国的实际情况，其主要内容有劳动力和自然资源分类代码、产品和劳务分类代码、国民经济结构分类代码。

（二）国民经济中常用的几种分组（类）

1. 标准济类型分类标准及代码

国家统计局和国家工商行政管理局 1992 年颁布的《关于经济类型划分的暂行规定》，对于所有在工商行政管理机关登记注册的企业、个体工商户和个人合伙，以及其他经济组织，均依照生产资料的所有制性质和国家有关法规作为划分经济类型的依据。规定我经济类型与构成的划分如表 3-5 所示。

表 3-5 我国经济类型分类标准及代码

代码	经济类型与构成	代码	经济类型与构成
1	国有经济	32	私人合伙企业
11	国有企业	33	私营有限责任公司
12	国有联营企业	4	个体经济
2	集体经济	41	个体工商户
21	集体企业	42	个人合伙
22	集体联营企业	5	联合经济
3	私营经济	51	国有与集体联营企业
31	私营独资企业	52	国有与私人联营企业

续表

代码	经济类型与构成	代码	经济类型与构成
53	集体与私人联营企业	72	中外合作经营企业
54	国有、集体与私人联营企业	73	外资企业
6	股份制经济	8	港、澳、台投资经济
61	股份有限公司	81	与内地合资经营企业
62	有限责任公司	82	与内地合作经营企业
7	外商投资经济	83	港、澳、台独资企业
71	中外合资经营企业	9	其他经济

2. 居民职业分类标准和代码

我国于1982年第三次全国人口普查前制定了《职业分类和代码（试行)》，后又经过1986年、1999年、2009年等多次修订，现为2015年国家标准GB/T 6565—2015。分类标准共分为大、中、小三类，其中八个大类是：①党的机关、国家机关、群众团体和社会组织、企事业单位负责人；②专业技术人员；③办事人员和有关人员；④社会生产服务和生活服务人员；⑤农、林、牧、渔业生产及辅助人员；⑥生产制造及有关人员；⑦军人；⑧不便分类的其他从业人员。以上分类标准是依照个人在工作中的职责和技能的性质划分的，在同一行业可以有不同的职业分类标准。

3. 国民经济行业分类标准和代码

国民经济行业分类标准和代码是社会经济统计中重要的分类体系，也是比较复杂的分类体系，在经济统计中得到广泛的应用。我国20世纪50～70年代，曾分别制定过一些行业分类（部门分类）目录，后经多次修订，颁布实施《国民经济行业分类和代码》(GB/T 4754—2017)。修订方案共分20个门类，97个大类，473个中类和1380个小类。其中20个门类如表3-6所示。

表 3-6 我国国民经济行业分类和代码

代码	门类名称	代码	门类名称
A	农、林、牧、渔业	K	房地产业
B	采矿业	L	租赁和商务服务业
C	制造业	M	科学研究和技术服务业
D	电力、热力、燃气及水生产和供应业	N	水利、环境和公共设施管理业
E	建筑业	O	居民服务、修理和其他服务业
F	批发和零售业	P	教育
G	交通运输、仓储和邮政业	Q	卫生和社会工作
H	住宿和餐饮业	R	文化、体育和娱乐业
I	信息传输、软件和信息技术服务业	S	公共管理、社会保障和社会组织
J	金融业	T	国际组织

第三节 次数分布

一、次数分布数列的概念和种类

（一）次数分布数列的概念

在统计分组的基础上，将总体中所有单位按组归类整理，形成总体中各单位数在各组间的分布，就称为次数分布，又称频数分布。

次数分布的形成，是统计整理的结果。其中分布在各组的总体单位数称为次数或频数。各组次数与总次数之比形成的相对数称为频率。将各组组别与次数依次排列而成的数列就称为次数分布数列，简称分布数列。

通过分布数列，可以反映总体中所有单位在各组间的分布状态和分布特征，是分析总体某一标志的平均水平及其变动规律的重要手段。

（二）次数分布数列的种类

次数分布数列按分组标志特征的不同可以分为品质分布数列和变量分布数列两种。

1. 品质分布数列

按品质标志分组形成的次数分布数列，称为品质分布数列，简称品质数列。品质数列由各组名称、次数和频率三个要素组成。例如，2008 年我国人口按性别标志分组，可编成如表 3-7 所示的属性分布数列。

表 3-7　2008 年我国某地区人口的性别分布

性别	人数/人	比重/%
男性	6188	51.05
女性	5933	48.95
合计	12121	100.0
各组名称	次数	频率

2. 变量分布数列

按数量标志分组形成的分布数列称为变量分布数列，简称变量数列。在变量数列中，各组的名称表现为具体的数值即变量值。所以变量数列即由各组变量值与其对应的次数（也叫频数）或频率组成。

变量分布数列可以反映总体内各组间的数量差异和构成，它是统计资料整理的一种重要表现形式，也是计算分析指标的基础。

变量分布数列按变量的性质可分为离散型变量分布数列和连续型变量分布数列两种，两种数列又可以进一步分类如下：

- 变量数列
  - 离散型
    - 单项式
    - 组距式
      - 等距数列
      - 不等距数列
  - 连续型
    - 等距数列
    - 不等距数列

单项式变量数列就是数列中的每个组织用一个变量值来表示。例如，根据 10%人口抽样调查数据编制的 2008 年我国某地区不同规模家庭户分布情况，如表 3-8 所示。

表 3-8　2008 年我国某地区不同规模家庭户分布情况

按家庭人口分组/人	户数/户	比重/%
1	194735	5.9
2	454047	13.7
3	939785	28.4
4	879069	26.6
5	477931	14.5
6	219533	6.6
7	85596	2.6
8 及以上	55970	1.7
合计	3306666	100.0
各组变量值	次数	频率

单项式变量数列的特点是：①每个组的标志值是一个值；②组数由分组标志值决定。

组距式变量数列就是数列中的每个组用两个反映一定变化范围的变量值表示，如表 3-9 所示。

表 3-9　2008 年我国某地区 40 个商店利润总额计划完成情况

按利润总额计划完成程度分组/%	商店数/个	比重/%
95 以下	3	7.5
95～100	5	12.5
100～105	20	50.0
105～110	8	20.0
110 以上	4	10.0
合计	40	100.0
各组变量值	次数	频率

组距式变量数列的特点是：①每个组使用两个变量值限定的区间表示；②组数是由组距决定的，各组组距大则组数少；各组组距小则组数多。

在组距数列中，需要明确以下几个概念。

（1）组限。组距数列中各组的界限称为组限。确定各组的数量界限时，在不影响准确地进行统计分析的前提下，组限应尽可能地取整齐的数值，以便计算。

组限分为上限和下限，下限是每组最小的标志值，上限是每组最大的标志值。

组距数列中组限的表现形式通常有两种：一种是离散式，另一种是连续式。离散式是指变量为离散型变量，其相邻组组限互相排斥即相邻组上限、下限分别用两个相邻整数值表示。例如，企业按职工人数分为500～999人、1000～1499人、1500～1999人三组，各组组限不重叠。连续式是指相邻组的组限重叠，即相邻组的上、下限用同一数值表示，也就是标志值小的组的上限同时也是标志值大的组的下限。例如，表3-9中，100%既是95%～100%的上限，也是100%～105%的下限。

在组距数列中，如果各组上、下限齐全称为闭口组，此时值域的区间确定；若组限不齐全，缺上限或下限，称为开口组，其值域不明显。如表3-9所示，95%以下和110%以上这两组，当原始统计数据出现个别极大值或极小值时，往往在首末两组使用开口组。

（2）组距。每组下限与上限的距离称为组距。每组的组距等于上限与下限之差。

组距有两种表现形式：一种是各组组距都相等，标志值在各组的变动限相等的范围，称为等距分组，这样的组距数列称为等距数列。表3-9即等距数列。另一种是各组组距不完全相等，称为不等距或异距分组，这样的组距数列称为不等距或异距数列。表3-10为不等距数列。

实际分组时，采用等距分组还是不等距分组，主要取决于现象的性质和统计研究的目的。总的原则是：把不同性质的单位分到不同组里，或者说同一组里不能包括不同性质的单位。例如，企业按计划完成程度分组，显然不能把完成计划的企业和未完成计划的企业分在一个组里。学生按成绩分组，不能把及格的和不及格的分在一个组里。另外，还要注意如下几点。

①如果分组的目的主要是揭示总体的分布特征，标志值变动比较均匀时，要采用等距分组。

②如果总体的性质的差异所赖以反映的标志值的变异不是均匀的，则采用不等距分组。例如，人口按年龄分组，仅仅采用等距分组时不能表现人口的性质。

③如果分组的目的是研究现象之间的依存关系，应采用等距分组。

④为了特定的研究目的，常常采用不等距分组。

等距数列和不等距数列对比，有以下优点：一是各组的单位数不受组距的影响，可以直接进行对比来研究次数的分布情况；二是便于计算各种综合指标，进行对比分析；三是便于绘制统计图。所以，如果能编制等距数列，最好编制等距数列。

采用不等距分组编制的不等距数列，各组单位数受组距的影响，因此不能直接对比研究次数的分布情况。为了准确地反映各组实际次数的分布情况，就要消除组距对次数的影响，其方法是计算次数密度，即用各组次数同组距对比，计算出单位组距内分布的次数，次数密度 = $\frac{次数}{组距}$。通过次数密度，可以对比分析各组次数的分布情况。下面通过表 3-10 说明次数密度的计算。

表 3-10　某地百货商店流转额次数分布

按商品流转额分组/万元	组距/万元	次数（商店数）/个	次数密度
8～16	4	35	8.8
16～32	16	30	1.9
32～64	32	20	0.6
64～128	64	10	0.16

（3）组中值。每组下限与上限之间的中点数值称组中值。经过组距分组后，各组单位的实际变量值被抽象化了。为了反映分布在各组中个体单位变量值的一般水平，往往用组中值代表各组。组中值应用前提是：各单位的变量值在本组范围内均匀分布或在组中值两侧呈现对称分布。完全具备这一前提是不可能的，但在划分各组时，必须考虑使组内变量值的分布尽可能满足这一要求。组中值的计算公式为

$$闭口组组中值 = \frac{上限 + 下限}{2} \tag{3-1}$$

$$缺下限开口组组中值 = 该组上限 - \frac{邻组组距}{2} \tag{3-2}$$

$$缺上限开口组组中值 = 该组下限 + \frac{邻组组距}{2} \tag{3-3}$$

二、变量数列的编制

编制变量数列首先要确定变量数列的形式。编制单项变量数列的条件是：①分组标志的标志值个数不多；②离散型变量。例如，居民户按人口数分组，工人按看管机器数分组，发电厂按拥有发电机套数分组等均适合编制单项数量数列。编制组距数列的条件是：①分组标志的标志值比较多；②一般适用于连续型变量，但离散型变量亦可。故多数的经济现象适用于编制组距变量数列。例如，企业按职工人数分组或按计划完成程度分组；职工按年龄分组或按工资水平分组等。

下面分别说明单项变量数列和组距变量数列编制的步骤和方法。

（一）单项变量数列的编制

例如，某场某小组 20 名工人看管机器台数资料如下：

2　3　2　3　3　3　1　3　1　2

3　1　2　3　4　2　3　4　3　5

上述资料是离散型变量，变量值的个数不多，故可编制单项变量数列。

首先，将原始资料变量值由小到大排列。

1	1	1	2	2	2	2	2	3	3
3	3	3	3	3	3	3	4	4	5

其次，确定各组的标志值和组数。一个变量值为一组，重复者只取一个。上述资料可分为 1、2、3、4、5 五个组。

再次，计算各组的次数或频率。

最后，按变量值大小顺序编制单项变量数列，如表 3-11 所示。

表 3-11　某小组 20 名工人看管机器台数分布

看管机器台数/台	工人数/人	频率/%
1	3	15
2	5	25
3	9	45
4	2	10
5	1	5
合计	20	100

（二）组距变量数列的编制

组距变量数列的编制主要是确定组数、组距和组限等影响变量数列的因素。

例如，某城建有 50 名工人，生产某种产品的某月产量（件）资料如下：

146	176	198	227	298	137	173	194	222	267
140	175	196	224	282	129	164	188	211	252
135	171	191	219	260	126	162	186	209	255
122	160	184	204	243	117	159	183	203	237
100	153	181	201	229	112	157	181	203	232

上述产量资料虽属离散型变量，但变量值比较多，故应编制组变量数列。其编制步骤一般如下。

（1）将原始资料按大小顺序排列，并确定最大值、最小值及全距：

100	112	117	122	126	129	135	137	140	146
153	157	159	160	162	164	171	173	175	176
181	181	183	184	186	188	191	194	196	198
201	203	203	204	209	211	219	222	224	227
229	232	237	243	252	255	260	267	282	298

经初步加工，可以看出，资料的最小值为 100，最大值为 298，变动幅度在 100～298，二者之差就是全距为 298−100 = 198，全距表明变量值变动的幅度，是确定组数与组距的依据。

（2）确定组数和组距。

①确定组数和组距应注意的问题。

要能明显地反映总体的分布特征。组距与组数是相互制约的。组距大则组数少，组距小则组数会多。如果组数过多，组距过小，容易将同类的单位分到不同的组，其结果会把总体搞得支离破碎，因而显示不出总体的分布特征；如果组数过少组距过大，容易将不同类的单位归并在一组，同样不能反映总体的分布特征。因此，要根据所研究现象的实际情况，适当确定组数与组距，特别要注意将性质不同的事物区分开。

考虑总体单位数和标志值的变异幅度。当总体单位数较多，标志值变异幅度较大时，组数可多些；反之可少些。

美国学者斯特吉斯提出，确定组数的参考公式为

$$n = 1 + 3.322\lg N \tag{3-4}$$

式中，N 为总体单位数；n 为组数。等距变量数列的组距（i）等于全距除以组数，即

$$i = \frac{R}{n} \tag{3-5}$$

为了计算方便，组距通常取整数，最好是 2，5，10 的倍数。

②如何确定等距和异距。

采用等距还是不等距分组，主要取决于现象的性质和统计研究目的。总的原则还是将性质不同的事物区分开，即把不同质的单位分到不同组。

上例中，工人日产量变化比较均匀，可采用等距式分组。设 R 为全距，K 为组数，i 为组距。则

$$i = \frac{R}{K}$$

如上例，$R = 298-100 = 198$，设 $K = 7$，则

$$i = \frac{R}{K} = \frac{198}{7} = 28.3$$

为计算方便，i 宜取 2，5，10 的整倍数。故可令：$i = 30$。

根据斯特吉斯经验公式：$n = 1 + 3.322\lg 50 = 6.6 \approx 7$，也宜分为 7 组。

（3）确定组限和组限的表示方法。

组限的确定，除应遵循前面讲过的分组原则，即组限应是决定事物性质的数量界限外，还要根据变量本身的性质和特点来确定。具体划分时，还需要在遵循这一原则的前提下考虑以下几点。

①最小组的下限应不大于至多等于原始资料中的最小值，最大组的上限应略高于原始资料中的最大值，以保证分组的完备性。

②在确定相邻两组的组限时，要保证互不相容。

③对于组距数列，如果组距是 2，5，10，100，则每组的下限最好是它们的倍数。

如前所述，组限的表现形式有两种：连续式和离散式。一般说，离散型变量，其组

限可以采用离散式，也可以采用连续式。采用连续式组限，当某一变量值正好等于相邻组限时，就存在一个归属问题。具体分两种情况：当变量值越大越好时，应遵循“下限在内，上限不在内”的原则。当变量值越小越好时，应遵循“上限在内，下限不在内”的原则。

此外，当变量出现极大值或极小值时，可采用开口组。从理论上讲，如果能采用闭口组，最好用闭口组。

（4）计算各组次数和频率，编制成组距数列。

将总体各单位按既定的分组目录划分到所属各组之中，便得到组距变量数列，如表 3-12 所示。

表 3-12　某车间某月份 50 名工人月产量次数分布

按月产量分组/件	工人数/人	频率/%
100～130	6	12
130～160	7	14
160～190	13	26
190～220	11	22
220～250	7	14
250～280	4	8
280～310	2	4
合计	50	100

三、次数分布的特征

次数分布是统计描述和统计分析的一种重要方法，它可以表明总体的结构情况。各组次数比率意味着相应的变量值在决定总体数量表现中所起的作用。次数或比率大的变量值对总体标志水平的影响大，反之则小。

由于社会经济现象性质不同，各个统计总体都有不同的次数分布，形成各种不同类型的分布特征。研究各种类型的次数分布特征，对于准确认识不同类型的社会经济现象的数量特征及规律有重要意义。

概括起来，各种不同性质的社会经济现象的次数分布主要有三种类型：钟形分布、U 形分布、J 形分布。

（一）钟形分布

钟形分布的特征是“两头小，中间大”，次数向中央集中分布。这种分布绘成曲线图，中央隆起、两边低垂，其状如钟，故称钟形分布。在自然现象和社会现象中有许多数量分布是属于钟形分布类型的。如农作物单位面积产量、商品的价格、学生的学习成绩、细沙的强力、螺丝的口径、金属的抗压强度、客运量、人体的身高、家庭收入、企业的利润分布等。

钟形分布绘成曲线图主要有以下三种：如图 3-1 所示。

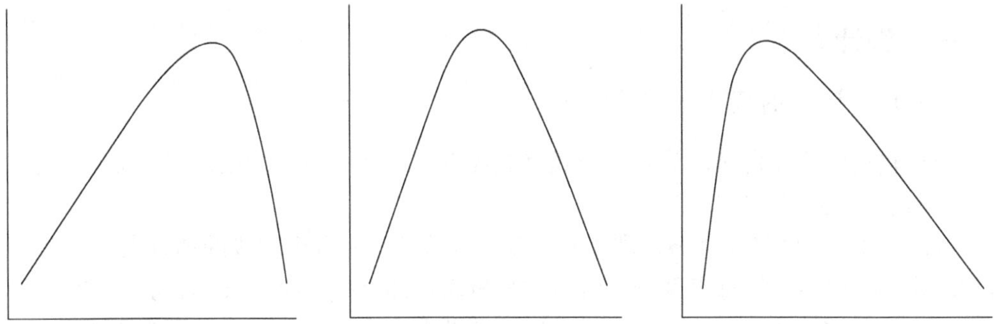

(a) 左偏分布　(b) 对称分布　(c) 右偏分布

图 3-1　钟形分布

（二）U 形分布

U 形分布的特征是“两头大，中间小”，是与钟形分布恰恰相反的一种分布形式。标志两端次数较多，越向中间次数越少。这种分布绘成图形，就像英文字母“U”，故称 U 形分布。例如，人口死亡率按年龄分组就是 U 形分布。婴儿死亡率最高；儿童年龄渐长，死亡率渐低：到成年，死亡率最低；45 岁以后，死亡率又逐步升高；60 岁以上老年组达到最高水平，如图 3-2 所示。

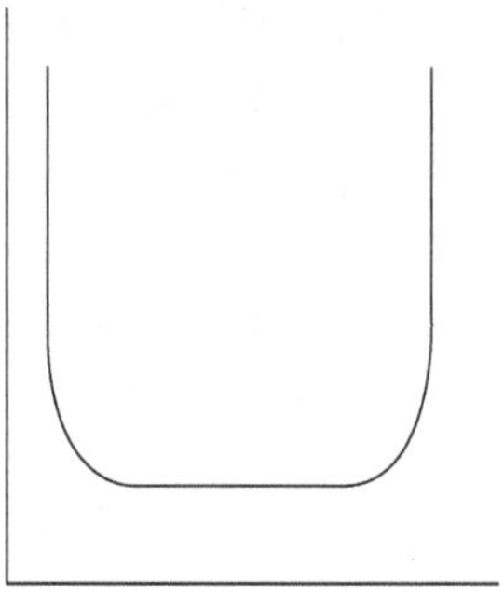

图 3-2　U 形分布

（三）J 形分布

J 形分布有两种类型。正 J 形分布，是次数随着变量值的增大而增高，绘成曲线图，犹如正写的英文字母“J”，故称正 J 形分布；反 J 形分布，是次数随着变量值的增大而减少，绘成曲线图，犹如反写的英文字母“J”，故称反 J 形分布。例如，资本主义社会中，投资额按利润分布，一般是正 J 形分布；而人口总体按年龄分布，则一般呈反 J 形分布，如图 3-3 所示。

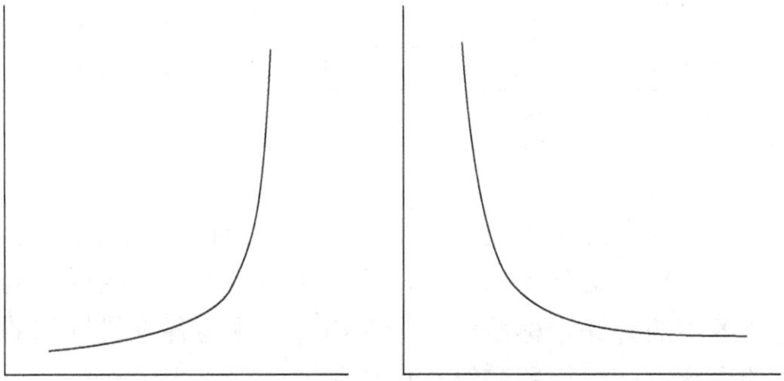

(a) 正J形分布　(b) 反J形分布

图 3-3　J 形分布

第四节 统计图表

一、统计表

（一）统计表的概念与作用

经过整理的统计资料，其表现形式有统计表、统计图和统计报告等。统计表是表现统计资料的最主要形式。

从广义上讲，统计工作各阶段所使用的一切表格，如调查阶段的调查表、统计报表，整理阶段的分组表、汇总表及分析阶段的分析表，都可称为统计表。这里所讲的统计表是指整理阶段的统计表。统计资料经过统计整理得出许多反映总体特征的统计指标，把它们按一定顺序填列在一定的表格里，这种表现统计资料的表格就是统计表。这里着重对表现统计整理结果所使用的统计表进行介绍。

统计表的作用如下所示。

（1）能够系统地组织和合理地安排大量的统计资料，使资料表现得紧凑、清晰、醒目。因此，统计表是表达统计资料的最重要形式。

（2）能反映总体的特征及各部分之间的关系，便于进行对比和计算各种分析指标。因此，统计表是进行统计分析的重要工具。

（3）是积累和保存统计资料的主要手段。

（二）统计表的结构

从形式上看，统计表是由纵横交叉的直线组成的左右两边不封口的表格，主要是由四部分组成：总标题、横行标题、纵栏标题和指标数值，如表 3-13 所示。

表 3-13　我国各产业的国内生产总值

按产业分组	1994 年		1995 年		
	金额/亿元	比重/%	金额/亿元	比重/%	速度/%（1994 年为 100）
第一产业	9457.2	20.2	11993.0	20.5	126.8
第二产业	22372.2	47.8	28537. 9	48.8	127.6
第三产业	14930.0	31.9	17947.2	30.7	120.2
全国	46759.4	100.0	58478.1	100.0	125.1

注：金额、比重按当年价格计算，速度按可比价格计算；
各产业比重之和可能不等于全国比重，是因为有些数字进行过舍入修约

总标题就是表的名称，它概括说明表的内容。横行标题又称横标目，即横行的名称，说明横行的内容。纵栏标题又称为纵标目，即纵栏的名称，说明纵栏的内容，指标数值是说明总体，总体各组的统计指标数值，列在横行标题与各纵栏标题的交叉处。统计表中任何一个数字的内容由横行标题和纵栏标题限定。

此外，有些统计表在表下还增列补充资料、注解、附记、资料来源，某些指标的计算方法、填表单位、填表人及填表日期等。

统计表从内容看，是由主词和宾词两部分组成的，主词是统计表所要说明的对象及总体，总体各组或总体各个单位名称的部分。宾词是说明主词的各种指标，包括指标名称和指标数值。

（三）统计表的种类

统计表按总体分组的不同，可分为简单表、简单分组表和复合分组表。

（1）简单表是指对总体未经过任何分组的统计表。主词排列是总体各单位的名称，或者时间顺序，如表 3-14 和表 3-15 所示。

表 3-14 1994 年几个国家人口统计资料

国别	人口出生率/%	人口死亡率/%	自然增长率/%
中国	17.7	6.5	11.2
美国	15.2	8.8	6.4
日本	10.1	7.0	3.1
德国	9.5	10.9	−1.4
英国	12.9	10.7	2.2
法国	12.3	9.0	3.3
俄罗斯	9.5	15.5	−6.0
印度	29.0	10.0	19.0

资料来源：《1996 中国统计年鉴》；印度人口生命数据为 1993 年的

表 3-14 是按总体各单位名称排列的简单表，反映在同一时间条件下，不同空间范围内的某项或某几项统计数列的表格，称空间数列表，可用于反映某一或某些社会经济现象在不同空间内的数量分布，故又称静态表。

表 3-15 1991～1995 年我国财政收支总额

年份	财政收入/亿元	财政支出/亿元	收支差额/亿元
1991	3149.5	3386.6	−237.1
1992	3483.4	3742.2	−258.8
1993	4349.0	4642.3	−293.3
1994	5218.1	5792.6	−574.5
1995	6242.2	6823.7	−581.5

表 3-15 是按时间顺序排列的简单表，反映在同一空间条件下，不同时间阶段上的某项或某几项统计数列的表格，称时间数列表，可用于说明在空间范围不变的条件下某一或某些社会经济现象在不同时间上的数量变动，故又称动态表。

还可以将上述两方面的内容结合起来，既说明某一或某些社会经济现象在不同空间的数量分布，又说明其在不同时间上的数量变动，这种统计表称时空数列结合表。

（2）简单分组表指对总体仅一个标志进行分组的统计表，如表 3-1～表 3-3 所示。

（3）复合分组表指对总体按两个以上标志精心叠层分组，即应用复合分组的统计表。复合分组表可以利用更多的标志，对总体进行更深入的研究，如表 3-16 所示。

表 3-16 2008 年底某地区职工分布情况

按企事业机关和性别分组	职工人数/千人	比重/%
全国总计	14907.9	100.0
一、企业	11364.6	76.2
男性	6855.0	46.0
女性	4509.6	30.2
二、事业	2534.9	17.0
男性	1515.4	10.2
女性	1019.5	6.8
三、机关	1008.4	6.8
男性	783.0	5.3
女性	225.4	1.5

（四）统计表的设计

统计表的设计必须以科学、实用、简练、美观为原则。应注意以下问题。

（1）设计表之前，要对列入表中的统计资料进行全面的分析研究，研究如何分组、如何设置指标、如何安排主词和宾词等，要有一个全面的考虑和安排，做到主次分明、集中醒目、科学合理。设计统计表时，内容切忌庞杂，最好一个表集中说明一个问题。如果需要反映的问题较多，可以分成几个表。

（2）统计表的标题，特别是总标题要确切简洁地反映统计表的基本内容、资料所属时间和地点。

（3）当表中的栏数较多时，为了阅读和引用上的方便可以给各栏编号，通常主词栏和计量单位栏分别以（甲）、（乙）……次序编号；宾词栏分别就（1）、（2）……次序编号。

（4）表中数字都是一种单位时可在表的右上方标明。若各指标的计量单位不同，可设计量单位栏或行，或在横行标题或纵栏标题中说明。

（5）表中数字要填写整齐，数位对准，表中不能留空格。当数字为 0 或不应该有数字时，应该在格内填“—”；当缺某项资料时，应在格内填“……”。

（6）统计表一般设计成方形。上下两端应用粗线或双线绘制，统计表的左右应该采用不画线的“开口”。

（7）在使用电子计算机的条件下，统计表的横向宽度要符合打印机的型号。在手工整理的条件下，长宽应保持适当比例。为便于阅读，横行在填列数据时可以每隔五行空一行。

（8）资料来源、注释一般都写在表下，必要时可以附简要的说明。

二、统计图的制作

（一）常用的统计图

（1）直方图，即用直方形的宽度和高度来表示次数分布的图形。例如，用表 3-12 分组资料的各组限、组距和次数画成直方图，如图 3-4 所示。直方图的宽度表示组距，高度表示各组的次数。直方图中各直方框内的总面积则表示总次数。

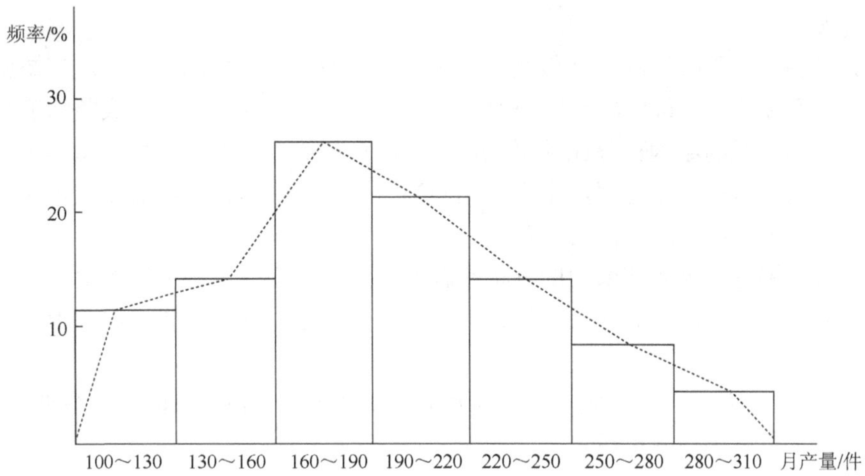

图 3-4　次数分布直方图和折线图

应该指出的是，不等距数列绘制直方图不是以各组次数或频率作直方图的高，而是以次数密度作直方图的高。这样，才能消除组距不等对总体分布的影响。

（2）折线图，即在直方图的基础上，用连续的折线来表示次数分布的图形。用表 3-12 分组资料各组的组中值和次数画成折线图，便如图 3-4 中虚折线所示。

（3）曲线图，当变量值非常多（变量数列的组数也相应增多），组距非常小时，折线便近似表现为一条平滑的曲线。假设表 3-12 资料中，原来的月产量单位是万件，现在以件为单位，就会形成相当多的分组，再假设工人人数不是 50 人，而是 50 万人，折线图进一步平滑，得到曲线图表示其次数分布如图 3-5 所示。

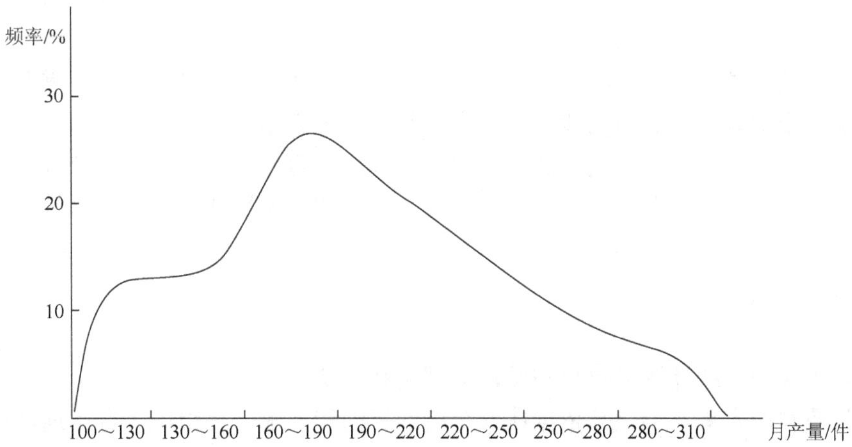

图 3-5　次数分布曲线图

（4）条形图，又名长条图，以条的长度表示事物的数量，可以表示绝对数，也可以表示相对数或平均数。常用的条形可以横置或纵置，也有单式、复式和分段条形图等多种形式。条形图主要应用于对分类指标的统计分析，可以直观地察看不同类别的基本统计量的情况。

（5）饼图，又称圆形图，是用圆形或圆内扇形的面积来表示数据值。在饼图的绘制中，每个圆面积代表 100%，然后分别绘制各部分所占的百分比并换成圆的度数。饼图主要用于不同分类的结构百分比的展示，它可以直观地看出不同类别在总体中所占的比重，对于结构性研究十分有用。由于在相同半径下，扇形面积与圆心角成正比，所以各扇形的中心角度为：360°×各组频率。

（6）雷达图是把纵向和横向的分析比较方法结合起来的一种展现图形，是一种多指标的图示方法。这种图形既像雷达荧光屏上看到的图像，也像个蜘蛛网，因此有人称为蛛网图。

（7）气泡图反映了三个指标，类似于散点图，其第三个指标反映气泡数据点的大小。气泡越大，则第三个指标也越大。

（二）统计图制作的注意事项。

设计和制作统计图时一般应注意以下几点。

（1）每张图都要有号码和标题，标题要简明扼要，最好说明数据的来源。

（2）尽量避免使用附加的图标说明，应将图标的意义及所表示的数量尽可能标记在对应的位置上。

（3）数据和作图用笔墨之间的比例要恰当，避免太少或太多的标注、斜线、竖线、横线等，既要清楚又要简明。

（4）度量单位的选择要恰当，使得图形的表现均衡，使所有的差异都为可视的和可解释的。有时过于强调将图形放在事情发生的度量范围之内，就像是放大的照片那样，实际上是不恰当的，因为可能会导致误解。

（5）作图时最好既使用颜色，又使用文字说明，以便在进行必要的黑白复印时仍能清楚如初。

（6）颜色和纹理的选择不是随机的，要有一定的逻辑性。例如，真正重要的部分应该用更加突出的颜色、更粗的线条或更大的符号等来表示。

（7）图形的安排要符合人们的阅读习惯。例如，西方人阅读的图形应符合从左到右的顺序；阿拉伯人是从右到左；中国人和日本人可能更习惯从上到下；等等。

本章小结

本章主要阐述统计资料收集与整理的理论和方法。

统计资料的收集与整理是依据统计分析的目的和要求，有组织、有计划地搜集资料并对这些资料进行去伪存真、去粗取精的分类整理、浓缩简化的工作过程。它是进行统计分析的必要前提，是保证统计数据客观、真实、准确、可靠的关键。

通过本章的学习，期望能够明确统计整理的地位；掌握分组的方法和汇总技术，特别是分组标志的选择；认识统计分布，掌握数据显示的方法；掌握变量数列的编制及统计表的编制方法。

本章练习题

一、判断题（在题后的括号内，正确的打✓，错误的打×，并改正）。

1. 能够对统计总体进行分组，是由统计总体中各个单位所具有的差异性特点决定的。（ ）
2. 统计分组的关键是正确选择分组标志和划分各组的界限。（ ）
3. 简单分组涉及总体的某一个标志，复合分组则涉及总体两个以上标志，因此，将两个简单分组排列起来，就是复合分组。（ ）
4. 单项式频数分布的组数等于变量所包含的变量值的种数。（ ）
5. 统计分组的根本作用是分析复杂的社会经济现象总体的内部结构。（ ）
6. 在组距相等的条件下，次数分布和次数密度的分布是相同的。（ ）
7. 按“上限不在内”原则划分各组单位数，在确定组限时最小组的下限应大于最小变量值。（ ）
8. 用组中值代表组内变量值的一般水平有一个必要的前提：各单位的变量值在本组范围内呈均匀分布或在组中值两侧呈对称分布。（ ）
9. 统计表的主词栏是说明总体特征的各项统计指标。（ ）
10. 次数分布的类型，主要取决于社会经济现象本身的性质。（ ）

二、单选题（将备选答案中唯一正确的选项序号填在括号内）。

1. 统计分组的关键问题是（ ）
   A. 确定分组标志和划分各组界限　B. 确定组距和组数
   C. 确定组距和组中值　D. 确定全距和组距
2. 要准确地反映异距数列的实际分布情况，必须采用（ ）
   A. 次数　B. 累计频率　C. 频率　D. 次数密度
3. 按品质标志分组，分组界限的确定有时会发生困难，这是由于（ ）
   A. 组数较多　B. 标志变异不明显
   C. 两种性质变异间存在过渡形态　D. 分组有粗有细
4. 对企业先按经济类型分组，再按企业规模分组，这样的分组，属于（ ）
   A. 简单分组　B. 平行分组　C. 复合分组　D. 再分组
5. 用组中值代表各组内的一般水平的假定条件是（ ）
   A. 各组的次数均相等　B. 各组的组距均相等
   C. 各组的变量值均相等　D. 各组次数在本组内呈均匀分布
6. 对统计总体按两个及两个以上标志分组后形成的统计表称为（ ）
   A. 简单表　B. 简单分组表　C. 合分组表　D. 汇总表

7. 对某地区的全部商业企业按实现的销售额进行分组，这种分组属于（　　）
A.变量分组　B.属性分组　C.分组体系　D.复合分组
8. 在频数分布中，频率是指（　　）
A. 各组频数之比　B. 各组频率之比
C. 各组频数与总频数之比　D. 各组频数与各组次数之比
9. 频数分布用来表明（　　）
A. 总体单位在各组的分布状况　B. 各组变量值构成情况
C. 各组标志值分布情况　D. 各组变量值的变动程度
10. 统计表的主词是统计表所要说明的对象，一般排在统计表的（　　）
A. 左方　B. 上端中部　C. 右方　D. 下方
11. 用组中值与次数求坐标点连接而成的统计图是（　　）
A. 直方图　B. 条形图　C. 曲线图　D. 折线图
12. 按字母的顺序或笔画数的多少顺序排序的统计数据一般是（　　）
A. 定类型数据　B. 定距数据　C. 定比数据　D. 定序数据
13. 多指标的图示方法是（　　）
A. 直方图　B. 条形图　C. 环行图　D. 雷达图
14. 划分离散变量的组限时，相邻两组的组限（　　）
A. 必须是间断的　B. 必须是重叠的
C. 既可以是间断的，也可以是重叠的　D. 应当是相近的
15. 某工业局所属 100 家企业按产值（万元）采取组距式分组，第一组 45～55，第二组 55～65，第三组 65～75，第四组 75 以上，则数据（　　）
A. 55 在第一组　B. 65 在第二组
C. 65 在第三组　D. 75 在第三组

三、多项选择题（将备选答案中全部正确的选项序号填在括号内）。

1. 统计分组的作用在于（　　）
A. 区分现象的类型
B. 反映现象总体的内部结构变化
C. 比较现象间的一般水平
D. 分析现象的变化关系
E. 研究现象之间数量的依存关系
2. 指出下表表示的分布数列所属的类型（　　）

按劳动生产率分组/（件/人）	职工人数/人
50～60	10
60～70	20
70～80	26
80～100	17
总和	73

A. 品质数列　B. 变量数列　C. 分组数列
D. 组距数列　E.等距数列

3. 指出下列分组哪些是属性分组（　）
A. 人口按性别分组　B. 企业按产值分组　C.家庭按收入水平分组
D. 在业人口按文化程度分组　E.宾馆按星级分组

4. 对统计数据准确性审核的方法有（　）
A. 计算检查　B. 逻辑检查　C. 时间检查
D. 调查检查　E. 平衡检查

5. 统计数据的预处理，包括（　）
A. 数据分类　B. 数据筛选　C. 数据审核
D. 数据订正　E. 数据排序

6. 按主词是否分组，统计表可分为（　）
A. 单一表　B. 简单表　C. 分组表
D. 复合表　E. 综合表

7. 统计数据的审核主要是审核数据的（　）
A. 准确性　B. 及时性　C. 完整性
D. 科学性　E. 代表性

8. 统计数据整理的内容一般有（　）
A. 对原始数据进行预处理　B. 对统计数据进行分组　C. 对统计数据进行汇总
D. 对统计数据进行分析　E. 编制统计表、绘制统计图

9. 国民经济中常用的统计分组有（　）
A. 经济成分分组　B. 登记注册类型分组　C. 国民经济行业分类
D. 三次产业分类　E. 机构部门分类

10. 下列分组哪些是按品质标志分组（　）
A. 居民按家庭收入分组　B. 企业按经济类型分组　C. 人口按文化程度分组
D. 粮食产量按地区分组　E. 商店按销售额分组

11. 下列分组哪些是按数量标志分组（　）
A. 工业企业按工业总产值分组　B. 固定资产按用途分组
C. 某工业部门按劳动生产率分组　D. 人口按民族分组
E. 工人按日产零件数分组

12. 组距式分组中，影响次数分布的要素有（　）
A. 组距与组数　B. 组限与组中值　C. 总体单位数
D. 总体标志值　E. 分配数列的分组标志

四、计算与分析题（要求：有计算公式及计算过程，计算结果保留两位小数）。

1. 已知某城市甲居民区 80 户家庭人均可支配月收入资料如下（计量单位：元）：

500	550	900	800	850	960	830	570
640	520	870	1200	970	1220	1240	840

820	819	750	760	875	965	880	945
1100	1240	540	670	745	970	895	950
730	890	852	948	1010	958	830	808
560	590	660	690	865	956	1060	785
743	874	537	833	986	892	933	1028
690	1080	895	921	908	815	936	837

要求，根据上述资料：

（1）将原始资料数值从小到大排列，指出数列中的最小值、最大值，并计算出全距；

（2）试确定适当的组数和组距，对排列好的数据按家庭人均可支配月收入分组，并汇总出各标志对应的户数；

（3）对分配数列计算频率，并对频率及频数进行向上累计和向下累计；

（4）绘制频率分布直方图及折线图并据图表指出 80 户居民家庭人均可支配月收入的分布特征。

2. 某企业工人月工资额（包括奖金）与完成加工定额情况如下表：

工人编号	完成加工定额/%	月工资/元	工人编号	完成加工定额/%	月工资/元
1	200	1975.0	16	86	1340.0
2	180	1840.0	17	82	1355.0
3	140	1570.0	18	170	1750.0
4	191	1860.0	19	135	1550.0
5	125	1550.0	20	137	1580.0
6	97	1370.0	21	126	1530.0
7	89	1350.0	22	190	1880.0
8	150	1590.0	23	145	1570.0
9	128	1575.0	24	100	1400.0
10	108	1580.0	25	102	1425.0
11	133	1555.0	26	105	1460.0
12	190	1840.0	27	127	1570.0
13	151	1650.0	28	130	1545.0
14	147	1575.0	29	149	1600.0
15	148	155.5.0	30	148	1595.0

将表中资料编制成组距式分配数列，并分析工人完成加工定额和月工资之间的相互联系。

第四章

总量指标和相对指标

从本章开始，要介绍统计工作的最后一个阶段——统计分析。统计分析是指对所搜集并经过整理的大量统计资料，运用统计特有的方法进行系统的分析研究、判断推断，从定量分析入手，揭示社会经济现象的一般特征和规律性的过程。统计分析方法有综合指标法、时间数列法、指数法、抽样推断法和相关与回归分析法等。其中，综合指标法是统计分析的最基本方法，因为其他分析方法都是以综合指标法为基础的。

综合指标法是运用综合指标对总体的数量关系进行分析研究、综合概括的方法。因为统计指标都是反映总体综合特征的，所以统计指标都是综合的。总体的数量关系是十分复杂的，所以综合指标也是多种多样的。根据它们的作用和表现形式不同，可以分为总量指标、相对指标等。

第一节　总量指标

一、总量指标的概念和作用

总量指标是反映社会经济现象总体规模或水平的指标，又称为绝对数，如人口总数、劳动力总量、国土面积、国内生产总值、粮食总产量等。

总量指标也称统计绝对数，是对统计调查来的原始资料经过分组和汇总得到的各项统计数字，是统计整理阶段的直接成果，其数值与总体范围成正比，属于统计指标中的外延指标。在第一章中指出它与绝对数指标是同一个定义。总量指标之间的绝对差额也属总量指标。

总量指标是最基本的综合指标，为做好统计分析奠定了良好基础，在社会经济统计中计算总量指标有着重要意义。

首先，总量指标是对社会经济现象认识的起点。人们要想了解一个国家或一个地区的国民经济和社会发展状况，首先就要准确地掌握客观现象在一定时间、地点条件下的发展规模或水平，然后才能更深入地认识社会。例如，为了科学地指导国民经济和社会的协调发展，就必须通过总量指标正确地反映社会主义再生产的基本条件和国民经济各部门的工作成果，即反映我国土地面积、人口和劳动资源、自然资源、国民财富、钢产量、工业总产值、粮食产量、农业总产值、国民收入额以及教育文化等方面的发展状况。

其次，总量指标是实行社会经济管理的依据之一。一个国家或地区为更有效地指导经济建设，保持国民经济协调发展，就必须了解和分析各部门之间的经济关系。它虽然可以用相对数、平均数来反映，但归根结底还是需要掌握各部门在各个不同时间的总量指标。

最后，总量指标是计算相对指标和平均指标的基础。总量指标是统计整理汇总后，首先得到的能说明具体社会经济总量的综合性数字，是最基本的统计指标。相对指标和平均指标一般都是由两个有联系的总量指标相对比而计算出来的，它们是总量指标的派生指标。总量指标计算是否科学、合理、准确，将会直接影响相对指标和平均指标的准确性。

二、总量指标的种类

（一）按反映的内容不同分类

按反映的内容不同分为总体单位总量和总体标志总量。

总体单位总量即总体单位数，是反映总体或总体各组单位的总量指标，简称单位总量。它是总体内所有单位的合计数，主要用来说明总体本身规模。

总体标志总量是反映总体或总体各组标志值总和的总量指标，简称标志总量。它是总体各单位某一标志值的总和，主要用来说明总体各单位某一标志值总量。

例如，研究某城市物流企业的生产情况时，物流企业总数就是单位总量，职工人数、企业增加值等就是标志总量。

单位总量和标志总量的划分不是固定不变的，其随着研究目的和研究对象的变化而变化。一个总量指标常常在一种情况下为总体标志总量，在另一种情况下则表现为总体单位总量。明确总体单位总量和总体标志总量之间的差别，对计算和区分相对指标与平均指标具有重要的意义。例如，企业职工人数在研究职工情况时，它是单位总量，而在研究物流企业时，它就是标志总量。

（二）按反映的时间状况不同分类

按所反映的时间状况不同分为时期指标和时点指标。

时期指标，也称时期数或流量，是反映总体在一定时期内发展过程的总量指标，如产品产量、产品产值、商品销售额、投资总额等。

时点指标，也称时点数或存量，是反映总体在某一时点（瞬间）上所处状况的总量指标，如职工人数、商品库存量、设备台数等。

时期指标与时点指标有三个方面的不同。

（1）时期指标具有可加性。在计算期内，时期指标的数值是累加的，说明较长时期内现象发生的总量，例如，企业的年产值就是月产值的累计数，表示一年内各月产值的总和。时点指标不具有可加性。除在空间上或计算过程中可相加，时点指标一般在纵向上数据不能相加，例如，企业各月末人口数之和不等于年末人口数。

（2）时期指标数值与时期有直接关系。在一般情况下，时期越长，数值越大，例如，企业年产值必定大于年内某月产值。时点指标数值与时点间隔没有直接关系，例如，年末设备台数并不一定比年内某月月末设备台数多。

（3）时期指标的数值一般通过连续登记取得。时点指标的数值则通过间断登记取得。

时期指标与时点指标最根本的区别，还在于各自反映的现象在时间规定性上的不同。弄清时期指标与时点指标的区别，对于计算总量指标动态数列的序时平均数是很重要的。

（三）按采用计量单位不同分类

按所采用计量单位不同划分为实物指标、价值指标和劳动量指标。

实物指标是用实物单位计量的总量指标。实物单位是根据事物的属性和特点而采用的计量单位，主要有自然单位、度量衡单位和标准实物单位。

例如，人口以“人”为单位，汽车以“辆”为单位，牲畜以“头”为单位等属于自然单位；煤炭以“吨”为单位，棉布以“尺”或“米”为单位，运输里程以“千米”为单位等属于度量衡单位；将各种不同含量的化肥，用折纯法折合成含量 100%来计算其总量，将各种不同发热量的能源统一折合成 29.3 千焦/千克的标准煤单位计算其总量属于标准实物单位。

价值指标是用货币单位计量的总量指标。货币单位是用货币“元”来度量社会劳动成果或劳动消耗的计量单位，如国内生产总值、社会商品零售额、产品成本等。

劳动量指标是用劳动量单位计量的总量指标。劳动量单位是用劳动时间表示的计量单位，如“工日”“工时”等。工时是指一个职工做一小时的工作，工日通常指一个职工做八小时的工作。

三、计算和应用总量指标应注意的问题

总量指标的计算方法有两种：一种是通过对总体单位进行全面调查登记，采用直接计数、点数或测量等方法，逐步计算汇总得出的。例如，统计报表中的总量资料，普查中的总量资料，都是采用这种直接计量法取得的。另一种是在不能直接计算或不必直接计算总体的总量指标的少数情况下，才采用估计推算的方法取得有关的总量资料。根据统计调查的资料汇总后计算的总量指标应遵循以下原则。

（一）科学性

科学性指必须以科学的理论来明确规定每项指标的含义、范围和计算方法。这是正确统计总量指标的首要问题。例如，要计算物流企业增加值等总量指标，首先应清楚这些指标的含义、性质，才能据以确定统计范围、统计方法。要解决好这个问题，必须正确理解被研究现象的性质、含义，同时要熟悉统计制度的有关规定，才能统一计算口径，正确计算出它们的总量。

（二）可比性

可比性是指计算总量指标应注意历史条件变化对指标内容和范围的影响，使不同时期的总量指标具有可比性或便于调整使之可比，利于动态研究。

（三）统一性

统一性是指计算和应用总量指标要注意计算口径、计算方法和计量单位的统一，才

能进行汇总计算，便于对比研究。

第二节 相对指标

要分析一种社会经济现象，仅仅利用总量指标是远远不够的。如果要对事物做深入的了解，就需要对总体的组成和其各部分之间的数量关系进行分析、比较，这就必须计算相对指标。科学地运用相对指标分析，可以客观地反映现象间的本质联系及其发展的规律性。

在总量指标的基础上，对指标进行对比分析，是统计分析的主要内容之一。

一、相对指标的意义

（一）相对指标的概念及表现形式

相对指标是由两个有联系的指标对比计算的比率，反映社会经济现象之间的发展程度、结构、强度、普遍程度或比例关系的综合指标，又称为统计相对数，简称相对数。例如，人口的性别构成与年龄构成，企业生产计划完成程度，国内生产总值增长速度等都是相对指标。

相对指标的特点是在总量上将现象之间的差异抽象化，不受总体规模、时间的影响。

相对指标是质量指标的一种表现形式。其具体数值表现形式有两种：无名数和有名数。无名数是一种抽象化的数值，多以系数、倍数、成数、百分数（%）或千分数（‰）表示。有名数主要用来表示强度相对指标，以表明现象的密度、强度和普遍程度等，例如，人均粮食产量用“千克/人”表示，人口密度用“人/千米^2”表示等。

在经济分析中常用的百分点，是百分数的一种表现形式，它是百分数中相当于 1%的单位，用绝对数形式表明百分数中 1%的个数，百分点常见于两个百分数相减的场合。例如，股票交易市场上，以上市时的股票价格为基数，若将两个不同时间的股票价格与之相比分别为 130%和 170%，则后一时间上的股票价格比前一时间上升了 40 个百分点。

（二）相对指标的作用

在统计分析中运用相对指标，能够更清楚地认识现象之间的关系，可以使不能直接对比的现象找到对比的基础，因此具有如下重要作用。

（1）可以反映现象的相对水平、普遍程度、比例关系、内部结构，弥补总量指标的不足，使人们清楚了解现象的本质。例如，某物流企业去年实现利润 50 万元，今年实现利润 55 万元，则今年利润增长了 10%，这说明了企业良好发展的趋势。

（2）可以使原来无法直接对比的指标具有可比性。例如，不同的企业由于产品不同、历史条件不同，如果直接用企业增加值、利润比较评价意义不大，但如果采用资金利润率、资金产值率、计划完成程度、固定资产利用率等相对指标进行比较，便能做出合理、正确的评价。

（3）可以分析和评价宏观经济管理和企业经营活动。例如，在宏观经济管理中，广泛运用各种相对指标检查、监督和分析国民经济速度、比例、效益。企业在生产经营活动中，作为评价、考核企业经营状况的各项技术经济指标也大都为相对指标。

二、相对指标的种类和计算

相对指标根据研究目的、对比基础的不同可分为结构相对指标、比例相对指标、比较相对指标、强度相对指标、计划完成程度和动态相对指标六种，其中前五种属于静态相对指标。

（一）结构相对指标

结构相对指标是在总体分组的基础上，计算各组成部分数值占总体总数值的比重，反映总体内部构成情况的综合指标。一般用百分数或比重表示，也称为比重指标。公式为

$$\text{结构相对指标}(\%)=\frac{\text{总体中某一部分数值}}{\text{总体数值}}\times 100\% \tag{4-1}$$

例 4.1　某企业中有职工 100 人，其中男职工 60 人，用男职工人数除以总人数为 60%，即结构相对指标。

结构相对指标特点如下所示。

（1）各组成部分所占比重之和应等于 100%。

（2）分子、分母不可互换。

（3）分子、分母同属一个总体、同类现象、同一时间。

用结构相对指标分析社会经济的方法称为结构分析法，在统计分析中有着重要的作用。

首先，它可以说明总体内部构成情况，反映社会经济现象的本质和特征。根据 2000 年第五次全国人口普查资料可知，男性人口数占全国总数的 51.63%，女性人口数占全国人口总数的 48.37%。这正反映了人口构成的特点是男性人口占的比重比女性大。

其次，将不同时间上的结构相对指标进行对比分析，可以说明事物的变化和发展规律。例如，表 4-1 中所列资料，就反映了某城市近年来轻、重工业结构比例的变化情况。

表 4-1　1998～2003 年某城市轻、重工业结构（按当年价格计算）

年份	2003	2004	2005	2006	2007	2008
轻工业产值/%	42.9	41.9	39.8	39.4	39.1	35.5
重工业产值/%	57.1	58.1	60.2	60.6	60.9	64.5

再次，结构相对指标可用来说明事物素质状况和工作质量。例如，技术进步因素占总产出的比重可以反映一个国家或地区的技术进步状况，各种文化程度的人口占总人口的比重可以说明人口的文化素质，合格品占全部产品的比重可以说明产品制造过程的工作质量。

特别强调的是，在实际应用中，结构相对指标总是以具体的名称出现的，如及格率（不及格率）、产品合格率（产品不合格率）、市场占有率、恩格尔系数等。正确判别指标的类型，是正确应用指标进行分析的重要基础。

（二）比例相对指标

比例相对指标是总体内部不同部分的数量对比，反映总体中内各组成部分之间的比例关系和协调平衡状态的综合指标。其计算公式如下：

$$比例相对指标=\frac{总体中某一部分数值}{总体中另一部分数值} \tag{4-2}$$

比例相对指标计算结果通常以百分数表示，还有以比较基数单位为 1，100，1000 的形式表示，例如，以女性为 100，人口性别比例为 105∶100。

比例相对指标特点如下所示。

（1）分子、分母可以互换。

（2）对比的数值既可以是绝对数，也可以是相对数。

（3）分子、分母同属一个总体、同一时间。

比例相对指标可以反映现象内部各组成部分之间的比例关系，可以研究总体各部分（组）的协调性问题。例如，利用比例相对指标可以研究国民经济中各产业间的协调性问题。

特别强调的是，比例相对指标所反映的是总体中结构性的比例关系，它同结构相对指标有着极密切的联系。它们的作用相同，只是采取不同的对比方式来反映各自不同的侧重点。

（三）比较相对指标

比较相对指标是将两个同类指标做静态对比得出的综合指标，即两个同类现象的指标同一时间内在不同空间条件下的数量对比关系，是不同单位的同类指标之比。一般用倍数或百分数表示。其计算公式为

$$比较相对指标=\frac{某条件下的某类指标数值}{另一条件下的同类指标数值} \tag{4-3}$$

在统计分析中常用比较相对指标对比不同地区、不同部门、不同单位以及不同国家之间的某项指标数值。通过对比，反映差异，挖掘潜力。

例 4.2 甲、乙两个钢铁厂 2009 年的产量分别为 800 万吨和 500 万吨，两个钢铁厂在钢铁产量方面的数量关系为

$$\frac{甲厂钢产量}{乙厂钢产量}=\frac{800}{500}=1.6(倍)或160\%$$

计算结果表明，甲厂钢产量是乙厂钢产量的 1.6 倍。

比较相对指标特点如下所示。

（1）比较相对指标可以用绝对数对比，也可以用相对数或平均数对比。

（2）对比的两个数值可以互换。

（3）分子、分母属于不同总体、同类现象、同一时间。

比较相对指标是两个独立的总体，计算时，分子、分母指标的含义、口径、计算范围和计量单位必须一致。

（四）强度相对指标

强度相对指标是两个性质不同但有一定联系的总量指标之间的对比，用来说明社会经济现象的强度、密度和普遍程度的综合指标。其计算公式如下：

$$强度相对指标=\frac{某一总量指标数值}{另一有联系而性质不同的总量指标数值} \tag{4-4}$$

例 4.3 某地有人口 100 万人，土地面积 100 平方千米，人口数和土地面积分别是同一总体的两个不同方面，用人口数除以土地面积得到人口密度为 1 万人/千米^2，即强度相对指标。

强度相对指标特点如下所示。

（1）表现形式多为复名数，表现为有名数，一般用双重计量单位表示，由指标的分子和分母的单位组成。例如，以工农业产品产量与人口数对比，说明平均每人占有的重要工农业产品产量，用于表明一个国家的经济发展水平。如将商业网点数同居民人数对比以及将卫生技术人员同人口数对比，用于表明社会服务能力。

有些强度相对指标也用无名数表示，表现为倍数、百分数或千分数。例如，人口的增长率、出生率、死亡率等也是强度相对指标，多用千分数计量；资金利润率、流通费用率（每百元销售额占用费用）等经济管理指标由百分数表示。

（2）一些强度相对指标对比的两个总量指标可以互换，从而产生正指标和逆指标。一般情况下正指标越大越好，逆指标越小越好。例如，人口密度是逆指标，人均土地面积是正指标。

（3）强度相对指标有“平均”的意义，但与平均指标的含义不同。

（4）分子、分母属于不同总体、不同类现象、同一时间，比较时要注意指标间的联系。

特别强调是，与结构相对指标相似，在实际应用时也是以具体的名称出现的，如人口密度、产品销售利润率、人口出生率等。必须能够正确地进行判断。

（五）计划完成程度

1. 计划完成程度相对指标的意义

计划完成程度相对指标简称计划完成程度指标、计划完成百分比，用来检查、监督计划执行情况，它以现象在某一段时间内的实际完成数与计划任务数对比，用于观察计划完成程度的综合指标，一般用百分比表示。基本公式为

$$计划完成程度(\%)=\frac{实际完成数}{计划数}\times 100\% \tag{4-5}$$

计划完成程度相对指标的子项是根据实际完成情况进行统计而得的数据，母项是下达的计划指标。由于计划数是用来衡量计划完成情况的标准，所以该公式的子项和母项不得互换，而且公式的子项和母项的指标含义、计算口径、计算方法、计量单位以及时间长短和空间范围等方面都要一致。公式的子项数值减母项数值则表明计划执行的绝对效果。

计划完成程度相对指标，可以准确地说明各项计划指标的完成程度，为正确评价工作成绩提供依据；还可以用来监督和检查国民经济与社会发展计划的执行情况，是进行宏观调控和经济管理的重要依据。

2. 计划完成程度相对指标的计算

计划数是计算计划完成程度相对指标的基数，由于基数的表现形式不同，计划完成情况相对指标在形式上也各有所异。

（1）计划任务数为绝对数，计算计划完成程度相对指标的公式为

$$计划完成程度(\%)=\frac{实际水平}{计划水平}\times 100\% \tag{4-6}$$

例 4.4 2009 年某物流企业增加值计划完成 500 万元，实际完成 650 万元，则

$$增加值计划完成程度(\%)=650\div 500\times 100\%=130\%$$

$$130\%-100\%=30\%$$

$$650-500=150(万元)$$

计算结果表明，该物流企业 2009 年增加值计划完成程度为 130%，超额完成 30%，实际比计划多完成 150 万元。

（2）计划数为相对数，下达的计划数是以比上期增长或减少百分之几的形式出现的，计算公式为

$$计划完成程度(\%)=\frac{实际完成百分比(\%)}{计划完成百分比(\%)}=\frac{1\pm 实际提高(降低)百分比}{1\pm 计划提高(降低)百分比} \tag{4-7}$$

注意：在计算计划完成程度相对指标时，不能以实际降低率（或增长率）除以计划降低率（或增长率），而应当包括原有的基数在内。

例 4.5 某物流企业 2009 年计划增加值比上年提高了 5%，实际比上年提高了 8%，则该企业增加值的计划完成程度相对数为

$$计划完成程度相对数=\frac{实际完成百分比}{计划任务百分比}\times 100\%=\frac{1+8\%}{1+5\%}=102.86\%$$

$$102.86\%-100\%=2.86\%$$

$$108\%-105\%=3\%$$

计算结果表明，该物流企业增加值 2008 年实际比计划超额完成 2.86%，实际比计划多完成了 3 个百分点。

当计划任务以相对数形式出现时，如何检查计划完成程度，同时认识到动态相对指标和计划完成程度指标之间存在的客观关系。如果把上年水平记为 a_0，计划水平记为 a_n，实际水平记为 a_1。运用这些符号，各种相对指标可表现为如下比值：

动态相对指标用 $\frac{a_1}{a_0}$ 表示；计划完成任务相对指标用 $\frac{a_n}{a_0}$ 表示；计划完成程度相对指标用 $\frac{a_1}{a_n}$ 表示。

把上面的算式用符号表示为

$$\frac{a_1}{a_0}=\frac{a_1}{a_n}\times\frac{a_n}{a_0} \tag{4-8}$$

$$\frac{a_1}{a_n}=\frac{a_1}{a_0}\div\frac{a_n}{a_0} \tag{4-9}$$

$$\frac{a_n}{a_0}=\frac{a_1}{a_0}\div\frac{a_1}{a_n} \tag{4-10}$$

显然，式（4-8）表明动态相对指标等于计划完成任务指标和计划完成程度的乘积。这个关系式很有意义，可以推算出式（4-9）和式（4-10）。

例 4.6　某物流企业 2009 年增加值计划完成 110%，2009 年增加值计划比 2008 年增长 8%，则 2009 年增加值同 2008 年相比增长多少？

根据条件可知，$\frac{a_1}{a_n}=110\%$，$\frac{a_n}{a_0}=108\%$，则

$$\frac{a_1}{a_0}=\frac{a_1}{a_n}\times\frac{a_n}{a_0}=108\%\times110\%=118.8\%$$

$$118.8\%-100\%=18.8\%$$

计算结果表明，该企业 2009 年增加值比 2008 年增长 18.8%。

（3）计划数为平均数，计算计划完成程度相对指标的计算公式为

$$\text{计划完成程度}(\%)=\frac{\text{实际平均水平}}{\text{计划平均水平}}\times100\%$$

计算思路与计划数为总量指标相同。

3. 长期计划执行情况的检查

在检查长期计划任务时，根据计划任务的不同，分为水平法和累计法两种。

（1）水平法。

制订长期计划时，有些计划指标是以计划期末应达到的水平来下达的，这样检查要用水平法。计算公式如下：

$$\text{计划完成程度}(\%)=\frac{\text{计划期末实际达到的水平}}{\text{计划期末规定达到的水平}}\times100\%$$

例 4.7　某企业“十五”期末计划规定增加值达到 400 亿元的水平，实际执行结果，达到 450 亿元，则

$$\text{计划完成程度}(\%)=\frac{\text{计划期末实际达到的水平}}{\text{计划期末规定达到的水平}}\times100\%=\frac{450}{400}\times100\%=125\%$$

$$450-400=50(\text{亿元})$$

$$125\%-100\%=25\%$$

计算结果表明，该企业增加值计划完成程度为 125%，实际比计划超额完成 50 亿元，多完成了 25%。

（2）累计法。

制订长期计划时，计划指标以计划期末的水平，而实际指标则是本期开始到计算期的累计数，这样检查要用累计法，通常称为计划执行进度。计算公式如下：

$$计划执行进度(\%)=\frac{累计至本期实际完成数}{全期计划数}\times 100\%$$

它主要用来分析计划期内的计划执行进度，并据以考核计划执行的均衡性。

例 4.8 某企业“十五”计划规定：2001～2005 年的 5 年固定资产投资总额合计为 100 亿元，实际完成 147 亿元，则

$$计划完成程度指标(\%)=\frac{5年计划期间累计实际完成数}{5年计划规定的累计数}=\frac{147}{100}=147\%$$

（六）动态相对指标

动态相对指标也是一种比较指标，它表明同类事物在不同时间状态下的对比关系，说明社会经济现象在时间上的运动、发展的变化。通常把用来作为比较标准的时期称为“基期”，而把同基期对比的时期称为“报告期”。动态相对指标的数值有发展速度和增长速度两种。其计算公式为

$$发展速度=\frac{报告期指标}{基期指标}$$

$$增长速度=发展速度-1(或 100\%)$$

发展速度计算结果大于 100%或增长速度计算结果大于 0，则为上升，小于 100%或小于 0 则为下降。

例 4.9 甲地 2008 年的地区生产总值为 100 亿元，2009 年为 120 亿元，2009 年为 2008 年的 120%，该指标 2009 年的发展速度比 2008 年增长 20%，该指标为增长速度。

因为相对指标是运用对比的方法揭示现象之间的联系程度，用于反映现象之间的差异程度，所以计算相对指标时分子分母指标是否具有可比性，是计算结果能否正确反映现象之间数量关系的重要条件。

分子分母指标的可比性主要包括：指标内容是否相适应；总体范围是否一致；计算方法是否相同；计量单位是否统一。

动态分析是重要的统计分析方法，在本书的第九章将做详细介绍。

三、相对指标计算的要求

正确计算和运用相对指标应遵循以下原则。

（一）可比性原则

可比性是指所对比的两个指标符合所研究任务的要求，对比的结果要能反映所要说明的问题。

可比性原则具体表现在对比指标的含义、内容、范围、时间、空间和计算方法等口径方面是否协调一致、相互适应。如果各个时期的统计数字因行政区划、组织机构、隶属关系的变更，或因统计制度方法的改变不能直接对比的，就应以报告期的口径为准，调整基期的数字。例如，许多用货币单位表示的价值指标，由于价格的变动，对各期的

数字进行对比，不能反映实际的发展变化程度，一般要按不变价格换算，以消除价格变动的影响。

（二）相对指标和总量指标结合运用的原则

绝大多数的相对指标都是两个有关的总量指标数值之比，用抽象化的比值来表明事物之间对比关系的程度，而不能反映事物在绝对量方面的差别。因此在一般情况下，如果相对指标离开了基础性的总量指标，就不能深入地说明问题。

（三）各种相对指标综合应用的原则

各种相对指标的具体作用不同，都是从不同的侧面来说明所研究的问题。为了全面而深入地说明现象及其发展过程的规律性，应该根据统计研究的目的，综合应用各种相对指标。例如，为了研究工业生产情况，既要利用生产计划的完成情况指标，又要计算生产发展的动态相对数和强度相对数。又如，分析生产计划的执行情况，有必要全面分析总产值计划、品种计划、劳动生产率计划和成本计划等完成情况。

此外，将几种相对指标结合起来运用，可以比较、分析现象变动中的相互关系，更好地阐明现象之间的发展变化情况。由此可见，综合运用结构相对指标、比较相对指标、动态相对指标等多种相对指标，有助于剖析事物变动中的相互关系及其后果。

本章小结

本章共分两节，阐述了综合指标中的总量指标和相对指标的分类、特点及其运用。其中相对指标的计算与应用是本章的重点内容。

总量指标属于数量指标，是最基本的综合指标，它的计算和应用必须要注意指标的科学性、可比性、统一性。

相对指标属于质量指标，是由两个有联系的指标对比计算的比率，反映社会经济现象之间的发展程度、结构、强度、普遍程度或比例关系的综合指标。由于相对指标的抽象性，运用结构相对指标、比例相对指标、比较相对指标、强度相对指标、计划完成相对指标、动态相对指标等六类相对指标时必须注意指标的可比性。

通过本章的学习，对前面所介绍的统计调查、统计整理的知识将有更为深入的了解，掌握统计分析的基本方法，并为学习平均指标、变异指标以及其他统计分析方法打下坚实基础。

本章练习题

一、判断题（在题后的括号内，正确的打✓，错误的打×，并改正）。

1. 绝对数随着总体范围的扩大而增加。（　　）
2. 总体单位总数和总体标志值总数是不能转化的。（　　）
3. 水平法和累计法的选择依据是计划指标。（　　）
4. 如果计划完成相对数的数值大于 100%，则说明超额完成了计划。（　　）

5. 可比性原则是计算与应用相对指标的根本性原则，要求对比的两个指标在总体范围、时间范围、指标名称、计算方法等方面都要相同。（　　）

6. 反映总体内部构成特征的指标只能是结构相对数。（　　）

7. 相对数都是抽象值，可以进行广泛比较。（　　）

8. 随着研究目的变化，总量指标与相对指标可以相互转化。（　　）

9. 时期指标是无限多个时点指标的总和。（　　）

10. 时点指标数值与时间间隔没有直接联系，为此，在运用时点指标进行管理考核时，必须要选择标准时间和时间间隔。（　　）

11. 计算结构相对数必须建立在统计分组的基础上。（　　）

12. 由于相对指标具有相对性，任何一个相对指标都同时存在着正逆两个指标。（　　）

13. 相对指标反映的是两个有联系的指标的对比关系，所以，其计算结果都为无名数。（　　）

14. 某工业企业 2009 年的工人劳动生产率计划提高 10%，实际工人劳动生产率提高 15%，则该企业劳动生产率提高计划完成程度为 150%。（　　）

15. 人口出生数、职工人数、年平均人数都是时点指标；产品库存额、企业增加值、商品销售额都是时期指标。（　　）

二、单选题（将备选答案中唯一正确的选项序号填在括号内）。

1. 下面属于时期指标的是（　　）

A. 商场数量　　B. 营业员人数
C. 商品价格　　D. 商品销售量

2. 某大学 10 个分院共有学生 5000 人、教师 300 人、专业 27 个。若以每个分院为调查单位，则总体单位总数是（　　）

A. 分院数　　B. 学生数　　C. 教师数　　D. 专业数

3. 下面属于结构相对数的有（　　）

A. 人口出生率　　B. 成本利润率　　C. 恩格尔系数　　D. 单位成本

4. 用水平法检查长期计划完成程度，应规定（　　）

A. 计划期初应达到的水平　　B. 计划期末应达到的水平
C. 计划期中应达到的水平　　D. 整个计划期应达到的水平

5. 属于不同总体的不同性质指标对比的相对数是（　　）

A. 动态相对数　　B. 比较相对数　　C. 强度相对数　　D. 比例相对数

6. 第五次全国人口普查结果表明，我国每 10 万人中具有大学程度的人数为 3611 人。该数字为（　　）

A. 绝对数　　B. 比较相对数　　C. 强度相对数　　D. 结构相对数

7. 对甲、乙两个工厂生产的饮料进行质检，不合格率分别为 6%和 10%，则饮料不合格品数量（　　）

A. 甲＞乙　　B. 甲＜乙　　C. 甲=乙　　D. 无法判断

8. 某商场计划 4 月份销售利润比 3 月份提高 2%，实际却下降了 3%，则销售利润计

划完成程度为（ ）

A. 66.7% B. 95.1% C. 105.1% D. 99.0%

9. 2009 年我国某城市地区生产总值为 1000 亿元，与 2008 年相比几乎翻了二番。“翻二番”表示（ ）

A. 2009 年地区生产总值的总规模

B. 是以 2008 年为标准计算的相对数

C. 2009 年地区生产总值是 2008 年的 2 倍

D. 2009 年地区生产总值比 2008 年增加了 3 倍

10. 每百户居民拥有电话机数量是（ ）

A. 总量指标 B. 平均指标 C. 强度相对指标 D. 比例相对指标

11. 下列指标中属于时点指标的是（ ）

A. 商品销售额 B. 商品销售量

C. 平均每人销售额 D. 商品库存额

12. 某企业职工工资总额预定比去年提高 12%，实际提高 14%，其计划完成程度为（ ）

A. 112% B. 114% C. 117% D. 102%

13. 下列相对数中，属于不同时期对比的指标有（ ）

A. 比较相对数 B. 动态相对数 C. 强度相对数 D. 结构相对数

14. 时点指标的数值（ ）

A. 与其时间间隔长短无必然联系 B. 通常连续登记

C. 时间间隔越长，指标值越大 D. 具有可加性

15. 我国某城市 2009 年地区生产总值为 2008 年的 108.8%，此指标为（ ）

A. 结构相对指标 B. 比较相对指标

C. 比例相对指标 D. 动态相对指标

三、多项选择题（将备选答案中全部正确的选项序号填在括号内）。

1. 绝对数的意义是（ ）

A. 反映事物的总规模 B. 反映事物总水平的增加或减少

C. 必须有计量单位 D. 只能用全面调查得到

E. 没有任何统计误差

2. 时点指标的特点是（ ）

A. 不同时间数值可以相加 B. 不同时间数值不可以相加

C. 调查资料需连续登记 D. 数值与时期长短有关

E. 数值只能间断登记

3. 在相对数中，子项和母项可以互换位置的有（ ）

A. 结构相对数 B. 比例相对数 C. 比较相对数

D. 动态相对数 E. 计划完成相对数

4. 比较相对数适用于（ ）

A. 计划水平与实际水平之比 B. 先进与落后之比

C. 不同国家之比　　D. 不同时间状态之比
E. 实际水平与标准水平之比

5. 反映国民经济产业结构的相对数是（　　）
A. 国民生产总值　　B. 第一、二、三产业产值之比
C. 各产业增长速度　　D. 各产业比上年增长量
E. 各产业占的比重

6. 据测算，我国 GDP 每增长 1%，相当于人均增加收入 70 多元；全国将增加 60 万～80 万个就业岗位。这里用到的指标有（　　）
A. 时期数　　B. 时点数　　C. 平均数
D. 强度相对数　　E. 比较相对数

7. 2009 年我国某城市发行长期建设国债 500 亿元；2009 年末，该城市居民个人储蓄存款余额突破 5000 亿元。这两个指标（　　）
A. 都是时期数　　B. 都是时点数
C. 都是绝对数　　D. 前者是时点数，后者是时期数
E. 前者是时期数，后者是时点数

8. 2009 年末我国某城市就业人员 73 万人，比上年年末增加 940 万人。年末城镇登记失业率为 3.6%（　　）
A. 就业人数是时期数　　B. 增加的就业人数是时期数
C. 就业人数是时点数　　D. 失业率是结构相对数
E. 就业人数和增加人数都是绝对数

9. 时点指标的数值是（　　）
A. 不能加总的　　B. 可以汇总的　　C. 间断计数的
D. 连续登记的　　E. 大小和时间间隔长短无关的

10. 总量指标的作用表现在（　　）
A. 它是人们认识现象总体数量特征的基础
B. 它是计算相对指标的基础
C. 它是计算平均指标的基础
D. 它是统计调查的基础
E. 它是资料整理的基础

11. 下列各项中属于时期指标的有（　　）
A. 产品产量　　B. 年末人口数　　C. 总生产费用
D. 纳税总额　　E. 储蓄存款金额

12. 相对指标的数值表现形式是（　　）
A. 绝对数　　B. 无名数　　C. 有名数
D. 平均数　　E. 比例数

13. 在下列各项指标中是强度相对指标的有（　　）
A. 人口出生率　　B. 人均占有粮食产量　　C. 农业劳动生产率
D. 产品单位成本　　E. 从业人员平均劳动报酬

14. 下列指标中属于相对指标的有（　　）

A. 计划完成百分比　　B. 男职工占全部职工比重

C. 平均考试成绩　　D. 人均粮食占有量

E. 发展速度

四、计算与分析题（要求：有计算公式及计算过程，计算结果保留两位小数）。

1. 某市三个百货店 2009 年下半年完成的商品零售额资料见下表：

商店	上半年实际销售额/万元	下半年				计划完成百分比/%	下半年零售额为上半年的百分比/%
		计划		实际			
		零售额/万元	比重/%	零售额/万元	比重/%		
甲	90	100.0		110.0			
乙	130	150.0				100.0	
丙	230			237.5		95.0	
合计			100.0		100.0	99.5	

要求：（1）计算空格指标并填充；

（2）分析丙店若能完成计划，将多销售多少万元？该市三个百货店将超额完成计划多少？

2. 某产品按五年计划规定，五年内应累计完成 200 万吨，最后一年产量应达到 50 万吨，计划执行情况见下表：

时间	第一年	第二年	第三年		第四年				第五年			
			上半年	下半年	一季度	二季度	三季度	四季度	一季度	二季度	三季度	四季度
产量/吨	44	45	22	24	11	12	12.5	12.5	13	12.5	12.5	13

试用累计法和水平法分别计算该产品五年计划完成程度并确定提前多长时间完成计划。

3. 甲地区 2009 年计划地区生产总值为 120 亿元，实际实现了 132 亿元，年平均人口为 600 万，2009 年地区生产总值的第一、二、三产业情况见下表：

项目	计划数/亿元	实际数/亿元
地区生产总值	120	132
第一产业	10	12
第二产业	65	73
第三产业	45	47

又知，该地区 2008 年地区生产总值为 110 亿元，乙地区 2009 年实现地区生产总值

为 150 亿元。利用上述资料，计算各种相对指标。

4. 根据下列材料，计算相应的相对指标，并说明它们的含义？

（1）某企业 2009 年产量为 200 万件，2008 年产量为 300 万件，试计算该企业 2009 年产量是 2008 年的多少倍？2009 年产量比 2008 年多几倍？

（2）甲月工资为 500 元，比乙多 20%，求乙的月工资额。

（3）甲厂某种产品的单位成本为 1000 元，比乙厂低 20%，求乙厂该种产品的单位成本？

（4）某企业 2009 年产品销售收入计划任务为上年的 110%，2009 年实际完成为 2008 年的 114%，试确定 2009 年产品销售计划完成程度。

（5）某工厂 2009 年产量计划为 1080 万支，计划完成程度为 110%，2009 年计划产量比 2008 年增长 8%，试确定实际产量 2009 年比 2008 年增长百分之几？

（6）某企业产值计划完成 103%，比上年增长 5%，试问计划规定比上年增加多少？又该企业产品单位成本应在上年 699 元的水平上降低 12 元，实际上本期单位成本为 672 元，试确定降低单位成本的计划完成程度。

5. 某地区 2009 年地区生产总值为 1080 亿元，超额 10%完成计划，2009 年计划国内生产总值比 2008 年增长 8%，则 2009 年实际地区生产总值比 2008 年增长百分之多少？

第五章

平均指标

第一节　平均指标概述

一、平均指标的概念和特点

平均指标根据被平均的变量值所反映的时间状态不同有两种：一种是静态平均指标或静态平均数，习惯上简称为平均数，它是指反映总体内各个总体单位某一数量标志不同数值的一般水平的统计指标。另一种是动态平均指标，又称序时平均数。本章主要介绍静态平均数。

统计研究的是社会经济总体现象，任何一个总体又是由许多总体单位组成的，而每个总体单位的特征有的表现为品质标志，有的表现为数量标志。而无论是品质标志的属性还是数量标志的数值都广泛存在着变异。因此，为了综合说明某一数量标志的一般水平，就要利用平均指标。假设某经营部门 10 名职工的月工资额分别为 500 元、520 元、600 元、630 元、650 元、550 元、570 元、550 元、600 元、540 元。要说明这 10 名职工工资月收入的一般水平，不能用个别职工的月工资水平来代表，而应该以他们的平均月工资水平来代表。由于 10 名职工月工资总额为 5710 元，于是均值为 5710/10 = 571 元。这个平均值是在 10 名职工月工资水平基础上计算出来的，反映了这 10 名职工月工资的一般水平。

通过以上的计算不难看出，平均指标具有两个特点：①它是一个代表值，代表总体各个单位某一数量标志的一般水平；②它是总体各个单位某一标志数值的差异相互抵消的结果，反映的是总体的综合数量特征。因此可以认为，平均指标是反映总体各单位的标志值分布的集中趋势的统计指标。

二、平均指标的作用

（一）平均指标具有比较分析作用

平均指标作为一个代表值，不仅使各个总体单位与其平均值之间的离差相互抵消，而且不受总体单位的影响，因而最便于用来对总体之间的某一数量特征进行比较。如两个企业的工资总额是不可比的，但它们的平均工资则是可比的，因为平均指标消除了职工人数的影响。

平均指标的这种比较分析作用包括两个方面。

(1) 同一总体在不同空间的对比，包括不同地区、不同部门和不同单位之间的比较。例如，要对比城乡居民家庭居住状况，如果用全部居住面积（即总量指标）进行比较，由于各个家庭的人口数不同，难以说明城乡居民居住水平的差异。若用人均居住面积（即平均指标）对比，就可以较好地说明城乡之间居民居住水平的差异。例如，统计 2008 年末某地区居民家庭人均居住面积，城镇居民为 8.0 平方米，农村居民为 21.0 平方米，说明农村人均居住水平比城镇居民要高。

(2) 同一总体在不同时间上的比较，以反映总体一般水平的发展变化及其规律。

（二）平均指标可以作为论断事物的一种数量标准或参考

评定一个学生考试成绩的好坏，可以用该生在班级的平均成绩衡量。又如，在企业生产管理中，制定生产定额、劳动定额、物资消耗定额等都可依据先进部门的平均指标。

（三）平均指标可以进行数量上的推断

统计中常常利用部分总体单位的平均数去推断总体平均数，或根据总体某个标志的平均数与总体单位数来推断总体标志总量。如依据部分农作物的平均收获率和土地面积的统计资料，便可以推算农作物的总产量。

平均指标通常有以下几种：算术平均数、调和平均数、几何平均数、中位数、分位数和众数。它们的计算方法条件不同，指标的含义和应用也不同。

第二节 算术平均数

一、算术平均数的基本公式

算术平均数是计算平均指标最常用的一种方法。它是总体中各个总体单位的标志值之和除以总体单位总量所得的商。基本公式为

$$\text{算术平均数}=\frac{\text{总体标志总量}}{\text{总体单位总量}} \tag{5-1}$$

在掌握了总体标志总量和总体单位总量时，就可以直接采用基本公式计算算术平均数。例如，某公司对职工支付的月工资总额为 300000 元，职工总数为 500 人，则该公司职工的月平均工资为 300000/500 = 600 元。但是在实际工作中，往往不能直接掌握上述两个数值，这就要根据所掌握的资料来计算。

二、简单算术平均数

将总体各单位的标志值直接相加，再除以总体单位数而求得的平均数，称为简单算术平均数。

例 5.1 某生产线上有 5 名工人，日产量分别为 18 件、20 件、21 件、22 件、24 件，则平均每名工人的日产量为

$$\text{工人平均日产量}=\frac{18+20+21+22+24}{5}=21(\text{件})$$

将上述计算方法用公式表示如下：

$$\bar{x}=\frac{x_1+x_2+x_3+\cdots+x_{n-1}+x_n}{n}=\frac{\sum x}{n} \tag{5-2}$$

式中，$\bar{x}$ 表示算术平均数；x 表示数量标志值；n 表示总体单位数；$\sum$表示总和。

简单算术平均数在有些情况下也可以做近似的计算。例如，有时在不掌握商品销售量资料时，用来计算商品的简单算术平均价格。而此时 n 不代表总体单位数，而是项数。所以，简单算术平均数是在没有条件得到各组次数的情况下所采用的计算方法。如果总体中各变量值出现的次数不同，就要考虑次数不同对平均数大小的影响，而采用加权算术平均数的方法计算。

三、加权算术平均数

若总体经过分组后形成变量数列，可将各组变量值分别与其次数相乘而后加总求得标志总量，再除以总体单位数而求得的平均数称为加权算术平均数。计算公式为

$$\bar{x}=\frac{x_1f_1+x_2f_2+x_3f_3+\cdots+x_{n-1}f_{n-1}+x_nf_n}{f_1+f_2+f_3+\cdots+f_{n-1}+f_n}=\frac{\sum xf}{\sum f} \tag{5-3}$$

式中，f 表示总体单位数，也称权数。

在单项数列中以 x 代表变量值，而在组距数列中 x 代表组中值。

例 5.2 某商人销售 A 产品和 B 产品。上月 A 产品销售了 70 件，B 产品销售了 30 件。若 A 产品每件平均利润为 2000 元，B 产品每件平均利润为 3000 元，试问 A 和 B 总销售的每件平均利润。根据式（5-2）计算，A 和 B 总销售的每件平均利润如下：

$$\bar{x}=\frac{\sum xf}{\sum f}=\frac{70\times2000+30\times3000}{30+70}=\frac{230000}{100}=2300(\text{元})$$

例 5.3 根据某公司业务人员每月工资分组资料计算 100 名业务员的平均月工资额，见表 5-1。

表 5-1 某公司业务员每月工资分组资料

月工资额/元	组中值/元	业务员数/人	各组工资总额/元
500～600	550	10	5500
600～700	650	10	6500
700～800	750	30	22500
800～900	850	40	34000
900～1000	950	10	9500
合计	—	100	78000

根据式（5-3）计算，100 名业务员的平均月工资额如下：

$$\bar{x}=\frac{\sum xf}{\sum f}=\frac{78000}{100}=780(\text{元})$$

以组中值作为各组的代表值计算算术平均数，具有一定的假定性，即假定总体各单位的标志值在组内是均匀分布的。但实际上十分均匀分布是不可能的，因而在组中值与实际组平均数之间不可避免地会有一定的误差，用组中值计算的算术平均数带有近似值的作用。

从以上的计算可以看出，加权算术平均数数值的大小受两个因素的影响，一是各组变量值 x 的影响，二是各组次数的分布，即各组次数占总次数的比重的影响。因此上述公式也可以写为下列形式：

$$\bar{x} = \sum x \frac{f}{\sum f} \tag{5-4}$$

这里各组次数的分布，起着权衡各组变量值轻重的影响作用，所以称为权数。当各个变量值的权数都完全相等，即 $f_1 = f_2 = f_3 = \cdots = f_{n-1} = f_n$ 时，权数就会失去权衡轻重的作用，加权算术平均数与简单算术平均数就一致了。只有在这种情况下，才可以不用加权平均法进行计算。从这个意义上讲，简单算术平均数可视作加权算术平均数的一种特例。

四、算术平均数的数学性质（证明从略）

（1）算术平均数作为总体各单位某一数量标志的代表值，总体的标志总量不变。
（2）各个变量值与其算术平均数的离差之和等于零。
（3）各个变量值与算术平均数的离差平方之和为最小值。
（4）两个独立的同性质变量代数和的平均数等于各变量平均数的代数和。
（5）两个独立的同性质变量乘积的平均数等于各变量平均数的乘积。

第三节 调和平均数

一、调和平均数的概念

调和平均数又称“倒数平均数”，它是根据各标志值的倒数来计算的平均数。具体地说，调和平均数就是各个标志值的倒数的算术平均数的倒数。

例 5.4 三个人的年龄分别为 20 岁、30 岁、40 岁。按上述概念计算三个人的平均年龄为

$$\frac{1}{\left(\frac{1}{20}+\frac{1}{30}+\frac{1}{40}\right)\Big/3} = 27.7(\text{岁})$$

可以看出，用这种方法计算的结果，与社会经济现象的客观实际往往不相符合。但有些也是有意义的，历史上曾经出现过简单调和平均法，主要是西方一些国家在计算指数时使用。另外，在计算逆指标的平均水平时，应采用调和平均法。例如：劳动生产率 = 劳动时间/产品数量，公式表示生产单位产品所需要的劳动时间。它的数值越大，表明劳动生产率水平越低；数值越小，表明劳动生产率水平越高，故称为劳动生产率的逆指标。在计算用逆指标表示劳动生产率的平均数时，应当采用调和平均数的方法。

作为独立计算形式的调和平均数在社会经济统计中的应用并不广泛，统计工作中往往把调和平均数的计算形式，作为算术平均数的变形来使用。调和平均数分为简单调和平均数和加权调和平均数。

二、简单调和平均数

简单调和平均数的计算公式为

$$H=\frac{n}{\frac{1}{x_1}+\frac{1}{x_2}+\frac{1}{x_3}+\cdots+\frac{1}{x_{n-1}}+\frac{1}{x_n}}=\frac{n}{\sum\frac{1}{x}} \tag{5-5}$$

式中，H 表示调和平均数；x 表示标志值；n 表示标志值的项数。

例 5.5　某市场有甲、乙、丙三种蔬菜，甲种每千克 1.00 元，乙种每千克 1.80 元，丙种每千克 1.50 元，如果各买了 1 元钱三种蔬菜的平均单价，根据式（5-5）计算可得

$$H=\frac{n}{\sum\frac{1}{x}}=\frac{3}{\frac{1}{1.00}+\frac{1}{1.80}+\frac{1}{1.50}}=1.35(元)$$

显然，这个计算结果同实际情况相符合。因为分别用 1 元买得甲种蔬菜 1 千克，乙种蔬菜 0.556 千克，丙种蔬菜 0.667 千克，3 元共买 2.223 千克的蔬菜，平均每千克为 3/2.223 = 1.35 元。

三、加权调和平均数

如果计算时所掌握的资料不是三种蔬菜各买 1 元钱，而是各种蔬菜用不同的金额购买，此时就不能用简单调和平均数的公式来计算，而必须用加权调和平均数的方法计算。在这种情况下，可以将对调和平均数形式的应用看作加权算术平均数的变形。加权调和平均数的计算公式为

$$H=\frac{M_1+M_2+M_3+\cdots+M_{n-1}+M_n}{\frac{M_1}{x_1}+\frac{M_2}{x_2}+\frac{M_3}{x_3}+\cdots+\frac{M_{n-1}}{x_{n-1}}+\frac{M_n}{x_n}}=\frac{\sum M}{\sum\frac{M}{x}} \tag{5-6}$$

式中，M 表示各组标志总量。

四、由相对数或平均数计算平均数

（一）由相对数计算平均数的方法

例 5.6　设某企业集团所属 14 个公司按资金利润率的分组资料如表 5-2 所示。

表 5-2　某企业集团所属 14 个公司按资金利润率的分组资料

按资金利润率分组/%	组中值 x/%	公司数/个	资金平均占用额 f/万元	利润额 xf/万元
10～20	15	3	700	105
20～30	25	7	800	200
30～40	35	4	1000	350
合计	—	14	2500	655

根据表 5-2，计算该企业集团的平均资金利润率。我们不能将三组组中值相加除以 3 来计算平均资金利润率，也不能用公司数作权数，而应该以资金平均占用额作为权数。因为计算平均资金利润率的基本公式是

$$资金利润率=\frac{利润额}{全部流动资金平均占用额}$$

已知资料是基本公式的分母项，这样就形成了加权算术平均数的公式，即

$$平均资金利润率=\frac{\sum xf}{f}=\frac{655}{2500}=26.2\%$$

假设例 5.6 不知道分母项（资金平均占用额），只知道分子项（利润额），资料如表 5-3 所示，试计算整个企业集团的平均资金利润率。

表 5-3　某企业集团所属 14 个企业按资金利润率分组资料

按资金利润率分组/%	组中值 x/%	公司数/个	利润额 M/万元	流动资金平均占用额（M/x）/万元
10～20	15	3	105	700
20～30	25	7	200	800
30～40	35	4	350	1000
合计	—	14	655	2500

计算结果同加权算术平均数的结果完全相同。两者不同的是计算时所采用的权数不同，算术平均数法是以资金平均占用额（基本公式的分母）为权数，加权调和平均数法是以利润额（基本公式的分子）为权数的。究竟采用哪种计算形式，要依据所掌握的资料而定。

（二）由平均数计算平均数的方法

例 5.7　某工厂本月分四个批次购进某材料，每批价格及采购量如表 5-4 所示，试求这四批材料的平均价格。

表 5-4　某工厂采购量资料

批次	价格 x/(元/千克)	采购量 f/千克	采购金额 xf/元
第一批	35	286	10010
第二批	40	500	20000
第三批	45	333	14985
第四批	50	100	5000
合计	—	1219	49995

按照计算平均价格的基本公式：

$$平均价格=\frac{\sum xf}{f}=\frac{49995}{1219}=41.01(元)$$

假设例 5.7 中已有的资料不是采购量，而是采购额，如表 5-5 所示，这时就需要用加权调和平均数的形式来计算平均价格。

表 5-5 某工厂某材料价格和采购金额资料

批次	价格 x/(元/千克)	采购金额 M/元	采购量（M/x）/千克
第一批	35	10010	286
第二批	40	20000	500
第三批	45	14985	333
第四批	50	5000	100
合计	—	49995	1219

$$H=\frac{\sum M}{\sum\frac{M}{x}}=\frac{49995}{1219}=41.01(\text{元})$$

从上述两例中可以看到，不论是加权算术平均数，还是加权调和平均数，都是总体标志总量与总体单位数之比，其结果完全相同，两者的经济意义也完全一样，并无本质区别，只是由于所掌握的资料不同，而采用不同的计算方式。至于在什么情况下可以采用加权算术平均数或加权调和平均数的问题，首先要以算术平均数的基本公式为依据，然后再根据所掌握的资料来判断。如果所掌握的权数资料是总体单位数（分母项），则采用加权算术平均数的形式；如果所掌握的权数资料是标志总量（分子项），则采用加权调和平均数的形式计算。

第四节 几何平均数

一、几何平均数的概念

几何平均数是计算平均指标的又一种方法，它是若干项变量值的连乘积开项数方根。几何平均数主要应用于：现象的总比率是若干个比率的连乘积，或现象的总发展速度是各时期发展速度的连乘积时计算平均比率或平均发展速度。

例 5.8 某机械厂有 4 个连续流水作业的车间：毛坯车间（一车间)、粗加工车间（二车间)、精加工车间（三车间）和装配车间（四车间)。4 月，各个车间的产品合格率分别为：一车间 95%，二车间 90%，三车间 92%，四车间 85%。求四个车间的平均产品合格率。

需要说明，由于该厂四个车间以流水作业方式生产，即下一个车间要对上一个车间的合格产品进行再加工，所以产品的总合格率并不等于各车间产品合格率之和，应等于各个车间合格率的连乘积。在这种情况下，计算平均数应当采用几何平均数的方法。

几何平均数的计算方法，根据所掌握的资料不同，也分为简单几何平均数和加权几何平均数两种。

二、简单几何平均数

简单几何平均数是 n 个变量值的连乘积的 n 次方根。其计算公式为

$$G=\sqrt[n]{x_1x_2x_3\cdots x_n}=\sqrt[n]{\prod x} \tag{5-7}$$

式中，G 表示几何平均数；x 表示变量值；n 表示变量值的个数；$\prod$表示连乘。

例 5.9 以前述某机械厂的资料为例，根据式（5-7），四个车间的平均产品合格率为

$$G=\sqrt[n]{\prod x}=\sqrt[4]{95\%\times 90\%\times 92\%\times 85\%}=\sqrt[4]{66.86\%}=90.43\%$$

三、加权几何平均数

当各个变量值出现的次数不同时，计算几何平均数应采用加权的形式。加权几何平均数的计算公式为

$$G=\sqrt[f_1+f_2+f_3+\cdots+f_n]{x_1^{f_1}x_2^{f_2}x_3^{f_3}\cdots x_n^{f_n}}=\sqrt[\sum f]{\prod x^f} \tag{5-8}$$

式中，f 表示各变量值的次数（或权数）；$\sum f$ 表示次数（或权数）的总和。

例 5.10 投资银行某笔投资是按复利计算，15 年间年利率是：有 1 年为 3%；有 4 年为 6%，有 5 年为 8%，有 3 年为 11%，有 2 年为 15%，求平均年利率。

根据式（5-8）计算如下：

$$G=\sqrt[\sum f]{\prod x^f}=\sqrt[15]{1.03^1\times 1.06^4\times 1.08^5\times 1.11^3\times 1.15^2}=\sqrt[15]{3.45576}=108.62\%$$

$$108.62\%-100\%=8.62\%$$

计算结果表明，15 年间平均年利率为 8.62%。

第五节　中位数、分位数和众数

一、中位数

中位数和前几种平均数不同，它是一种按其在数列中的特殊位置而确定的平均数。把总体各单位标志值按大小顺序排列后，处于中点位置的标志值就是中位数。它将全部标志值分成两部分，一半比它大，另一半比它小，它是处于中间的数值。由于其位置居中，不受极端数值的影响，所以有时利用它来代表现象的一般水平。计算中位数也是根据资料来确定方法。

（一）未分组资料中位数的确定

在资料未分组时，确定中位数的方法是：首先将总体单位的标志值按大小顺序排列，然后按下列公式确定中位数的位置：

$$\text{中位数位置}=\frac{n+1}{2}$$

当总体单位的项数 n 为奇数时，处于中间位置的标志值就是中位数；当总体单位的项数 n 为偶数时，处于中间位置的两个标志值的算术平均数就是中位数。举例如下。

例 5.11 某生产小组有 7 名工人加工某种零件，按日加工量大小顺序排列如下（单位：件）：15、20、21、22、24、24、25，问中位数是多少？

$$中位数位置=\frac{n+1}{2}=\frac{7+1}{2}=4$$

可以看出，第四名工人的日加工量为 22 件，所以中位数为 22 件。

例 5.12 某生产小组有 8 名工人加工某种零件，按日加工量大小顺序排列如下（单位：件）：15、20、21、22、24、24、25、26，则中位数是多少？

$$中位数位置=\frac{n+1}{2}=\frac{8+1}{2}=4.5$$

由于 n 为偶数，第 4 个位置和第 5 个位置上的两个加工量的算术平均数就是中位数。

$$中位数=\frac{22+24}{2}=23(件)$$

（二）分组资料中位数的确定

1. 单项数列中位数的确定

单项数列，确定中位数的方法是先确定中位数的位置：

$$中位数位置=\frac{\sum f}{2} \tag{5-9}$$

再计算累计次数确定中位数所在的组，其组值即是中位数。

例 5.13 某企业 400 名职工按工龄分组资料如表 5-6 所示，确定中位数。

表 5-6 某企业 400 名职工工龄资料

按工龄分组/年	职工人数/人	累计频数	
		向上累计	向下累计
3	20	20	400
5	40	60	380
7	20	80	340
8	50	130	320
10	100	230	270
13	50	280	170
14	30	310	120
15	30	340	90
17	50	390	60
20	10	400	10
合计	400	—	—

$$中位数位置=\frac{\sum f}{2}=\frac{400}{2}=200(人)$$

通过计算累计次数，可以确定中点位置（第 200 人）在第 5 组。因而中位数=10（年）。

2. 组距数列中位数的确定

例 5.14 现以表 5-7 资料举例说明中位数确定方法。

表 5-7 某商业集团所属 300 个商店年销售额资料

按年销售额分组/万元	商店数/个	累计频数	
		向上累计	向下累计
50～60	24	24	300
60～70	52	76	276
70～80	101	177	224
80～90	60	237	123
90～100	27	264	63
100～110	21	285	36
110～120	12	297	15
120～130	3	300	3
合计	300	—	—

组距数列确定中位数的一般步骤如下。

第一步：累计各组次数。

第二步：确定中位数所在的组。根据表 5-7 资料观察，无论是向上累计还是向下累计，中位数所在组都是 70 万～80 万元。

第三步：用插补法计算中位数的近似值。计算公式包括下限公式和上限公式，其计算结果是一致的。

下限公式为（按向上累计时用）

$$M_{\mathrm{e}}=L+\frac{\frac{\sum f}{2}-S_{m-1}}{f_m}\times i \tag{5-10}$$

式中，M_{e} 表示中位数；L 表示中位数所在组的下限；f_m 表示中位数所在组的次数；$\sum f$ 表示总次数；S_{m-1} 表示中位数所在组以前各组的累计次数；i 表示中位数所在组的组距。

将表 5-7 中的数据代入式（5-10），有

$$M_{\mathrm{e}}=70+\frac{\frac{300}{2}-76}{101}\times 10=70+7.33=77.33(\text{万元})$$

上限公式为（按向上累计时用）

$$M_{\mathrm{e}}=U-\frac{\frac{\sum f}{2}-S_{m+1}}{f_m}\times i \tag{5-11}$$

式中，U 表示中位数所在组的上限；S_{m+1} 表示中位数所在组以后各组的累计次数。

将表 5-7 中的数据代入式（5-11），有

$$M_{\mathrm{e}}=80-\frac{\frac{300}{2}-123}{101}\times 10=80-2.67=77.33(\text{万元})$$

二、分位数

中位数是根据其在数列中所处的位置来确定的一个平均数，为各变量值的一个代表值，以反映总体中各变量值分布的集中趋势。为了进一步了解总体内部变量值的分布状态，观察变量值在各个区间的一般水平，还可以计算分位数。常用的分位数有四分位数、十分位数、百分位数三种，现分别介绍如下。

（一）四分位数

四分位数是把总体各单位的变量值按大小顺序排列后，将标志值划分为四等份的三个变量值，用于说明按大小顺序排列的变量值在某个等份点上的一般水平。可见，中位数是把数据分布划分成两个大小相同的部分，而四分位数则是把数据分布划分成四个大小相同的部分。

1. 未分组资料四分位数的确定

以 Q_1、Q_2、Q_3 分别代表第 1 个、第 2 个、第 3 个四分位数，n 为总体单位数。第 1 个四分位数是从数列最小一端算起至第 $\frac{n+1}{4}$ 项的数值；第 2 个四分位数（即中位数）是从数列任一端算起至第 $\frac{n+1}{2}$ 项的数值；第 3 个四分位数是从数列最小一端算起至第 $\frac{3(n+1)}{4}$ 项的数值。三个四分位数的位置用公式表示为

$$Q_1 \text{的位置} = \frac{n+1}{4} \tag{5-12}$$

$$Q_2 \text{的位置} = \frac{n+1}{2} \tag{5-13}$$

$$Q_3 \text{的位置} = \frac{3(n+1)}{4} \tag{5-14}$$

如果按上述公式计算出来的 Q_1、Q_2、Q_3 的位置都为整数，则相应位置上的变量值就是所求的四分位数。

例 5.15　某班 23 名学生的统计学原理考试成绩依次排列如表 5-8 所示，试求 3 个四分位数。

表 5-8　23 名学生统计学原理考试成绩排序表

顺序号	1	2	3	4	5	6	7	8	9	10	11	12
成绩	44	46	47	52	53	54	55	56	58	64	70	76
顺序号	13	14	15	16	17	18	19	20	21	22	23	
成绩	77	78	80	82	84	86	88	90	92	94	96	

已知 $n=23$，3 个四分位数的位置及相应的四分位数为

$$Q_1 \text{的位置} = \frac{23+1}{4} = 6, \quad Q_1 = 54$$

$$Q_2\text{的位置}=\frac{23+1}{2}=12, \quad Q_2=76$$

$$Q_3\text{的位置}=\frac{3(23+1)}{4}=18, \quad Q_3=86$$

如果 $n+1$ 不是 4 的倍数，Q_1、Q_2、Q_3 的位置是小数，那么需要按小数的比例乘以前后两个变量值之差，再加上前一变量值得到四分位数。

假设例 5.15 中有第 24 名学生，其统计学原理考试成绩为 97 分，则 $n=24$。这时 3 个四分位数的位置及相应的数值为

$$Q_1\text{的位置}=\frac{n+1}{4}=\frac{24+1}{4}=6.25$$

$$Q_1=x_6+0.25(x_7-x_6)=54+0.25(55-54)=54.25$$

$$Q_2\text{的位置}=\frac{n+1}{2}=\frac{24+1}{2}=12.5$$

$$Q_2=x_{12}+0.5(x_{13}-x_{12})=76+0.5(77-76)=76.5$$

$$Q_3\text{的位置}=\frac{3(n+1)}{4}=\frac{3(24+1)}{4}=18.75$$

$$Q_3=x_{18}+0.75(x_{19}-x_{18})=86+0.75(88-86)=87.5$$

2. *分组资料四分位数的确定*

由组距数列计算四分位数的方法，可按下列步骤进行。

第一步：累计各组次数。

第二步：确定 3 个四分位数所在的组，分别用公式 $\frac{\sum f}{4}$、$\frac{\sum f}{2}$、$\frac{3\sum f}{4}$ 计算。

第三步：用插补法计算 3 个四分位数的数值。

下限公式：

$$Q_1=L_{q1}+\frac{\frac{\sum f}{4}-S_{q1-1}}{f_{q1}}\times i_{q1} \tag{5-15}$$

$$Q_2=L_{q2}+\frac{\frac{2\sum f}{4}-S_{q2-1}}{f_{q2}}\times i_{q2} \tag{5-16}$$

$$Q_3=L_{q3}+\frac{\frac{3\sum f}{4}-S_{q3-1}}{f_{q3}}\times i_{q3} \tag{5-17}$$

上限公式：

$$Q_1=U_{q1}-\frac{\frac{\sum f}{4}-S_{q1+1}}{f_{q1}}\times i_{q1} \tag{5-18}$$

$$Q_2=U_{q2}-\frac{\frac{2\sum f}{4}-S_{q2+1}}{f_{q2}}\times i_{q2} \tag{5-19}$$

$$Q_3 = U_{q3} - \frac{\frac{3\sum f}{4} - S_{q3+1}}{f_{q3}} \times i_{q3} \qquad (5\text{-}20)$$

式中，L_{q1}、L_{q2}、L_{q3} 分别表示 3 个四分位数所在组的下限；U_{q1}、U_{q2}、U_{q3} 分别表示 3 个四分位数所在组的上限；f_{q1}、f_{q2}、f_{q3} 分别表示 3 个四分位数所在组的次数；i_{q1}、i_{q2}、i_{q3} 分别表示 3 个四分位数所在组的组距；S_{q1-1}、S_{q2-1}、S_{q3-1} 分别表示第 1、2、3 个四分位数组以前一组的累计次数；S_{q1+1}、S_{q2+1}、S_{q3+1} 分别表示第 1、2、3 个四分位数组以后一组的累计次数；$\sum f$ 表示总体单位总数。

例 5.16　根据表 5-7 的资料，计算商店年销售额的 3 个四分位数。从表 5-7 可求得

$$Q_1\text{的位置} = \frac{\sum f}{4} = \frac{300}{4} = 75\text{，在 60 万～70 万元一组中}$$

$$Q_2\text{的位置} = \frac{\sum f}{2} = \frac{300}{2} = 150\text{，在 70 万～80 万元一组中}$$

$$Q_3\text{的位置} = \frac{3\sum f}{4} = \frac{3 \times 300}{4} = 225\text{，在 80 万～90 万元一组中}$$

将数据代入下限公式（5-10），3 个四分位数分别为

$$Q_1 = L_{q1} + \frac{\frac{\sum f}{4} - S_{q1-1}}{f_{q1}} \times i_{q1} = 60 + \frac{75-24}{52} \times 10 = 69.81(\text{万元})$$

$$Q_2 = L_{q2} + \frac{\frac{2\sum f}{4} - S_{q2-1}}{f_{q2}} \times i_{q2} = 70 + \frac{150-76}{101} \times 10 = 77.33(\text{万元})$$

$$Q_3 = L_{q3} + \frac{\frac{3\sum f}{4} - S_{q3-1}}{f_{q3}} \times i_{q3} = 80 + \frac{225-177}{60} \times 10 = 88.00(\text{万元})$$

若将数据代入上限公式（5-10）会得到同样的计算结果。

（二）十分位数和百分位数

十分位数是把总体各单位的变量值按大小顺序排列后，将标志值划分为 10 等份的 9 个变量值。

十分位数的计算方法、原理与四分位数类似，即先计算出十分位数所处的位置。可按下列公式计算：

$$D_1\text{的位置} = \frac{n+1}{10}$$

$$D_2\text{的位置} = \frac{2(n+1)}{10}$$

$$D_3\text{的位置}=\frac{3(n+1)}{10}$$
$$\vdots \qquad (5\text{-}21)$$
$$D_9\text{的位置}=\frac{9(n+1)}{10}$$

如果$\frac{n+1}{10}$为整数，与计算的位置相对应的变量值就是所求的十分位数；如果$\frac{n+1}{10}$不是整数，每个位置的值会出现小数，此时，所求的十分位数等于整数位的变量值加上小数乘以前后两项变量值之差的数值。比如，表 5-8，n=23，D_1 的位置=$\frac{n+1}{10}=\frac{23+1}{10}=2.4$，即第 1 个十分位数介于第 2 个与第 3 个变量值之间，第 1 个十分位数$D_1=x_2+0.4(x_3-x_2)=46+0.4(47-46)=46.4$分；…；$D_9$ 的位置=$\frac{9(n+1)}{10}=21.6$，第 9 个十分位数$D_9=x_{21}+0.6(x_{22}-x_{21})=92+0.6(94-92)=93.2$分。

同样，将标志值划分成一百等份的变量值就是百分位数。百分数是把总体各单位的变量值按大小顺序排列后，将标志值划分为 100 等份的 99 个变量值。具体计算每个百分位数的方法与计算四分位数类似，故不再详细介绍。

三、众数

众数也是一种位置平均数。在总体中出现次数最多的那个变量值就是众数。在实际工作中，人们常利用众数代替算术平均数，来说明总体的一般水平。例如，反映一个企业工人最普遍的工资额；研究某地区农作物通常达到的单位面积产量；说明市场上销路最广的衬衫尺寸（号码）等，都需要利用众数。众数往往可以更为直观地反映总体各单位标志值分布的集中趋势。

（一）单项数列确定众数

由单项数列确定众数比较简单，总体中出现次数最多的标志值即为众数。

例 5.17 调查 100 名学生平均每月用于购买报纸杂志的消费支出情况如表 5-9 所示。

表 5-9 100 名学生平均每月用于购买报纸杂志的消费支出资料

每月平均消费额/元	7	8	9	10	11	12	合计
学生人数/人	3	18	20	48	7	5	100

可以看出，平均每月购买报纸杂志支出 10 元出现的次数最多，有 48 名学生集中在这一组，所以，10 元就是众数。

在正态分布和一般的偏态分布中，分布最高峰点所对应的数值是众数。但如果没有明显的集中趋势或最高峰点，众数就不存在，而如果有两个最高峰点，则可以有两个众数，称为复众数。

（二）组距数列确定众数

组距数列确定众数，原则上依然是根据次数分配的多少来决定。在等距数列中，众数在次数最大的一组里面。如果是异距数列，则应先将各组实际次数换算为标准组距的次数，经过换算后，标准组距次数最大的一组才是众数组。异距数列确定众数所在的组的另外一种方法则是根据次数密度，即以次数密度最高的组为众数所在的组。

下面仍以表 5-7 中的资料为例，说明众数的确定方法。

第一步：确定众数所在的组。本例中，年销售额在 70 万～80 万元这一组的商店数最多，即为众数组。

第二步：用插补法计算众数的数值。计算公式有下限公式和上限公式两种。

下限公式为

$$M_0 = L + \frac{\varDelta_1}{\varDelta_1 + \varDelta_2} \times i \tag{5-22}$$

式中，M_0 表示众数；L 表示众数所在组的下限；$\varDelta_1$ 表示众数所在组的次数与其相邻的前一组的次数之差；$\varDelta_2$ 表示众数所在组的次数与其相邻的后一组的次数之差；i 表示众数所在组的差距。

上限公式为

$$M_0 = U - \frac{\varDelta_2}{\varDelta_1 + \varDelta_2} \times i \tag{5-23}$$

式中，M_0 表示众数；U 表示众数所在组的上限；$\varDelta_1$ 表示众数所在组的次数与其相邻的前一组的次数之差；$\varDelta_2$ 表示众数所在组的次数与其相邻的后一组的次数之差；i 表示众数所在组的差距。

以表 5-7 中的资料为例，代入下限公式（5-22），有

$$M_0 = 70 + \frac{101-52}{(101-52)+(101-60)} \times 10 = 75.44(\text{万元})$$

以表 5-7 中的资料为例，代入上限公式（5-23），有

$$M_0 = 80 - \frac{101-60}{(101-52)+(101-60)} \times 10 = 75.44(\text{万元})$$

两者的计算结果是一致的。众数的计算只适用于单位数较多，有明显的集中趋势的变量数列。否则，众数则不能反映总体分布的集中趋势。

第六节　各种平均指标间的关系及应用原则

一、算术平均数、调和平均数、几何平均数的数量关系

运用同一数据资料计算结果表明，算术平均数最大，调和平均数最小，几何平均数居中，即：$\bar{x} \geqslant G \geqslant H$ 。

现以 5 名工人加工零件的资料为例，用三种方法分别计算：

$$\bar{x}=\frac{18+20+21+22+24}{5}=21(\text{件})$$

$$H=\frac{5}{\frac{1}{18}+\frac{1}{20}+\frac{1}{21}+\frac{1}{22}+\frac{1}{24}}=20.83(\text{件})$$

$$G=\sqrt[5]{18\times 20\times 21\times 22\times 24}=20.90(\text{件})$$

这种关系推广到有限的 n 个变量值也同样成立。

正是由于三种平均数之间存在着上述不等式关系，所以在计算数值平均数时应根据社会经济现象的性质和统计研究的目的选择适当的方法。否则，必然会夸大或缩小客观现象的平均水平，这是应该特别注意的。

二、算术平均数、中位数和众数的关系

算术平均数、中位数和众数之间存在着一定的数量关系。例如，根据表 5-7 中的资料分别计算 300 个商店年销售额的算术平均数、中位数和众数，结果如下：

$$\bar{x}=\frac{\sum xf}{\sum f}=79.67(\text{万元})$$

$$M_e=L+\frac{\frac{\sum f}{2}-S_{m-1}}{f_m}\times i=77.33(\text{万元})$$

$$M_0=L+\frac{\Delta_1}{\Delta_1+\Delta_2}\times i=75.44(\text{万元})$$

算术平均数、中位数和众数在数量上的关系取决于总体内部的次数分布状况。有以下两种情况。

（1）当变量值的次数分布呈左右完全对称的钟形分布时，三者合而为一，即 $\bar{x}=M_e=M_0$，见图 5-1。

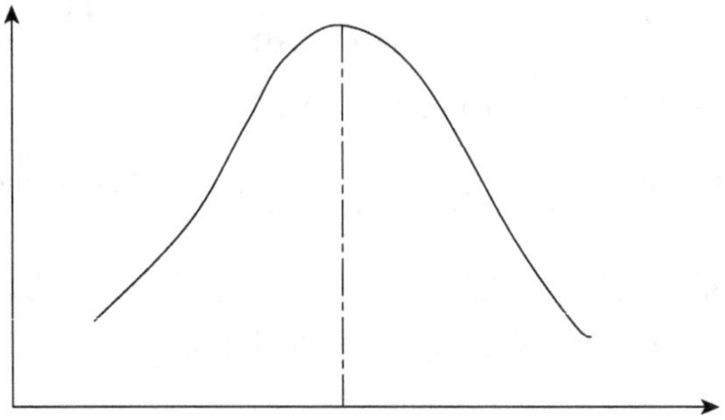

图 5-1 对称分布

（2）当变量值的次数分布呈偏态分布，且偏度较小时，三者之间存在一定的差别。此时众数处于与顶峰点对应的横坐标上，而中位数和算术平均数则顺次向“缓坡”方向偏移，中位数与众数的距离是中位数与算术平均数的二倍，即 $|M_0-M_e|=2|\bar{x}-M_e|$。三者之间的关系是：$M_0=3M_e-2\bar{x}$，如果呈右偏分布，则 $M_0<M_e<\bar{x}$，见图 5-2，如果呈左偏分布，则 $\bar{x}<M_e<M_0$，见图 5-3。

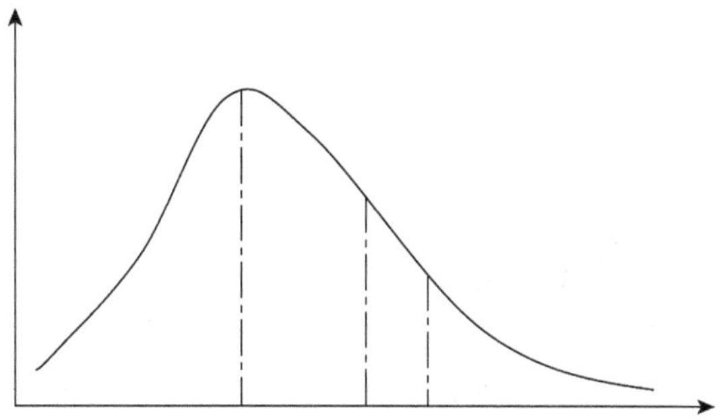

图 5-2　右偏分布

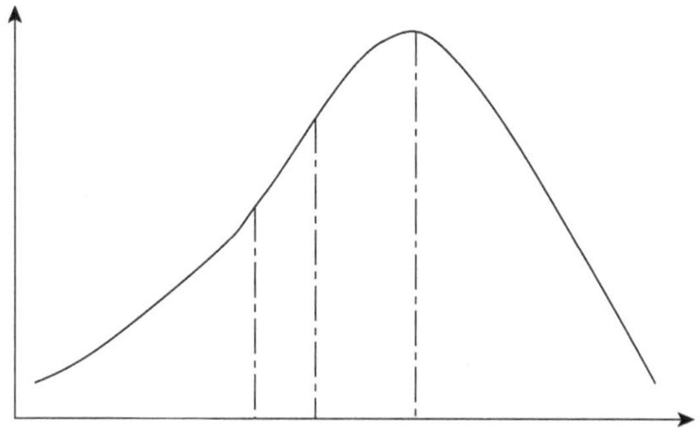

图 5-3　左偏分布

三、平均指标的应用原则

（一）平均指标只能应用于同质总体

社会经济现象是极其复杂的，其中往往包含着在本质上不同的许多单位。因而在计算与分析其一般水平时，应特别注意被研究对象的同质性。因为某个总体的各个总体单位之间的差别有时会使平均指标的计算结果掩盖了事实的真相。所以计算平均指标时必须要注意总体内各单位的同质性。

（二）用组平均数补充说明总平均数

平均指标是总体各个单位的数值抽象化的结果。在一个相同性质的总体内，各单位数值虽无本质差异，但受其他因素影响所形成的数量上的差异却是存在的。这种数量上的差异在总平均数中也一起被抽象化。因此就要考虑再以影响平均数数值较大的其他因素进行进一步的分组，分别计算各组的平均数，以补充总平均数，深入地揭示问题。

（三）用次数分配资料补充说明总平均数

平均指标把总体标志值的差别抽象化了，因而它掩盖了数列中具体标志值的差异状况。所以在用平均指标分析问题时，还必须了解数列中的具体数值和分配状况。例如，有 20 个企业，平均计划完成程度为 110%，我们不能由此判断出每个企业都超额完成了任务，而应该进一步了解每个企业计划完成情况，以及完成不同情况下的企业数，结合总平均计划完成程度，才能对这 20 个企业的计划完成情况有一个全面的认识。

本章小结

本章主要介绍了两大类研究平均水平的指标：数值平均数和位置平均数。数值平均数包括算术平均数、调和平均数和几何平均数，适合分析定量数据；位置平均数包括众数、中位数和分位数，适合分析定量和定性数据。通过本章的学习应掌握这些常用的平均数，领会各种平均数的概念和性质；掌握各种平均数的特点、应用条件和相互间的关系；能根据给定条件熟练计算各种平均数并能分析问题。

本章练习题

一、判断题（在题后的括号内，正确的打✓，错误的打×，并改正）。

1. 平均指标反映总体分布的集中趋势。（ ）

2. 简单算术平均数受数列的极值影响较大，为了提高平均指标的代表性，须剔除数列中的极端值。（ ）

3. 各标志值与其算术平均数的离差之和为最小值。（ ）

4. 当 $\bar{x}=M_e=M_0$ 时，标志值的分布呈标准正态分布。（ ）

5. 算术平均数是最富有代表性而应用范围最广泛的平均数。（ ）

6. 众数的大小并不等于众数组的组中值，而取决于相邻组项数大小的影响。（ ）

7. 从计算方法上看，算术平均数指标是对总体各单位标志值的平均，而强度相对指标是两个性质不同且属于不同总体的总量指标之比。（ ）

二、单项选择（将备选答案中唯一正确的选项序号填在括号内）。

1. 已知某企业各类职工的工资水平和相应的职工人数，计算其职工的平均工资应用（ ）

A. 简单算术平均数　　B. 加权算术平均数

C. 调和平均数　　D. 几何平均数

2. 已知某种农作物各类田块的单位面积产量和总产量，计算其平均亩产应用（ ）

A. 算术平均数　　B. 几何平均数

C. 简单调和平均数　　D. 加权调和平均数

3. 根据变量数列计算的平均数，其指标值的大小（ ）

A. 只与变量值有关　　B. 只与次数有关

C. 与变量值、次数均无关　　D. 同时受变量值和次数两个因素的影响

4. 在加权算术平均数的计算中，权数对平均数的影响取决于（ ）

A. 次数绝对值的大小　　B. 各组标志值的大小

C. 各组次数所占比重的大小　　D. 变量值整体水平的高低

5. 根据同一变量数列资料计算算术平均数，用简单算术平均数公式与用加权算术平均数公式计算，其结果（ ）

A. 当各组的分配次数相同时相等　　B. 当各组的分配次数不同时相等

C. 无论各组次数是否相同均相等　　D. 无论各组次数是否相同均不相等

6. 已知某公司下属若干个企业按产值计划完成程度分组编制的变量数列，又知各组企业的计划产值数，计算全公司平均计划完成程度，应用（　　）

A. 简单算术平均数　　B. 调和平均数

C. 企业数加权计算加权算术平均数　　D. 计划产值数加权计算加权算术平均数

7. 对各变量值各不相同的同一组资料计算算术平均数 $\bar{x}$ 、调和平均数 H、几何平均数 G，它们之间的关系表示为（　　）

A. $H\leqslant G\leqslant \bar{x}$　　B. $\bar{x}\leqslant H\leqslant G$　　C. $G\leqslant \bar{x}\leqslant H$　　D. $\bar{x}\leqslant G\leqslant H$

8. 总体各单位标志值与算术平均数离差平方之和（　　）

A. 等于 0　　B. 最小　　C. 最大　　D. 等于 1

9. 根据相对数或平均数计算平均指标时，如果已掌握相对数或平均数的分子资料，应用（　　）

A. 加权算术平均数公式计算　　B. 加权调和平均数公式计算

C. 简单算术平均数或简单调和平均数公式计算

D. 用上述 A、B 的任何一种方法计算均可

10. 当变量呈现右偏的钟形分配时，算术平均数 $\bar{x}$ 、众数 M_0、中位数 M_e 的关系是（　　）

A. $\bar{x}>M_e>M_0$　　B. $\bar{x}<M_e<M_0$　　C. $\bar{x}=M_e=M_0$　　D. $\bar{x}<M_0<M_e$

三、多项选择（将备选答案中全部正确的选项序号填在括号内）。

1. 平均指标（　　）

A. 是对总体各单位某一数量标志不同数值的抽象

B. 按某一数量标志说明总体的一般水平

C. 是对不同数量标志的平均

D. 是对任一标志表现的平均

E. 是总体各单位某一数量标志数值的代表

2. 直接将生产某种产品的工人一天生产的产品数量相加后除以相应的工人数，这样计算的指标是（　　）

A. 强度相对数　　B. 算术平均数　　C. 平均指标

D. 位置平均数　　E. 简单算术平均数　　F. 加权算术平均数

3. 根据组距数列计算的算术平均数（　　）

A. 用组中值代表同组变量值有假定性

B. 用组中值代表同组变量值完全符合实际

C. 是一个近似的平均值

D. 是一个准确的平均值

E. 数列有开口组比无开口组的准确性要低

4. 根据同一变量数列资料计算算术平均数（　　）

A. 加权和不加权计算结果一样

B. 各组的次数相同时，加不加权结果一样

C. 各组的次数不同时必须加权

D. 各组的次数不同时可以不加权
E. 各组的次数不同时加不加权结果不一样

5. 根据相对数或平均数计算平均指标时（　　）
A. 都应用次数作为权数
B. 应根据相对数、平均数的计算公式和资料条件选择应用权数
C. 有分母缺分子，用分母指标作权数
D. 有分子缺分母，用加权调和平均数的公式
E. 只能用其分母指标作权数

6. 几何平均数（　　）
A. 是若干个变量值连乘积的项数次方根　B. 可以用来计算平均比率
C. 可以用来计算平均速度　D. 其应用范围十分广泛
E. 不是代表值　F. 丝毫不受变量极端值的影响

7. 中位数（　　）
A. 是总体中最常见的标志值　B. 是处于一个序列中间位置的标志值
C. 是一种位置平均数　D. 是一种代表值
E. 易受变量极端值的影响　F. 不是统计平均数

8. 计算应用平均指标时应注意（　　）
A. 指标的时间间隔相等　B. 用组平均数补充说明总平均数
C. 用分配数列补充说明总平均数　D. 结合变异指标分析平均数
E. 总体各单位具有同质性

四、计算与分析题。

1. 据南方人才服务中心调查，2000 年从事 IT 行业的从业人员年薪在 40000～55000 元，下面的数据是 24 名 IT 从业人员年薪：

49100	48600	49950	48800	47200	49900	51350	54600
49300	51200	51000	49400	51400	51800	49600	53400
48700	50300	49000	49800	48900	48650	51300	51900

计算 IT 从业人员的平均年薪。

2. 某工商支行为 250 户企业贷款情况如下表：

贷款额/万元	贷款户数/户
30 以下	12
30～60	56
60～90	85
90～120	64
120～150	23
150 以上	10
合计	250

计算该行平均每个企业贷款额。

3. 某公司生产同种产品的企业按单位产品成本分组如下：

按单位产品成本分组/(元/件)	企业数/个	总成本/万元
50～60	8	3.25
60～70	5	6.50
70～80	3	5.25
80～90	2	2.55
90～100	1	1.52
合计	19	19.07

计算该公司这种产品平均单位成本。

4. 2003 年某月份甲、乙两个农贸市场农产品价格及成交量成交额资料如下：

品种	价格/(元/斤)	甲市场成交额/元	乙市场成交量/斤
A	2.6	2600	1000
B	2.4	7200	1000
C	2.2	2200	3000
合计	—	12000	5000

试比较哪一个市场农产品价格高。

5. 一位投资者持有一种股票，2000 年、2001 年、2002 年和 2003 年收益率分别为 4.5%、2.0%、3.5%、5.4%。计算该投资者在这四年内的平均收益率。

6. 某工商银行某项投资年利率是按复利计算的。20 年的投资年利率分配如下表：

年限	年利率/%
第 1 年	5
第 2 年至第 4 年	8
第 5 年至第 15 年	15
第 16 年至第 20 年	18

计算 20 年的平均年利率。

7. 某集团公司有甲、乙两家分厂，本年 1 月份生产三种规格的同一产品的单位成本及总成本资料如下：

规格	单位成本/(元/台)	总成本/元	
		甲厂	乙厂
A 型	0.25	25000	25000
B 型	0.24	48000	24000
C 型	0.22	22000	44000
合计	—	95000	93000

试比较哪个分厂的平均成本高，为什么？

8. 某工业企业 80 名工人包装某产品的数量如下：

工人按日包装数量分组/件	工人数/人	
	8 月	9 月
400 以下	5	3
400～500	18	10
500～600	48	42
600～700	20	25
700～800	7	15
800 以上	2	5
合计	80	80

计算 8 月、9 月平均每人日包装数，并指出 9 月比 8 月劳动生产率提高的原因。

9. 某公司下属 20 个连锁店，按销售额计划完成程度分组资料如下：

按销售额计划完成程度分组/%	连锁店/个	实际销售额/万元	流通费用率/%
90 以下	1	42.5	12.0
90～100	2	115.9	12.5
100～110	8	504.0	14.5
110～120	6	276.0	13.0
120 以上	3	101.5	12.0
合计	20	1039.9	—

计算这 20 个连锁店销售额平均计划完成程度及平均流通费用率。

10. 三个不同地区荔枝的价格和销售量统计资料如下：

	单价/(元/担)			销售量/担	
	8 月	9 月	9 月为 8 月的百分比/%	8 月	9 月
甲地区	30	40	133	4000	1000
乙地区	20	25	125	3000	2000
丙地区	10	15	150	3000	7000
合计	—	—	—	10000	10000

从上述资料可见，9 月各地价格普遍提高，是否 9 月荔枝平均价格一定高于 8 月平均价格，为什么？

第六章

标志变异指标

第一节　标志变异指标概述

一、标志变异指标的概念

统计平均指标反映社会经济现象在一定时间、地点条件下所达到的一般水平，它可以综合反映总体内部数量分布的共同倾向或集中趋势。但是，平均指标只能反映同质总体各单位数量标志的共性，而不能反映它们之间的差异性。为了比较不同总体平均数的代表性和不同总体内数量分布的集中趋势，需要计算一个能描述总体数量，分布集中趋势优劣的特征值，这就是能够反映总体各单位变量值之间差异程度以及总体数量分布离中趋势的标志变异指标。

标志变异指标又称标志变动度，它是在社会经济统计中广泛应用的另一种统计指标。标志变异指标与平均指标不同，它不反映总体数量分布的集中趋势，而反映总体数量分布的离中趋势。它与平均指标的作用具有密切的联系。

二、标志变异指标的作用

（一）标志变异指标是评价平均指标代表性高低的依据

平均指标作为总体某一数量标志的代表值，其代表性取决于总体各单位标志数值的差异程度。它与标志变异指标直接相关。这种关系表现为：标志变异指标越大，平均指标的代表性越低；标志变异指标越小，平均指标的代表性越高。

例 6.1　某公司销售某种产品，有甲、乙两个销售部，各有 7 名业务员，每人每日的推销量如表 6-1 所示。

表 6-1　业务员日推销量排序表

序号	1	2	3	4	5	6	7
甲部推销量/件	45	45	55	55	55	65	65
乙部推销量/件	35	45	55	55	55	65	75

甲、乙两销售部的平均每人日推销量分别为

$$\bar{x}_{甲}=\frac{45+45+55+55+55+65+65}{7}=55(件)$$

$$\bar{x}_{乙}=\frac{35+45+55+55+55+65+75}{7}=55(件)$$

结果表明，两个销售部的平均每人日推销量都是 55 件。但从表 6-1 中可以看出各部业务员的推销量的差异程度不同，甲销售部最高推销量与最低推销量之间相差 20 件，而乙销售部相差 40 件。因而，平均推销量 55 件所具有的代表性也不同：甲销售部业务员推销量差异较小，其平均推销量的代表性较高；乙销售部业务员推销量差异较大，其平均推销量的代表性较低。

（二）标志变异指标是反映社会经济活动过程的均衡性、协调性、稳定性的一个重要指标

测定标志变异程度，对于找出变异的性质和原因，以便更好地控制生产过程的节奏性和其他经济活动过程的均衡性、协调性、稳定性，对于进行产品质量的控制和评价经济管理工作的质量可以起到积极的作用，如工程加工尺寸离差对质量控制的意义；经济科学中对经济收入、资源分布的差异性研究有特别重要的意义等。

（三）标志变异指标是统计分析的一个基本指标

通过对标志变异指标的计算和分析，可以使我们对总体次数分布的性质有一个全面的认识；也可以使我们找出变异的原因，更好地控制变差；另外，统计中许多强有力的分析工具，如方差分析、假设性检验、相关回归分析等都离不开变异程度的测定。

三、标志变异指标的种类

标志变异指标通常分为两类：一类是直接测定总体内部标志数值变异程度的指标，包括全距、平均差、标准差和变异系数；另一类是测定总体次数分布形态的指标，包括偏度和峰度。

第二节　全距、内距和平均差

一、全距

全距是表明总体标志数值变动范围的指标，它是总体各单位的全部变量值中两个极端数值之差，故又称极差。其计算公式为

$$R=x_{max}-x_{min} \tag{6-1}$$

式中，R 表示全距；x_{max} 表示标志的极大值；x_{min} 表示标志的极小值。

例 6.2　如前例表 6-1 所列两销售部业务员的推销量资料的全距为

$$甲销售部：R_{甲}=x_{max}-x_{min}=65-45=20(件)$$

$$乙销售部：R_{乙}=x_{max}-x_{min}=75-35=40(件)$$

由此可见，甲、乙两销售部的推销量虽然相同，均为 55，但它们的变动范围却有差异：甲销售部为 20 件，乙销售部为 40 件，甲销售部平均推销量的变动程度小于乙，因

而，甲销售部平均推销量的代表性比乙高。

全距是计算标志变异程度的一种粗略方法，计算简单。但它的大小直接取决于标志的两个极端值，而不考虑其他各变量值之间的变异，因而它不能全面地反映标志变动程度。

二、内距

内距是指两个四分位数之差，是与四分位数相对应的反映总体内部数据分布的离散程度的代表值。计算公式为

$$\text{内距} = \text{上四分位数}-\text{下四分位数}=Q_3 - Q_1 \tag{6-2}$$

式中，Q_3、Q_1 分别表示第三个四分位数和第一个四分位数。

例 6.3 由式（6-2）可计算前例中两个销售部推销量的内距为

$$\text{甲销售部内距} = 65-45 = 20(\text{件})$$
$$\text{乙销售部内距} = 70-40 = 30(\text{件})$$

比较两个内距大小可知甲销售部中位数的代表性优于乙销售部中位数的代表性。

内距的应用和全距相比具有不同的特点，全距易受极端值的影响，而内距则基本不受极端值的影响。全距反映的是最大值与最小值之间的差异，而内距反映的是中间 50%的数值大小的差异，它比极差提供了更多的数据差异信息。

三、平均差

平均差是表明总体各单位数量标志值平均变异程度的指标，它是总体中各单位标志值与其平均数离差的算术平均数的绝对值。计算平均差的方法有两种：简单算术平均法和加权算术平均法。

（一）简单算术平均法

对未分组的变量资料进行计算时，采用简单算术平均法，其公式为

$$\mathrm{A\cdot D} = \frac{\sum|x-\bar{x}|}{n} \tag{6-3}$$

式中，A·D 表示平均差；x 表示各变量值；$\bar{x}$ 表示算术平均数；n 表示变量值的个数。

例 6.4 试以表 6-1 所列的资料为例，计算甲、乙两销售部业务员推销量的平均差并比较其平均数的代表性，见表 6-2。

表 6-2 简单平均差计算表（简单资料 $\bar{x} = 55$ 件）

甲销售部			乙销售部		
推销量 x	离差 $x-\bar{x}$	离差绝对值 $\lvert x-\bar{x}\rvert$	推销量 x	离差 $x-\bar{x}$	离差绝对值 $\lvert x-\bar{x}\rvert$
45	−10	10	35	−20	20
45	−10	10	45	−10	10
55	0	0	55	0	0
55	0	0	55	0	0

续表

甲销售部			乙销售部		
推销量 x	离差 $x-\bar{x}$	离差绝对值 $\lvert x-\bar{x}\rvert$	推销量 x	离差 $x-\bar{x}$	离差绝对值 $\lvert x-\bar{x}\rvert$
55	0	0	55	0	0
65	10	10	65	10	10
65	10	10	75	20	20
合计	0	40	合计	0	60

将表 6-2 中计算结果代入式（6-3），得

$$\text{甲销售部平均差：}\ \mathrm{A\cdot D}=\frac{\sum|x-\bar{x}|}{n}=\frac{40}{7}=5.71(\text{件})$$

$$\text{乙销售部平均差：}\ \mathrm{A\cdot D}=\frac{\sum|x-\bar{x}|}{n}=\frac{60}{7}=8.57(\text{件})$$

比较两销售部平均差可知，在甲、乙两销售部平均推销量相等（$\bar{x}=55$ 件）的条件下，甲销售部的平均差小于乙销售部，因而，甲销售部的平均推销量的代表性高于乙销售部。

（二）加权算术平均法

如果资料已经分组，形成分配数列时，应采用加权算术平均法，其计算公式为

$$\mathrm{A\cdot D}=\frac{\sum|x-\bar{x}|\cdot f}{\sum f} \tag{6-4}$$

式中，A·D 表示平均差；x 表示各变量值；$\bar{x}$ 表示算术平均数；$\sum f$ 表示权数之和。

例 6.5　已知某企业 250 名工人工资的资料如表 6-3 所示，试计算工人工资的平均差。

表 6-3　加权平均差计算（分组资料）

按工资分组/元	人数 f/人	组中值 x	工资总额 xf/元	离差 $x-\bar{x}$	离差绝对值 $\lvert x-\bar{x}\rvert$	以工人人数为权数离差绝对值 $\lvert x-\bar{x}\rvert f$
400～500	25	450	11250	−192	192	4800
500～600	90	550	49500	−92	92	8280
600～700	50	650	32500	8	8	400
700～800	50	750	37500	108	108	5400
800～900	35	850	29750	208	208	7280
合计	250	—	160500	—	—	26160

现将表 6-3 中计算结果代入式（5-3）和式（6-4）得

（1）平均每位工人的工资：

$$\bar{x}=\frac{\sum xf}{\sum f}=\frac{160500}{250}=642(\text{元})$$

（2）工人工资的平均差：

$$\text{A}\cdot\text{D}=\frac{\sum|x-\bar{x}|\cdot f}{\sum f}=\frac{26160}{250}=104.64(\text{元})$$

计算结果说明：企业每位职工的月工资额与该企业的月平均工资平均相差 104.64 元。若与同类资料相比较，平均差越大，则平均数的代表性越低；反之，平均差越小，则平均数的代表性越高。

第三节 标准差

一、标准差的概念和计算方法

标准差是各变量值与算术平均数的离差平方的算术平均数的平方根。标准差又称均方差，一般用 σ 表示。

标准差是测定标志变异程度的一种常用的统计指标。它的实质含义与平均差基本相同，但标准差在对各变量值算术平均数的离差的平均时所用的方法与平均差是不同的。

由于标准差的数学性质在较多的方面优于平均差，所以它是测定总体各单位数量标志值与平均数之间的平均离差的主要指标，而且在抽样推断中有重要的作用。

标准差的计算，根据所掌握的资料不同，有简单平均式和加权平均式两种方法。

（一）简单平均式

根据未分组资料计算标准差时，采用简单平均式。公式为

$$\sigma=\sqrt{\frac{\sum(x-\bar{x})^2}{n}} \tag{6-5}$$

式中，σ 表示标准差；x 表示变量值；$\bar{x}$ 表示变量值的均值；n 表示变量值的个数。

例 6.6 仍以表 6-1 所列甲、乙两销售部业务员推销量的资料为例，试求甲、乙两销售部推销量的标准差，见表 6-4。

表 6-4 简单标准差计算表（简单资料）($\bar{x}=55$ 件）

甲销售部			乙销售部		
推销量 x	离差 $x-\bar{x}$	离差的平方 $(x-\bar{x})^2$	推销量 x	离差 $x-\bar{x}$	离差的平方 $(x-\bar{x})^2$
45	–10	100	35	–20	400
45	–10	100	45	–10	100
55	0	0	55	0	0
55	0	0	55	0	0
55	0	0	55	0	0

续表

甲销售部			乙销售部		
推销量 x	离差 $x-\bar{x}$	离差的平方 $(x-\bar{x})^2$	推销量 x	离差 $x-\bar{x}$	离差的平方 $(x-\bar{x})^2$
65	10	100	65	10	100
65	10	100	75	20	400
合计	0	400	合计	0	1000

将表 6-4 计算结果代入式（6-5）得甲、乙两销售部业务员的推销量的标准差为

$$\sigma_{甲}=\sqrt{\frac{\sum(x-\bar{x})^2}{n}}=\sqrt{\frac{400}{7}}=7.6(件)$$

$$\sigma_{乙}=\sqrt{\frac{\sum(x-\bar{x})^2}{n}}=\sqrt{\frac{1000}{7}}=11.95(件)$$

计算结果表明：甲销售部的标准差小于乙销售部，说明甲销售部的标志变动度较乙销售部小，因而甲销售部的平均数代表性高于乙销售部。将表 6-4 的计算结果与表 6-2 的计算相对比，可以看出：同一资料所计算的标准差都大于平均差。这是因为标准差和平均差相比较，前者受极端值影响较大。

（二）加权平均式

根据分组资料或分配数列计算标准差时，采用加权平均式。公式为

$$\sigma=\sqrt{\frac{\sum(x-\bar{x})^2 f}{\sum f}} \tag{6-6}$$

式中，σ 表示标准差；x 表示变量值；$\bar{x}$ 表示变量值的均值；$\sum f$ 表示权数之和。

例 6.7 试以表 6-3 计算加权平均差的资料，计算工人平均工资的标准差，见表 6-5。

表 6-5 加权标准差计算表（分组资料）

按工资分组/元	人数 f/人	组中值 x	工资总额 xf/元	离差 $x-\bar{x}$	离差平方 $(x-\bar{x})^2$	以工人人数为权数离差平方 $(x-\bar{x})^2 f$
400～500	25	450	11250	−192	36864	921600
500～600	90	550	49500	−92	8464	761760
600～700	50	650	32500	8	64	3200
700～800	50	750	37500	108	11664	583200
800～900	35	850	29750	208	43264	1514240
合计	250	—	160500	—	—	3784000

根据表中的数据代入式（5-3）求得

$$\bar{x}=\frac{\sum xf}{\sum f}=\frac{160500}{250}=642(元)$$

再将计算结果代入式（6-6）得

$$\sigma=\sqrt{\frac{\sum(x-\overline{x})^2 f}{\sum f}}=\sqrt{\frac{3784000}{250}}=123.03(\text{元})$$

在实际工作中，标准差常用于检查产品质量的稳定性和进行质量控制。统计质量控制（通常也称统计方法控制）是用于检查生产过程中产品质量的统计技术。第二次世界大战后，日本制造业的许多成就归功于其执著地采用了在工商管理领域最有影响的现代统计学家戴明所创立的这种统计技术。下面将说明如何利用标准差设立控制界线，以便进行生产过程中的质量控制。

例如，某个固定生产线生产滚珠轴承，其平均直径为 75mm，标准差为 0.1mm，假设每 15 分钟随机抽取 25 个样本单位进行检验并记录其平均直径。利用统计理论，并结合 0.1mm 的标准差作为生产过程内在的变异性量数，当生产线工作正常时，可认为生产线出现随机检验样本的均值小于 74.96mm 或大于 75.04mm（用抽样理论的公式计算）的情况是很少的。因此，若样本均值落在控制界线外，就必须查找出现异常的原因。

二、标准差的数学性质

标准差的平方称为方差。方差具有以下几个重要性质（证明从略）。理解和掌握这些性质，对于标准差的计算和运用是有益的。

（1）变量的方差等于变量平方的平均数减变量平均数的平方：

$$\sigma^2=\overline{x^2}-(\overline{x})^2$$

（2）变量对算术平均数的方差，小于对任意数的方差：

$$\frac{\sum(x-\overline{x})^2}{n}<\frac{\sum(x-x_0)^2}{n}\ (x_0\text{为任意常数})$$

（3）n 个同性质独立变量和的方差等于各个变量方差之和：

$$\sigma_y^2=\sigma_{x1}^2+\sigma_{x2}^2+\cdots+\sigma_{xn}^2$$

三、是非标志的标准差

是非标志是指用“有”“无”或“是”“否”表示的标志。例如，产品的合格与不合格，性别的男与女等。在社会经济统计中，是非标志可以数量化。“是”或“有”用“1”来表示，“否”或“无”用“0”来表示。因为是非标志值只有“1”和“0”两种表现，因而也称为“1-0”型变量。

是非标志只有两个标志值，故通常以比重来表示，也称为成数。现设变量值为“1”的单位数为 N_1，变量值为“0”的单位数为 N_0，则全部总体单位数为

$$N=N_1+N_0$$

总体中变量值为“1”的单位数所占的比重为 $P=\frac{N_1}{N}$；总体中变量值为“0”的单位数所占的比重为 $Q=\frac{N_0}{N}$；两部分之和为 1，即 $P+Q=1$。

现计算是非标志的平均数如下：

$$\bar{x}=\frac{\sum xf}{\sum f}=\frac{1\times N_1+0\times N_0}{N_1+N_0}=\frac{N_1}{N}=P \tag{6-7}$$

计算是非标志的标准差如下：

$$\begin{aligned}\sigma&=\sqrt{\frac{\sum(x-\bar{x})^2 f}{\sum f}}=\sqrt{\frac{(1-P)^2\times N_1+(0-P)^2\times N_0}{N_1+N_0}}\\&=\sqrt{\frac{Q^2\times N_1+P^2\times N_0}{N_1+N_0}}=\sqrt{\frac{Q^2\times N_1}{N_1+N_0}+\frac{P^2\times N_0}{N_1+N_0}}\\&=\sqrt{\frac{Q^2\times N_1}{N}+\frac{P^2\times N_0}{N}}=\sqrt{Q^2P+P^2Q}\\&=\sqrt{QP(Q+P)}=\sqrt{QP}\end{aligned} \tag{6-8}$$

由此计算可知：是非标志的平均数就是具有所研究标志值的单位数在总体单位中所占的比重 P；是非标志的标准差为 $\sqrt{QP}$ 。

例 6.8 某仪器厂生产电机 1000 台，经检验 980 台是合格品，20 台是不合格品，试计算并分析该仪器厂产品合格品率的标准差。

已知 $N_1=980$， $N_0=20$，$N=1000$，先求合格品与不合格品的成数分别为

$$P=\frac{N_1}{N}=\frac{980}{1000}=98\%$$

$$Q=\frac{N_0}{N}=\frac{20}{1000}=2\%$$

将计算结果代入式（6-8），则合格品与不合格品比率的标准差为

$$\sigma=\sqrt{QP}=\sqrt{98\%\times 2\%}=14\%$$

第四节 变异系数

全距、内距、平均差、标准差是从绝对量或平均量上测定总体中各单位标志值之间的差异程度，而且都具有与其相应的平均数一致的计量单位。实际上，上述各种变异指标数值的大小不仅与各变量值之间差异程度有关，也同变量值本身的水平高低（$\bar{x}$）有关。因此，在相对差异程度相同的情况下，平均数大的分布数列，其标准差必然大于平均数小的数列；而标准差相同的两个数列，则会因为平均数不相同，其差异程度也不相同。可见，在平均数不相同的两个数列中，用反映差异程度的绝对量或平均量直接对比，不能确切地反映数列分布离中趋势的相对差异程度。由此，便产生了变异系数指标。

由于变异系数是相对数，所以通常用于不同总体标志变异程度的对比，对于具有不同平均水平或计量单位的数列，不能直接用平均差或标准差来比较，而是要通过计算变异系数来准确地衡量不同数列平均数的代表性。

变异系数，又称离散系数，它是一种相对变异指标。作为分子的变异指标可以是全距、内距、平均差和标准差；而作为分母的平均数可以是数值平均数，也可以是位置平均数。

一、平均差系数

根据平均差和算术平均数计算的变异系数称为平均差系数。平均差系数的计算公式为

$$V_A = \frac{\mathrm{A \cdot D}}{\overline{x}} \times 100\% \tag{6-9}$$

式中，V_A表示平均差系数。

例 6.9 某市五家大型商场的年销售额和实现利税额资料如表 6-6 所示，试比较分析平均商品销售额和平均利税额的代表性。

表 6-6 某市五家大型商场的年度经营资料

商场序号	商品销售额/百万元	利税额/百万元
1	882	77
2	587	55
3	468	31
4	403	32
5	382	26
合计	2722	221

根据表中资料计算，商品销售额的平均数、平均差和平均差系数：

$$\overline{x} = \frac{\sum x}{n} = \frac{2722}{5} = 544.4(\text{百万元})$$

$$\mathrm{A \cdot D} = \frac{\sum |x - \overline{x}|}{n} = \frac{760.4}{5} = 152.08(\text{百万元})$$

$$V_A = \frac{\mathrm{A \cdot D}}{\overline{x}} \times 100\% = \frac{152.08}{544.4} \times 100\% = 27.94\%$$

利税额的平均数、平均差和平均差系数：

$$\overline{x} = \frac{\sum x}{n} = \frac{221}{5} = 44.2(\text{百万元})$$

$$\mathrm{A \cdot D} = \frac{\sum |x - \overline{x}|}{n} = \frac{87.2}{5} = 17.44(\text{百万元})$$

$$V_A = \frac{\mathrm{A \cdot D}}{\overline{x}} \times 100\% = \frac{17.44}{44.2} \times 100\% = 39.46\%$$

由于商品销售额和利税额的平均水平不同，不能直接利用平均差对比其平均数的代表性，而应以平均差系数来比较。由于商品销售额平均差系数小于利税额的平均差系数，所以平均商品销售额的代表性大于平均利税额的代表性。

二、标准差系数

在实际应用中，通常使用标准差系数反映总体变异的相对程度。标准差系数指总体

标准差与其算术平均数之比。其计算公式如下：

$$V_\sigma = \frac{\sigma}{\bar{x}} \times 100\% \tag{6-10}$$

例 6.10 设有甲、乙两组不同水平的工人日产量数列资料如表 6-7 所示，试比较甲、乙两组工人平均日产量的代表性。

表 6-7 两组工人日产量资料

甲日产量/件	60	65	70	75	80
乙日产量/件	9	9	10	12	15

由于甲、乙两组为不同水平的工人，比较两组平均日产量的代表性需要计算标准差系数。

（1）计算甲、乙两组平均日产量及相应的标准差为

$$\bar{x}_{甲} = 70(件),\ \sigma_{甲} = 7.07(件)$$

$$\bar{x}_{乙} = 11(件),\ \sigma_{乙} = 5.20(件)$$

（2）将以上计算结果代入式（6-10）可得

$$V_{甲} = \frac{\sigma}{\bar{x}} \times 100\% = \frac{7.07}{70} \times 100\% = 10.1\%$$

$$V_{乙} = \frac{\sigma}{\bar{x}} \times 100\% = \frac{5.20}{11} \times 100\% = 42.27\%$$

从数值上看，甲的标准差大于乙的标准差，但不能由此说明甲数列的离散程度大于乙数列的离散程度，更不能说明乙的日平均生产量的代表性高于甲。通过比较甲、乙两个标准差系数，可知$V_{乙} > V_{甲}$，所以甲组工人的平均日产量的代表性优于乙组工人平均日产量的代表性。这也说明甲组工人不仅一般水平高，而且平均日产量比较稳定；乙组工人一般水平较甲组为低，而且日产量之间的差别也较大。

第五节 偏态和峰度

平均指标和变异指标是测定总体数量分布的集中趋势和离中趋势的方法，但平均数与标准差相同的总体，其分布形态可能并不完全一样，这与次数分布的对称程度有密切关系。这就需要进一步了解总体数量分布的对称、偏斜程度和集中趋势的显著程度等特征，即本节所要介绍的测定偏态和峰度的方法。

一、偏态及其测定

偏态是对分布偏斜方向和程度的测度。它与平均数、标准差一样，也是反映次数分布性质的一个重要指标。偏态通常分为两种：右偏（或正偏）与左偏（或负偏）。在分布中心对称时，算术平均数、中位数和众数是一致的。分布越偏，三者差距越大。显然，计算并比较这三个集中趋势代表值就成为一种最简单、最基本的偏态测定方法。如果众数小于中位数，分布曲线就向右延伸，可以判断为正偏或右偏；相反，如果众数大于中

位数，分布曲线就向左延伸，可以判断为负偏或左偏。如果没有众数，可以依同样原理比较中位数和算术平均数来评断偏斜的方向；显然，判断偏斜的方向比较简单，但要测定偏斜的程度就需要计算偏态系数。偏态的测定方法主要有下列两种：动差法和算术平均数与众数比较法。

（一）动差法

1. 动差的概念

动差，又称为矩，原是物理学上表示力与力臂对重心关系的术语。这种关系，与统计学中变量和权数对平均数的关系很相似。统计学中也用动差来说明次数分布的性质。

一般来说，以任意数 x_0 为中心，所有变量值 x 与任意数 x_0 之差的 k 次方的平均数，称为变量 x 对 x_0 的 k 阶动差，即

$$M_k = \frac{\sum (x - x_0)^k}{n}, \quad k = 1, 2, \cdots, n \tag{6-11}$$

式中，M_k 表示 k 阶动差；n 表示变量值的个数。

当式（6-11）中，$x_0 = \bar{x}$，即所有变量以算术平均数为中心时，称为 k 阶中心动差。

$$m_k = \frac{\sum (x - \bar{x})^k}{n} \tag{6-12}$$

式中，m_k 表示中心动差；一阶中心动差 $m_1 = \frac{\sum (x - \bar{x})}{n} = 0$；二阶中心动差：$m_2 = \frac{\sum (x - \bar{x})^2}{n} = \sigma^2$（方差）；三阶中心动差：$m_3 = \frac{\sum (x - \bar{x})^3}{n}$；……

2. 动差法偏态系数的计算公式

利用动差来测定偏态，主要是通过三阶中心动差 m_3 进行的。在正态分布情况下，三阶中心动差 $m_3 = 0$。如果三阶中心动差 $m_3 \neq 0$，则表示分布呈偏态。$m_3 > 0$ 表明为正偏态，$m_3 < 0$ 表明为负偏态。偏态程度的高低可由 m_3 的数值表示。但 m_3 有计量单位，是对偏态程度的绝对测定，其数值的大小也受标志变异程度及平均水平高低的影响。为了比较不同频率分布的偏态状况，需要计算偏度测定系数 α。计算公式为

$$\alpha = \frac{m_3}{\sigma^3} = \sqrt{\frac{m_3}{m_2^3}} \tag{6-13}$$

式中，σ^3 表示标准差的三次方。

m_3 表示三阶中心动差，其计算方法为

$$m_3 = \frac{\sum (x - \bar{x})^3 f}{\sum f} \tag{6-14}$$

式（6-13）也常表示为

$$\alpha = \frac{\sum (x - \bar{x})^3 f}{N\sigma^3} \tag{6-15}$$

当 $\alpha = 0$ 时，表明分布是对称的；

当 $\alpha > 0$ 时，表明分布呈右偏（正偏）；α 的值越大，说明正偏程度越大。

当$\alpha<0$时，表明分布呈左偏（负偏）；α的值越小，说明负偏程度越大。

（二）算术平均数与众数比较法

算术平均数与众数比较法就是利用算术平均数与众数的关系来测定分布偏斜程度的一种方法。我们已经知道，在对称分布中，算术平均数与众数、中位数彼此分离。其中，算术平均数与众数分居两边，中位数介于二者之间。因而算术平均数与众数之间的距离，就可以作为测定偏态的一个尺度。即

$$\text{绝对偏度}=\text{算术平均数}-\text{众数}=\bar{x}-M_0 \tag{6-16}$$

算术平均数与众数之间的距离越大，偏态的绝对量越大，表示次数分配的非对称程度越大；算术平均数与众数之间的距离越小，偏态的绝对量越小，表示次数分配的非对称程度越小。

绝对偏度具有计量单位，只能粗略地反映一个分布的偏斜状态，为了准确地判定一个分布的偏斜程度及比较不同频率分布的偏斜程度，需要将绝对偏度除以标准差，得到偏差系数（即相对偏度，以SK_p表示）以反映分布的相对偏斜程度。用公式表示为

$$\text{SK}_p=\frac{\bar{x}-M_0}{\sigma} \tag{6-17}$$

经验证明：$-3\leqslant \text{SK}_p\leqslant 3$。

在计算偏态系数时，如果众数未知，而中位数已知，则可以根据中位数和算术平均数推算众数，即$M_0=\bar{x}-3(\bar{x}-M_e)=3M_e-2\bar{x}$。

当$\bar{x}=M_0$，$\text{SK}_p=0$时，频率分布为对称分布；当$\bar{x}>M_0$，$\text{SK}_p>0$时，频率分布为右（正）偏态分布；当$\bar{x}<M_0$，$\text{SK}_p<0$时，频率分布为左（负）偏态分布。

二、峰度及其测定

峰度是分布集中趋势高峰的形状，它可反映总体内的标志值靠近其平均数的集中程度。与正态分布的高峰相比，当次数分布更集中于平均数周围时，其次数分布曲线为更瘦更高的尖顶峰；当次数分布比较分散时，其次数分布曲线为更矮更胖的平顶峰。

在统计中峰度常以四阶中心动差m_4测定，由于m_4是峰度的绝对测定量，且具有计量单位，不能据此比较不同频率分布的峰度。所以为了便于比较，需将四阶中心动差除以标准差的四次方σ^4（或二阶中心动差的二次方m_2^2），得到峰度的相对测定量，称为峰度系数，用β表示，其公式为

$$\beta=\frac{m_4}{\sigma^4} \tag{6-18}$$

式中，σ^4表示标准差的四次方。

m_4表示四阶中心动差，其计算方法为

$$m_4=\frac{\sum(x-\bar{x})^4 f}{\sum f} \tag{6-19}$$

式（6-19）也常表示为

$$\beta=\frac{\sum(x-\overline{x})^4 f}{N\sigma^4} \tag{6-20}$$

根据统计经验，当 $\beta=3$ 时，次数分布曲线为正态曲线；当 $\beta<3$ 时，次数分布曲线为平顶峰度曲线，表明变量值的差异程度大，平均数代表性低；当 $\beta>3$ 时，次数分布曲线为尖顶峰度曲线，表明变量值的差异程度小，平均数代表性高。

经验证明，当 β 接近于 1.8 时，次数分布趋向于一条水平线，分布形态称为水平分布；当 β 的数值小于 1.8 时，次数分布曲线是 U 形分布；因此，对称分布的峰度系数 β 值在 1.8 以上。

三、偏态和峰度的应用

由于偏态和峰度可以反映频率分布的特征，所以在统计中主要利用偏态和峰度来检查样本分布是不是正态分布，并以此判断总体分布是否接近于正态分布。如果样本分布的偏态接近 0，峰度接近 3，则可以判断总体分布趋近于正态分布。

例 6.11 根据表 6-8 所给的资料计算频率分布的偏态和峰度，并分析集团公司所属企业年利润分布是否接近正态分布。

表 6-8 某集团公司所属企业年利润偏度与峰度计算表

按企业利润分组/万元	企业数 f/家	组中值 x	$(x-\overline{x})^2 f$	$(x-\overline{x})^3 f$	$(x-\overline{x})^4 f$
30 以下	3	20	6888.98	−330119.88	15819344.81
30～50	5	40	3897.63	−108821.88	3038307.04
50～70	7	60	439.08	−3477.55	27542.21
70～90	16	80	2334.82	28204.65	340712.23
90～100	4	95	2933.31	79433.92	2151070.44
100 万以上	1	105	1374.93	50982.27	1890422.61
合计	36	—	17868.75	−283798.47	23267399.34

由已知得

$$\overline{x}=\frac{\sum xf}{\sum f}=67.92(\text{万元})$$

经计算：

$$\sigma=\sqrt{\frac{\sum(x-\overline{x})^2 f}{\sum f}}=\sqrt{\frac{17868.75}{36}}=22.28(\text{万元})$$

$$\sigma^2=(22.28)^2=496.40$$

$$m_3=\frac{\sum(x-\overline{x})^3 f}{\sum f}=\frac{-283798.47}{36}=-7883.29$$

$$m_4=\frac{\sum(x-\overline{x})^4 f}{\sum f}=\frac{23267399.34}{36}=646316.65$$

$$\alpha = \frac{m_3}{\sigma^3} = \frac{-7883.29}{(22.28)^3} = -0.71 < 0$$

$$\beta = \frac{m_4}{\sigma^4} = \frac{646316.65}{(22.28)^4} = 2.62 < 3$$

说明某集团公司所属企业年利润数据为负偏分布；其峰度明显低于同等方差的正态分布，具有平坦峰度或低峰度。

本章小结

本章主要介绍了全距、平均差、标准差、方差和变异系数几种常用的测定数据变异程度的指标以及数据分布特征。变异指标一方面测量了数据的变动程度，另一方面反映了平均指标代表性的高低，其中，标准差和方差是最常用的变异指标。学习本章要理解标志变异指标的概念、意义和作用；掌握各种标志变异指标的性质和计算方法，能从集中趋势和离中趋势两个方面去认识总体的分布特征，以分析有关的社会经济现象。

本章练习题

一、判断题（在题后的括号内，正确的打✓，错误的打×，并改正）。

1. 平均指标反映的是总体分布的集中趋势，标志变异指标反映的是总体分布的离中趋势，因此，两类指标是性质根本不同的指标。（　　）
2. 直接用标准差比较两个平均数代表性大小的条件是同类现象的两平均数相等。（　　）
3. 标志变异指标与平均指标代表性之间存在正比关系。（　　）
4. 平均差和标准差的表现形式不一样，但其实质都是算术平均数。（　　）
5. 计算标准差一般所依据的中心指标是众数。（　　）
6. 是非标志的平均数是 $P+Q$。（　　）
7. 标志变异指标是指标志值的分配。（　　）
8. 是非标志的标准差是 PQ。（　　）
9. 变异系数的分子必须是数值平均数，分母则是位置平均数。（　　）

二、单选题（将备选答案中唯一正确的选项序号填在括号内）。

1. 下面变异指标哪种受极端值影响较大（　　）
   A. 全距　B. 平均差　C. 标准差　D. 变异系数
2. 下列测定标志变动的方法中，哪种能消除平均水平高低的影响（　　）
   A. 全距　B. 平均差　C. 标准差　D. 变异系数
3. 已知某企业产品合格率为 99%，则标准差是（　　）
   A. 99%　B. 99.9%　C. 1%　D. 9.95%
4. 标准差与平均差的区别主要在于（　　）
   A. 计算条件不同　B. 计算结果不同
   C. 数学处理方法不同　D. 意义不同

5. 计算平均差时对每个离差取绝对值是因为（　　）

A. 离差有正负　　B. 计算方便

C. 各变量值与其算术平均数离差之和为零

D. 便于数学推导

6. 计算离散系数是为了比较（　　）

A. 不同分布数列的相对集中程度　　B. 不同水平的数列的标志变异程度

C. 相同水平的数列的标志变异程度　　D. 两个数列平均数的绝对差异

7. 某数列变量值平方的平均数等于 9，而变量值平均数的平方等于 5，则标准差为（　　）

A. 4　　B. –4　　C. 2　　D. 14

8. 在下列若干个成数值中，成数值的方差最大的是（　　）

A. 0.8　　B. 0.6　　C. 0.7　　D. 0.5

9. 同一总体中平均指标与变异指标的关系是（　　）

A. 平均指标的代表性与变异指标的大小呈反比变化

B. 平均指标的代表性与变异指标的大小呈正比变化

C. 平均数的代表性与变异指标大小无关

D. 变异指标需要平均数相等前提下才能比较

10. 在工业产品生产过程中，可用于检验产品的质量稳定性及质量控制的变异指标是（　　）

A. 全距　　B. 标准差系数　　C. 峰度　　D. 偏态

11. 设篮球运动员的平均身高为 198 厘米，一年级小学生的平均身高为 100 厘米。篮球运动员的身高平均差 2.6 厘米，小学生组的身高平均差为 1.8 厘米。根据该资料判断（　　）

A. 篮球运动员组身高较均匀　　B. 小学生组的身高较均匀

C. 两组的身高不能进行比较　　D. 无法判断

三、多项选择题（将备选答案中全部正确的选项序号填在括号内）。

1. 有些标志变异指标是用无名数表示的，如（　　）

A. 全距　　B. 平均差　　C. 标准差

D. 平均差系数　　E. 标准差系数

2. 标志变异指标可以（　　）

A. 评价平均数的代表性　　B. 反映经济活动过程的均衡性

C. 表明经济活动的节奏性　　D. 说明变量的离中趋势

E. 说明变量的集中趋势

3. 把全部产品分为合格品和不合格品所分组的标志是（　　）

A. 数量标志　　B. 品质标志　　C. 不变标志

D. 是非标志　　E. 属性标志

4. 标志变异指标（　　）

A. 只能是绝对数　　B. 只能是相对数　　C. 只能是平均数

D. 可以是相对数或绝对数　E. 可以是平均数

5. 不同总体间的标准差不能进行简单对比，是因为（　　）

A. 标准差不一致　　B. 平均数不一致

C. 计量单位不一致　　D. 总体单位不一致

6. 标准差和平均差的共同特点是（　　）

A. 他们都以平均数为中心来测定各变量值的离散程度

B. 二者受极端值的影响较大

C. 反映总体标志变异程度方面都比全距准确

D. 都把所有变量值考虑进去了

7. 与标志值同计量单位的标志变异指标有（　　）

A. 全距　　B. 平均差　　C. 标准差

D. 方差　　E. 平均差系数和标准差系数

四、计算题（要求：有计算公式及计算过程，计算结果保留两位小数）。

1. 某税务所两个主管小组在集贸市场一周的征税额资料如下（单位：元）。

甲组：5000　6000　7000　8000　9000　10000

乙组：6250　6750　7250　7750　8250　8750

依上述资料，利用全距、平均差、标准差，分别比较两组平均日征收额的代表性。

2. 某班学生男生、女生各有七人为灾区捐款，数额如下（单位：元）。

男生：20　40　60　70　80　100　120

女生：67　68　69　70　71　72　73

要求计算出男生和女生每组捐款的变异指标，并比较各组平均数代表水平的高低。

3. 抽样调查某林地 100 株云杉，分组情况如下：

胸径/厘米	株数
10～14	3
14～18	7
18～22	18
22～26	23
26～30	21
30～34	6
34～38	6
38～42	4
合计	100

计算平均胸径及胸径的全距、平均差、标准差及变异系数。

4. 某制鞋厂对某天生产的 400 双鞋的耐穿时间进行检验，结果如下：

耐穿时间/天	数量
280～300	20
300～320	30

续表

耐穿时间/天	数量
320～340	260
340～360	80
360～380	10
合计	400

计算耐穿时间的平均差和标准差。

5. 某信息寻呼台两名接线员 5 天中每天寻呼次数资料如下。

A 寻呼员：120　108　76　184　165

B 寻呼员：94　68　113　55　99

要求：依据资料 A、B 两个寻呼员寻呼次数的全距和标准差，并从日均次数的代表性对寻呼次数日分布的均衡性作出简要评价和分析。

6. 某城市经济调查队间隔五年各抽取 1000 户职工平均每人年购买书报杂志金额调查，得到有关资料如下：

按年购买金额分组/元	职工人数/人	
	2008 年	2009 年
0～10	100	250
10～20	400	640
20～30	260	80
30～40	100	20
40～50	80	8
50 以上	60	2
合计	1000	1000

要求：计算 2008 年、2009 年人均书报杂志消费额的算术平均数、标准差、标准差系数。

7. 某科研小组进行甲、乙两品种油菜作物培育实验资料如下。

（1）甲品种：

实验田块编号	田块面积/亩	总产量/公斤
1	1.6	528
2	2.0	614
3	2.6	832
4	1.6	552
5	1.8	630
6	2.4	804

（2）乙品种：平均亩产 338 公斤，标准差 17.5 公斤。

要求：根据上表资料分析，哪一种油菜作物品种值得推广。

第七章

抽样推断

第一节　抽样概述

一、抽样的概念

抽样推断，也称为抽样调查，它是收集统计资料的一种方法，又是对现象总体进行科学估计和判断的方法，所以无论在统计调查还是在统计分析中都有广泛的应用。

抽样调查是一种非全面的调查，它是按照随机原则从总体中抽取一部分单位作为样本进行调查，并依据样本的数据对总体的数量特征做出具有一定可靠性的估计和推断的一种统计方法。抽样调查具有以下几个特点。

（1）按随机原则从总体中抽取调查单位。

抽样调查在选择调查单位时，要完全排除人的主观意识。哪个单位被选中，哪个单位不被选中，完全是偶然的。由于抽样调查的目的在于推断总体，在抽样的时候就应保证每个单位有同等的机会被选中，这样就有较大的可能性使所选中的样本和总体有相似或相同的分布。同时，也只有遵循随机原则，才能用数理统计提供的方法，对总体的数量分布特征作出估计，因而按随机原则抽取样本是进行抽样推断的先决条件。

（2）根据所抽中部分单位的统计资料对全及总体的数量特征做出推断估计。

通过抽样调查，可以得到部分单位的统计资料，并据以计算抽样指标，对总体指标作出估计。例如，根据全国一部分职工家庭收支情况，来推断全国所有职工家庭的收入、支出水平；根据一部分农作物收获面积的实际产量来推断全县、全省、全国的农产量；根据抽中的一部分商品的质量来推断所有商品的质量；等等。

（3）抽样推断的抽样误差可以事先计算并加以控制。

以部分单位的指标数值去推断总体的指标数值，虽然存在一定的抽样误差，但它可以通过一定的数理统计方法进行计算，并且能够通过某些途径来控制误差的范围，从而保证抽样推断的结果达到一定的可靠程度和精确度。

二、抽样的意义和作用

（1）对某些不可能进行全面调查而又要了解全面情况的现象，可以采用抽样调查的方法。

例如，生产中的一些产品质量检验，在进行试验或测定时，常常带有破坏性或损耗性，如轮胎的里程检验、灯泡的寿命检验、炮弹的杀伤力检验等，常常采取抽样的方法，以样本资料对总体情况做出推断。

（2）对有些现象进行全面调查理论上可行，但没有必要或实际做不到，也可采用抽样法进行调查。

例如，要了解职工的家庭生活状况，从理论上说可以进行全面调查，但是由于范围广，单位多，调查时劳动力投入较大，而采用抽样调查更能节省人力物力，达到同样的效果。又如农产量全面资料要等到收获完毕后一段时间才能得到，采用抽样调查，可以及时得到统计数据。有些现象的总体，单位数目过多且过于分散，如要了解水库的鱼苗数，森林的木材积蓄量等，都无法实行全面调查，可以用抽样法进行推断。

（3）可以对全面调查的资料进行质量检查及补充全面资料的不足。

全面调查由于范围广、工作量大、参加人员多，发生工作性误差的机会可能就多。因此，在全面调查后，常随机抽取一部分单位进行抽样调查，将这些单位的两次调查结果进行比较，并以此为依据对全面的资料加以修正。又如，有些国家在人口及工农业调查中，根据调查项目的粗细要求不同，分别进行普查和抽样调查，由这两种调查所得到的资料不但可以核对差错，也可以满足不同的需要。

（4）抽样调查可以用于对工业生产过程的质量控制。

抽样调查可以有效地用于对成批或大量连续生产的工业产品在生产过程中进行质量控制，保证生产质量的稳定。

（5）利用抽样调查的原理，可以对某种总体的假设进行检验，来判断这种假设的真伪，以决定行动的取舍。

例如，新教学法的采用，新技术新工艺的发展，新医疗手段的使用等是否能收到明显的效果，需要对未知的或完全不知的总体做出一些假设，然后利用抽样的方法，根据实验材料对所做的假设进行检验，做出判断。

抽样调查抽取的部分单位数比全面调查的全部单位数要少，因此，抽样调查能以较少的人力、物力、时间，较快、较准确地取得结果，调查也比较灵活。但抽样调查的局限性在于不能满足对总体每个单位都要求提供详细资料的需要，因此，抽样调查不能代替全面调查。

第二节　抽样推断的理论与概念

一、抽样推断的理论基础

大数定律和中心极限定理是与统计学密切相关的重要数学定理，它们为抽样推断提供了数学理论基础。

（一）大数定律

大数定律：独立同分布的随机变量 $X_1,X_2,\cdots,X_n,\cdots$，并且有数学期望和方差 $E(X_i)=\mu,V(X_i)=\sigma^2(i=1,2,\cdots)$。则对任意的正数 ε，有

$$\lim_{n \to \infty} p\left\{\left|\frac{1}{n}\sum_{i=1}^{n} X_i - \mu\right| < \varepsilon\right\} = 1 \tag{7-1}$$

该定理说明，当n充分大时，独立同分布的一系列随机变量，其平均数与它们共同的期望值之间的偏差，可以有很大把握被控制在任意给定的范围之内。由于从总体中抽出的样本是独立且与总体同分布的，所以当样本容量n充分大时，样本平均与总体平均之间的误差可以有很大的把握被控制在任意给定的要求之内，这就是用样本平均估计总体平均的理论依据。

由于比率指标是一个特殊的平均数，大数定律对比率指标自然也成立，设N_1是n次试验中事件A发生的次数，ρ是事件A发生的概率，则对于任意的正数ε，有

$$\lim_{n \to \infty} p\left\{\left|\frac{N_1}{n} - \rho\right| < \varepsilon\right\} = 1 \tag{7-2}$$

即当n充分大时，事件A发生的频率接近（依概率收敛于）事件A发生的概率，反映了频率在大量重复试验过程中的稳定性，该定理称为伯努利大数定律，它提供了用频率代替概率的理论依据。

大数定律表明：尽管个别现象受偶然因素影响，有各自不同的表现，但是，对总体在大量观察后进行平均，就能使偶然因素的影响相互抵消，消除由个别偶然因素引起的极端性影响，从而使总体平均数稳定下来，反映出事物变化的一般规律。

（二）正态分布再生定理

如果变量X服从正态分布，总体的平均数是μ，标准差是σ，从这个总体中抽出一个容量是n的样本，则样本平均数$\bar{X}$也服从正态分布，其平均数$E(\bar{X})$仍是μ，其标准差是$\sigma_{\bar{X}}$。

从正态分布的再生定理可以看出，只要总体变量服从正态分布，则从中抽取的样本，不管n是多少，样本平均数都服从正态分布。但是在客观实际中，总体并非都是正态分布。对于从非正态分布总体中抽取的样本平均数的分布问题，需要由中心极限定理来解决。

（三）中心极限定理

1. 样本平均数的中心极限定理

如果变量X的分布具有期望值μ和标准差σ，从这个总体中抽出一个容量是n的样本，当n趋于无穷大时，样本平均数$\bar{X}$近似服从正态分布，其平均数$E(\bar{X})$仍是μ，其标准差是$\sigma_{\bar{X}}$。

中心极限定理告诉我们无论总体服从何种分布，只要它的平均数与标准差客观存在，就可以通过增大样本容量的方式，保证样本平均数$\bar{X}$近似服从正态分布。样本容量n越大，样本平均数的分布就越接近正态分布。

2. 样本比率的中心极限定理

从任一总体的比率为P，方差为$P(1-P)$的 0-1 分布总体中，抽取容量为n的样本，其样本比率p的分布会随着n的增大而趋近于平均数为P，标准差为σ_p的正态分布。

由中心极限定理不难看出，正态分布在统计推断中具有非常重要的地位。

（四）t 分布定理

若样本来自方差未知的正态分布总体且样本容量较小（$n<30$），或样本来自任一方差为 σ^2 的总体且样本容量较小（$n<30$），则样本平均数 $\bar{X}$ 服从自由度为 $n-1$ 的 t 分布。t 分布与正态分布十分接近。

二、全及总体与抽样总体

全及总体也称为母体，简称总体，它指所要调查或认识对象的全体。总体包括调查对象的所有单位。例如，我们要研究某地区职工家庭收入水平，则该地区的全部职工家庭户即是全及总体。通常总体单位数以大写 N 表示。从全及总体中随机抽取的代表全及总体的那部分单位的集合体就是抽样总体，简称样本，也称子体。样本中的各个单位称为样本单位。样本单位数又称为抽样单位数或样本容量，通常以小写英文字母 n 表示。为了使样本对总体有充分的代表性，样本容量必须有足够的数量。一般来说，样本单位数达到或超过 30 个称为大样本，样本单位数在 30 个以下称为小样本。社会经济现象的抽样调查一般多取大样本。

对一个现象来说，总体是唯一确定的，样本则不然。从总体中可抽选一个样本，也可以抽选多个样本。抽取样本的可能数目与每个样本容量有关，与随机选样的方法也有关。不同的样本容量和抽样方法，样本的可能数目也有很大的差别。抽样调查的目的在于对总体做出判断，因此样本容量和样本数目都是关系到对总体判断准确程度的问题，都要加以研究。

三、全及指标与抽样指标

全及指标又称总体指标，它是反映总体特征的综合指标，在抽样调查中，总体指标是通过抽样调查推断出来的。推断的主要指标是总体平均数和总体成数以及总体标志总量等。样本指标是根据抽取的各个样本计算的综合指标，因为从一个总体可以抽选很多个样本，所以样本指标是一个随机变量。与总体指标相对应常用的样本指标有样本平均数和样本成数。

样本平均数代表样本单位的一般水平，通常以 $\bar{x}$ 表示。抽样推断的一个重要内容就是用平均数 $\bar{x}$ 去推断总体平均数 $\bar{X}$ 。

样本成数是指具有某种表现的样本单位数在全部样本单位中所占的比重。如抽样合格品或不合格品在全部样本产品中所占的比重就叫样本成数。

设在一个样本单位数为 n 的抽样总体中，有 n_1 个单位具有某种标志表现，n_0 个单位不具有某种标志表现，p 为样本中具有某种标志表现的单位数所占的比重，q 为不具有某种标志表现的单位数所占的比重，则样本成数为

$$p=\frac{n_1}{n},q=\frac{n_0}{n}=\frac{n-n_1}{n}=1-p$$

抽样调查的另一个重要方面就是用样本成数 p 去推断总体成数 P。

此外，在抽样调查中还要用到方差或标准差指标。

总体方差和总体标准差分别用 σ^2 和 σ 表示，而样本方差和样本标准差分别用 s^2 和 s 表示。

从一个全及总体中可以抽取许多种样本，样本不同，抽样指标数值也就不同，所以抽样指标的数值不是唯一确定的，实际上抽样指标是样本变量的函数，它本身也是随机变量。

四、抽样误差

（一）抽样误差的概念

统计误差通常是指统计指标数值与客观实际数量之间的差别。在抽样调查中，调查结果所得的样本指标的数值与总体指标数值之间的差别所形成的误差，可分为两种：工作性误差和代表性误差。

工作性误差也称登记误差，即在调查过程中由于主客观原因，如测量、计量或抄录的错误，以及调查者与被调查者所报不实等原因产生的误差。登记误差是抽样工作中的组织问题，只要采取措施是可以预防或把它减少到最小程度的。

代表性误差即抽样调查用一部分单位的指标数值去推断总体指标数值时所产生的误差。这种误差的发生有两种情况：一种是由于没有遵守调查的随机性原则，如抽选样本单位时，调查者有意地剔出较好的单位或较差的单位，会使样本出现偏高或偏低的情况，由此造成的误差，称为系统性误差；另一种是即使遵守了随机性原则，由于被抽选的样本有各种可能，而各个样本与总体都会有不同的误差，通常称为随机性误差。前一种误差只要遵守随机性原则是可以避免的，后一种误差则是不可避免的。通常所说的抽样误差是指这部分不可避免的随机性误差。虽然抽样误差是抽样调查所无法避免的，但样本平均数与全及总体平均数之间是有规律的并可以加以精确计算，确定它具体的数量界限，再通过抽样程序设计加以控制。

（二）抽样误差的特点

1. 随机性

从总体 N 个单位中随机抽取一个容量为 n 的样本，采取重复抽样方法将有 A_N^n 种可能的样本结果；采用不重复抽样方法，则有 B_N^n 种可能的样本结果。

例 7.1 设总体有甲乙丙丁四个单位，其标志值分别为 10，20，30，40。现从中随机抽取容量为 2 的样本一个，试分析有多少种可能的结果，并计算抽样平均数与总体平均数的离差。

（1）采取重复抽样有 $A_N^n = N^n = 4^2 = 16$ 种可能的结果，计算总体平均数 = 25，分析结果如表 7-1 所示。

表 7-1 重复抽样可能结果

样本	样本 i	抽样平均数 $\bar{x}_i$	离差 $\bar{x}_i-\bar{X}$
1 甲甲	10，10	10	−15
2 甲乙	10，20	15	−10
3 甲丙	10，30	20	−5
4 甲丁	10，40	25	0
5 乙甲	20，10	15	−10
6 乙乙	20，20	20	−5
7 乙丙	20，30	25	0
8 乙丁	20，40	30	5
9 丙甲	30，10	20	−5
10 丙乙	30，20	25	0
11 丙丙	30，30	30	5
12 丙丁	30，40	35	10
13 丁甲	40，10	25	0
14 丁乙	40，20	30	5
15 丁丙	40，30	35	10
16 丁丁	40，40	40	15

（2）采取不重复抽样有 $B_N^n=\dfrac{N!}{(N-n)!}=\dfrac{4!}{(4-2)!}=12$ 种可能的结果，分析结果如表 7-2 所示。

表 7-2 不重复抽样可能结果

样本	样本 i	抽样平均数 $\bar{x}_i$	离差 $\bar{x}_i-\bar{X}$
1 甲乙	10，20	15	−10
2 甲丙	10，30	20	−5
3 甲丁	10，40	25	0
4 乙甲	20，10	15	−10
5 乙丙	20，30	25	0
6 乙丁	20，40	30	5
7 丙甲	30，10	20	−5
8 丙乙	30，20	25	0
9 丙丁	30，40	35	10
10 丁甲	40，10	25	0
11 丁乙	40，20	30	5
12 丁丙	40，30	35	10

由于是随机抽样，每次抽样的结果是随机的，除非总体中各单位不存在标志值的差异。在一定的样本容量和总体分布情况下，各种可能的抽样结果其代表性水平也不尽相同。因此，用样本指标来推断总体指标时，样本指标与总体指标之间所产生的差异也是随机的。

2. 规律性

虽然从个别样本来看，抽样误差表现为随机性，但从随机抽样的全部个别结果组成的总体来看，抽样误差是有规律性的。这种规律性表现如下。

（1）随机抽样平均数的一般水平（即全部抽样平均数的平均数）与全及总体平均数完全相等。设抽样平均数为 $\bar{x}$，抽样平均数的平均数为 $\bar{\bar{x}}$，总体平均数为 $\bar{X}$，总体单位总量为 N，样本容量（抽样数目）为 n，则

$$\bar{\bar{x}} = \bar{X}$$

式中，$\bar{\bar{x}} = \frac{\sum \bar{x}}{N^n}$，$\bar{X} = \frac{\sum X}{N}$。

（2）重复抽样的全部抽样平均数的标准差为总体标准差的 $\frac{1}{\sqrt{n}}$。设 σ_1 为重复抽样的全部抽样平均数的标准差，σ 为总体标准差，则

$$\sigma_1 = \frac{\sigma}{\sqrt{n}}$$

式中，$\sigma_1 = \sqrt{\frac{\sum(\bar{x} - \bar{\bar{x}})^2}{N^n}}$，$\sigma = \sqrt{\frac{\sum(X - \bar{X})^2}{N}}$。

（3）不重复抽样的全部抽样平均数的标准差为重复抽样的全部抽样平均数的标准差的 $\sqrt{\frac{N-n}{N-1}}$ 倍。设 σ_2 为不重复抽样的全部抽样平均数的标准差，则

$$\sigma_2 = \sigma_1 \sqrt{\frac{N-n}{N-1}}$$

经计算，本例各有关指标数值结果如表 7-3 所示。

表 7-3　有关指标数值

样本	平均数	标准差
总体的	25	11.8
重复抽样平均数的	25	7.91 = 11.18÷1.414
不重复抽样平均数的	25	6.45 = 7.91×0.816

从上述计算结果中可以看出，前述规律是成立的。

（三）影响抽样误差的因素

影响抽样误差的因素主要有以下几个方面。

1. 抽样单位数的多少

在其他条件不变的情况下，抽样单位数越多，抽样误差就越小；反之，抽样单位数越少，抽样误差就越大。随着抽样单位数的增加，样本将能接近总体的数量特征，如果样本单位数扩大到接近总体单位数时，那么这时抽样调查也就接近于全面调查，抽样误差就缩小到几乎为零的程度。

2. 总体标志的变异程度

在其他条件既定的情况下，总体标志变异程度越小，则抽样误差越小。抽样误差随总体变异程度呈正比变化，这是因为总体变异度小，表示总体各单位标志值之间的差异小，则抽样指标与总体指标之间的差异也就很小。如果总体各个单位标志值均相等，即总体各单位之间没有变异，此时，抽样指标就完全等于总体指标，抽样误差就不存在。

3. 不同的抽样方法有不同的抽样误差

因为不同的抽样方法所抽取的样本对于总体的代表性也不相同，所以不同的抽样方法有不同的抽样误差。如不重复抽样得到的样本比重复抽样得到的样本代表性要高。因此，可以通过改善抽样方法来降低抽样误差。

（四）抽样平均误差

抽样平均误差就是抽样平均数（或抽样成数）的标准差。它反映抽样平均数（或抽样成数）与总体平均数（或总体成数）之间的平均离差有多大。由于样本是按随机原则抽取的，从同一总体抽取容量相同的样本可以有多种不同的取法。每个样本都可计算本身的抽样平均数，而该系列的抽样平均数和全及总体平均数之间都有离差。然而抽样平均数的平均数等于总体平均数，抽样成数的平均数等于总体成数，因而抽样平均数或抽样成数的标准差实际上就可反映抽样平均数或抽样成数与总体平均数或总体成数的平均误差程度。因此在抽样估计中，我们总是以抽样平均误差作为实际抽样误差的代表值，同时，用以衡量样本的代表性。为与一般意义的标准差区别，抽样平均误差以 μ 表示。

1. 抽样平均数的平均误差

重复抽样：

$$\mu_{\bar{x}} = \frac{\sigma}{\sqrt{n}} \tag{7-3}$$

不重复抽样：

$$\mu_{\bar{x}} = \frac{\sigma}{\sqrt{n}}\sqrt{\frac{N-n}{N-1}} \tag{7-4}$$

当总体单位总量很大时，N 和 $N-1$ 相比，其差别几乎接近于零，因此，式（7-4）可以近似地表示为

$$\mu_{\bar{x}} = \sqrt{\frac{\sigma^2}{n}\left(1-\frac{n}{N}\right)} \tag{7-5}$$

式（7-5）中的$\frac{n}{N}$也称抽样比例。由于$\left(1-\frac{n}{N}\right)$总是小于1，所以在同样情况下，不重复抽样的平均误差也总是小于重复抽样的平均误差。而在抽样单位数与总体单位数的比重很小时，也往往采用重复抽样的公式来计算抽样平均误差。

2. 抽样成数的平均误差

总体成数P可以表现为总体是非标志的平均数:

$$\overline{X}=P, \quad \sigma=\sqrt{P(1-P)}$$

同理，抽样成数p也可以表现为样本是非标志的平均数：

$$\overline{x}=p, \quad s=\sqrt{p(1-p)}$$

根据抽样平均数与总体平均数的关系，有$E(p)=P$，即抽样成数的平均数等于总体平均数。根据抽样平均误差和总体标准差的关系，我们容易推得抽样成数的平均误差。

重复抽样：

$$\mu_p=\frac{\sigma}{\sqrt{n}}=\sqrt{\frac{P(1-P)}{n}} \tag{7-6}$$

不重复抽样：

$$\mu_p=\frac{\sigma}{\sqrt{n}}\sqrt{\frac{N-n}{N-1}}=\sqrt{\frac{P(1-P)}{n}\left(\frac{N-n}{N-1}\right)} \tag{7-7}$$

或近似值：

$$\mu_p=\frac{\sigma}{\sqrt{n}}\sqrt{1-\frac{n}{N}}=\sqrt{\frac{P(1-P)}{n}\left(1-\frac{n}{N}\right)} \tag{7-8}$$

当样本单位数占总体单位数的比例很小时，校正因子$\left(1-\frac{n}{N}\right)$接近于1，不重复抽样的平均误差可以用重复抽样的平均误差来代替。

在计算抽样误差时，一般得不到总体标准差的数值，通常的处理方法是：

（1）用样本方差代替总体方差计算；

（2）用历史资料代替；

（3）用可能得到的相关资料推算标准差。

例7.2　从某单位500名工人中随机抽取40名工人进行日产量调查。结果平均日产零件为240个，标准差为80个。其抽样平均误差为多少？

重复抽样的抽样平均误差：

$$\mu_{\overline{x}}=\frac{s}{\sqrt{n}}=\frac{80}{\sqrt{40}}=12.65\text{（个）}$$

不重复抽样的抽样平均误差：

$$\mu_{\overline{x}}=\frac{s}{\sqrt{n}}\sqrt{\frac{N-n}{N-1}}=\frac{80}{\sqrt{40}}\sqrt{\frac{500-40}{500-1}}=12.14\text{（个）}$$

例7.3　某电子元件厂，生产某型号电子元件。按正常生产经验，产品的一级品率占60%，现在从10000件电子元件中，抽取100件进行检验，求一级品率的抽样平均误差。

根据已知条件：$P=0.6$

$$\sigma=\sqrt{P(1-P)}=\sqrt{0.6(1-0.6)}=0.4899$$

$$\mu_p=\frac{\sigma}{\sqrt{n}}\sqrt{1-\frac{n}{N}}=\frac{0.4899}{\sqrt{100}}\sqrt{1-\frac{100}{10000}}=0.0487$$

（五）抽样允许误差（抽样极限误差）

用样本指标来估计总体指标，总是会有估计误差。因为，两者完全相等的情况几乎是不可能的，问题在于对估计时误差的大小，要有一个科学的判断。在参数估计中，如果只得出一个估计值而不进一步对估计值的大小做出说明，那么这样的估计值没有意义。但是由于抽样指标是随机变量的函数，它本身也是随机变量，而抽样误差又是抽样指标的函数，它本身还是随机变量，所以抽样误差是随着不同的样本而变化的，我们只能设法把抽样误差控制在一定的范围内，这就要研究抽样极限误差的问题。

抽样极限误差是指抽样指标和总体指标之间抽样误差的可能范围。由于总体指标是一个确定的数，而抽样指标则是围绕着总体指标左右变动，它与总体指标可能产生正离差或负离差，抽样指标变动的上限或下限的绝对值就可以表示抽样误差的可能范围，将这种以绝对值形式表示的抽样误差的可能范围称为抽样允许误差，也称抽样极限误差。

设$\varDelta_x$与$\varDelta_p$分别表示抽样平均数与抽样成数的误差范围，则

$$\varDelta_x=\left|\bar{x}-\bar{X}\right| \text{或} \bar{X}-\varDelta_x\leqslant\bar{x}\leqslant\bar{X}+\varDelta_x$$

$$\varDelta_p=\left|p-P\right| \text{或} P-\varDelta_p\leqslant p\leqslant P+\varDelta_p$$

上式表明抽样平均数$\bar{x}$是以总体平均数$\bar{X}$为中心，在$\bar{X}\pm\varDelta_x$之间变动，区间$(\bar{X}-\varDelta_x,\bar{X}+\varDelta_x)$称为平均数的估计区间，区间的总长度为$2\varDelta_x$，在这个区间内样本指标和总体指标之间的绝对离差不超过$\varDelta_x$。同样，抽样成数p是以总体成数P为中心，在$P\pm\varDelta_p$之间变动，抽样成数$(P-\varDelta_p,P+\varDelta_p)$与总体成数之间的绝对离差不超过$\varDelta_p$。

事实上在抽样推断中总体平均数与总体成数是未知的，是需要用样本指标来估计的，因此，允许误差的实际意义是要求总体平均数$\bar{X}$落在抽样平均数$\bar{x}\pm\varDelta_x$的范围内，总体成数P落在抽样成数$p\pm\varDelta_p$的范围内，即

$$\bar{x}-\varDelta_x\leqslant\bar{X}\leqslant\bar{x}+\varDelta_x \tag{7-9}$$

$$p-\varDelta_p\leqslant P\leqslant p+\varDelta_p \tag{7-10}$$

例 7.4 要估计某城市居民住户拥有计算机的普及率，从全市居民住户中随机抽取1000户，其中有80户无计算机，则计算机的普及率$p=1-80/1000=92\%$。如果确定极限误差范围为5%，则该市居民户拥有计算机的普及率为87%～97%。

五、抽样可靠程度

允许误差是人们根据抽样推断和研究对象的特点而确定的一种要求，使抽样推断的

结果具有一定的实用价值。而抽样误差是有规律性的，因此，在确定允许误差时，为保证允许误差在抽样估计中可以实现，通常需要以抽样极限平均误差作为标准单位来衡量，用抽样极限误差除以抽样平均误差得出的相对数 t 来表示抽样极限误差范围为抽样平均误差的若干倍。t 则称为概率度。

$$t=\frac{\Delta_x}{\mu_{\bar{x}}} \text{ 或 } \Delta_x = t\mu_{\bar{x}} \tag{7-11}$$

$$t=\frac{\Delta_p}{\mu_p} \text{ 或 } \Delta_p = t\mu_p \tag{7-12}$$

如上例，在抽样误差确定不变的前提下，概率度的大小决定了允许误差的大小。通过加大概率度，可使允许误差加大，总体指标落在 $(\bar{x}-\Delta_x,\bar{x}+\Delta_x)$ 范围内的可能性就提高了，即抽样推断的可靠性提高了；反之，通过缩小概率度，可使允许误差缩小，而抽样推断的精度相对提高，但推断的可靠性水平则相对降低。

在抽样工作实践中，一方面，通过概率度将抽样误差与允许误差联系起来，使抽样误差成为测量允许误差的一个尺度，使允许误差的要求在抽样估计中得以实现；另一方面，通过对概率度取值的权衡，在确定允许误差的同时，确定抽样推断的可靠性水平。

第三节　参数估计

一、参数估计的概念

参数估计就是指利用实际调查计算的样本统计量来估计相应的总体指标的数值。由于总体指标是表明总体数量特征的参数，所以叫参数估计。参数估计方法有点估计和区间估计两种。

二、点估计

点估计方法是根据抽样资料计算样本指标，然后直接用样本指标作为相应的总体指标的估计值。例如，用 $\bar{x}$ 直接作为 $\bar{X}$ 的估计值；用 p 直接估计 P；用 $N\bar{x}$ 直接估计 $\sum X$ 等，点估计方法计算简单，原理直观，研究课题时在不考虑估计误差和估计结果的可靠水平的情况下可以使用。

但是，抽样估计必然要有估计误差，估计误差为零的情况是偶然的，当采用随机抽取的样本指标直接作为相应总体指标时，期望总体指标的实际值与它的估计值完全相等的情况是可靠性水平不高的。因此，当研究课题要求抽样估计有一定水平的准确性和可靠性时，就不能采用点估计方法。

三、区间估计

区间估计方法是根据抽样资料计算样本指标，然后用样本指标与研究课题所规定的允许误差范围结合起来估计相应的总体指标的一种抽样估计方法。用区间估计方法来估计总体指标，估计的结果是一个数值范围，它表示总体指标以一定的概率落在这一数值范围内，如 $\bar{x}\pm\Delta\to\bar{X}$，$p\pm\Delta\to P$，$(\bar{x}\pm\Delta)N\to\sum X$ 等。

区间估计方法是根据研究课题的要求，既考虑估计的准确性，又考虑估计的可靠性的一种估计方法，比较重要的研究课题在采用抽样估计时，通常都采用这种估计方法。

依课题要求和给定的条件不同，采用区间估计方法的抽样估计一般有两套不同的估计模式。

（1）允许误差 Δ 既定，求概率保证程度 $F(t)$。

具体步骤如下所示。

第一步，抽取样本，计算样本平均数 $\bar{x}$（或样本成数 p），作为总体平均数 $\bar{X}$（或总体成数 P）的估计值，并计算样本标准差 s，以此推算抽样平均误差 μ。

第二步，根据给定的允许误差 Δ，估计总体平均数（或总体成数）的区间范围，即：$\bar{x}-\Delta\leqslant\bar{X}\leqslant\bar{x}+\Delta$（或 $p-\Delta\leqslant P\leqslant p+\Delta$）。

第三步，将抽样允许误差 Δ 除以抽样平均误差 μ，求出概率度 t 值，再根据 t 值查概率表求出相应的可靠程度 $F(t)$。

例 7.5 某公司出口一种名茶，随机抽取 100 包茶叶，资料整理如表 7-4 所示。若要求茶叶每包质量的允许误差不大于 0.26 克，估计这批茶叶平均每包的质量。

表 7-4 茶叶重量抽样检查

每包质量/克	包数 f	组中指 x	xf	$x-\bar{x}$	$(x-\bar{x})^2$	$(x-\bar{x})^2 f$
148～149	10	148.5	1485	−1.8	3.24	32.4
149～150	20	149.5	2990	−0.8	0.64	12.8
150～151	50	150.5	7525	0.2	0.04	2.0
151～152	20	151.5	3030	1.2	1.44	28.8
合计	100	—	15030	—	—	76.0

（1）计算样本平均数、样本标准差和抽样平均误差：

$$\bar{x}=\frac{\sum xf}{\sum f}=\frac{15030}{100}=150.3(\text{克})$$

$$s=\sqrt{\frac{\sum(x-\bar{x})^2 f}{\sum f}}=\sqrt{\frac{76}{100}}=0.87(\text{克})$$

$$\mu_{\bar{x}}=\frac{s}{\sqrt{n}}=\frac{0.87}{\sqrt{100}}=0.087(\text{克})$$

（2）根据给定的 $\Delta=0.26$ 克，计算总体平均数的区间范围：

$$\text{下限}=\bar{x}-\Delta=150.3-0.26=150.04(\text{克})$$

$$\text{上限}=\bar{x}+\Delta=150.3+0.26=150.56(\text{克})$$

（3）计算概率度 t，查表求 $F(t)$：

$t=\frac{\Delta}{\mu}=\frac{0.26}{0.087}=3$，查表得 $F(t)=0.9973$。

计算结果表明，在 99.73%的可靠水平下，估计该批茶叶的每包质量在 150.04～150.56 克。

（2）抽样估计可靠程度既定，求允许误差及总体指标的区间范围。

其步骤如下。

第一步，抽取样本，计算样本平均数 $\bar{x}$（或样本成数 p），作为总体平均数 $\bar{X}$（或总体成数 P）的估计值，并计算样本标准差 s，以此推算抽样平均误差 μ。

第二步，根据给定的估计可靠程度 $F(t)$，查概率表求出相应的 t 值。

第三步，用求出的概率度 t 值乘以抽样平均误差 μ，计算出允许误差 Δ，并据以估计总体平均数（总体成数）的区间范围，即：$\bar{x}-\Delta \leqslant \bar{X} \leqslant \bar{x}+\Delta$ (或$p-\Delta \leqslant P \leqslant p+\Delta$)。

例 7.6 在 500 件抽样产品中，有 475 件一级品，试用 95.45%的概率估计全部产品一级品率的范围。

（1）根据已知条件，计算样本成数、样本标准差和抽样平均误差；

$$p=\frac{475}{500}=95\%$$

$$s=\sqrt{p(1-p)}=\sqrt{0.95(1-0.95)}=0.218$$

$$\mu_p=\frac{s}{\sqrt{n}}=\frac{0.218}{\sqrt{500}}=0.0097$$

（2）根据 $F(t)=0.9545$，查表得 $t=2$。

（3）计算允许误差和总体成数的上下限值：

$$\Delta=t\times\mu_p=2\times0.0097=0.0194=1.94\%$$

$$下限=p-\Delta=95\%-1.94\%=93.06\%$$

$$上限=p+\Delta=95\%+1.94\%=96.94\%$$

计算结果表明，以 95.45%的可靠水平估计全部产品一级品率的范围是 93.06%～96.94%。

四、总体均值区间估计

进行总体均值的区间估计，主要考虑以下三个问题：首先是总体的分布形式，即总体是否服从正态分布；其次是总体方差 σ^2 是否已知；再次是当总体为非正态分布或分布形式未知时，要考虑样本容量 n 的大小来确定采用何种估计方式。

（一）总体方差 σ^2 已知时总体均值的区间估计

若总体服从正态分布 $N(\mu,\sigma^2)$，其样本平均数 $\bar{x}$ 的抽样分布服从数学期望为 μ，方差为 σ^2/n 的正态分布，即

$$\bar{x}\sim N\left(\mu,\frac{\sigma^2}{n}\right)$$

采用统计量 Z，将非标准正态分布转化为标准正态分布：

$$Z=\frac{\overline{x}-\mu}{\sigma/\sqrt{n}}\sim N(0,1)$$

可见，$Z\sim N(0,1)$，对于给定的置信概率$1-\alpha$，可以查正态分布表，得出相应的临界值$Z_{\alpha/2}$（即概率度 t），使得

$$P\left\{-Z_{\frac{\alpha}{2}}<Z<Z_{\frac{\alpha}{2}}\right\}=1-\alpha$$

$$P\left\{-Z_{\frac{\alpha}{2}}<\frac{\overline{x}-\mu}{\sigma/\sqrt{n}}<Z_{\frac{\alpha}{2}}\right\}=1-\alpha$$

$$P\left\{\overline{x}-Z_{\frac{\alpha}{2}}\frac{\sigma}{\sqrt{n}}<\mu<\overline{x}+Z_{\frac{\alpha}{2}}\frac{\sigma}{\sqrt{n}}\right\}=1-\alpha$$

即在给定的显著性水平α下，总体均值μ在$1-\alpha$的置信概率下的置信区间为$\left(\overline{x}-Z_{\frac{\alpha}{2}}\frac{\sigma}{\sqrt{n}},\right.$ $\left.\overline{x}+Z_{\frac{\alpha}{2}}\frac{\sigma}{\sqrt{n}}\right)$。

例 7.7 某车间生产零件，零件直径 X 服从正态分布，从某天产品中随机抽取 6 件，测得直径为（单位：毫米）

14.6，15.1，14.9，14.8，15.2，15.1

若总体方差$\sigma^2=0.06$，以 95%的置信概率求总体均值μ的置信区间。

解 $\overline{x}=14.95$，样本容量$n=6$

置信概率 95%的概率度$Z_{\frac{\alpha}{2}}=1.96$

置信上限 = $\overline{x}+Z_{\frac{\alpha}{2}}\frac{\sigma}{\sqrt{n}}=14.95+1.96\times\frac{\sqrt{0.06}}{\sqrt{6}}\approx 15.15$

置信下限 = $\overline{x}-Z_{\frac{\alpha}{2}}\frac{\sigma}{\sqrt{n}}=14.95-1.96\times\frac{\sqrt{0.06}}{\sqrt{6}}\approx 14.75$

计算结果表明，总体均值μ的置信区间为（14.75，15.15）毫米。

（二）总体方差σ^2未知时总体均值的区间估计

当总体服从正态分布，但是总体方差σ^2未知时，要用样本修正方差s_{n-1}^2代替σ^2来建立置信区间。这时，新的统计量不服从标准正态分布，而是服从自由度为$n-1$的 t 分布。记为

$$T=\frac{\overline{x}-\mu}{\frac{s_{n-1}}{\sqrt{n}}}\sim t(n-1) \qquad (7\text{-}13)$$

当总体为正态分布但是总体方差σ^2未知时，要用式（7-11）给出的t统计量来构造总体均值μ的置信区间。此时，对于给定的显著性水平α，总体均值μ的置信区间为$\left\{\bar{x}-t_{\frac{\alpha}{2}}(n-1)\frac{s_{n-1}}{\sqrt{n}},\bar{x}+t_{\frac{\alpha}{2}}(n-1)\frac{s_{n-1}}{\sqrt{n}}\right\}$。

例 7.8　假设轮胎的寿命服从正态分布，为估计某种轮胎的平均寿命，现随机抽取 12 只轮胎试用，测得它们的寿命（单位：万千米）如下：

4.68，4.85，4.32，4.85，4.61，5.02，5.20，4.60，4.58，4.72，4.38，4.70

试求平均寿命 95%的置信区间。

解　此处正态总体标准差未知，可使用t分布求均值的置信区间，样本均值与修正方差为

$$\bar{x}=4.7092,\quad s^2=0.0615$$

查表得$t_{\frac{0.05}{2}}(12-1)=t_{0.025}(11)=2.2010$

$$置信上限=\bar{x}+t_{\frac{\alpha}{2}}(n-1)\frac{s_{n-1}}{\sqrt{n}}=4.7092+2.2010\times\frac{\sqrt{0.0615}}{\sqrt{12}}=4.8668$$

$$置信下限=\bar{x}-t_{\frac{\alpha}{2}}(n-1)\frac{s_{n-1}}{\sqrt{n}}=4.7092-2.2010\times\frac{\sqrt{0.0615}}{\sqrt{12}}=4.5516$$

计算结果表明，总体均值μ的置信区间为（4.5516，4.8668）万千米。

五、总体比例区间估计

在实际应用中，常常需要估计总体中具有某种属性或特征的单位在全部总体单位中所占的比重。例如，在产品的质量检验中，要了解产品的合格品或废品的比重。在商品服务质量评价中，要知道对其服务满意或有意见的顾客的比例等问题。

在大样本条件下，根据中心极限定理，若$np>5,n(1-p)>5$，则二项分布问题转换成正态分布问题近似地去求解。此时，有

$$p\sim N\left[P,\frac{P(1-P)}{n}\right]$$

即样本比例p服从期望值为P，方差为$\frac{P(1-P)}{n}$的正态分布，因此，在$1-\alpha$的置信水平下，总体比例的置信区间为

$$p\pm Z_{\frac{\alpha}{2}}\sqrt{\frac{p(1-p)}{n}}$$

例 7.9　在一项新家电产品的市场问卷调查中，随机抽取 400 份问卷为样本，其中 72.1%的顾客表示喜欢并乐意购买该产品，试在 95%的置信水平下，估计该产品的市场占有率。

解　$n=400,p=0.721,np=400\times0.721=288.4>5,n(1-p)=111.7>5$

当置信概率为 95%，概率度$Z_{\frac{\alpha}{2}}=1.96$

置信区间 $p \pm Z_{\frac{\alpha}{2}}\sqrt{\frac{p(1-p)}{n}} = 0.721 \pm 1.96 \times \sqrt{\frac{0.721 \times (1-0.721)}{400}} = 0.721 \pm 0.044$，即（0.677，0.765）。

因此在95%的置信水平下，估计该产品市场占有率的变动区间为（67.7%，76.5%）。

第四节　抽样设计

一、抽样方法

（一）抽样方案设计的基本原则

首先，随机原则是抽样时必须遵守的首要原则。抽样推断的基础是随机抽取样本。因此，抽样方案的设计也应该保证总体中每个单位都有同样的机会。

其次，样本容量究竟要多大算是适度？因为样本容量的大小决定抽样推断是否可靠，而推断的可靠性的要求又因所研究问题的性质和抽样结果的用途而不同，所以在抽样方案的设计中必须认真考虑所研究的现象的属性、抽样误差和样本容量之间的关系。

再次，在抽样方案设计中必须重视费用支出因素及可行性。事实上，每一项抽样调查都是在一定的费用限制条件下进行的。所以，抽样方案的设计必须在一定的调查费用条件下，选取抽样误差最小的方案；或在给定的精确度的条件下，做到调查费用最少。另外，抽取样本还必须考虑客观条件允许的抽样可行性。

最后，抽取样本要考虑样本的代表性。不同的抽样方法会有不同的抽样误差。因此，抽样方案的设计必须选择合适的抽样方法，并对将会产生的抽样误差与其他的抽样误差进行对比，做出必要的抽样效果分析。

抽样方案的设计就是指在不违反抽样的随机原则的基础上，考虑客观条件和尽可能保证样本代表性的具体抽样方法。

（二）常用的抽样组织方式

1. 简单随机抽样

简单随机抽样又称纯随机抽样。它是按随机的原则直接从总体单位中抽取样本单位，保证总体中每个单位在抽取时都有相等的被抽中机会。简单随机抽样是抽样中最基本的方法，它适用于总体中各单位的标志变异程度不大，总体的类型构成比较单一，或者虽然总体中各单位的标志变异程度较大，总体的类型构成比较复杂，但研究课题对估计精度和可靠水平要求不高的情况。

在进行抽样调查之前应确定总体范围，并对总体的各个单位进行编号，然后用抽签的方式或根据随机数表来抽选必要的单位数。

本章所介绍的抽样平均误差的计算方法可直接应用于简单随机抽样中抽样平均误差的计算，即重复抽样条件下，可根据式（7-3）和式（7-6）计算；不重复抽样条件下，可根据式（7-4）和式（7-7）计算。

简单随机抽样在实践上受到很多限制，如当总体很大时，要对总体的每个单位进行编号很困难。又如，产品抽样检验时，对于正在连续生产的产品进行标号是不可能的，在这种情况下，不宜采用简单随机抽样的方式。

简单随机抽样的重要意义在于，这种抽样方式理论上说最符合随机原则，其抽样误差容易得到理论上的论证，因此可以作为衡量其他抽样方式抽样效果的标准。

2. 类型抽样

（1）类型抽样的概念。

类型抽样又称分层抽样、分类抽样。这种方式的特点是根据研究的目的把总体中各单位按某种主要标志加以分组，然后在各组中随机抽取一定单位构成样本。如抽检一批不同来源的薄板的质量，按薄板的来源分组抽样，这样抽取的样本具有较好的品质结构。又如在职工家庭生活调查中，将职工按部门分为工业、建筑业、商业、文教等部门职工，再从各部门中具体抽选样本单位。因此，类型抽样实际上是统计分组法和简单抽样相结合的抽样方式。

类型抽样的优点在于利用对所调查对象的已有知识，把总体中标志值比较接近的单位归为一组，进行分类，使每类中各个单位之间的差异程度缩小，同时保证每组有同等的被抽选的机会，从而样本的结构趋近于总体的结构，提高所选样本的代表性。

（2）抽样方法。

类型抽样的样本单位数在各类型之间的分配有两种方法，如下介绍。

①不等比例类型抽样法，就是不按照类型的大小等比例分配样本单位的方法。各类型的样本单位数，可以平均分配或按各类型组标志变异程度确定应抽的样本单位数。标志变异程度大的组多抽一些单位；标志变异程度小的组少抽一些。这样各组中抽样比例是不相等的。

②等比例类型抽样法，就是按照类型的大小等比例分配样本单位数的方法。由于分类是按某种主要标志分组的，所以各组的单位数不同。类型抽样通常是按各组总体单位数占全及总体的单位数的一定比例来抽取样本，单位数较多的组应该多抽一些单位；单位数较少的组则少取样，保持各组样本单位数与样本总容量之比等于各组总体单位数与全及总体单位数之比，即

$$\frac{n_1}{N_1}=\frac{n_2}{N_2}=\cdots=\frac{n_k}{N_k}=\frac{n}{N}$$

所以各组的单位数应为

$$n_i=\frac{nN_i}{N}$$

采用等比例抽样，就是为尽可能保持样本结构和总体结构相同，避免样本平均数由于各组比重差异而引起的误差。由于等比例类型抽样法对样本单位的分配较合理，在实际工作中应用较多。只有在各类单位数相差悬殊时和各类调查标志的方差相差悬殊时，才采用不等比例类型抽样法。

3. 类型抽样的误差计算

类型抽样平均误差公式如表 7-5 所列。

表 7-5 类型抽样平均误差公式

类型	重复抽样	不重复抽样
计算平均数的平均误差公式	$\mu_i=\sqrt{\dfrac{\overline{\sigma^2}}{n}}$	$\mu_i=\sqrt{\dfrac{\overline{\sigma^2}}{n}\left(1-\dfrac{n}{N}\right)}$
计算成数的平均误差公式	$\mu_p=\sqrt{\dfrac{\overline{P(1-P)}}{n}}$	$\mu_p=\sqrt{\dfrac{\overline{P(1-P)}}{n}\left(1-\dfrac{n}{N}\right)}$

注：$\overline{\sigma^2}=\dfrac{\sum\sigma_i^2 n_i}{n}$，其中，$\overline{\sigma^2}$ 表示总体方差，σ_i^2 表示第 i 组总体方差，n_i 表示第 i 组样本容量

4. 等距抽样

等距抽样又称为机械抽样或系统抽样，它是将总体单位按某个标志和一定顺序排列，然后按照相等的抽选距离（或间隔）抽取样本单位，所用的抽选距离（或间隔）是根据总体单位数与样本单位数计算出来的。

总体单位的排列所依据的标志，可以与研究的对象无关，也可以是有关的，因而有两种等距抽样方法：无关标志排队等距抽样和有关标志排队等距抽样。

无关标志排队等距抽样，是指总体单位采用与调查项目无关的标志进行排队的方法。无关标志排队法的具体工作比较简便，所以它是实际工作中常用的一种方法。例如，产品质量检验抽选产品时，可以按入库的时间间隔或产品数量间隔来抽取产品进行检验。时间间隔或产量间隔对产品的质量来说，都是无关标志。这种方法近似于简单随机抽样，其各种指标的计算方法可用简单随机抽样的公式计算。

有关标志排队等距抽样，就是指总体单位采用与调查项目有关的标志进行排队的方法。例如，在某种商品的用量抽查中，根据以往的业务资料对用户按用量的大小排序，这称为有关标志排队。有关标志排队等距抽样法性质上很接近类型抽样，只是较类型抽样法分类更细、组数更多，且每组仅抽一个样本单位。有关标志排队等距抽样性质上虽接近于类型抽样，但其不存在组样本问题，因此，各种指标的计算通常按简单随机抽样的公式来计算。

在运用等距抽样确定抽样点时要遵循随机原则。抽样距离（或抽样间隔）是根据总体单位数除以抽选的样本单位数来确定的，这样第一个样本单位的选择就比较关键。如果第一个样本单位是随机确定的，那么整个抽样点就是随机的。另外，采用等距抽样时，要避免抽样间隔与现象本身的周期性或阶段性间隔相重合；以免发生系统偏差。例如，农作物抽样的间隔不宜和垄的长度相重合；工业品抽样的时间间隔不宜和上下班的时间相重合；等等。

采用有关标志排队法，能够保证抽取的样本单位在总体中均匀分布，因而可以抽取较少的样本单位获得较为可靠的代表性。而且调查组织工作比较方便，因此在实际工作

中应用较多。

5. 整群抽样

整群抽样，又称集团抽样，它是将总体各单位划分成若干群，然后以群为单位从中随机抽取若干群，再对中选群的所有单位进行全面调查的抽样组织形式。

整群抽样和类型抽样对比，虽然两者都需要将总体划分为许多组，但划组的作用却大大不同，类型抽样划分的组称为“类”，它的作用是缩小总体，减少总体的变异，而抽取的基本单位仍是总体单位；整群抽样划分的组称为“群”，它的作用是扩大单位，抽选的基本单位不再是总体单位而是“群”，这样抽样工作就简便了许多。例如，按堆抽样很小的机械零件；按库房抽检商品；按连续进货抽检若干天的进货；等等。

设总体的全部单位划分为 R 群，现从总体 R 群中随机抽取 r 群组成样本，并对 r 群的全部单位进行调查，则抽样群数 r 越大，抽样误差越小。整群抽样中，群内进行的是全面调查，不存在抽样误差问题，因此，群内方差对抽样误差没有影响，只有群间方差才对抽样误差有影响。从整群抽样的方法不难看出整群抽样实质上是对群体代替总体单位，以群平均数代替总体单位标志值之后的简单随机抽样。因此抽样平均数的抽样平均误差也可以按此推求。

设 δ^2 为群平均数的群间方差：

$$\delta^2 = \frac{\sum(\overline{x_i} - \bar{X})^2}{R}$$

当得不到总体的群间方差时，用样本的群间方差代替，即

$$\delta^2 = \frac{\sum(\overline{x_i} - \bar{x})^2}{r}$$

整群抽样都采取不重复抽样的方法，所以抽样平均误差 μ 为

$$\mu = \sqrt{\frac{\delta^2(R-r)}{r(R-1)}}$$

式中，R 表示总体的群数；r 表示样本的群数；$\bar{x}$ 表示样本平均数；$\bar{X}$ 表示总体的总平均数；$\overline{x_i}$ 表示第 i 群的样本平均数。

例 7.10 在某工厂连续生产条件下，采用整群抽样的方法每隔 20 小时抽取 1 小时的产品进行抽检，根据抽检结果得出：一级品率为 85%，群间方差为 6%，计算抽样误差，并以 0.6827 的把握水平推断其一级品率。

已知：$R = 720$ 小时，$r = 720 \div 20 = 36$ 小时，$\delta^2 = 0.06$，则

$$\mu = \sqrt{\frac{\delta^2(R-r)}{r(R-1)}} = \sqrt{\frac{0.06 \times (720-36)}{36 \times (720-1)}} = 0.0398 \approx 0.04$$

由此得出，在估计可靠程度 $F(t) = 0.6827$（即 $t = 1$）保证下，允许误差 $\Delta = t\mu = 1 \times 0.04 = 0.04$，按公式推断：一级品率为 $P = 85\% \pm 4\%$ 或为 81%～89%。

整群抽样的优点在于组织工作比较方便，确定一群就可以抽取许多单位进行观察。但是，若群内差异小，群间差异大，则总体中样本分配不均匀，代表性降低，抽样误差增大。所以，在统计工作实践中，采用整群抽样时，一般要求抽选更多的单位，借以降低抽样误差，提高抽样估计的准确程度。

二、样本容量确定

（一）确定样本容量的意义

抽样调查是对总体中的一部分单位实施调查的，因此在组织调查时，必须事先确定样本容量。样本容量是涉及抽样误差、推断可靠程度及调查投入等一系列问题的直接因素。抽取的单位数越多，抽样误差越小，抽样推断就越可靠。但抽取的单位数过多，各项支出必然加大，调查效益降低。抽取的单位数过少，又会使抽样误差增大，达不到所要求的准确程度。因此，必要的抽样数目是在保证取得预期的抽样推断的允许误差与可靠程度的要求下，所应抽取的最佳的样本容量，实际抽样数目既不应多于也不应少于这一数目。

（二）必要样本容量的计算公式

在简单随机抽样中，必要抽样数目的计算公式如下所示。

1. 在重复抽样条件下

（1）抽样平均数的必要样本容量公式：

$$n=\frac{t^2\sigma^2}{\varDelta_x^2} \tag{7-14}$$

（2）抽样成数的必要样本容量公式：

$$n=\frac{t^2P(1-P)}{\varDelta_p^2} \tag{7-15}$$

例 7.11 对 1000 件产品的质量进行检查，根据以往样本测定，产品质量的标准差不超过 2 克。试在重复抽样条件下：

A. 概率保证程度为 95.45%，极限抽样误差不超过 0.2 克，需抽取多少件产品作检验？

已知 $t=2,\sigma=2,\varDelta_x=0.2$，则

$$n=\frac{t^2\sigma^2}{\varDelta_x^2}=\frac{2^2\times2^2}{0.2^2}=400(\text{件})$$

B. 根据以往抽样检验知道，产品质量合格率为 96%，要求在 99.73%的概率保证下，允许误差不超过 4%，试确定重复抽样所需抽取的产品数目是多少？

已知 $t=3,P(1-P)=0.96\times(1-0.96)=0.0384,\varDelta_p=0.04$，则

$$n=\frac{t^2P(1-P)}{\varDelta_p^2}=\frac{3^2\times0.0384}{0.04^2}=216(\text{件})$$

2. 在不重复抽样条件下

（1）抽样平均数的必要样本容量公式：

$$n=\frac{t^2\cdot\sigma^2\cdot N}{N\varDelta_x^2+t^2\cdot\sigma^2} \tag{7-16}$$

（2）抽样成数的必要样本容量公式：

$$n=\frac{t^2P(1-P)N}{N\varDelta_p^2+t^2P(1-P)} \tag{7-17}$$

例 7.12　仍用上例资料，采用不重复抽样，在条件 A 的情况下，应抽取多少件进行检查？

已知 $t=2,\sigma=2,\varDelta_x=0.2,N=1000$，则

$$n=\frac{t^2\cdot\sigma^2\cdot N}{N\varDelta_x^2+t^2\cdot\sigma^2}=\frac{2^2\times2^2\times1000}{1000\times0.2^2+2^2\times2^2}=\frac{16000}{56}=286(件)$$

在条件 B 的情况下，需要抽取的单位数应为多少？

已知 $t=3,P(1-P)=0.96\times(1-0.96)=0.0384,\varDelta_p=0.04$，$N$=1000，则

$$n=\frac{t^2P(1-P)N}{N\varDelta_p^2+t^2P(1-P)}=\frac{3^2\times0.96\times(1-0.96)\times1000}{1000\times0.04^2+3^2\times0.96\times(1-0.96)}=\frac{345.6}{1.9456}=178(件)$$

在实际工作中，由于抽样比例一般较小$\left(即\dfrac{n}{N}很小\right)$，虽然采用的是不重复抽样，但仍按重复抽样的公式来计算必要的样本容量。

需要说明的是，根据抽样平均数的公式和抽样成数的公式所计算出的必要样本容量往往存在着差异，这样在同一项抽样调查时，如果对抽样平均数和抽样成数的估计同时提出要求，则应选用其中较大的 n 值。

（三）决定样本容量的因素

由上所述可以看出，必要样本容量受下列因素的影响。

（1）总体标志的变异程度。总体标志的变异程度大，抽样数目相应增大，反之，则可少抽些。

（2）允许误差的大小。如果允许误差小，抽样数目相应增大，反之，则可少抽些。

（3）估计可靠程度的高低。抽样推断的可靠程度就是概率，由于概率是概率度的函数，所以要求可靠程度高，t 值就大，需要样本容量多些；反之，如果要求的可靠程度低，t 值就小，则样本容量可少些。

（4）抽样方法与组织形式的不同。在相同的条件下，重复抽样需要多抽一些样本单位，不重复抽样则可少抽一些样本单位。同时，样本容量的多少还取决于不同的抽样组织形式，一般来说，类型抽样和等距抽样可比简单随机抽样需要的样本单位数少，整群抽样比单个抽样需要的样本单位数多。

（5）人力、物力和财力的允许条件。从以上因素考虑的抽样数目，还应结合人力、物力和财力的具体情况进行适当调整，以期达到更好的调查效益。

三、抽样方案的检查

抽样方案的设计在基本完成之后，为了保证抽样结果能够获得最优代表性的数据，

对所设计的方案进行检查是必要的，主要进行准确性检查和代表性检查。

（一）准确性检查

准确性检查是以方案所要求的允许误差为标准，用已掌握的资料检查其在一定的概率保证下，极限误差是否超过方案所允许的误差范围，即要求$\varDelta_x$或$\varDelta_p$小于或等于所要求的允许误差。

（二）代表性检查

代表性检查是将方案中的样本指标与过去已掌握的总体同一指标$\bar{X}$或P进行对比，看其比率是否超过规定的要求。

本章小结

抽样调查是一种非全面的调查，其理论基础是概率论中的大数定律。全及指标反映总体特征的综合指标。样本指标是根据抽取的各个样本计算的综合指标，样本指标是一个随机变量。抽样有重复和不重复两种方式。影响抽样误差的因素有抽样单位数的多少、总体标志变异度、不同的抽样方法。抽样误差有实际误差、抽样平均误差和抽样极限误差。

利用实际调查计算的样本统计量来估计相应的总体指标的数值叫参数估计。参数估计方法有点估计和区间估计两种。常用的抽样组织方式有简单随机抽样、类型抽样、等距抽样、整群抽样等。决定样本容量的因素有总体标志的变异程度、允许误差的大小、估计可靠程度的高低、抽样方法和组织形式的不同，以及人力、物力和财力的允许条件。

本章练习题

一、判断题（在题后的括号内，正确的打✓，错误的打×，并改正）。

1. 抽样调查就是凭主观意识，从总体中抽取部分单位进行调查。（　　）
2. 所有可能的样本平均数的平均数，等于总体平均数。（　　）
3. 抽样误差是不可避免的，但人们可以调整总体方差来控制抽样误差。（　　）
4. 样本单位数可以影响抽样误差，而总体标志变异程度和抽样误差无关。（　　）
5. 抽样估计中的点估计就是被估计的总体指标直接等于样本指标。（　　）
6. 在同样条件下，不重复抽样的抽样误差一定小于重复抽样的抽样误差。（　　）
7. 在不重复抽样的情况下，若调查的单位数为全及总体的10%，则所计算的抽样平均误差比重复抽样计算的抽样误差少10%。（　　）
8. 抽样法是根据非全面调查所获得的数据对全部研究对象的数量特征做出具有一定可靠性的估计判断，从而达到对全部研究对象的认识的一种统计方法。（　　）

9. 在抽样推断中，作为推断对象的总体和作为观察对象的样本都是确定的、唯一的。（　　）

10. 样本容量是指从一个总体中可能抽取的样本个数。（　　）

11. 因为无法知道全及总体的平均数和方差，所以无法计算抽样实际误差。（　　）

12. 抽样实际误差是指由于抽样过程中的偶然因素引起的样本指标与全及指标之间的绝对离差。（　　）

13. 抽样平均数的标准差或抽样成数的标准差是衡量抽样平均误差一般水平的因素之一。（　　）

14. 抽样平均误差总是小于抽样极限误差。（　　）

15. 抽样平均误差范围和估计置信度是相互对立的，即抽样平均误差范围越小，估计置信度越高，抽样平均误差范围越大，则估计置信度就越低。（　　）

16. 抽样估计的准确性和可靠性是相互对立的，即准确性要求高，可靠性则低；准确性要求低，可靠性就提高。（　　）

二、单选题（将备选答案中唯一正确的选项序号填在括号内）。

1. 所谓大样本是指样本单位数在（　　）及以上

A. 30 个　　B. 50 个　　C. 80 个　　D. 100 个

2. 抽样指标与总体指标之间抽样误差的可能范围是（　　）

A. 抽样平均误差　　B. 抽样极限误差

C. 区间估计范围　　D. 置信区间

3. 抽样平均误差说明抽样指标与总体指标之间的（　　）

A. 实际误差　　B. 平均误差　　C. 实际误差的平方　　D.允许误差

4. 成数方差的计算公式是（　　）

A. $P(1-P)$　　B. $P(1-P)^2$　　C. $\sqrt{P(1-P)}$　　D. $P^2(1-P)$

5. 总体平均数和样本平均数之间的关系是（　　）

A. 总体平均数是确定值，样本平均数是随机变量

B. 总体平均数是随机变量，样本平均数是确定值

C. 两者都是随机变量

D. 两者都是确定值

6. 对入库的一批产品抽检 10 件，其中有 9 件合格，那么有（　　）概率保证合格率不低于 80%。

A. 95.45%　　B. 99.73%　　C. 68.27%　　D. 90%

7. 在简单随机重复抽样情况下，若要求允许误差为原来的 2/3，则样本容量（　　）

A. 扩大为原来的 3 倍　　B. 为原来的 2/3

C. 为原来的 4/9　　D. 扩大为原来的 2.25 倍

8. 在抽样推断时，可计算和控制的误差是（　　）

A. 登记性误差　　B. 系统性误差　　C. 抽样实际误差　　D. 抽样平均误差

9. 抽样平均误差反映了样本指标与总体指标之间的（　　）

A. 实际误差　B. 实际误差的绝对值　C. 平均误差程度　D. 可能误差范围

10. 抽样极限误差与抽样平均误差的关系为（　　）

A. 极限误差一定大于抽样平均误差　B. 极限误差一定小于抽样平均误差

C. 极限误差一定等于抽样平均误差　D. 极限误差可以大于或小于抽样平均误差

11. 在其他条件不变的情况下，提高抽样估计的可靠程度，其估计的精确度将（　　）

A. 随之提高　B. 随之降低　C. 保持不变　D. 无法确定

12. 根据某城市电话网 100 次通话情况调查，得知每次通话平均持续时间为 4 分钟，标准差为 2 分钟，在概率保证程度为 95.45%的要求下，估计该市每次通话时间为（　　）

A. 3.9～4.1 分钟　B. 3.8～4.2 分钟

C. 3.7～4.3 分钟　D. 3.6～4.4 分钟

13. 在进行简单随机重复抽样时，为使误差减少 25%，则抽样单位数应（　　）

A. 增加到原来的 1.78 倍　B. 增加到原来的 1.25 倍

C. 减少到原来的 1.25 倍　D. 减少到原来的 1.78 倍

14. 先将全及总体的单位按主要标志加以分组，然后再从各组中按随机原则抽选一定单位构成样本，这种抽样方式为（　　）

A. 简单随机抽样　B. 分层抽样　C. 等距抽样　D. 整群抽样

15. 对某种连续生产的产品质量进行检验，在每一天中每隔 1 小时取下 5 分钟的产品进行全部检验，这种调查属于（　　）

A. 简单随机抽样　B. 类型抽样　C. 等距抽样　D. 整群抽样

16. 为了解某公司职工家庭收支情况，按该公司职工名册依次从每 30 人中抽取 1 人对其家庭收支进行调查，这种调查属于（　　）

A. 简单随机抽样　B. 类型抽样　C. 等距抽样　D. 整群抽样

17. 对 400 名大学生抽取 19%进行不重复抽样调查，优等生比重为 20%，概率为 95.45%，优等生比重的抽样极限误差为（　　）

A. 4.0%　B. 4.13%　C. 9.18%　D. 8.26%

三、多项选择题（将备选答案中全部正确的选项序号填在括号内）。

1. 影响抽样误差大小的因素有（　　）

A. 抽样组织方式和抽样方法不同　B. 全及总体的标志变动度的大小

C. 样本单位数的多少　D. 抽样总体标志变动度的大小

E. 抽样的随机性

2. 常用的样本指标有（　　）

A. 样本平均数　B. 样本成数　C. 抽样误差

D. 样本方差　E. 标准差

3. 在简单随机重复抽样条件下，抽样单位数 n 的计算公式为（　　）

A. $n=\dfrac{t^2\sigma^2}{\Delta_x^2}$　B. $n=\dfrac{Nt^2\sigma^2}{N\Delta_x^2+t^2\sigma^2}$　C. $n=\dfrac{t^2P(1-P)}{\Delta_p^2}$

D. $n=\dfrac{t^2P(1-P)}{\varDelta_p^2}$　　E. $n=\dfrac{t^2P^2(1-P)}{\varDelta_p^2}$

4. 在总体 2000 个单位中，抽取 20 个单位进行调查，下列各项正确的是（　　）
A. 样本单位数是 20 个　　B. 样本个数是 20 个
C. 一个样本有 20 个单位　　D. 样本容量是 20 个
E. 是一个小样本

5. 若进行区间估计，应掌握的指标数值是（　　）
A. 样本指标　　B. 概率度　　C. 总体单位数
D. 抽样平均误差　　E. 样本单位数

6. 参数估计方法有（　　）
A. 点估计　　B. 区间估计　　C. 统计估计
D. 抽样估计　　E. 假设检验

7. 衡量点估计量的标准有（　　）
A. 无偏性　　B. 一致性　　C. 有效性
D. 充分性　　E. 随机性

8. 从一个全及总体中可以抽取许多个样本，因此（　　）
A. 抽样指标的数值不是唯一确定的　　B. 抽样指标是用来估计总体参数的
C. 总体指标是随机变量　　D. 样本指标是随机变量

9. 从全及总体中抽取样本单位的方法有（　　）
A. 简单随机抽样　　B. 重复抽样　　C. 不重复抽样
D. 等距抽样　　E. 类型抽样

10. 抽样推断中的抽样误差（　　）
A. 是不可避免要产生的　　B. 是可以通过改进调查方式来消除的
C. 是可以事先计算出来的　　D. 是只能在调查结束后才能计算的
E. 其大小是可以控制的

11. 影响抽样误差的因素有（　　）
A. 抽样单位数的多少　　B. 总体各单位标志值的变异程度
C. 概率度和样本指标的大小　　D. 抽样方法和抽样的组织形式不同
E. 估计总体参数的方法不同

12. 在抽样推断中，样本单位数的多少取决于（　　）
A. 总体标准差的大小　　B. 允许误差的大小
C. 抽样估计的把握程度　　D. 总体参数的大小
E. 抽样方法和总体参数的大小

13. 抽样推断中，抽样误差是指（　　）
A. 登记性误差　　B. 系统性误差　　C. 代表性误差
D. 偶然的代表性误差　　E. 偏差　　F. 随机误差

14. 抽样方案设计的基本原则是（　　）
A. 保证实现抽样的随机性原则　　B. 保证实现最大的抽样效果原则

C. 保证实现抽样的可比性原则　　D. 保证实现抽样的统一性原则

E. 保证实现抽样的目的性原则

15. 常用的抽样方法有（　　）

A. 简单随机抽样　B. 重复抽样　C. 不重复抽样　D. 类型抽样

E. 等距抽样　F. 整群抽样　G. 多阶段抽样

16. 用重复抽样与不重复抽样两种方法抽选样本单位的区别表现在（　　）

A. 配合的样本总数不同　　B. 适用于不同的抽样组织形式

C. 抽样平均误差计算公式不同　　D. 抽样平均误差大小不同

E. 适合条件不同

17. 简单随机抽样（　　）

A. 适用于总体各单位呈均匀分布的总体

B. 适用于总体各单位标志变异较大的总体

C. 在抽样之前要求对总体各单位加以编号

D. 最符合随机原则

E. 是抽样中最基本也是最简单的抽样组织形式

18. 在概率度一定的条件下（　　）

A. 允许误差越大，应抽取的单位数越多

B. 允许误差越小，应抽取的单位数越多

C. 允许误差越小，应抽取的单位数越少

D. 允许误差越大，应抽取的单位数越少

E. 允许误差的大小和应抽取的单位数多少成反比

四、计算与分析题（要求：有计算公式及计算过程，计算结果保留两位小数）。

1. 对一批水果罐头进行质量检查，按重置抽样方法随机抽取 100 瓶检查，发现有 6 瓶不合格。若以 95. 45%的概率推断，可否认为这批水果罐头的不合格率不会超过 10%？

2. 一批成品按不重置抽样方法抽取 200 件检验，其中废品 8 件，又知道样本容量是成品总量的 1/20，当概率为 95.45%时，可否认为这批产品的废品率不会超过 5%？

3. 某地有 50000 户职工，为了了解职工家庭生活状况，有关部门用不重置抽样方法随机抽选 200 户进行调查，结果如下：

按人均月收入分组/元	户数/户
400～500	18
500～600	60
600～700	95
700～800	20
800 以上	7
合计	200

根据以上资料，在 $F(t) = 95\%$概率的保证下确定该地区家庭人均月收入的可能范围。

4. 某市小学生中随机重复抽取 200 人，调查他们一周看电视的时间，资料如下：

看电视时间/小时	人数/人	比重/%
1～3	5	2.5
3～5	40	20.0
5～7	63	31.5
7～9	47	23.5
9～11	32	16.0
11 以上	13	6.5
合计	200	100.0

要求：(1) 试以 95.45%的可靠程度估计该市小学生每周看电视的平均时间；

(2) 试以 95.45%的可靠程度估计该市小学生每周看电视 5 小时以下的小学生人数的比重区间；

(3) 试以 95.45%的可靠程度估计该市小学生每周看电视 5～9 小时的小学生人数的比重区间。

5. 某电池厂要检查某型号蓄电池的耐用性能，随机重复抽取 100 只蓄电池进行检验，检验结果的资料整理如下，要求耐用时数极限误差不超过 2.6 小时，试估计该厂蓄电池的耐用性能的时间范围。

耐用时数/小时	数量/只
520～530	4
530～540	18
540～550	24
550～560	28
560～570	16
570～580	10
合计	100

6. 某灯泡厂采用简单随机抽样方式从一批 10000 只灯泡中随机抽取 500 只进行寿命（耐用时数）试验。试验所得各灯泡使用寿命如下表所示。按定灯泡使用寿命在 850 小时以上为合格品。试以 95.45%（$t = 2$）的信度对这批灯泡的平均使用寿命和合格率进行区间估计。

使用寿命/小时	灯泡数/个
800～850	37
850～900	129
900～950	185
950～1000	102
1000～1050	40
1050～1100	7
合计	500

7. 某林区对小树成活率进行抽样调查，要求允许误差不超过 3%，置信概率为 95%，并知道过去三年新栽小树的成活率分别为 89.15%，89.50%，90.10%，据以上资料确定这次调查至少要抽选多少棵。

8. 某药厂为了检查瓶装药片数量，从成品库随机抽检 100 瓶，结果平均每瓶 99 片，标准差为 3 片。试以 $F(t) = 99.73\%$的把握程度推断成品库该种药平均每瓶数量的置信区间，如果允许误差减少到原来的 1/2，其他条件不变，需要抽取多少瓶？

9. 某乡共有外出务工人员 4000 人。按不重复抽样方法随机抽取其中 200 人进行调查，得知他们的人均年收入为 5800 元，标准差为 850 元。试以 95%的把握程度估计该乡全体外出务工人员的年收入总额的区间。

10. 某校在新学期的第一周对全校学生进行了一次抽样调查。随机抽取了 64 人，发现他们中只有 16 人每晚用于学习的时间超过 1 小时。试以 99.7%的概率估计，全校 5000 名学生中第一周内每晚学习时间超过 1 小时的学生所占比例及总人数有多少？

11. 某地区粮食产量进行抽样调查，随机抽取了 100 亩粮食播种面积进行实测。调查结果显示，样本平均亩产为 450 公斤，亩产量的标准差系数为 12%。试问：

（1）置信度为 95.5%时，平均亩产量的允许误差是多少？

（2）若其他条件不变而抽查的播种面积增加 300 亩，平均亩产量的允许误差又是多少？

（3）若允许误差可比（1）计算的结果大一倍，又应该抽取多少播种面积进行调查？

（4）以上计算结果说明样本容量与允许误差有何关系？

12. 有关资料显示，乐队指挥大多是长寿的。从各国乐队指挥中随机抽取 10 人，他们的死亡年龄分别为：85，87，88，93，95，97，72，78，60，83（单位：岁）。试根据这一资料，估计乐队指挥的平均寿命的置信区间以及其标准差的置信区间（置信度为 95%）。

第八章

相关与回归分析

第一节　相关关系概述

一、相关关系的概念

世界上各种事物和现象之间都存在着普遍的有机联系。社会经济现象也是这样，孤立存在的事物和现象是没有的，都是在错综复杂的多种因素的相互联系和相互制约中运动和发展的。如果我们对现象之间存在的相互关系从数量方面进行考察和分析，其数量关系大致可分为两种类型：一种称为函数关系；另一种称为相关关系。

函数关系的关系值是固定的。设有 x 和 y 两个变量，每当变量 x 取一个值时，变量 y 都将有一个确定的值与之相对应，两个变量之间的关系值是一种严格的固定的关系，则称函数关系。在函数关系中 x 称为自变量，y 称为因变量，y 是 x 的函数，记作 $y=f(x)$。函数关系可以用数学关系式表达，设 S 为圆的面积，R 为圆的半径，圆的面积与半径之间的关系就可以用数学关系式表达为：$S=\pi R^2$。

同理，商品销售额与商品销售量之间也可以用数学关系式反映。设 y 为销售额，x 为销售量，p 为价格，则销售额与销售量之间的关系为：$y=px$。

在上述两例中，因变量 y 是随自变量 x 的变动而确定的，因而这种严格确定的数量依存关系即为函数关系。

相关关系的关系值是不确定的。存在相关关系的现象之间，当某个现象发生量变时，另一与之依存的现象的量会在某个区间范围内变动。换言之，自变量 x 每确定一个值时，因变量 y 有若干个值与之相对应，其变动在一定的值域内波动。因此，相关关系是指关系值不确定的一种数量依存关系。相关关系，仅对个别事物观察是看不出其规律的，只有对大量个别事物组成的总体进行观察和分析才能发现规律。例如，从遗传学角度看，子女的身高与其父母有很大关系，但其关系不是唯一的和确定的。因为子女的身高不仅受父母身高的影响，还受许多其他因素的影响，因此子女的身高与其父母的身高关系值不确定。但父母身高将遗传给子女，因而平均来说，父母身高高的，子女身高也高。再如，设备的维修费用与使用年限有关系，其一般规律是设备使用年限越长，其维修费用越高；反之则越少。但维修费用多少还与其他因素有关，因而使用年限相同的设备，维修费用往往不同。因此，这种不确定的相关关系难以用函数关系进行直接描述，但相关的变量之间的关系值在大量的偶然中包含着必然的内在规律性，通过对大量不确定的关系值的观察和分析研究，我们就会发现相关的变量之间存在的数量规律。相关的变量之间其关系值之所以在一定范围内波动，是因为影响两个变量之间变动的因素既有确定因素，也有偶然因素，因而其变动将遵循一定规律，即因变量将围绕着自身的平均数上下波动。因此，分析相关关系的内在联系与表现形式，研究并掌握其规律性，正是相关与回归分析的重要任务。

函数关系与相关关系虽然是两种不同类型的关系，但它们之间也存在着密切联系。例如，由于观察和实验中出现误差，确定的函数关系也往往表现为相关关系；而当我们找到相关关系的一般规律时，相关关系也可用函数关系描述其数量规律性。

相关关系是一种比较一般的提法，如果从现象之间形成相关关系的原因角度来分析，相关关系包括下述关系。

（1）现象 X 变异是现象 Y 变异的原因，这称为因果关系。在这样的单向因果关系中，自变量为因，因变量为果，在相关与回归分析中二者不能随意选择，如农作物的施肥量与亩产量的关系，父母身高与子女身高的关系等。

（2）现象 X 变异和现象 Y 变异相互依存互为因果，这称为双向因果关系。在这种不明显的因果关系中，相关与回归分析时可根据研究目的确定自变量和因变量，如工业总产值与能源消耗量的关系，钢材抗拉强度与抗压强度的关系等。

（3）现象 X 影响现象 Y，现象 Y 影响现象 Z，致使现象 X 和现象 Z 也显示出因果关系，这称为间接因果关系，如同胞兄弟的子女的身高之间的关系等。

（4）现象 X 和现象 Y 无本质因果关系，但二者在量变关系上同步，这称为同步关系，如商品价格的上涨与时间的延续之间的关系等。

相关关系是一个广义的概念，在具体分析时还可分为狭义的相关分析和回归分析两个内容，二者具有不可分割的联系。回归分析的主要目的是找出不确定关系值之间的一般数量规律，选择适当的回归方程近似地表达变量之间的平均量变关系。而狭义的相关分析主要目的是测定相关变量之间关系的密切程度。

与其他统计分析方法一样，单纯地使用相关分析和回归分析并不能从本质上说明现象相关的内在原因，只有用被研究现象所对应的科学理论才能给予解释。因此，统计相关分析要以定性分析为基础，而其主要任务在于从数量上去揭示、描述、验证相关关系。

二、相关关系的种类

现象之间的相关关系有多种形式，可以从不同的角度进行分类，以便对不同的相关关系采取不同的分析方法进行研究。

（一）按相关变量的多少分为单相关和复相关

单相关指一个自变量与因变量的简单相关，如能源消耗量与工业总产值之间的相关，施肥量与亩产量之间的相关。

复相关是指两个及以上自变量与因变量的复杂相关关系，往往按涉及的自变量多少称为一元相关（回归）、多元相关（回归），如工业企业的能源消耗量、生产性固定资产投资、职工人数与工业总产值之间的相关，农作物的施肥量、降水量、种子质量与亩产量之间的相关。

（二）按相关表现形态分为线性相关和非线性相关

线性相关也称直线相关，它指变量之间的关系近似地表现为一条直线。在回归分析中，其回归模型为一元或多元线性回归方程，如一元线性回归方程 $Y_c = A + BX$，多元线性回归方程 $Y_c = B_0 + B_1X_1 + B_2X_2 + \cdots + B_mX_m$。

非线性相关也称曲线相关，它指变量之间的关系近似地表现为一条曲线。在回归分析中，其回归模型为曲线回归方程，如指数曲线回归方程 $Y_c = AB^x$，双曲线回归方程 $1/Y_c = A + B/X$。

（三）按相关关系的方向分为正相关和负相关

正相关指自变量与因变量变动方向相同，如工业总产值与能源消耗量之间为正相关，人的身高与体重之间为正相关。

负相关指自变量与因变量变动方向相反，如产品产量与单位成本之间的关系，商品销售额与流通费用率之间的关系。

三、相关分析的主要内容

（1）根据研究目的，在收集和整理统计资料的基础上，绘制相关图，编制相关表，对相关关系进行描述，初步确定变量之间是否有关及相关形态；

（2）通过测定相关系数或相关指数，确定相关关系的密切程度；

（3）建立回归方程，确定相关关系的一般数量规律；计算估计标准误差，掌握因变量实际值与估计值之间的差异；

（4）运用数理统计方法对相关系数与回归方程进行检验和评价。

第二节　相关图和相关系数

一、相关图

相关图是把相关变量的对应数值在坐标图上一一表示出来，以点的散布状况反映相关变量之间关系状况的统计图。

设有 X 和 Y 两个相关变量，根据所掌握的 n 对统计数据 (x_1, y_1)，(x_2, y_2)，$\cdots$ (x_n, y_n)，以自变量 X 为横轴，Y 为纵轴，将两个变量的对应值确定的坐标点标示在坐标图中，也称为散点图，如图 8-1 所示。

通过散点在直角坐标系中的分布，可以粗略观察并大致判断出变量之间是否相关，相关的形态与方向，相关的密切程度。如果散点分布均匀且分散，或散点的分布与横坐标轴平行、与横坐标轴垂直，都可说明两个变量之间不相关，如图 8-1（a）～（c）所示。如果散点分布呈现为一定的斜率且集中为狭长的带状，则可说明两个变量之间有关。若点的分布近似地呈现为直线，则为直线相关，如图 8-1（d）～（g）所示。若点的分布近似地呈现为曲线，则为曲线相关，如图 8-1（h）、（i）所示。同时，散点沿直线或曲线的两侧分布区域越窄，说明关系密切程度越高；区域越宽，则说明关系密切程度越低。

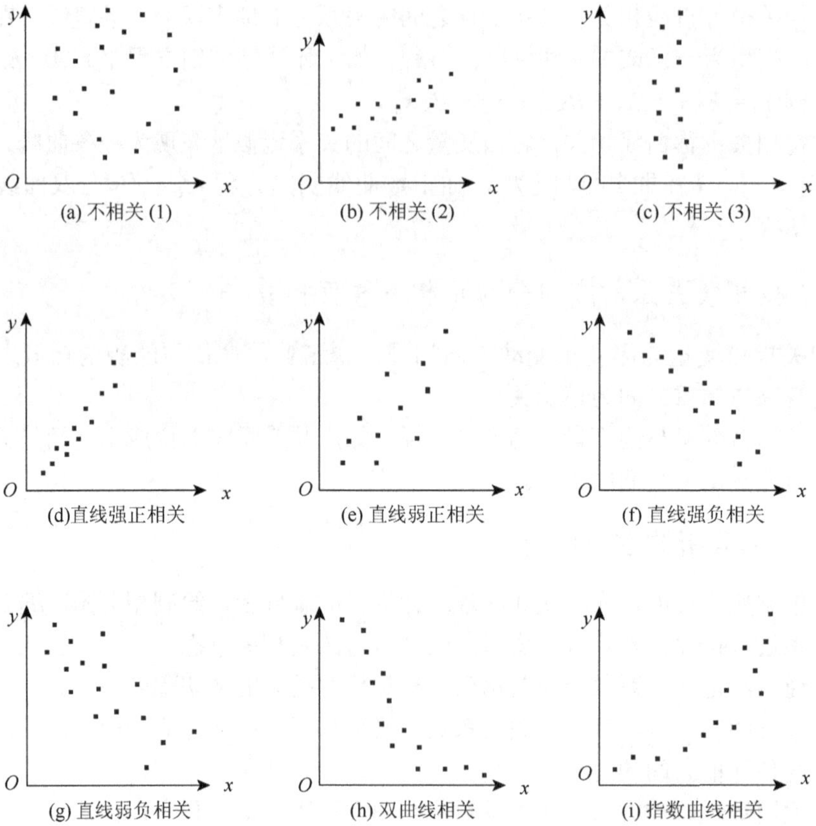

(a) 不相关 (1)　(b) 不相关 (2)　(c) 不相关 (3)

(d)直线强正相关　(e) 直线弱正相关　(f) 直线强负相关

(g) 直线弱负相关　(h) 双曲线相关　(i) 指数曲线相关

图 8-1　相关图例

二、相关表

相关表是根据相关的两个变量的对应数值编成的统计表。按原始数据是否分组，又可分为简单相关表和分组相关表。

如果对相关的两个变量都没有进行分组，而是直接根据收集的原始数据编成的相关表称为简单相关表。它往往在数据较少的情况下使用，如表 8-1 所示。

表 8-1　八个同类企业产品产量和生产费用的相关表

企业编号	月产品产量 x/千吨	生产费用 y/万元
1	2.4	124
2	4.1	170
3	6.0	162

续表

企业编号	月产品产量 x/千吨	生产费用 y/万元
4	7.5	200
5	10.0	225
6	12.4	265
7	14.1	280
8	16.2	310

从表 8-1 中可看出，月产品产量与生产费用之间近似地呈现为直线正相关。

分组相关表是在简单相关表的基础上，将原始资料经过分组整理后编成的统计表。由于相关表涉及两个变量，所以分组相关表还可分为单变量分组相关表与双变量分组相关表两种。

单变量分组相关表是将自变量分组并计算各组次数，因变量按其与自变量的对应关系计算平均值后制成的统计表。自变量的分组可采取单项式，也可采取组距式，如表 8-2 所示。

表 8-2 零售商店的商品销售额与流通费用率相关表

按销售额分组 x/万元	商店数/个	平均流通费用率 y/%
4 以下	36	8.72
4～8	48	6.60
8～12	70	5.52
12～16	90	5.10
16～20	130	5.00
20～24	120	4.90
24～28	85	4.70
28～32	75	4.60
32～36	40	4.65
36 以上	28	4.60

从表 8-2 中可以看出，销售额与平均流通费用率之间为负相关关系，而相关的具体形态和密切程度还要应用其他统计方法进行测定和分析。

双变量分组相关表是把自变量和因变量都分组而编成的统计表。其具体编制方法是：先分别确定自变量和因变量的分组和组距，然后按两个变量的组数设计棋盘式表格，最后计算各组次数并填入表格，如表 8-3 所示。

表 8-3 40 个零售商店人均利润额和流通费用率相关表

按流通费用率分组/%	按人均利润额分组/万元				合计
	1.0～1.5	1.5～2.0	2.0～2.5	2.5～3.0	
4.5～5.0	8				8
4.0～4.5	2	7			9
3.5～4.0		3	4		7
3.0～3.5			6	1	7
2.5～3.0				9	9
合计	10	10	10	10	40

从表 8-3 可以看出，人均利润额与流通费用率呈现为负相关，而相关形态和密切程度也需进一步测定和分析。

与相关图相比，相关表除了可用于相关关系的粗略观察与初步判断，还可以更为醒目地对相关变量之间的依存进行数量上的描述。但仅仅根据对相关图表的观察，是不能准确判断关系的密切程度和关系的表现形态的，而且在一张相关图表上，很难进行多元相关的观察与分析。

三、简单相关系数

（一）单相关系数的概念与计算方法

1. 单相关系数的概念

单相关系数是指在线性相关形态下，两个变量相关关系密切程度的相对指标，一般简称为相关系数。为与以后的多元相关测定的复相关系数、偏相关系数相区别，故称为单相关系数。单相关系数的测定是线性单相关分析的主要内容。

与抽样推断的有关内容相联系，如果相关系数是根据总体数据计算的，则称为总体相关系数，如果是根据样本数据计算的，则称为样本相关系数。实际分析中，相关系数通常是根据样本资料计算的，因而涉及样本相关系数的代表性与可靠性问题。

相关系数计算结果的值域，是在绝对值 0～1。相关系数越接近于 0，表示相关关系程度越弱，相关系数为 0 表示 x、y 两变量之间没有线性关系；相关系数的绝对值越接近于 1，表示相关关系程度越强，相关系数的绝对值等于 1，表示两变量完全相关，即呈直线函数关系，相关系数为正数时两变量呈正相关关系，相关系数为负数时两变量呈负相关关系。

2. 相关系数的计算

相关系数的大小取决于自变量数列的标准差、因变量数列的标准差和两个数列的协方差三个因素。

（1）自变量数列的标准差：

$$\sigma_x = \sqrt{\frac{\sum (x-\bar{x})^2}{n}} \tag{8-1}$$

式中，σ_x 表示自变量数列的标准差；x 表示自变量的变量值；$\bar{x}$ 表示自变量数列的平均值，$\bar{x}=\frac{\sum x}{n}$；n 表示自变量数列的项数。

（2）因变量数列的标准差：

$$\sigma_y=\sqrt{\frac{\sum(y-\bar{y})}{n}} \quad (8\text{-}2)$$

式中，σ_y 表示因变量数列的标准差；y 表示因变量的变量值；$\bar{y}$ 表示因变量数列的平均值，$\bar{y}=\frac{\sum y}{n}$；n 表示因变量数列的项数。

（3）两个数列的协方差：

$$\sigma_{xy}^2=\frac{\sum(x-\bar{x})(y-\bar{y})}{n} \quad (8\text{-}3)$$

式中，σ_{xy}^2 表示两数列的协方差；$(x-\bar{x})$ 表示自变量数列各变量值与平均值的离差；$(y-\bar{y})$ 表示因变量数列各变量值与平均值的离差。

根据自变量数列的标准差、因变量数列的标准差和两个数列的协方差，可以计算相关系数，基本公式如下：

$$r=\frac{\sigma_{xy}^2}{\sigma_x\sigma_y} \quad (8\text{-}4)$$

现以表 8-4 为例进行相关系数计算。

表 8-4　树脂用量与抗压强度的相关表

树脂用量 x/千克	1	2	3	4
抗压强度 y/（千克/厘米^2）	100	198	315	350

第一步，计算自变量数列的平均数和标准差：

$$\bar{x}=\frac{1+2+3+4}{4}=2.5\text{（千克）}$$

$$\sigma_x=\sqrt{\frac{(1-2.5)^2+(2-2.5)^2+(3-2.5)^2+(4-2.5)^2}{4}}=1.12\text{（千克）}$$

第二步，计算因变量数列的平均数与标准差：

$$\bar{y}=\frac{100+198+315+350}{4}=240.75\text{（千克/厘米}^2\text{）}$$

$$\sigma_y=\sqrt{\frac{(100-240.75)^2+(198-240.75)^2+(315-240.75)^2+(350-240.75)^2}{4}}$$
$$=98.85\text{(千克/厘米}^2\text{)}$$

第三步，计算两个数列的协方差：

$$\sigma_{xy}^2=\frac{\sum(x-\overline{x})(y-\overline{y})}{n}$$
$$=\frac{(1-2.5)(100-240.75)+(2-2.5)(198-240.75)+(3-2.5)(315-240.75)}{4}$$
$$=108.375$$

第四步，计算树脂用量与塑料制品抗压强度的相关系数：

$$r=\frac{\sigma_{xy}^2}{\sigma_x\sigma_y}=\frac{108.375}{1.12\times 98.85}=0.98$$

计算结果表明，树脂用量与塑料制品抗压强度呈正相关关系，其相关关系数为 0.98，说明相关强度很强。树脂用量的增加会提高塑料制品的抗压强度。

为了简化相关系数的计算过程，可以采用标准计算表，以表 8-4 资料为例，相关系数计算表如表 8-5 所示。

表 8-5 相关系数计算表

序号	树脂用量 x/千克	抗压强度 y/（千克/厘米 ^{2}）	$x-\overline{x}$	$y-\overline{y}$	$(x-\overline{x})^2$	$(y-\overline{y})^2$	$(x-\overline{x})(y-\overline{y})$
1	1	100	−1.5	−140.75	2.25	19810.56	211.125
2	2	198	−0.5	−42.75	0.25	1827.56	21.375
3	3	315	0.5	74.25	0.25	5513.06	37.125
4	4	350	1.5	109.25	2.25	11935.56	163.875
合计	10	963	0	0	5.00	39086.74	433.500

运用相关系数计算表计算相关系数有许多优点：①比较清晰，可减少出差错的概率；②在变量很多时，如果不列计算表，计算式的表达式就会很长，将产生不必要的麻烦；③可同时分析各个变量的标准差及协方差计算过程中的数据分布情况。

3. 相关系数的其他计算公式

相关系数的计算方法有许多，下面介绍几个最常见的公式。

（1）用积差法测定相关系数的公式：

$$r=\frac{\sum(x-\overline{x})(y-\overline{y})}{n\sigma_x\sigma_y} \qquad (8\text{-}5)$$

式中，r 表示相关系数；$\overline{x}$ 表示 x 变量数列平均数；$\overline{y}$ 表示 y 变量数列平均数；σ_x 表示 x 变量数列标准差；σ_y 表示 y 变量数列标准差。

用积差法测定相关系数的公式与计算相关系数的基本公式的对等关系可从数学上加以证明：

$$r=\frac{\sigma_{xy}^2}{\sigma_x\sigma_y}=\frac{\frac{\sum(x-\overline{x})(y-\overline{y})}{n}}{\sigma_x\sigma_y}=\frac{\sum(x-\overline{x})(y-\overline{y})}{n\sigma_x\sigma_y}$$

（2）积差法测定相关系数公式的简化式：

$$r=\frac{\sum(x-\overline{x})(y-\overline{y})}{\sqrt{\sum(x-\overline{x})^2\cdot\sum(y-\overline{y})^2}} \tag{8-6}$$

此公式和计算相关系数的基本公式在数学上也是对等的。

$$r=\frac{\sigma_{xy}^2}{\sigma_x\sigma_y}=\frac{\dfrac{\sum(x-\overline{x})(y-\overline{y})}{n}}{\sqrt{\dfrac{\sum(x-\overline{x})^2}{n}}\cdot\sqrt{\dfrac{\sum(y-\overline{y})^2}{n}}}$$

$$=\frac{\dfrac{1}{n}\sum(x-\overline{x})(y-\overline{y})}{\dfrac{1}{n}\sqrt{\sum(x-\overline{x})^2\cdot\sum(y-\overline{y})^2}}$$

$$=\frac{\sum(x-\overline{x})(y-\overline{y})}{\sqrt{\sum(x-\overline{x})^2\cdot\sum(y-\overline{y})^2}}$$

如果令积差法测定相关系数公式的简化式中：

$$\sum(x-\overline{x})^2=L_{xx}$$

$$\sum(y-\overline{y})^2=L_{yy}$$

$$\sum(x-\overline{x})(y-\overline{y})^2=L_{xy}$$

则相关系数公式可简写为

$$r=\frac{L_{xy}}{\sqrt{L_{xx}\cdot L_{yy}}} \tag{8-7}$$

（3）测定相关系数的简捷公式：

$$r=\frac{n\sum xy-\sum x\cdot\sum y}{\sqrt{n\sum x^2-(\sum x)^2}\cdot\sqrt{n\sum y^2-(\sum y)^2}} \tag{8-8}$$

此公式可根据基本公式推出，读者可以自行完成。根据表 8-4 资料可得

n=4，$\sum x=10$，$\sum y=963$，$\sum xy=2841$，$\sum x^2=30$，$\sum y^2=270929$

$$r=\frac{4\times2841-10\times963}{\sqrt{4\times30-10^2}\times\sqrt{4\times270929-963^2}}$$

$$=\frac{1734}{1768.3}$$

$$=0.98$$

计算结果与用基本公式计算结果相同。

（4）在分组资料条件，可采用下列公式计算相关系数：

$$r=\frac{\sum(x-\overline{x})(y-\overline{y})f}{\sqrt{\sum(x-\overline{x})^2f}\cdot\sqrt{\sum(y-\overline{y})^2f}} \tag{8-9}$$

或

$$r=\frac{\sum f(\sum xyf)-(\sum xf)(\sum yf)}{\sqrt{\sum f(\sum x^2 f)-(\sum xf)^2}\cdot\sqrt{\sum f(\sum y^2 f)-(\sum yf)^2}} \tag{8-10}$$

4. 相关系数的方向和程度的决定

相关系数为正或负，其程度如何主要取决于协方差σ_{xy}^2的符号。各相关点的符号取决于式$(x-\overline{x})(y-\overline{y})$，因为当$x>\overline{x}$时，对应的$y>\overline{y}$，或$x<\overline{x}$时，对应的$y<\overline{y}$，则$(x-\overline{x})(y-\overline{y})$的乘积总为正数，这个相关点就是正相关点。当$x>\overline{x}$时，对应的$y<\overline{y}$，或$x<\overline{x}$时，对应的$y>\overline{y}$，则$(x-\overline{x})(y-\overline{y})$的积为负数，这样的相关点就是负相关点。当$x=\overline{x}$或$y=\overline{y}$时，则$(x-\overline{x})(y-\overline{y})$的积为0，说明这个点是零相关点。因此，相关系数的方向取决于离差乘积总和$\sum(x-\overline{x})(y-\overline{y})$，其值为正，就是正相关；其值为负，就是负相关；其值为0，就是零相关。

根据$\sum(x-\overline{x})(y-\overline{y})$的结果，不仅可以确定两个现象之间是否相关和相关的方向，而且可以依据其数值大小，判断相关的密切程度。若数值大，表明相关关系密切，相反，则相关关系不密切。但是$\sum(x-\overline{x})(y-\overline{y})$受其项数多少的影响，项数多，数值可能较大，项数少，数值可能较小。将这个总和除以项数就可以消除项数多少的影响，即求出平均每一项的离差乘积，这就是协方差指标。相关系数实际上是通过协方差来说明相关关系的密切程度。协方差是用绝对数表现的平均值，它的大小与变量值本身数值的大小有关，也就是与离差数值大小有关，而且和计算单位也有关。因此，只用协方差的绝对值还不能说明相关关系的密切程度，需要消除离差大小的影响。这正是计算相关系数用σ_{xy}^2与σ_x、σ_y的乘积相比的原因。这样结果就可以成为相对数，它消除了离差大小的影响。这正如有时用标准差不能比较出两个总体变异程度的大小，而用离散系数可以说明变异程度一样。

（二）相关系数的意义

相关系数 r 是自变量 x 与因变量 y 线性相关程度的一个测量尺度。r 的取值为$-1\sim+1$，即$-1\leqslant r\leqslant+1$。根据r的计算结果可使我们做出以下两个方面的判断。

（1）根据r的正负号判断相关方向，即若计算结果为“+”号，说明正相关；若计算结算为“–”号，则说明负相关。

（2）根据$|r|$的大小判断直线相关的密切程度，即 r 的绝对值越接近于 1，说明关系的密切程度越高；r的绝对值越接近于零，说明关系的密切程度越低。若$|r|=1$，则说明两个变量完全相关，即函数关系；若$|r|=0$，则说明两个变量之间完全不相关。需要说明，当$|r|$为零时，只能反映两个变量没有线性相关关系，并不能说明两个变量之间不存在非线性相关关系。

相关系数是对两个变量之间进行相关分析的基本工具。它可作为一种尺度去衡量变量之间线性相关的强度，具有相对独立的意义。而在有些情况下，相关系数的计算是和回归方程联系在一起的，因为它可以用于分析和判定线性回归方程的有效程度。

在分析两个变量线性相关程度的强弱时，一般的划分等级为：$|r| \geqslant 0.8$ 为高度相关；$0.5 \leqslant |r| < 0.8$ 为中度相关；$0.3 \leqslant |r| < 0.5$ 为低度相关；$|r| < 0.3$ 时，一般认为两个变量关系极弱，可看作不相关。

单相关系数的计算和分析，只适用于简单线性相关，即一个自变量和因变量的线性相关。在对多个自变量进行多元线性相关分析时，要计算复相关系数和偏相关系数。在非线性相关分析时，要计算相关指数。

单相关系数还可根据一元线性回归方程的方差分析法来测定，将在本章第三节中予以阐述。

（三）单相关系数的显著性检验

在对社会经济现象进行相关分析的应用中，往往不可能收集到相关变量的全面原始资料，通常是根据一部分资料进行分析的，而这一部分资料即为样本数据。样本数据带有一定的随机性，样本容量越小，随机性越大。那么，当根据样本数据计算出来的单相关系数的值很高时，能否说明总体的相关程度就很高呢？这是不能绝对肯定的。这样，为避免样本数据的随机性而产生的虚假现象，就要用统计检验方法验证其显著性。

单相关系数的显著性检验可通过直接查阅相关系数检验表的方法，也可采用 t 检验方法。相关系数检验表的查阅，要根据显著性水平（如 $\alpha = 0.05$ 或 $\alpha = 0.01$）和自由度，查出单相关系数的临界值 r_α，再将根据样本资料计算的单相关系数 r 与 r_α 相比较。若 $|r| \geqslant r_{0.05}$，则认为 x 和 y 之间线性关系显著；若 $|r| < r_{0.05}$，则认为 x 和 y 之间线性关系不显著。而若 $|r| \geqslant r_{0.01}$，则可认为 x 和 y 之间线性关系高度显著。现以表 8-6 资料的计算结果为例，检验两个变量之间线性关系是否显著。

表 8-6　某地区十个城市能源消耗量与工业总产值资料

城市编号	能源消耗量 x/百万吨标准燃料	工业总产值 y/亿元
1	45	322
2	47	326
3	52	372
4	57	423
5	58	459
6	60	499
7	59	520
8	62	558
9	65	616
10	70	703

根据表 8-6 数据，计算：

$$\sum x = 575,\quad \sum y = 4798,\quad n = 10$$

$$\sum x^2 = 33601,\quad \sum y^2 = 2442384,\quad \sum xy = 284355$$

$$\frac{1}{n}(\sum x)^2 = 33062.5,\quad \frac{1}{n}(\sum y)^2 = 2302080.4,\quad \frac{1}{n}(\sum x)(\sum y) = 275885$$

由此得到相关系数计算结果：$r = 0.9744$，自由度 $n-2 = 10-2 = 8$，给定 $\alpha = 0.05$ 和 $\alpha = 0.01$，查相关系数临界值表：

$$r_{0.05} = 0.632,\quad r_{0.01} = 0.765$$

由于 $r = 0.9744 > 0.632$，$r = 0.9744 > 0.765$，所以 x 和 y 之间线性关系高度显著。

当样本容量 $n < 30$ 时，也可采用 t 检验方法检验 r 的显著性，其方法如下。

计算单相关系数 r 的 t 值，计算公式为

$$t = \frac{r\sqrt{n-2}}{\sqrt{1-r^2}} \tag{8-11}$$

再根据给定的显著性水平 $\alpha = 0.05$（或 $\alpha = 0.01$）和自由度（$n-2$）查 t 分布表，得到 $t_{0.05}$（或 $t_{0.01}$）的临界值，然后进行比较。若 $|t| \geqslant t_{0.05}$，说明 x 和 y 之间线性关系显著；若 $|t| < t_{0.05}$，则说明 x 和 y 之间线性关系不显著。现仍以表 8-6 资料的计算结果为例进行 t 检验。

根据表 8-6 计算结果，$r = 0.9744$，自由度 $\mathrm{df} = n-2 = 10-2 = 8$，代入式（8-11）：

$$t = \frac{r\sqrt{n-2}}{\sqrt{1-r^2}} = \frac{0.9744 \times \sqrt{10-2}}{\sqrt{1-0.9744^2}} = \frac{2.756019}{0.224821} = 12.2587$$

给定显著性水平 $\alpha = 0.05$ 或 $\alpha = 0.01$，根据自由度 $\mathrm{df} = n-2 = 10-2 = 8$，查 t 分布表，得

$$t_{0.05} = 2.306,\quad t_{0.01} = 3.355$$

由于 $t = 12.2587 > 2.306$，$t = 12.2587 > 3.355$，所以 t 检验结果证明 x 和 y 的线性关系高度显著，或者说 r 具有较高的代表性。

计算相关系数时，样本容量要适当大一些。因为样本容量太小，就会出现较大的误差，不能充分代表总体情况。即使计算结果数值较高，也不能说明总体肯定存在线性相关关系。因此，根据样本资料计算的单相关系数进行分析时，必须要对其进行统计检验，注意相关系数的显著性。

第三节　一元线性回归分析

一、回归分析的意义

回归是源于生物学的词汇，是英国生物学家葛尔登（Golton）用来描述遗传变化现

象的。葛尔登在他的遗传学研究中发现，高的父母比矮的父母更倾向于生高的子女，矮的父母比高的父母更倾向于生矮的子女。但从平均身高来看：父母高，但他们的子女低于父母；父母矮，但他们的子女高于父母。这说明人类身高的遗传有趋向一般的现象，这种现象就叫回归。后来，人们就把他在这一研究中所建立的数学公式称为回归方程式，而其含义应该是关系方程式或估计方程式。由此，回归方程式就是代表相关变量之间的一般数量关系的数学方程式。

相关关系是一种数量关系值不确定的相互依存关系，这种数量关系的外在形式近似直线或曲线。从科学研究的角度出发，要从不确定的数量关系中找出规律，其办法就是给这种关系的形式配合一条适当的、可以描述其一般规律的直线或曲线，这就是回归方程，也称回归模型。而建立、分析、检验回归模型的过程就是回归分析。

回归分析应该以相关分析为前提。如果两变量之间不存在相关关系，所建立的回归方程也就无任何意义。如果所建立的回归方程与变量之间的相关形态不吻合，这样的回归方程也没有实用价值。相关分析可以在回归分析之前进行，也可以在回归分析之后进行，在回归分析之后计算相关系数，可用于判定回归方程拟合优度。相关分析时可以不区分自变量和因变量，而回归分析则不同，只有正确选择自变量和因变量，才能做出正确的数学关系模型。

回归分析的主要内容如下所示。

（1）在理论分析的基础上，根据现有资料建立回归方程，并计算有关参数；

（2）对已建立的回归方程进行检验分析，对其科学性与实用性进行评价；

（3）根据回归方程与估计标准误差，对总体因变量做出估计。本节将主要介绍一元线性回归分析的内容。

二、一元线性回归方程

一元线性回归方程也称为直线回归方程。对于具有线性相关关系的两个变量，可用一条直线方程来描述二者之间的关系。其一般形式为

$$y_c = a + bx \qquad (8\text{-}12)$$

式中，a、b 是未知常数。a 为直线在 y 轴上的截距；b 为直线的斜率，也称回归系数，它表示自变量 x 增加一个单位时，因变量 y 变动的平均值；y_c 为因变量的估计值。

建立一元线性回归方程，首先要根据实际统计资料求出方程中的两个待定参数 a 和 b，一旦 a 和 b 确定，x 与 y 之间的线性回归方程就初步确定。而这一模型是否科学实用，还要结合有关参数和统计检验方法进行评价。线性回归方程的建立，往往也是根据所掌握的样本资料进行的，因而也有必要对样本回归方程与回归系数进行统计检验。

确定线性回归方程参数的最主要方法是最小二乘法，也称最小平方法。按最小平方法要求，回归直线方程中的 a、b 应该满足下列条件：

$$Q = \sum (y - y_c)^2 = \sum (y - a - bx)^2 = \text{最小值}$$

根据复合函数求极值的原理，为使 Q 具有最小值，就要令 a、b 的偏导数为零，即

$$\begin{cases} \dfrac{\partial Q}{\partial a} = 2\sum(y-a-bx)(-1)=0 \\ \dfrac{\partial Q}{\partial b} = 2\sum(y-a-bx)(-x)=0 \end{cases}$$

整理上式可得到下列方程组：

$$\begin{cases} \sum y = na + b\sum x \\ \sum xy = a\sum x + b\sum x^2 \end{cases} \tag{8-13}$$

式（8-13）一般为标准方程组，式中 x、y 为样本资料中自变量与因变量的实际值。解出方程组，即可求出 a、b 的值。

现仍以表 8-6 资料为例，建立以能源消耗量为自变量，工业总产值为因变量的一元线性回归方程。将有关数据代入式（8-13），可得如下方程组：

$$\begin{cases} 4798 = 10a + 575b \\ 284355 = 575a + 33601b \end{cases}$$

解此方程组，得

$$a = -424.618,\ b = 15.729$$

所以，对工业总产值能源消耗量的线性回归方程为

$$y_c = -424.618 + 15.729x$$

这个方程可以反映该地区十个城市能源消耗量与工业总产值的一般数量规律。参数 a 为–424.618，它表示直线在 y 轴上的截距；参数 b 为 15.729，它表示直线的斜率，也称回归系数。b 的实际意义为：能源消耗每增加 100 万吨标准燃料时，工业总产值将增加 15.729 亿元。

在计算一元线性回归方程的 a、b 两个参数时，还可根据掌握资料的具体条件不同，采用下列各公式。式（8-14）与式（8-15）都是从式（8-13）中的标准方程组推导出来的。无论用哪种方法计算，其计算结果应完全相同。

$$\begin{cases} a = \bar{y} - b\bar{x} \\ b = \dfrac{\sum xy - \dfrac{1}{n}(\sum x)(\sum y)}{\sum x^2 - \dfrac{1}{n}(\sum x)^2} \end{cases} \tag{8-14}$$

$$\begin{cases} a = \bar{y} - b\bar{x} \\ b = \dfrac{\sum(x-\bar{x})(y-\bar{y})}{\sum(x-\bar{x})^2} \end{cases} \tag{8-15}$$

式（8-15）中回归系数 b 的公式可简写为

$$b = \frac{L_{xy}}{L_{xx}} \tag{8-16}$$

如果将 $a=\bar{y}-b\bar{x}$ 代入式（8-12），可得

$$y_{\mathrm{c}}=\bar{y}-b\bar{x}+bx,\quad y_{\mathrm{c}}-\bar{y}=b(x-\bar{x})$$

可以看出，当 $x=\bar{x}$ 时，$y_{\mathrm{c}}=\bar{y}$，即回归直线将通过点 $(\bar{x},\bar{y})$。而 $(\bar{x},\bar{y})$ 则是 n 个散点的重心，即回归直线一定通过 n 组计算数据的 $\bar{x}$ 线与 $\bar{y}$ 线的交点，这也是回归直线的重要特性之一。

三、回归方程拟合程度的测定

上述线性回归方程是根据 n 组样本资料建立的，但回归方程能否准确真实地反映变量之间的数量依存关系，其代表性如何，还需做进一步的分析与评价。

（一）总变差的分解

对总变差进行分解的目的是研究因变量 y 的变动规律。所谓变差是指因变量 y 值的波动现象。变差的产生来自两个方面：一是由于自变量 x 取值不同；二是除自变量 x 以外其他因素的影响，如 x 对 y 的非线性影响，随机误差等。为便于分析这两个方面的影响，就要对总变差进行分解。

对于某一个具体的散点的实际值（也称观察值），变差的大小可以通过该点的实际值 y 与全部散点平均值 $\bar{y}$ 的离差 $y-\bar{y}$ 来表示，而全部 n 个散点实际值与平均值之间的总变差可由这些离差的平方和表示为

$$L_{yy}=\sum(y-\bar{y})^2$$

L_{yy} 简称为总变差。由图 8-2 可以看出，每个实际散点（观察点）的离差都可以分解为两部分的和，即

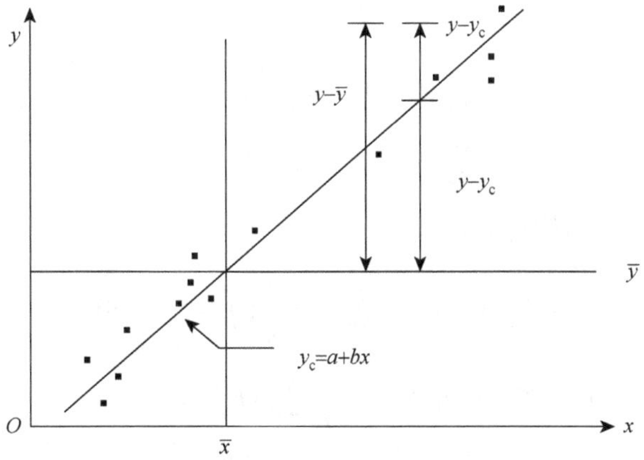

图 8-2　总变差的分解

$$y-\bar{y}=(y_{\mathrm{c}}-\bar{y})+(y-y_{\mathrm{c}}) \tag{8-17}$$

将式（8-17）两边平方，并对全部 n 个散点求和，则有

$$\sum(y-\overline{y})^2=\sum(y_c-\overline{y})^2+2\sum(y_c-\overline{y})(y-y_c)+\sum(y-y_c)^2$$

由于$\sum(y_c-\overline{y})(y-y_c)=0$，所以有

$$\sum(y-\overline{y})^2=\sum(y_c-\overline{y})^2+\sum(y-y_c)^2 \tag{8-18}$$

式（8-18）中右边的第一项$\sum(y_c-\overline{y})^2$是因变量的估计值与平均值离差的平方和。根据线性回归方程$y_c=a+bx$，可知$y_c=f(x)$，因而可以把$y_c-\overline{y}$看作由自变量x变动造成的，即$\sum(y_c-\overline{y})^2$可以反映在y的总变差中，由于x与y存在线性关系而引起的y的变化部分。由于这部分变差与x的变动有直接关系，可由回归直线来解释和确定，所以称为回归变差或有关变差。记作：

$$U=\sum(y_c-\overline{y})^2$$

式（8-18）中右边第二项$\sum(y-y_c)^2$是因变量实际值与估计值离差的平方和。$y-y_c$可以反映除x对y的线性相关影响外的其他一切因素的y的影响部分。这部分变差与x的变动无关，是不能由回归直线来解释和确定的部分。从数值上看，是从总变差中减去回归变差的剩余部分，因而称为剩余变差或无关变差。记作：

$$Q=\sum(y-y_c)^2$$

总变差、回归变差与剩余变差的关系为

$$L_{yy}=U+Q$$

在实际计算中，回归变差和剩余变差通常按下列方法计算：

$$\begin{aligned}U&=\sum(y_c-\overline{y})^2=\sum(a+bx-a-b\overline{x})^2\\&=b^2\sum(x-\overline{x})^2=b\frac{\sum(x-\overline{x})(y-\overline{y})}{\sum(x-\overline{x})^2}\sum(x-\overline{x})^2\\&=b\sum(x-\overline{x})(y-\overline{y})=bL_{xy}\end{aligned} \tag{8-19}$$

因此，在已知回归系数b时，可用式（8-19）求回归变差。而剩余变差可用如下方法计算：

$$\begin{aligned}Q&=\sum(y-y_c)^2=\sum(y-a-bx)^2\\&=\sum(y-\overline{y})^2-U=L_{yy}-U\end{aligned} \tag{8-20}$$

现仍以表 8-6 资料为例计算：

$$L_{yy}=\sum(y-\overline{y})^2=\sum y^2-\frac{1}{n}(\sum y)^2=140303.6$$

$$U=bL_{xy}=b\left[\sum xy-\frac{1}{n}(\sum x)(\sum y)\right]$$

$$=15.7289\times 8470=133223.8$$

$$Q=L_{yy}-U=140303.6-133223.8=7079.8$$

三个平方和的关系为

$$140303.6=133233.8+7079.8$$

通过对总变差的分解，可分析出对总变差的两个主要因素的影响程度。而分解后得到的回归变差、剩余变差，可为计算判定系数、估计标准误差等指标和检验回归方程的显著性提供依据。

（二）判定系数

从总变差等于回归变差与剩余变差之和的关系式可以看出，回归直线拟合的优劣程度取决于 U 与 Q 的大小。当总变差 L_{yy} 一定时，回归变差 U 越大，则剩余变差 Q 越小；反之，则 Q 越大。因此，决定回归直线拟合优劣的量不在于 Q 和 U 的绝对数大小，而在于 U 或 Q 在 L_{yy} 中所占的比重。

通过图 8-3 中散点分布的观察可以看出：U 在 L_{yy} 中所占比重越大，各散点越靠近回归直线，回归直线的拟合程度越好；而 U 在 L_{yy} 中所占比重越小，各散点距回归直线越远，回归直线拟合程度越差。因此可将 U 在 L_{yy} 中所占比重这一指标定义为判定系数，用以衡量回归直线拟合程度的优劣。

$$r^2=\frac{U}{L_{yy}}=\frac{\sum(y_{\mathrm{c}}-\overline{y})^2}{\sum(y-\overline{y})^2} \tag{8-21}$$

r^2 即为判定系数，其变动范围在 $0\leqslant r^2\leqslant 1$。由式（8-21）可以看出，$r^2$ 的大小可以判明，在因变量的总变动中，自变量 x 的变动对其总变动的影响。如果 $r^2=0.85$，则说明在因变量的总变动中，有 85%是由自变量 x 变动引起的。因此，根据 r^2 的大小，可以做出如下判断和评价：当 $r^2=1$ 时，说明 $U=L_{yy}$，$Q=0$，全部散点都落在回归直线上，即因变量 y 的变动完全是由于自变量 x 的变动引起的，此时两变量为函数关系；当 $r^2=0$ 时，说明 $U=0$，$y_{\mathrm{c}}=\overline{y}$，即无论自变量 x 如何变化，都与因变量 y 的变动无关。所以，r^2 越接近于 1，说明回归直线拟合程度越好，r^2 越接近于 0，说明回归直线拟合程度越差。

现仍以表 8-6 资料为例计算判定系数：

$$r^2=\frac{U}{L_{yy}}=\frac{133223.6}{140303.6}=0.9495$$

评价回归直线拟合程度的另一个指标即为相关系数 r。在一元线性回归分析中，单相关系数 r 实际上是判定系数 r^2 平方根，即

$$r=\pm\sqrt{r^2}$$

r 的符号应与回归系数 b 的符号一致。

如本章第二节所述，单相关系数是反映相关密切程度的指标。由此可以得到单相关系数的另外一种计算形式，称为方差法相关系数或回归相关系数，其计算公式如下：

$$r=\sqrt{\frac{\sum(y_{\mathrm{c}}-\overline{y})^2}{\sum(y-\overline{y})^2}}=\sqrt{\frac{U}{L_{yy}}} \tag{8-22}$$

或

$$r=\sqrt{1-\frac{Q}{L_{yy}}} \tag{8-23}$$

从以下推导可以看出积差法相关系数与方差法相关系数的实质完全相同。即式（8-22）与式（8-6）、式（8-7）是等价的。

根据式（8-19）可知 $U = bL_{xy}$，则

$$r = \sqrt{\frac{U}{L_{yy}}} = \sqrt{b\frac{L_{xy}}{L_{yy}}} = \sqrt{\frac{L_{xy}L_{xy}}{L_{xx}L_{yy}}} = \frac{L_{xy}}{\sqrt{L_{xx}L_{yy}}}$$

$$= \frac{\sum(x-\bar{x})(y-\bar{y})}{\sqrt{\sum(x-\bar{x})^2 \cdot \sum(y-\bar{y})^2}}$$

同时，还可通过以下推导得到相关系数与回归系数的关系：

$$r = \sqrt{b\frac{L_{xy}}{L_{yy}}} = \sqrt{\frac{L_{xy}L_{xy}}{L_{xx}L_{yy}}} = \sqrt{\left(\frac{L_{xy}}{L_{xx}}\right)^2 \frac{L_{xx}L_{xy}}{L_{xy}L_{yy}}}$$

$$= \sqrt{b^2\frac{L_{xx}}{L_{yy}}} = b\sqrt{\frac{L_{xx}}{L_{yy}}} = b\frac{\sigma_x}{\sigma_y} \tag{8-24}$$

四、估计标准误差

（一）估计标准误差的意义与计算方法

估计标准误差是围绕变差的另一组成部分即剩余变差 Q 而展开的内容。估计标准误差也称剩余标准差，它指因变量的实际值与估计值之间的平均离差，用来反映因变量 y 的实际值与估计值之间的差异程度，或者说反映各散点距回归直线的离散程度。估计标准误差的构造原理和计算方法与标准差相仿，一般用符号 S_y 表示：

$$S_y = \sqrt{\frac{Q}{n-2}} = \sqrt{\frac{\sum(y-y_c)^2}{n-2}} \tag{8-25}$$

计算式分母为 $n-2$ 是由于在 $\sum(y-y_c)^2 = \sum(y-a-bx)^2$ 中，根据实际资料计算了 a、b 两个参数，失去了两个自由度。

估计标准误差 S_y 可以看作是排除了 x 对 y 的线性影响后，衡量 y 随机波动大小的一个指标，其作用可从以下两个角度去理解：①它能说明以回归直线为中心的所有散点的平均离散程度。S_y 越小说明各散点距回归直线越近，S_y 越大说明各散点距回归直线越远。若 $S_y=0$，说明全部散点都落在回归直线上。②它也说明回归直线拟合程度的优劣。S_y 越小说明回归直线拟合程度越高，相关的两个变量关系越紧密；S_y 越大说明回归直线的拟合程度越低，即说明除已知的自变量影响外，还有其他比较重要的因素在对因变量起影响作用。此时回归方程的代表性就比较差。

估计标准误差可根据式（8-25）计算，但过程比较烦琐，实际计算通常根据变换后的下列简化公式：

$$S_y=\sqrt{\frac{\sum y^2-a\sum y-b\sum xy}{n-2}} \tag{8-26}$$

现仍以表 8-6 资料为例计算估计标准误差：

$$\sum y^2=2442384$$

$$a\sum y=-424.61\times 4798=-2037278.8$$

$$b\sum xy=15.729\times 284355=4472619.8$$

代入式（8-26）可得

$$S_y=\sqrt{\frac{2442384-(-2037278.8)-4472619.8}{10-2}}=\sqrt{880.4}=29.67$$

（二）总体因变量 Y_0 区间估计

在对线性回归方程的拟合程度与估计标准误差进行计算和分析的基础上，并对回归系数和回归方程的显著性进行统计检验以后，就可以依据样本回归直线方程和估计标准误差对总体因变量 Y 值进行推断。

用样本资料建立的线性回归方程可以代表自变量 x 与因变量 y 的一般数量关系，当给定自变量 x_0 的值时，就可以用方程对因变量的平均值做出估计，而估计误差的大小可通过计算样本估计标准误差来计算。但是，由于线性回归方程是根据样本资料建立的，所以样本因变量的估计值 y_c 与总体因变量的估计值 y_c 之间，还会由于样本的随机性存在抽样误差。因此，这还涉及抽样推断的一系列问题。

概括起来说，在给定 x_0 值后去估计 y_0 值的过程中，要考虑到两种误差：一是 y_0 与 y_{co} 之间的剩余变差，二是 y_{co} 与 Y_{co} 之间的抽样误差。

通过证明，y_{co} 与 Y_{co} 之间的抽样平均误差计算公式为

$$\mu_y=S_y\sqrt{1+\frac{1}{n}+\frac{(x_0-\bar{X})^2}{\sum(x-\bar{X})^2}} \tag{8-27}$$

这样，在给定 x_0 时，就可以根据估计时所需要的概率水平，对总体因变量 Y_0 做出区间估计，其置信区间为

$$Y_0=y_{co}\pm t\mu_y \tag{8-28}$$

现在仍以表 8-6 资料为例计算如下。

已知：$y_c=-424.61+15.729x, S_y=29.7489, n=10, \bar{X}=\frac{575}{10}=57.5, \sum(x-\bar{X})^2=538.5$，现设 $x_0=80$，得

$$y_{co}=-424.61+15.729\times 80=833.71$$

若概率水平为 95%，查 t 分布表：自由度 $n-2=8$ 时，$t_{0.05}=2.306$，将上述数据代入式（8-27）与式（8-28），可得

$$Y_0 = 833.71 \pm (2.306 \times 29.7489) \times \sqrt{1 + \frac{1}{10} + \frac{(80-57.5)^2}{538.5}} = 833.71 \pm 71.95$$

总体因变量 Y_0 的区间范围是在下限 833.71－71.95=761.76 与上限 833.71+71.95=905.66之间，估计的可靠程度为 95%。

计算结果表明，如果根据十个城市的样本资料推断该地区总体一般情况，当能源消耗量为 80 百万吨标准燃料时，工业总产值平均将在693.76亿元至973.66亿元，估计的可靠程度为 95%。

五、一元线性回归方程中的显著性检验

实际上，在给定 x_0 值后，估计 Y_0 值之前，所建立的一元线性回归方程是否成立，即相关的两个变量是否确定存在线性关系，还要进行回归系数和回归方程的显著性检验。

（一）回归系数的显著性检验

回归系数 b 是反映自变量和因变量变动规律的重要参数之一。回归系数 b 绝对值的大小，可以在一定程度上反映 x 对 y 的影响作用是否显著。当 $b=0$ 时，回归直线是一条水平线，说明 x 与 y 之间无线性关系；而只有当 $b \neq 0$ 时，才能表明 x 与 y 之间存在线性关系。与相关系数的显著性检验的必要性一样，由于回归系数是根据 n 组 x 与 y 的样本数据求得的，那么，当用样本数据的 $b \neq 0$ 时，能否说明总体的回归系数也不为零，即变量 x 与 y 之间是否真正存在线性相关关系呢？这就有必要对回归系数进行统计显著性检验。

对回归系数通常采用 t 检验方法，其检验的一般步骤如下。

计算回归系数 b 的 t 值，计算公式为

$$t_b = \frac{b}{S_b} \tag{8-29}$$

式中，S_b 为回归系数 b 的标准差，$S_b = \sqrt{\frac{S_y^2}{\sum (x-\bar{x})^2}}$。而 S_y 为估计标准误差，可根据式（8-26）计算得出。

根据给定的显著性水平 α（通常 $\alpha = 0.05$）和自由度 $\mathrm{df} = n-2$，查 t 分布表相应的临界值 $t_{0.05}$，然后进行比较，如果 $|t_b| > t_{0.05}$，则说明总体回归系数等于零的可能性小于5%，x 与 y 之间线性关系显著。如果 $|t_b| \leqslant t_{0.05}$，则说明总体回归系数为零的可能性大于5%，x 与 y 之间线性关系不显著。现仍以表 8-6 资料为例，对回归系数 b 进行检验。

根据计算结果，能源消耗量与工业总产值的一元线性回归方程为 $y_c = -424.61 + 15.729x$。其中 $b = 15.729$，自由度 $\mathrm{df} = n-2 = 8$，$S_y^2 = 885, S_y = 29.7489$，$\sum (x-\bar{x})^2 = 538.5$。代入式（8-29），计算回归系数 b 的 t 值：

$$t_b = \frac{15.7289}{\sqrt{885/538.5}} = 12.27$$

给定显著性水平 $\alpha = 0.05$，根据自由度 $\mathrm{df} = 8$ 查 t 分布表，得 $t_{0.05} = 2.306$。由于

$t_b = 12.27 > t_{0.05} = 2.306$，所以可以认为样本回归系数是显著的。它说明能源消耗量与工业总产值之间确实存在线性关系，能源消耗量是影响工业总产值的显著因素。

（二）回归方程的显著性检验

在根据 n 组样本数据建立的线性回归方程中，x 与 y 之间线性关系是否显著，还可用方差分析法进行检验，这就是回归方程的显著性，通常采用 F 检验方法。其一般步骤如下。

计算回归方程的 F 值，计算公式为

$$F = \frac{U/k}{Q/(n-k-1)} \tag{8-30}$$

据给定的显著性水平（通常 $\alpha = 0.05$）和 U 的自由度 $\mathrm{df}_1 = k$ 与 Q 的自由度 $\mathrm{df}_2 = n-k-1$，查 F 分布表中相应的临界值 $F_{0.05}$。然后进行比较，如果 $F > F_{0.05}$，则说明两个变量之间的线性回归方程显著，如果 $F \leqslant F_{0.05}$，则说明线性回归方程不显著。现仍以表 8-6 资料为例，对回归方程 $y_c = -424.61 + 15.729x$ 进行 F 检验。

根据计算结果可知，U=133223.6,Q=7080,$\mathrm{df}_1 = k = 1, \mathrm{df}_2 = n-k-1 = 10-2 = 8$。代入式（8-30）：

$$F = \frac{133223.6/1}{7080/8} = 150.5351$$

根据自由度 $\mathrm{df}_1 = 1, \mathrm{df}_2 = 8$，显著性水平 $\alpha = 0.05$，查 F 分布表得到临界值 $F_{0.05} = 5.32$。由于 $F = 150.5351 > F_{0.05} = 5.32$，说明能源消耗量与工业总产值的一元线性回归方程具有显著意义。

在一个自变量和一个因变量之间的简单线性相关情况下，t 检验和 F 检验的结果应该是一致的。而在两个及以上自变量和一个因变量之间的复相关情况下，t 检验和 F 检验的结果可能一致也可能不一致。t 检验是针对回归方程中各回归系数的显著性，而 F 检验则针对整个回归关系（回归方程）的显著性。

第四节　一元非线性相关与回归分析

在实际相关与回归分析中，有时变量之间的关系比较复杂，其关系形态往往不是线性关系，而是非线性关系。这时，选择适当的曲线模型比配合直线模型更能准确地描述变量之间的相关关系。

建立非线性回归方程最主要的问题是确定变量之间的关系形态。这需要具备有关的专业理论知识与实践经验作为定性分析的基础。同时还要根据散点图的分布形态与特点选择适当的非线性模型。回归模型选择后，就要根据样本数据求出回归方程中的待定参数，一般仍常用最小二乘法。

在通常的非线性相关分析中，一般都经过某些简单的变量代换，将非线性模型转化为线性回归模型来解，这样可使问题大大简化。下面将列举一些可以通过变量代换，把非线性模型转化为线性回归模型的方法。

一、常用的可线性化的曲线回归模型

（一）双曲线

若变量 y 随 x 变动增减，最初增加（或减少）很快，以后逐渐减慢并趋于稳定，则可选择双曲线方程。其方程为

$$\frac{1}{y_c}=a+b\frac{1}{x}$$

线性化方法：令 $y'_c=\frac{1}{y_c}$，$x'=\frac{1}{x}$，则 $y'_c=a+bx'$。

（二）幂函数曲线

当 y 和 x 都接近等比变化，即其环比增减率接近一个常数，则可选择幂函数曲线方程。其方程为

$$y_c=ax^b$$

线性化方法：将方程两边取对数，得

$$\lg y_c=\lg a+b\lg x$$

令 $y'_c=\lg y_c$，$x'=\lg x$，$a'=\lg a$，则

$$y'_c=a'+bx'$$

（三）反比曲线

反比曲线方程为

$$y_c=a+b\frac{1}{x}$$

线性化方法：令 $x'=\frac{1}{x}$，则

$$y_c=a+bx'$$

（四）指数曲线

指数曲线方程为

$$y_c=ab^x$$

线性化方法：将方程两边取对数，得

$$\lg y_c=\lg a+x\lg b$$

令 $y'_c=\lg y_c$，$a'=\lg a$，$b'=\lg b$，则

$$y'_c=a'+b'x$$

（五）对数曲线

对数曲线方程为

$$y_c = a + b\lg x$$

线性化方法：令 $x' = \lg x$，则

$$y_c = a + bx'$$

（六）S 形曲线

S 形曲线方程为

$$y_c = \frac{1}{a + bx}$$

线性化方法：将方程两边取倒数，得

$$\frac{1}{y_c} = a + bx$$

令 $y'_c = \frac{1}{y_c}$，则

$$y'_c = a + bx$$

（七）抛物曲线

抛物曲线方程为

$$y_c = b_0 + b_1 x + b_2 x^2$$

线性化方法：令 $x_1' = x$，$x_2' = x^2$，则

$$y_c = b_0 + b_1 x_1' + b_2 x_2'$$

（八）三次曲线

三次曲线方程为

$$y_c = b_0 + b_1 x + b_2 x^2 + b_3 x^3$$

线性化方法：令 $x_1' = x$，$x_2' = x^2$，$x_3' = x^3$，则

$$y_c = b_0 + b_1 x_1' + b_2 x_2' + b_3 x_3'$$

二、双曲线回归方程举例

现有 16 个流通企业的月商品销售额与流通费用率资料，见表 8-7。

表 8-7　16 个流通企业的月商品销售额与流通费用率资料

企业编号	1	2	3	4	5	6	7	8
商品销售额 x/万元	7.8	8.0	8.1	8.2	8.8	9.0	9.2	10.1
流通费用率 y/%	8.1	6.8	7.4	6.6	6.4	5.4	5.9	5.1

续表

企业编号	9	10	11	12	13	14	15	16
商品销售额 x/万元	10.2	11.8	12.3	13.1	14.6	15.0	16.2	17.2
流通费用率 y/%	4.6	4.6	4.5	4.5	4.4	4.2	4.3	4.1

若以销售额为自变量 x，以费用率为因变量 y，由表 8-7 资料看出，随销售额的增加，流通费用率呈下降趋势。如果再结合散点图观察还可发现，散点的分布更接近一条曲线。两个变量的变动特点是：当 x 值较小时，其每增加一个单位量，y 值将会迅速减少，然后随 x 值增大，y 值的减少逐渐变缓，当 x 值较大时，再增加一个单位量，y 值则降低得很少。

根据两个变量变动的上述特点及其他有关统计资料表明，商品销售额与流通费用率之间近似呈现为双曲线形态，因而适于配合双曲线方程。需要说明，上述变动特点与指数曲线的变动特点相类似，因而也可选择配合指数曲线方程。因此，在配合曲线方程时，可以用相同的样本资料配合不同的曲线方程，然后再通过计算有关评价回归模型拟合优劣度的指标进行比较，从而选择最适合的回归模型对相关的变量进行更为准确的描述和分析。现仅以双曲线回归方程为例，说明其方法。

双曲线方程的一般形式为

$$\frac{1}{y_c} = a + b\frac{1}{x} \tag{8-31}$$

式（8-31）中有两个特定参数 a、b。当 $b<0$ 时为递减曲线，当 $b>0$ 时为递增曲线。现应用变量代换方法，将双曲线方程转化为线性方程。

令 $y'_c = \dfrac{1}{y_c}$，$x' = \dfrac{1}{x}$，则可化为

$$y'_c = a + b\,x' \tag{8-32}$$

可以按前面一元线性回归方程的方法求参数 a、b。根据最小平方法的原理，求参数 a、b 可用下列标准方程组求解的方法：

$$\begin{cases} \sum y' = na + b\sum x' \\ \sum x'y' = a\sum x' + b\sum x'^2 \end{cases} \tag{8-33}$$

也可直接用下列计算公式求出 a、b：

$$\begin{cases} b = \dfrac{\sum x'y' - \frac{1}{n}(\sum x')(\sum y')}{\sum x'^2 - \frac{1}{n}(\sum x')^2} \\ a = \overline{y'} - b\overline{x'} \end{cases} \tag{8-34}$$

现以表 8-7 资料为例，将计算过程列出，如表 8-8 所示。

表 8-8 16 个流通企业月商品销售额与流通费用率相关计算表

企业编号	商品销售额 x/万元	流通费用率 y/%	$x' = 1/x$	x'^2	$y' = 1/y$	y'^2	$x'y'$
1	7.80	8.10	0.128205	0.016437	0.123457	0.015242	0.015828
2	8.00	6.80	0.125000	0.015625	0.147059	0.021626	0.018382
3	8.10	7.40	0.123457	0.015242	0.135135	0.018262	0.016683
4	8.20	6.60	0.121951	0.014872	0.151515	0.022957	0.018477
5	8.80	6.40	0.113636	0.012913	0.156250	0.024414	0.017756
6	9.00	5.40	0.111111	0.012346	0.185185	0.034294	0.020576
7	9.20	5.90	0.108696	0.011815	0.169492	0.028727	0.018423
8	10.10	5.10	0.099010	0.009803	0.196078	0.038447	0.019414
9	10.20	4.60	0.098039	0.009612	0.217391	0.047259	0.021313
10	11.80	4.60	0.084746	0.007182	0.217391	0.047259	0.018423
11	12.30	4.50	0.081301	0.006610	0.222222	0.049383	0.018067
12	13.10	4.50	0.076336	0.005827	0.222222	0.049383	0.016964
13	14.60	4.40	0.068493	0.004691	0.227273	0.051653	0.015567
14	15.00	4.20	0.066667	0.004444	0.238095	0.056689	0.015873
15	16.20	4.30	0.061728	0.003810	0.232558	0.054083	0.014355
16	17.20	4.10	0.058140	0.003380	0.243902	0.059488	0.014180
合计	179.60	86.90	1.526516	0.154609	3.085225	0.619166	0.280281

$$\sum x' = 1.526516, \quad \sum y' = 3.085225, \quad \sum x'^2 = 0.154609$$

$$\sum y'^2 = 0.619166, \quad \sum x'y' = 0.280281$$

$$\frac{1}{n}(\sum x')(\sum y') = \frac{1}{16} \times 1.526516 \times 3.085225 = 0.294353$$

$$\frac{1}{n}(\sum x')^2 = \frac{1}{16} \times 1.526516^2 = 0.145641$$

$$\overline{x'} = \frac{\sum x'}{n} = \frac{1.526516}{16} = 0.095407$$

$$\overline{y'} = \frac{\sum y'}{n} = \frac{3.085225}{16} = 0.192827$$

根据表 8-8 中各项数据，代入式（8-34），得

$$b = \frac{0.280281 - 0.294353}{0.154609 - 0.145641} = -1.5691$$

$$a = 0.192827-(-1.5691 \times 0.095407) = 0.3425$$

16 个企业商品销售额与流通费用率的线性化回归方程为

$$y'_c = 0.3425-1.5691x'$$

还原为双曲线回归方程为

$$\frac{1}{y_c} = 0.3425-1.5691\frac{1}{x}$$

即

$$y_c = \frac{x}{0.3425x-1.5691}$$

上述两个回归方程拟合程度的评价与显著性检验将在以后的内容中介绍。

三、相关指数

如前所述，对于一元线性方程的拟合程度，可以通过计算判定系数或相关系数来衡量直线拟合的优劣。这些方法也适用于对线性化曲线方程拟合程度的测定。但对于曲线回归方程本身的拟合度，则需要计算相关指数来测定。为与线性相关系数相区别，用 R 表示相关指数，其计算公式如下：

$$R = \sqrt{1-\frac{\sum(y-y_c)^2}{\sum(y-\bar{y})^2}} = \sqrt{1-\frac{Q}{L_{yy}}} \tag{8-35}$$

相关指数的计算结果只能取正值。曲线相关指数与直线相关系数的作用相似，它不仅可以衡量曲线方程的拟合程度，同时也反映相关变量之间关系的密切程度。R^2 或 R 的值越接近于 1，说明拟合度越优，变量之间关系越密切。需要说明，式（8-35）中的剩余变差 Q 必须直接根据每个散点的实际值与估计值之间的离差（$y-y_c$）来计算。现仍以表 8-8 资料为例，计算过程见表 8-9。

由表 8-9 计算结果，根据式（8-35）计算 R^2 与 R 如下：

$$L_{yy} = \sum(y-\bar{y})^2 = \sum y^2 - \frac{1}{n}(\sum y)^2 = 496.23 - \frac{1}{16}\times 86.9^2 = 24.2544$$

$$Q = \sum(y-y_c)^2 = 2.6048$$

$$R^2 = 1-\frac{Q}{L_{yy}} = 1-\frac{2.6048}{24.2544} = 0.8926$$

$$R = \sqrt{0.8926} = 0.9448$$

表 8-9　剩余变差计算表

企业编号	x	y	x^2	y^2	$1/y_c$	y_c	$y-y_c$	$(y-y_c)^2$
1	7.8	8.1	60.84	65.61	0.141333	7.075471	1.024529	1.04966
2	8.0	6.8	64.00	46.24	0.146363	6.832351	−0.03235	0.001047
3	8.1	7.4	65.61	54.76	0.148784	6.721155	0.678845	0.460831
4	8.2	6.6	67.24	43.56	0.151146	6.616105	−0.016105	0.000259
5	8.8	6.4	77.44	40.96	0.164193	6.090387	0.309613	0.09586
6	9.0	5.4	81.00	29.16	0.168156	5.946875	−0.54688	0.299072
7	9.2	5.9	84.64	34.81	0.171946	5.815791	0.084209	0.007091
8	10.1	5.1	102.01	26.01	0.187144	5.343491	−0.24349	0.059288
9	10.2	4.6	104.04	21.16	0.188667	5.300354	−0.70035	0.490496
10	11.8	4.6	139.24	21.16	0.209525	4.772690	−0.17269	0.029822
11	12.3	4.5	151.29	20.25	0.214931	4.652658	−0.15266	0.023304
12	13.1	4.5	171.61	20.25	0.222721	4.489915	0.010085	0.000102
13	14.6	4.4	213.16	19.36	0.235027	4.254823	0.145177	0.021076
14	15.0	4.2	225.00	17.64	0.237893	4.203565	−0.003565	0.000013
15	16.2	4.3	262.44	18.49	0.245642	4.070965	0.229035	0.052457
16	17.2	4.1	295.84	16.81	0.251273	3.979731	0.120269	0.014465
合计	179.6	86.9	2165.40	496.23	—	—	—	2.604842

计算结果表明，商品销售额与流通费用率之间双曲线相关密切程度比较高，同时也说明双曲线回归方程的拟合程度比较好。

曲线相关指数的计算可以根据公式（8-35），即直接从回归曲线方程的因变量总变差中分解出剩余变差后而计算，其计算结果可以对曲线方程的优劣和曲线相关程度做出评价。但由于在化曲线为直线的回归方程建立中，对因变量 y 做了变换，所求的回归直线按最小平方法的要求实际上是使 $\sum\left(\frac{1}{y}-\frac{1}{y_c}\right)^2$ 为最小值，因此对所配合的双曲线来说，并不一定是最佳的拟合曲线。这样，在相关与回归分析中，虽然也可以对经过变换的线性方程做出分析，但需要指出，对线性化回归方程分析中所计算的相关系数、估计标准误差及有关的统计检验，只能对线性化回归方程进行衡量与评价，而不能代替对原来的曲线方程的分析，二者是有区别的。

下面先对商品销售额与流通费用率的线性化回归方程做有关分析。

根据表 8-8 资料计算 x' 与 y' 之间 $\left(\text{即}\frac{1}{x}\text{与}\frac{1}{y}\right)$ 的线性相关系数：

$$r=\frac{\sum x'y'-\frac{1}{n}(\sum x')(\sum y')}{\sqrt{\sum x'^2-\frac{1}{n}(\sum x')^2}\sqrt{\sum y'^2-\frac{1}{n}(\sum y')^2}}$$

$$=\frac{\sum\frac{1}{xy}-\frac{1}{n}\left(\sum\frac{1}{x}\right)\left(\sum\frac{1}{y}\right)}{\sqrt{\sum\left(\frac{1}{x}\right)^2-\frac{1}{n}\left(\sum\frac{1}{x}\right)^2}\sqrt{\sum\left(\frac{1}{y}\right)^2-\frac{1}{n}\left(\sum\frac{1}{y}\right)^2}}$$

$$=\frac{0.280281-\frac{1}{16}\times 1.526516\times 3.085225}{\sqrt{0.154609-\frac{1}{16}\times 1.526516^2}\sqrt{0.619166-\frac{1}{16}\times 3.085225^2}}$$

$$=-0.9542$$

计算结果表明，商品销售额的倒数与流通费用率的倒数之间呈高度线性负相关。

再计算 x'对 y'的估计标准误差：

$$U=bL_{x'y'}=b\sum(x'-\overline{x'})(y'-\overline{y'})=（-1.5691）\times（-0.014072）=0.022080$$

式中

$$L_{x'y'}=\sum(x'-\overline{x'})(y'-\overline{y'})=\sum x'y'-\frac{1}{n}(\sum x')(\sum y')$$

$$=0.280281-\frac{1}{16}\times 1.526516\times 3.085225=-0.014072$$

$$L_{y'y'}=\sum(y'-\overline{y}')^2=\sum y'^2-\frac{1}{n}(\sum y')^2$$

$$=0.619166-\frac{1}{16}\times 3.085225^2=0.024253$$

$$Q=L_{y'y'}-U=0.024253-0.022080=0.002173$$

$$S_{y'}=\sqrt{\frac{Q}{n-2}}=\sqrt{\frac{0.002173}{16-2}}=0.012459$$

对线性化回归方程的回归系数进行 t 检验：

$$S_{y'}^2=\frac{Q}{n-2}=\frac{0.002173}{16-2}=0.000155$$

$$L_{x'x'}=\sum(x'-\overline{x'})^2=\sum x'^2-\frac{1}{n}(\sum x')^2$$

$$=0.154609-\frac{1}{16}\times 1.526516^2$$

$$=0.008968$$

$$t_b=\frac{b}{S_b}=\frac{b}{\sqrt{S_{y'}{}^2/L_{x'x'}}}=\frac{-1.5691}{\sqrt{\frac{0.000155}{0.008968}}}=-11.9353$$

显著性水平取 $\alpha=0.01$，自由度 df = n–2 = 16–2 = 14，查 t 分布表得到 $t_{0.01}=2.977$，

由于$|t| = 11.9353 > t_{0.01} = 2.977$，可以认为样本回归系数是显著的，$\frac{1}{x}$与$\frac{1}{y}$之间存在线性关系，即商品销售额的倒数与流通费用率的倒数存在线性关系。

对线性化回归方程进行 F 检验：

$$F = \frac{U/k}{Q/(n-k-1)} = \frac{0.022080}{\frac{0.002173}{14}} = 142.25$$

显著性水平取$\alpha = 0.01$，$df_1 = k = 1$，$df_2 = n-k-1 = 14$，查F分布表得到临界值$F_{0.01} = 8.86$。由于 $F = 142.25 > F_{0.01} = 8.86$，可以认为商品销售额倒数与流通费用率倒数之间的线性化回归方程具有显著性意义。

下面再对商品销售额与流通费用率之间的双曲线回归方程做有关分析。

根据表 8-9 资料计算估计标准误差：

$$S_y = \sqrt{\frac{\sum(y-y_c)^2}{n-2}} = \sqrt{\frac{2.604842}{14}} = 0.4313$$

对回归系数的显著性进行 t 检验：

$$L_{xx} = \sum x^2 - \frac{1}{n}(\sum x)^2 = 2165.4 - \frac{1}{16} \times 179.6^2 = 149.39$$

$$t_b = \frac{b}{S_b} = \frac{b}{\sqrt{S_y^2 / L_{xx}}} = \frac{-1.5691}{\sqrt{\frac{0.4313^2}{149.39}}} = -44.46$$

取$\alpha = 0.01$，$df = n-2 = 14$，查 t 分布表得到$t_{0.01} = 2.977$。由于$|t| > t_{0.01}$，可以认为双曲线方程的回归系数具有高度的显著性。

对曲线回归方程的显著性进行 F 检验：

$$U = L_{yy} - Q = 24.2544 - 2.6048 = 21.6496$$

$$n = 16，k = 1$$

$$F = \frac{U/k}{Q/(n-k-1)} = \frac{21.6496}{\frac{2.6048}{14}} = 116.36$$

取$\alpha = 0.01$，$df_1 = 1$，$df_2 = 14$，查 F 分布表得 $F_{0.01} = 8.86$。

由于 $F > F_{0.01}$，可以认为双曲线回归方程也具有显著性意义，商品销售额与流通费用率之间的双曲线相关关系显著。

最后根据线性化回归方程对总体因变量 Y_0 的值进行区间估计。设某流通企业商品月销售额为 20 万元，以 95%的可靠程度估计其流通费用率的区间范围。

当 $x_0 = 20$ 时，$x_0' = \frac{1}{x_0} = 0.05$，代入线性化回归方程：

$$y_{co}' = a + bx' = 0.3425 - 1.5691 \times 0.05 = 0.2640$$

还原为 $y_{co} = 3.79\%$。即流通费用率的估计值为 3.79%。

$$(x_0' - \overline{x'})^2 = \left[0.05 - \frac{1}{16} \times (1.526516)\right]^2 = 0.0020618$$

$$\sum (x' - \overline{x'})^2 = 0.0089684，\ S_{y'} = 0.012454$$

当概率水平为 95%时，查 t 分布表（df= 14），t= 2.145，代入区间估计公式（8-28）：

$$Y_0' = 0.2640 \pm 2.145 \times 0.012454 \times \sqrt{1 + \frac{1}{16} + \frac{0.0020618}{0.0089684}}$$
$$= 0.2640 \pm 0.0304$$

Y_0' 即 $\dfrac{1}{Y_0}$ 的区间范围为[0.2336，0.2944]。

还原为原来的变量，Y_0 的区间范围为[3.40%，4.28%]。

Y_0 区间估计的结果表明，当企业的月销售额为 20 万元时，以 95%的概率水平估计所有流通企业的总体流通费用率为 3.40%～4.28%。

第五节 多元线性相关与回归分析

一、多元线性回归方程

一元线性与非线性相关与回归分析，都是研究某个因变量和一个自变量之间的关系问题的，而当影响因变量变动的因素是多个自变量时，就只能假定其余的变量不发生变化，否则就无法测定两个变量之间的关系。但在现实经济活动中，影响现象变动的因素往往都是多重的，而不是单一的，因而上述假定在现实中也是不太可能的。所以，多元相关分析的内容，即研究某个因变量与多个自变量之间关系的分析方法，在实际中更具现实意义。

多元相关分析也包括多元线性相关与多元非线性相关，本节仅介绍多元线性相关分析的一般内容。

多元线性回归方程是描述某个因变量与多个自变量之间数量依存关系规律的数学模型。多元线性回归分析原理与一元线性回归分析相同，但其计算过程要复杂得多。下面仅介绍二元线性回归分析的内容。

（一）二元线性回归方程

二元线性回归方程的一般形式为

$$y_c = b_0 + b_1 x_1 + b_2 x_2 \tag{8-36}$$

式中，x_1、x_2 分别为两个自变量；y_c 为因变量的回归估计值；b_0 为常数项；b_1 、b_2 分别为 y 对 x_1 、x_2 的回归系数。b_1 表示当 x_2 固定时，x_1 每变动一个单位，y_c 的变化量；b_2 则表示当 x_1 固定时，x_2 每变动一个单位，y_c 的变化量（即 y 的平均变动量）。在多元线性回归分析时，b_i 通常称为偏回归系数。求参数 b_0 、b_1 、b_2 仍可用最小二乘法，使得

$$\sum (y - y_c)^2 = \sum (y - b_0 - b_1 x_1 - b_2 x_2)^2 = 最小值$$

通过求偏导数，整理后可得下列标准方程组：

$$\begin{cases}\sum y = nb_0 + b_1\sum x_1 + b_2\sum x_2 \\ \sum x_1 y = b_0\sum x_1 + b_1\sum x_1x_1 + b_2\sum x_1x_2 \\ \sum x_2 y = b_0\sum x_2 + b_1\sum x_1x_2 + b_2\sum x_2x_2\end{cases} \tag{8-37}$$

解出上述方程组即可求出 b_0、b_1、b_2，得到二元线性回归方程。

实际求多元线性回归方程的未知参数时，为计算简便，常常应用通过变换后的方程组，其过程如下。

先将式（8-36）变换为

$$\overline{y} = b_0 + b_1\overline{x_1} + b_2\overline{x_2} \tag{8-38}$$

再将式（8-36）与式（8-38）相减，得

$$y_c - \overline{y} = b_1(x_1 - \overline{x_1}) + b_2(x_2 - \overline{x_2})$$

令 $y_c' = y_c - \overline{y}$，$x_1' = x_1 - \overline{x_1}$，$x_2' = x_2 - \overline{x_2}$，则有

$$y_c' = b_1 x_1' + b_2 x_2'$$

变换后的方程只有 b_1、b_2 两个参数，其求解方程组为

$$\begin{cases}\sum x_1' y = b_1\sum x_1'x_1' + b_2\sum x_1'x_2' \\ \sum x_2' y = b_1\sum x_1'x_2' + b_2\sum x_2'x_2'\end{cases} \tag{8-39}$$

再令 $L_{ij} = L_{ji} = \sum(x_i - \overline{x_i})(x_j - \overline{x_j})$，$L_{iy} = \sum(x_i - \overline{x_i})(y - \overline{y})$，则式（8-39）可表示为

$$\begin{cases}L_{1y} = L_{11}b_1 + L_{12}b_2 \\ L_{2y} = L_{12}b_1 + L_{22}b_2\end{cases} \tag{8-40}$$

解出此方程组，即可求得 b_1、b_2，而 b_0 可由式（8-34）求出：

$$b_0 = \overline{y} - b_1\overline{x_1} - b_2\overline{x_2} \tag{8-41}$$

当 b_0、b_1、b_2 三个参数求出后，即可得到二元线性回归方程。上述方法可推广应用于多元线性回归方程中多个回归系数的求解。

现举例如下：有十个工业企业生产同种产品，某月份总成本、劳动量及钢材消耗量（钢耗量）资料如表 8-10 所示。

表 8-10　十个工业企业生产总成本、劳动量、钢耗量资料

企业编号	1	2	3	4	5	6	7	8	9	10
总成本 y/万元	10.2	11.0	9.6	9.3	10.4	10.0	8.6	9.8	11.3	9.1
劳动量 x_1/千时	8.2	9.0	7.5	7.2	8.8	8.1	6.5	7.8	9.0	7.2
钢耗量 x_2/吨	15.2	16.0	14.3	13.2	15.2	14.8	12.0	14.8	16.7	14.1

现以总成本为因变量 y，劳动量为自变量 x_1，钢材消耗量为自变量 x_2，建立二元线性回归方程。计算过程列表如表 8-11 所示。

表 8-11　十个工业企业总成本、劳动量、钢耗量的回归计算表

企业编号	总成本 y/万元	劳动量 x_1/千时	钢耗量 x_2/吨	x_1x_1	x_1x_2	x_2x_2	x_1y	x_2y	y^2
1	10.2	8.2	15.2	67.24	124.64	231.04	83.64	155.04	104.04
2	11.0	9.0	16.0	81.00	144	256.00	99.00	176.00	121.00
3	9.6	7.5	14.3	56.25	107.25	204.49	72.00	137.28	92.16
4	9.3	7.2	13.2	51.84	95.04	174.24	66.96	122.76	86.49
5	10.4	8.8	15.2	77.44	133.76	231.04	91.52	158.08	108.16
6	10.0	8.1	14.8	65.61	119.88	219.04	81.00	148.00	100.00
7	8.6	6.5	12.0	42.25	78.00	144.00	55.90	103.20	73.96
8	9.8	7.8	14.8	60.84	115.44	219.04	76.44	145.04	96.04
9	11.3	9.0	16.7	81.00	150.30	278.89	101.70	188.71	127.69
10	9.1	7.2	14.1	51.84	101.52	198.81	65.52	128.31	82.81
合计	99.3	79.3	146.3	635.31	1169.83	2156.59	793.68	1462.42	992.35

由表 8-11 已知：

$n=10$，$\sum y=99.3$，$\sum x_1=79.3$，$\sum x_2=146.3$，$\sum y^2=992.35$，$\sum x_1^{\ 2}=635.31$，$\sum x_2^2=2156.59$，$\sum x_{21}=1169.83$，$\sum x_1 y=793.68$，$\sum x_2 y=1462.42$

那么有

$$\overline{y}=\frac{99.3}{10}=9.93,\quad \overline{x_1}=\frac{79.3}{10}=7.93,\quad \overline{x_2}=\frac{146.3}{10}=14.63$$

$$L_{11}=\sum x_1^2-\frac{1}{n}(\sum x_1)^2=635.31-628.849=6.461$$

$$L_{12}=\sum x_2^1-\frac{1}{n}(\sum x_1)(\sum x_2)=1169.83-1160.159=9.671$$

$$L_{22}=\sum x_2^2-\frac{1}{n}(\sum x_2)^2=2156.59-2140.369=16.221$$

$$L_{yy}=\sum y^2-\frac{1}{n}(\sum y)^2=992.35-986.049=6.301$$

$$L_{1y}=\sum x_1 y-\frac{1}{n}(\sum x_1)(\sum y)=793.68-787.449=6.231$$

$$L_{2y}=\sum x_2 y-\frac{1}{n}(\sum x_2)(\sum y)=1462.42-1452.759=9.661$$

将表 8-11 计算结果代入式（8-40），则有

$$\begin{cases}6.231=6.461b_1+9.671b_2\\ 9.661=9.671b_1+16.221b_2\end{cases}$$

解此方程组可得：$b_1=0.6777$，$b_2=0.1914$。

将 b_1、b_2 值代入式（8-41）求 b_0：

$$b_0=9.93-0.6777\times7.93-0.1914\times14.63=1.7557$$

十个工业企业的总成本 y 对劳动量 x_1 和钢材消耗量 x_2 的二元线性回归方程为

$$y_c=1.7551+0.6777x_1+0.1914x_2$$

此方程可反映十个工业企业的劳动量、钢材消耗量和总成本之间的数量依存关系。其中 b_1 表示如果钢材消耗量不变，劳动量每增加 1000 工时，将使总成本平均增加 6777 元；b_2 表示如果劳动量不变，钢材消耗量每增加 1 吨，将使总成本平均增加 1914 元。需要说明，由于计算资料的局限性与社会经济现象的复杂性，上述计算结果并不一定具有普遍意义，这里仅仅是为了说明研究方法。

（二）多元线性回归方程

若影响因变量 y 的自变量有多个：$x_1, x_2, x_3, \cdots, x_n$，可以从二元线性回归方程的建立方法推广到多元线性回归方程。

设 y 为因变量，$x_1, x_2, \cdots, x_n$ 为自变量，则多元线性回归方程为

$$y_c = a_0 + a_1x_1 + a_2x_2 + \cdots + a_nx_n \tag{8-42}$$

式中，y_c 为 y 的复回归估计值；a_0 为常数项；$a_1, a_2, \cdots, a_n$ 分别为 y 对 $x_1, x_2, \cdots, x_n$ 的回归系数。y 对某一变量的回归系数，表示当其他自变量都固定时，该自变量变化一个单位而使 y 平均改变的数值，也通称为偏回归系数。复回归方程的确定，就是求出常数项 a_0 和偏回归系数 $a_1, a_2, \cdots, a_n$，可通过最小二乘法求得。

假设因变量 y 与 n 个自变量 $x_1, x_2, \cdots, x_n$ 之间具有多元线性关系。n 组统计资料值为：(y_k, x_{k1}, x_{k2}, $\cdots$, x_{kn})（$k = 1, 2, \cdots, n$），则复回归方程为：$y_c = a_0 + a_1x_1 + a_2x_2 + \ldots + a_nx_n$。由最小二乘法知道，$a_0, a_1, a_2, \cdots, a_n$ 应使全部 y_k（$k = 1, 2, 3, \cdots, n$）与回归值 y_{ck}（$k = 1, 2, \cdots, n$）的偏差平方和 Q 达到最小，即使 $Q = \sum(y_k - y_{ck})^2 = \sum(y_k - a_0 - a_1x_1 + \cdots + a_nx_n)^2$ 为最小。根据微积分中的极值定理，$a_0, a_1, a_2, \cdots, a_n$ 应是下列方程组（正规方程组）的解：

$$\begin{cases} \dfrac{\partial Q}{\partial a_0} = -2\sum(y_k - y_{ck}) = 0 \\ \dfrac{\partial Q}{\partial a_i} = -2\sum(y_k - y_{ck}) \cdot x_{ki} = 0 \end{cases} \tag{8-43}$$

或

$$\begin{cases} \sum(y_k - a_0 - a_1x_1 - \cdots - a_nx_n) = 0 \\ \sum(y_k - a_0 - a_1x_1 - \cdots - a_nx_n)x_{kj} = 0 \end{cases}$$

式中，$j = 1, 2, \cdots, n$。

由正规方程组可以求出 $a_1, a_2, \cdots, a_n$ 的值，从而确定了复回归方程：

$$y_c = a_0 + a_1x_1 + \cdots + a_nx_n$$

二、多元线性回归分析中的统计检验

与一元线性回归分析的内容相似，多元线性回归方程建立后，也要对方程的拟合程度、估计标准误差进行测定，也有必要对回归系数与回归方程的显著性进行检验。此外，还可通过计算复相关系数和偏相关系数分析各个自变量与因变量之间相关的密切程度。下面先介绍估计标准误差与显著性检验的内容。

（一）多元线性回归的估计标准误差

多元线性回归的估计标准误差可根据如下公式计算：

$$s_y = \sqrt{\frac{\sum (y - y_c)^2}{n-k-1}} \tag{8-44}$$

式中，k 为自变量个数。

现仍以表 8-10 资料为例，计算总成本对劳动量、钢材消耗量线性回归方程的估计标准误差，计算过程见表 8-12。

表 8-12　剩余变差计算表

编号	x_1	x_2	y	y_c	$y-y_c$	$(y-y_c)^2$
1	8.2	15.2	10.2	10.22152	–0.02152	0.000463
2	9.0	16.0	11.0	10.91680	+0.08320	0.006922
3	7.5	14.3	9.6	9.57487	+0.02513	0.000632
4	7.2	13.2	9.3	9.16102	+0.13898	0.019315
5	8.8	15.2	10.4	10.62814	–0.22814	0.052048
6	8.1	14.8	10.0	10.07719	–0.07719	0.005958
7	6.5	12.0	8.6	8.45695	+0.14305	0.020463
8	7.8	14.8	9.8	9.87388	–0.07388	0.005458
9	9.0	16.7	11.3	11.05078	+0.24922	0.062111
10	7.2	14.1	9.1	9.33328	–0.23328	0.054420
合计	79.3	146.3	99.3	—	—	0.227790

将表 8-12 计算结果代入式（8-44）：

$$S_y = \sqrt{\frac{0.227790}{10-2-1}} = 0.1804$$

计算结果表明，上述二元线性回归方程的估计标准误差为 0.1804 万元。

根据因变量总变差的分解 $L_{yy} = U + Q$，多元线性回归的估计标准误差还可根据式（8-45）计算，且比较简便。

$$S_y = \sqrt{\frac{Q}{n-k-1}} = \sqrt{\frac{L_{yy} - U}{n-k-1}} \tag{8-45}$$

式中，$U = \sum (y_c - \bar{y})^2 = b_1 L_{1y} + b_2 L_{2y}$。

仍以表 8-10 与表 8-11 资料的计算数据为例，再用式（8-45）计算估计标准误差：

$$L_{yy} = 6.301，b_1 = 0.6777，b_2 = 0.1914，L_{1y} = 6.231，L_{2y} = 9.661$$

$$U = 0.6777 \times 6.231 + 0.1914 \times 9.661 = 6.0719$$

$$Q = 6.301 - 6.0719 = 0.2291$$

$$S_y = \sqrt{\frac{0.2291}{7}} = 0.1809$$

计算结果出现的微小误差是由小数点后面保留位数的多少造成的。

（二）多元线性回归方程的显著性检验

多元线性回归方程的建立是根据样本资料中的 n 组数据进行的，而且是假定因变量与多个自变量之间存在线性关系的。但这种假定是否成立并没有绝对的把握，因而在方程建立后，就要对其进行统计检验，以验证最初的假设是否成立。多元线性回归方程的假设检验与一元线性回归方程的方法相同，也是采用 F 检验方法。

计算回归方程的 F 值，仍可用式（8-30）：

$$F=\frac{U/k}{Q/(n-k-1)}$$

根据给定的显著性水平 α，自由度 $df_1=k$，$df_2=n-k-1$，查 F 分布表中相应的临界值 F_α。当 $F>F_\alpha$ 时，认为回归方程有显著性意义；当 $F\leqslant F_\alpha$ 时，认为回归方程无显著性意义。这需进一步查明原因，进行处理。

现再以表 8-10 资料为例，对上述二元线性回归方程检验如下：

$$F=\frac{6.0719/2}{0.2291/(10-2-1)}=92.76$$

根据 $df_1=2$，$df_2=7$，$\alpha=0.05$，查 F 分布表，得 $F_{0.05}=4.74$。由于 $F=92.76>F_{0.05}=4.74$，可以认为总成本对劳动量、钢材消耗量的二元线性回归方程具有显著性意义。

（三）偏回归系数的显著性检验

多元线性回归方程的 F 检验意义显著并不意味着每个自变量 $x_1, x_2, \cdots, x_n$ 对因变量的影响都是重要的。多元线性回归分析中应重视保留那些重要因素的影响，剔除那些次要的、可有可无的因素的影响，这就需要对各个自变量逐一进行考察，其方法即对各偏回归系数的显著性进行检验。不难理解，偏回归系数的绝对值越小，则说明该自变量对因变量影响作用越小（此时要注意计量单位的影响），若偏回归系数为零或接近于零，则说明该自变量对因变量没有影响或影响极小。因此，偏回归系数的显著性检验实际上是验证它所对应的自变量是否显著。偏回归系数的检验与一元线性回归系数的检验方法相同，也用 t 检验方法。

先计算每个回归系数的 t 值，计算公式为

$$t_{bj}=\frac{b_j}{S_{bj}},\ j=1,2,3,\cdots,n \tag{8-46}$$

再根据给定的显著性水平 α 和自由度 $df=n-k-1$，查 t 分布表中的临界值。若 $|t_{bj}|>t_\alpha$，可认为回归系数是显著的；若 $|t_{bj}|\leqslant t_\alpha$，则认为回归系数不显著，其相应的自变量就被认为在方程中不起作用，应从方程中删除，重新建立更简单的线性回归方程。另外，在多元线性回归中的各自变量之间不应有较强的线性关系，否则回归系数的值就不能准确反映该自变量对因变量的影响。有时有些回归系数不通过 t 检验，就有可能是自变量之间有较强的线性关系所致。

现还以表 8-10 资料为例，对上述二元线性回归方程的两个回归系数进行 t 检验。

已知：$b_1=0.6777$，$b_2=0.1914$，$S_y=0.1804$

$$L_{11}=\sum(x_1-\overline{x_1})^2=6.461，\quad L_{22}=\sum(x_2-\overline{x_2})^2=16.221$$

代入式（8-46），可得

$$t_{b1}=\frac{0.6777}{\sqrt{\dfrac{0.1804^2}{6.461}}}=9.55$$

$$t_{b2}=\frac{0.1914}{\sqrt{\dfrac{0.1804^2}{16.221}}}=4.27$$

给定显著性水平 $\alpha=0.05$，根据自由度 $\mathrm{df}=10-2-1=7$，查 t 分布表，得到 $t_{0.05}=2.365$。

$$t_{b1}=9.55>t_{0.05}=2.365$$

$$t_{b2}=4.27>t_{0.05}=2.365$$

两个回归系数的 t 检验通过。检验结果说明，所选择的两个变量即劳动量和钢材消耗量都是影响总成本的显著性因素，而且两个自变量对因变量的影响都具有独立意义。

三、复相关系数和偏相关系数

在多元线性相关与回归分析中，也需要计算复相关系数和偏相关系数指标，以从另一角度说明并验证相关变量之间关系的密切程度和回归方程的拟合程度。

（一）复相关系数

复相关系数是用来测定两个及以上变量对某一特定变量之间关系的密切程度的指标。如果测定的是两个自变量与一个因变量的关系密切程度，复相关系数可用下列公式计算：

$$R_{y\cdot12}=\sqrt{\frac{U}{L_{yy}}}=\sqrt{1-\frac{Q}{L_{yy}}} \tag{8-47}$$

式中，$U=\sum(y_c-\overline{y})^2=b_1L_{1y}+b_2L_{2y}$

$$L_{yy}=\sum(y-\overline{y})^2$$

$$Q=\sum(y-y_c)^2=L_{yy}-U$$

同理，如果测定三个自变量和一个因变量的关系密切程度，复相关系数则用 $R_{y\cdot123}$ 表示，而式（8-47）中的 U 则为 $b_1L_{1y}+b_2L_{2y}+b_3L_{3y}$，多个自变量则依次类推。在 R 的下标中，“ •” 前面表示因变量，“ •” 后面表示对因变量起影响作用的自变量。

从式（8-47）可以看出，复相关系数的实际意义在于反映回归变差在总变差中所占的比重。R 的取值范围为 $0\leqslant R\leqslant1$。R 越接近零，说明线性关系越不密切；R 越接近 1，说明线性关系越密切。以 $R_{y\cdot12}$ 为例：当 $R_{y\cdot12}=0$ 时，说明 y 与 x_1,x_2 之间无线性关系；当 $0<R_{y\cdot12}<1$ 时，说明 y 与 x_1,x_2 之间存在复相关关系；当 $R_{y\cdot12}=1$ 时，则说明 y 与 x_1,x_2 之间为函数关系。

现仍以表 8-10 和表 8-11 资料为例，根据式（8-47）计算复相关系数如下：

$$L_{yy}=\sum(y-\overline{y})^2=\sum y^2-\frac{1}{n}(\sum y)^2=6.301$$

$$U=\sum(y_c-\overline{y})^2=b_1L_{1y}+b_1L_{1y}=0.6777\times 6.231+0.1914\times 9.661=6.0719$$

$$R_{y\cdot 12}=\sqrt{\frac{U}{L_{yy}}}=\sqrt{\frac{6.0719}{6.301}}=0.9817$$

计算结果 R 值很高，说明总成本与劳动量、钢材消耗量之间的线性关系非常密切。复相关系数的作用不仅可以反映多个自变量和一个因变量相关关系的密切程度，还可以反映多元线性回归方程的拟合程度。在测定多元线性回归方程的拟合程度时，常用的指标称为多元判定系数，它实际上是复相关系数的平方，即

$$R_{y\cdot 12}^2=\frac{U}{L_{yy}} \tag{8-48}$$

从多元判定系数的计算公式可更清楚地看出其重要意义。由于其分子是回归变差，分母是总变差，二者相比就可反映在多元相关分析中，所选择的自变量 x_1 和 x_2 对因变量 y 的影响在全部自变量（已知和未知）对因变量的影响中所占的比重。因此，其数值具有重要意义，它可以使我们判断，在多元相关分析时所选择的自变量，是否包含对因变量的主要影响，即占绝大部分影响的自变量。判定系数的值越大，则说明所包含的对因变量影响的自变量因素越完全，而当判定系数的值较小时，说明还存在对因变量影响的其他重要因素。在上例计算中：

$$R_{y\cdot 12}^2=\frac{U}{L_{yy}}=\frac{6.0719}{6.301}=0.9636$$

它说明在总成本 y 的变动中，劳动量 x_1 和钢材消耗量 x_2 两个因素的影响已达 96.36%，说明上述二元线性回归方程的拟合程度较好，x_1,x_2 与 y 存在高度线性相关关系。

为检验根据样本资料计算的复相关系数能否代表总体变量之间的相关关系，与直线单相关系数一样，复相关系数也必须进行显著性检验，仍可用方差分析法进行 F 检验。其计算公式为

$$F=\frac{R^2/k}{(1-R^2)/(n-k-1)} \tag{8-49}$$

再根据给定的显著性水平 α，自由度 $df_1=k$，$df_2=n-k-1$，查 F 分布表临界值。若 $F>F_\alpha$，说明自变量之间线性关系显著；若 $F\leqslant F_\alpha$，则说明变量之间线性关系不显著。

仍以表 8-10 及表 8-11 中的资料为例，对上述 $R_{y.12}$ 的显著性进行检验。根据式（8-49）得

$$F=\frac{0.9636/2}{(1-0.9636)/7}=92.65$$

根据 $df_1=2$，$df_2=7$，给定 $\alpha=0.05$，查 F 分布表得 $F_{0.05}=4.74$。$F=92.65>F_{0.05}=4.74$，说明 x_1,x_2 与 y 之间线性关系显著。

经过以下变换看出，式（8-45）对复相关系数的显著性检验与式（8-30）对多元线性回归方程的显著性检验实质意义相同，因而可以认为，复相关系数的 F 检验与多元线性回归方程的 F 检验是等价的。这也可从对上例的两个 F 检验的 F 值中得到证明。

由$U=R^2L_{yy}$，$Q=L_{yy}-R^2L_{yy}=L_{yy}(1-R^2)$，得

$$F=\frac{U/k}{Q/(n-k-1)}=\frac{R^2L_{yy}/k}{L_{yy}(1-R^2)/(n-k-1)}$$
$$=\frac{R^2/k}{(1-R^2)/(n-k-1)}$$

可以看出，式（8-49）与式（8-30）完全是等价的，而式（8-49）可直接用R^2的值计算F值。

（二）偏相关系数

复相关系数可以反映两个及以上自变量与一个因变量之间关系的密切程度，但在多元线性相关分析中，变量之间的关系是很复杂的，各个自变量与因变量之间关系的密切程度是不相同的。这样，为了单纯测定和分析某一自变量与因变量之间关系的密切程度，就要计算偏相关系数。

偏相关系数也称净相关系数，它与复相关系数的不同在于：复相关系数反映参与回归的所有自变量与因变量之间关系的密切程度，而偏相关系数可逐一反映每个自变量与因变量之间关系的密切程度；复相关系数在测定时所有自变量都在变化着，而偏相关系数在测定某一自变量与因变量之间关系的密切程度时，要假定其他自变量固定不变，只反映该自变量与因变量之间关系的密切程度。因此，通过测定偏相关系数，可以使我们对各个自变量与因变量之间的关系密切程度的大小和各自变量对因变量影响程度的不同差异做出定量分析。

在偏相关系数的测定中，当保持固定的变量为一个时，称为一级偏相关系数，当保持固定的变量为两个时，称为二级偏相关系数，依次类推。从这个意义上说，单相关系数在测定时，保持固定的变量为零个，因而单相关系数即为零级偏相关系数。偏相关系数的计算通常不是直接根据定义进行的，而是通过逐级计算偏相关系数的方法来解决的。

现以一级偏相关系数为例，其计算公式为

$$r_{yi\cdot j}=\frac{r_{yi}-r_{yj}r_{ij}}{\sqrt{(1-r_{yj}^2)(1-r_{ij}^2)}} \tag{8-50}$$

当测定的是y与x_1,x_2之间的偏相关系数时，两个偏相关系数分别记为$r_{y1\cdot2}$和$r_{y2\cdot1}$。“•”后面的符号表示与其相应的自变量固定不变，如$r_{y1\cdot2}$表示x_2固定不变，单纯反映y与x_1之间的相关程度，$r_{y2\cdot1}$则表示x_1固定不变，单纯反映y与x_2之间的相关程度。根据式（8-46）可得两个偏相关系数计算公式如下：

$$r_{y1\cdot2}=\frac{r_{y1}-r_{y2}r_{12}}{\sqrt{(1-r_{y2}^2)(1-r_{12}^2)}}$$

$$r_{y2\cdot1}=\frac{r_{y2}-r_{y1}r_{21}}{\sqrt{(1-r_{y1}^2)(1-r_{21}^2)}}$$

式中，r_{y1}、r_{y2} 分别为 y 与 x_1，y 与 x_2 的单相关系数，而 $r_{12}=r_{21}$，为 x_1 与 x_2 的单相关系数。

现仍以表 8-10 和表 8-11 资料为例，计算总成本与劳动量之间的偏相关系数 $r_{y1\cdot2}$ 和总成本与钢材消耗量之间的偏相关系数 $r_{y2\cdot1}$。

先计算三个单相关系数如下：

$$r_{y1}=\frac{L_{1y}}{\sqrt{L_{11}L_{yy}}}=\frac{6.231}{\sqrt{6.461\times6.301}}=0.9766$$

$$r_{y2}=\frac{L_{2y}}{\sqrt{L_{22}L_{yy}}}=\frac{9.661}{\sqrt{16.221\times6.301}}=0.9556$$

$$r_{12}=r_{21}=\frac{L_{12}}{\sqrt{L_{11}L_{22}}}=\frac{9.671}{\sqrt{6.461\times16.221}}=0.9447$$

再计算两个偏相关系数如下：

$$r_{y1\cdot2}=\frac{0.9766-0.9556\times0.9447}{\sqrt{(1-0.9556^2)\times(1-0.9447^2)}}=0.7639$$

$$r_{y2\cdot1}=\frac{0.9556-0.9766\times0.9447}{\sqrt{(1-0.9766^2)\times(1-0.9447^2)}}=0.4684$$

偏相关系数的符号应与偏回归系数的符号一致。

上述计算结果表明，在钢材消耗量 x_2 固定的情况下，劳动量 x_1 的变动对总成本 y 的影响程度为 0.7639；在劳动量 x_1 固定的情况下，钢材消耗量 x_2 的变动对总成本 y 的影响程度为 0.4684。从所分析的两个自变量来看，劳动量对总成本的影响要大于钢材消耗量对总成本的影响。或者说，劳动量与总成本之间的关系密切程度比钢材消耗量与总成本之间的关系密切程度要高。

如果将每个偏相关系数与其相对应的单相关系数进行比较，可以看出偏相关系数的值一般要低于单相关系数的值。其原因在于：单相关系数中包含其他自变量的影响在内，而偏相关系数在一定程度上排除了其他自变量的影响。正是由于偏相关系数在计算过程中消除了重复计算的影响，因而它比单相关系数更能反映实际情况。

本章小结

相关和回归是对客观事物依存关系定量分析的科学方法。相关分析着重于随机变量之间的相关形式和相关程度的分析；回归分析着重于变量之间具体变动关系的分析。

本章重点为相关系数的计算及解释和回归模型的计算及应用。相关系数可以测定变量之间的相互依存程度和方向，要注意不应将多元回归中的偏相关系数同简单线性相关关系混为一谈。构造和应用回归模型进行估计或预测时，必须对现象进行全面分析，以确定用简单回归还是多元回归。同时，在作出估计或预测之前，必须对模型进行显著性检验。

通过本章的学习，应能掌握相关和回归分析的理论知识和实际应用。

本章练习题

一、判断题（在题后的括号内，正确的打✓，错误的打×，并改正）。

1. 相关系数是测定变量之间相关密切程度的唯一方法。（　）

2. （A）某产品产量与单位成本的相关系数是–0.88。（B）产品单位成本与利润率的相关系数是–0.94。因此（A）比（B）的相关程度高。（　）

3. 估计标准误差越大，则回归直线代表性越小，回归直线实用价值越小。（　）

4. 当相关系数 $r=1$，说明两个变量完全线性相关；当 $r=-1$，说明两个变量线性无关。（　）

5. 估计标准误差的数值大小与相关系数成正比。（　）

6. 工人的工资（元）与劳动生产率（千元）的回归方程为 $y_c=10+70x$，这意味着如果劳动生产率每增加 1000 元，则工人工资增加 80 元。（　）

7. 相关系数是相对数，有符号，能表明相关的方向；估计标准误差是绝对数，没有符号不能表明相关的方向。（　）

二、单选题（将备选答案中唯一正确的选项序号填在括号内）。

1. 相关关系是指现象间的依存关系（　）
A. 或者存在或者不存在　B. 确实存在但其关系值不固定
C. 确实存在且其关系值固定　D. 确实存在但其关系值无法测定

2. 相关关系与因果关系之间（　）
A. 相关关系都是因果关系　B. 因果关系比相关关系的范围更为广泛
C. 相关关系不一定都是因果关系　D. 相关关系与因果关系毫无关系

3. 奶牛的产奶量和精饲料消耗量之间是（　）
A. 函数关系　B. 相关关系　C. 平衡关系　D. 正比例关系

4. 两个变量之间的相关关系是（　）
A. 正相关　B. 单相关　C. 直线相关　D. 复线性相关

5. 在对现象进行定性分析的基础上直观地判断现象间相关关系的形式和密切程度，应当（　）
A. 制作相关图表　B. 计算相关系数
C. 配合回归方程　D. 计算估计标准误差

6. 在直角坐标图中，如果相关点的分布较好地集中在Ⅰ、Ⅲ象限，表明两个现象间的关系是（　）
A. 正相关　B. 负相关　C. 不相关　D. 低度相关

7. 相关系数的取值范围是（　）
A. $r>0$　B. $0\leqslant r\leqslant 1$　C. $-1\leqslant r\leqslant 1$
D. $r\geqslant -1$　E. $-1\leqslant r\leqslant 0$

8. 在直线回归方程 $y_c = a + bx$ 中，回归系数 b 表示（　　）

A. 自变量 x 每增加一个单位，因变量 y 增加的数量

B. 自变量 x 每减少一个单位，因变量 y 减少的数量

C. 自变量 x 每变化一个单位，因变量 y 变化的数量

D. 自变量 x 每增加一个单位，因变量 y 平均增加或减少的数量

9. 统计学中配合回归方程估计模型参数常用的方法是（　　）

A. 半数平均法　B. 最小二乘法　C. 指数平滑法　D. 移动平均法

10. 回归分析中的估计标准误差是（　　）

A. 因变量 y 对其平均值 $\bar{y}$ 的偏差

B. 因变量 y 的实际值与其估计值的标准误差

C. 因变量 y 的实际值与其估计值的绝对离差

D. x 对 $\bar{x}$ 和 y 对 $\bar{y}$ 偏差的平均数

11. 判定现象之间有无相关关系的方法是（　　）

A. 编制相关表　B. 绘制相关图

C. 计算相关系数　D. 对客观现象作定性分析

12. 运用回归方程估计的因变量的数值与其实际值（　　）

A. 总是一致的　B. 根本不可能一致

C. 可能一致，也可能不一致　D. 多数情况下一致，少数情况下不一致

三、多项选择题（将备选答案中全部正确的选项序号填在括号内）。

1. 下列现象之间存在相关关系的是（　　）

A. 单位产品成本与生产批量　B. 劳动生产率与企业规模

C. 物体的下落高度与下落时间　D. 学生的统计学成绩与数学成绩

E. 正方形的面积与边长　F. 农作物单产与施肥量

2. 两个变量之间当一个变量的数值增大时，另一个变量的数值随之增大，则二者的相关关系属于（　　）

A. 单相关　B. 完全相关　C. 正相关

D. 负相关　E. 曲线相关　F. 假相关

3. 相关分析（　　）

A. 分析的对象是相关关系

B. 分析的方法就是配合回归方程

C. 分析的方法主要是绘制相关图和计算相关系数

D. 分析的目的是确定自变量和因变量

E. 分析的目的是判断现象间相关的密切程度，并配合相应的回归方程以便进行推算和预测

4. 相关系数（　　）

A. 是测定两个变量间有无相关关系的指标

B. 是在线性相关条件下，测定两个变量间相关关系密切程度的指标

C. 也能表明相关的方向

D. 其值大小决定有无必要配合回归方程

E. 相关程度与变量值的计量单位有关

5. 相关关系表明现象间相关的密切程度是其值（　　）

A. 越接近于±1，现象间的相关关系越密切

B. 越接近于 0，现象间的相关关系越弱

C. 越接近于–1，现象间的相关关系越弱

D. 越接近于 1，现象间的正相关关系越强

E. 为–1，表明现象间无相关关系

6. 相关分析与回归分析既有区别又有联系，具体说就是（　　）

A. 前者不必区分自变量和因变量，后者必须区分

B. 前者两个都是一般变量，后者两个都是随机变量

C. 前者两个都是随机变量，后者只是因变量，并是随机变量

D. 前者只能计算一个相关系数，后者有时可配合两个回归方程

E. 前者是后者的基础，后者是前者的继续

7. 配合一元回归方程的作用包括（　　）

A. 测定两个相关变量间一般数量变动关系

B. 建立起两个变量间的函数关系

C. 根据自变量值推算因变量值

D. 使两个变量能互相推算

E. 为回归预测奠定基础

8. 一元线性回归分析中（　　）

A. 回归系数与相关系数异号

B. 回归系数与相关系数同号

C. 相关系数越大，回归系数越小

D. 检验回归方程准确性的指标是回归系数

E. 检验回归方程准确性的指标是估计标准误差

四、计算与分析题（要求：有计算公式及计算过程，计算结果保留两位小数）。

1. 为了调查某广告费用对销售收入的影响，某商店记录了 5 个月的广告费用和销售收入，数据见下表：

月份	广告费用/万元	销售收入/万元
1	1	10
2	2	10
3	3	20
4	4	20
5	5	40

（1）画散点图，广告费用和销售收入之间是否大致呈线性关系？

（2）计算相关系数，判断相关程度与方向。

（3）用最小二乘法求出回归方程。

（4）广告费用为 4.2 万元时，销售收入达到多少？

（5）求出估计标准误差。

2. 某电器经销公司在 15 个城市设有经销处，公司发现彩电销售量与该城市居民户数多少有很大关系，并希望通过居民户数多少来预测其彩电销售量。下表是城市居民户数与彩电销售量的统计数据：

城市编号	户数/万户	销售量/台	城市编号	户数/万户	销售量/台
1	189	5425	9	182	5375
2	193	6319	10	175	4500
3	197	6827	11	161	3310
4	202	7743	12	214	8239
5	206	8365	13	166	4596
6	209	8916	14	163	3652
7	185	5970	15	167	4203
8	179	4719			

（1）计算彩电销售量与城市居民户数之间的相关系数。

（2）拟合彩电销售量对城市居民户数的回归直线。

（3）计算判定系数。

（4）对回归方程的线性关系和回归系数进行显著性检验（取 $\alpha = 0.05$），并对结果作简要分析。

3. 某企业上半年产品产量（件）与单位成本（元/件）资料如下：

月份	产量/件	单位成本/(元/件)
1	2000	73
2	3000	72
3	4000	71
4	3000	73
5	4000	69
6	5000	68

（1）计算产量与单位成本的相关系数，说明两变量间的密切程度。

（2）建立直线回归方程，指出产量每增加 1000 件时，单位成本下降多少元？

（3）若产量为 6000 元时，单位成本为多少？

4. 根据下列资料：

企业序号	生产性固定资产/万元	总产值/万元	企业序号	生产性固定资产/万元	总产值/万元
1	318	524	6	502	928
2	910	1019	7	314	605
3	200	638	8	1210	1516
4	409	815	9	1022	1219
5	415	913	10	1225	1624

（1）说明两变量之间的相关方向、相关程度。

（2）配合直线回归方程，指出回归系数的经济含义。

（3）计算估计标准误差。

（4）估计生产性固定资产为 1100 万元时总产值的可能值。

5. 假设某地区住宅建筑面积与建造成本的有关资料如下：

建筑地编号	建筑面积 x /万平方米	建造成本 y /万元
1	4	14.8
2	2	12.8
3	3	13.3
4	5	15.4
5	4	14.3
6	5	15.9

根据上表资料：

（1）建立建筑面积与建造成本的回归方程；

（2）解释回归系数的经济意义；

（3）估计当建筑面积为 4.5 万平方米时，建造成本可能为多少？

第九章

时间数列

第一节　时间数列概述

一、时间数列的概念与作用

时间数列也称动态数列，它是将某种统计指标的数值按照时间顺序排列形成的一种统计数列。表 9-1 是某城市地区生产总值的时间数列。

表 9-1　1999～2006 年某城市地区生产总值资料

年份	1999	2000	2001	2002	2003	2004	2005	2006
地区生产总值/亿元	110.4	147.0	125.7	134.1	157.2	189.4	187.6	199.1

根据时间数列的各项数值计算动态指标，应用一些统计方法对其影响因素进行分析和测定，以及对未来的发展变化趋势进行推算预测，称为时间数列分析。时间数列的编制与分析是从数量方面描述和研究社会经济现象的发展及其规律的重要方法。

时间数列一般由两个基本要素构成：一是现象所属的时间；二是其所对应的统计指标数值。

时间数列主要有如下作用。

（1）时间数列可以描述现象在具体的时间条件下的发展状况和结果。

（2）利用时间数列资料可进行各种动态对比分析，研究现象发展变化的方向和程度。

（3）利用时间数列可以分析现象的发展变化趋势及其规律，如事物发展的长期趋势，季节变动规律等。

（4）利用时间数列，并根据对现象发展变化趋势与规律的分析，可以进行动态预测。

二、时间数列的种类

时间数列按照其指标数值表现形式的不同可分为绝对数时间数列、相对数时间数列和平均数时间数列三种。其中绝对数时间数列是最基本的时间数列，其余两种是派生数列。

（一）绝对数时间数列

由总量指标数值所构成的时间数列称为绝对数时间数列。如表 9-1 就是一个绝对数时间数列。这种数列反映社会经济现象在不同时间达到的总规模、总水平及其发展变化情况。根据指标的性质不同，绝对数时间数列可以分为时期数列和时点数列。

1. 时期数列

若时间数列各变量值是时期指标，则该数列称为时期数列。表 9-1 所列的某地区生产总值就是一个时期数列。时期数列具有以下特点。

（1）数列中各变量值相加累计具有实际意义。相加后的指标数值表示现象在更长的时期内总量。

（2）数列中各变量值的大小与其所属的时期长短有直接的关系。“时期”是指数列中每个指标所涉及的时间长度。一般来讲，时期越长，指标数值越大。

（3）数列中各变量值是通过连续不断登记汇总而得到的。

2. 时点数列

若时间数列各变量值是时点指标，则该数列称为时点数列。如表 9-2 所列我国手机用户数就是时点数列。这种数列反映社会经济现象在某一具体时刻（瞬间）所处的状态或所达到的水平。

表 9-2 我国手机用户数情况表

年份	1996	1997	1998	1999	2000	2001	2002	2003	2004	2005
手机用户/万户	685	1323	2498	4324	8530	12060	20000	25000	30000	39300

时点数列具有以下特点。

（1）数列中各变量值相加累计没有实际意义。

（2）数列中各变量值的大小与其间隔长短没有直接的关系。“间隔”是指数列中两个相邻指标在时间上的距离。

（3）数列中各变量值是通过间断登记而得到的。

（二）相对数时间数列

由相对指标数值所构成的时间数列称为相对数时间数列。它反映社会经济现象的比例、结构、强度等对比关系的发展变化情况。

（三）平均数时间数列

由平均指标数值所构成的时间数列称为平均数时间数列。它反映社会经济现象的某一数值特征的平均水平的发展变化情况。

三、时间数列的编制原则

为使时间数列正确地反映现象的发展变化过程，必须遵循动态数列的编制原则，其基本原则就是要保持数列中各个指标之间的可比性。可比性具体表现在以下几个方面。

（一）时间可比

对于时期数列，各指标的时期长短应当前后一致，这是因为时间数列的大小与现象所属时间的长短关系密切；对于时点数列，指标值反映现象在某一时间点的状态，不存在资料所属时间长短的问题，但也要求尽量保持时点间隔前后一致，以便分析问题。

（二）总体范围

总体范围主要是指地区和部门的范围。时间数列中各指标所说明的总体范围应前后一致。例如，要研究一个地区投资额的变化情况，就必须保证该地区在时间的前后有相同的管辖范围，若有变动，应进行调整。

（三）指标要素

指标要素主要包括内容、方法、计量和口径四个方面。内容即指标的含义，时间数列各指标的经济内容应一致。另外要保证各指标的计算方法、计量单位和价格标准应前后一致。例如，投资是否包括流动资产投资，前后应该统一起来。又如，比较不同时期的建筑业净产值，就要考虑到不同时期的价格变化，剔除价格变动的影响，否则，就很难真实反映其净资产的变化情况。

第二节　时间数列水平分析指标

一、发展水平

发展水平就是时间数列中的每一项具体的指标数值，亦称各变量值，反映社会经济现象的发展变化在一定时期内或时点上所达到的水平。发展水平是计算其他所有动态分析指标的基础。如果用符号 a 表示数列的发展水平，则 $a_0, a_1, a_2, \cdots, a_{n-1}, a_n$ 就是数列各时间的发展水平。如表 9-1 中其发展水平就是时间数列的具体数值，2000 年某城市地区生产总值为 147.0 亿元，该指标就是 2000 年的发展水平。

发展水平一般指总量指标，但也包括相对指标和平均指标。按照在数列中所处位置不同分为最初（期初）水平、最末（期末）水平、中间（期间）水平；按照时间数列的速度分析指标需要分为基期水平和报告期水平。最初水平是指一个时间数列资料中，处在第一个时间上的数值。最末水平是处在最后时间上的数值。其中 a_0 就是最初水平，a_n 就是最末水平。在对两个时间的发展水平对比时，作为对比基础时期的水平称为基期水平，作为研究时期的发展水平称为报告期水平。应该指出，这些不同的水平都不是固定的，要根据研究问题的目的确定。如表 9-1 中 1999 年某城市地区生产总值 110.4 亿元就是最初水平，2006 年地区生产总值 199.1 亿元就是最末水平；要分析 1999～2006 年该城市地区生产总值的发展变化情况，则 1999 年该城市地区生产总值 110.4 亿元为基期水平，2006 年地区生产总值 199.1 亿元为报告期水平。但是如果要研究 2000～2005 年地区国内生产总值的发展变化情况，则 2000 年某地区生产总值为基期水平，2005 年国内生产总值为报告期水平。

二、增长水平

增长水平也叫增长量或增减量，是时间数列中报告期与基期发展水平之差，用来说明某种社会经济现象在一定时期内增长的绝对量，其计算公式为

$$增长水平 = 报告期发展水平-基期发展水平$$

根据基期选择的不同，增长水平分为逐期增长水平、累计增长水平和同比增长水平。逐期增长水平是报告期水平与前一期水平之差，说明现象逐期增长的绝对数量，用符号表示为

$$a_1 - a_0, a_2 - a_1, \cdots, a_i - a_{i-1}, \cdots, a_n - a_{n-1} \tag{9-1}$$

累计增长水平是报告期水平与某一固定时期水平（通常为最初水平）之差，说明本期比某一固定时期增长的绝对数量，用符号表示为

$$a_1 - a_0, a_2 - a_0, \cdots, a_i - a_0, \cdots, a_n - a_0 \tag{9-2}$$

例 9.1 计算我国研究生入学考试报名情况的增长量，如表 9-3 所示。

表 9-3 我国研究生入学考试报名情况（单位：万人）

年份		2001	2002	2003	2004	2005	2006
报名人数		46	62.3	79.7	94.5	117	127.5
增长水平	逐期	—	16.3	17.4	14.8	22.7	10.5
	累计	—	16.3	33.7	48.5	71	81.5

不难看出逐期增长水平与累计增长水平有如下数量关系。

（1）某期累计增长水平等于该期以及以前各期逐期增长水平之和。

（2）某期逐期增长水平等于该期累计增长水平与相邻前一期累计增长水平之差。

同比增长水平是报告期水平与上一年同期水平之差，即

$$同比增长水平 = 本期发展水平-上一年同期发展水平$$

例 9.2 某地区 2006 年第三季度社会商品零售额为 55 亿元，2005 年第三季度社会商品零售额为 50 亿元，则

$$同比增长水平 = 55-50 = 5（亿元）$$

说明该地区 2006 年第三季度社会商品零售额比去年同期增加了 5 亿元。

三、平均发展水平

平均发展水平就是时间数列中各个不同时期发展水平的平均数，又称为序时平均数，动态平均数，记作$\bar{a}$。这里所讲的平均数与前面的平均数有共同之处，即都是将个别的数量差异抽象化，反映各变量的一般水平。不同之处在于，平均发展水平所平均的对象是现象在不同时间上的数量，表明一段时期内现象的一般水平。

下面介绍不同种类时间数列的平均发展水平的计算方法。

（一）绝对数时间数列的平均发展水平

总量指标按其性质分为时期指标和时点指标，由于两种指标的性质不同，在计算平均发展水平时，所采用的方法也就不同。下面分别介绍。

1. 时期数列

一般采用简单算数平均数法：

$$\bar{a}=\frac{a_1+a_2+\cdots a_n}{n}=\frac{\sum_{i=1}^{n}a_i}{n} \tag{9-3}$$

式中，$\bar{a}$为平均发展水平；a_i为各时期发展水平；n为时期数。

例 9.3　以表 9-4 资料为例，计算时期数列平均发展水平。

表 9-4　某地区 2008 年各月降水量资料

月份	1	2	3	4	5	6	7	8	9	10	11	12
降水量/毫米	0.7	8.8	0.1	37	39.1	69.6	182	50.7	74.2	9.9	8.0	3.2

$$\bar{a}=\frac{0.7+8.8+0.1+37+39.1+69.6+182+50.7+74.2+9.9+8.0+3.2}{12}=40.28(\text{毫米})$$

2. 时点数列

由于时点数列表明的是社会经济现象在某一时点上的规模或水平，事实上不可能取得一段时期内某一现象的全部时点资料。依据时点数列的连续性和间隔，可以分为以下四种情况讨论。

（1）连续时点数列，每天资料不同。

计算方法与时期数列相同，公式为

$$\bar{a}=\frac{a_1+a_2+\cdots a_n}{n}=\frac{\sum_{i=1}^{n}a_i}{n} \tag{9-4}$$

（2）连续时间数列，持续天内的每天资料相同。

以持续天数为权数，采用加权平均数法：

$$\bar{a}=\frac{a_1t_1+a_2t_2+\cdots+a_nt_n}{\sum_{i=1}^{n}t_i} \tag{9-5}$$

式中，t_i 表示持续的天数。

（3）间隔时间数列，间隔时间相等。

在实际统计工作中，由时点数列计算平均发展水平是在一定条件下推算出的近似数值。这一条件就是假定在相邻时点之间现象是均匀变动的。例如，某一建筑企业流动资金占用情况如表 9-5 所示。

表 9-5 某建筑企业流动资金占用情况

时间	2008 年				2009 年
	1 月 1 日	4 月 1 日	7 月 1 日	10 月 1 日	1 月 1 日
流动资金占用额/万元	16	15	17	18	16

例 9.4 用表 9-5 资料计算各季和全年流动资金占用额。

$$第一季度流动资金平均占用额=\frac{16+15}{2}=15.5(万元)$$

$$第二季度流动资金平均占用额=\frac{15+17}{2}=16(万元)$$

$$第三季度流动资金平均占用额=\frac{17+18}{2}=17.5(万元)$$

$$第四季度流动资金平均占用额=\frac{18+16}{2}=17(万元)$$

$$全年流动资金平均占用额=\frac{15.5+16.5+17.5+17}{4}=16.5(万元)$$

如果把上面的计算构成合并起来计算全面流动资金平均占用额为

$$全年流动资金平均占用额=\frac{\frac{16+15}{2}+\frac{15+17}{2}+\frac{17+18}{2}+\frac{18+16}{2}}{4}$$

$$=\frac{\frac{1}{2}\times16+15+17+18+\frac{1}{2}\times16}{4}$$

$$=\frac{66}{4}=16.5(万元)$$

上面的计算过程用公式表示为

$$\bar{a}=\frac{\frac{a_0+a_1}{2}+\frac{a_1+a_2}{2}+\cdots+\frac{a_{n-1}+a_n}{2}}{n}$$

$$=\frac{\frac{1}{2}a_0+a_1+a_2+\cdots+a_{n-1}+\frac{1}{2}a_n}{n} \tag{9-6}$$

应注意上式分子是 n+1 项，分母是 n 项，如果分子为 n 项，则分母为 n–1 项，依次类推。可见，其计算特点为分子反映时间数列的项数，分母反映时间数列的间隔数，这是此公式的主要特点。这种计算方法通常称为“首末各半法”。

（4）间隔时点数列，间隔时间不等。

以间隔时间长度作为权数，采用加权算数平均的方法进行计算。计算公式如下：

$$\overline{a}=\frac{\frac{a_0+a_1}{2}f_1+\frac{a_1+a_2}{2}f_2+\cdots+\frac{a_n+a_{n-1}}{2}f_n}{\sum_{i=1}^{n}f_i} \tag{9-7}$$

式中，f_i 表示间隔时间长度。

例 9.5　已知某公司职工人数资料如表 9-6 所示，计算该公司下半年平均职工人数。

表 9-6　某公司职工人数资料

日期	6 月 30 日	10 月 31 日	12 月 31 日
职工人数/人	1500	1480	1524

$$\text{下半年平均职工人数}=\frac{\frac{1500+1480}{2}\times 4+\frac{1480+1524}{2}\times 2}{4+2}=\frac{5960+3004}{6}=1494(\text{人})$$

（二）相对数时间数列和平均数时间数列的平均发展水平

相对数时间数列和平均数时间数列都是由绝对数指标派生出来的，不能把平均指标或相对指标直接进行平均对比，而应计算出派生的分子、分母两个指标的平均发展水平，然后加以对比，即可求出相对数时间数列或平均数时间数列的平均发展水平。

设 c 为相对数或平均数，a,b 为绝对数（总量指标），且 $c=\frac{a}{b}$，则首先分别计算 $\overline{a},\overline{b}$，则 $\overline{c}=\frac{\overline{a}}{\overline{b}}$。其中 a,b 数列可以是时期数列也可以是时点数列。

例 9.6　以表 9-7 和表 9-8 附属资料为例说明上述公式的应用。

表 9-7　某企业 2008 年 1 月到 2009 年 1 月劳动资料

时间	2008 年				2008 年
	1 月 1 日	4 月 1 日	7 月 1 日	10 月 1 日	1 月 1 日
工人人数/人	100	110	104	112	110

表 9-8 该企业 2008 年产值资料

时间	第一季度	第二季度	第三季度	第四季度
工业总产值/万元	15	16	15	18

$$全年劳动生产率=\frac{\dfrac{15+16+15+18}{4}}{\dfrac{\frac{1}{2}\times100+110+104+112+\frac{1}{2}\times110}{4}}$$

$$=\frac{\dfrac{64}{4}}{\dfrac{431}{4}}=0.15[万元/(人\cdot年)]$$

四、平均增长水平

平均增长水平也称平均增长量，平均增减量，表示一段时期内平均每期增加或者减少的绝对数量。计算公式为

$$平均增长水平=\frac{各逐期增长水平之和}{逐期增长水平的个数}=\frac{末期累计增长水平}{逐期增长水平的个数} \tag{9-8}$$

例 9.7 根据表 9-3 的资料计算 2001～2006 年研究生入学考试报名人数平均增长量。

$$平均增长量=\frac{16.3+17.4+14.8+22.7+10.5}{5}=\frac{81.5}{5}=16.3(万人)$$

第三节 时间数列速度分析指标

一、发展速度

发展速度是时间数列中不同时期的发展水平之比，它反映社会经济现象发展变化快慢相对程度。计算公式为

$$发展速度=\frac{报告期水平}{基期水平}\times100\% \tag{9-9}$$

由于采用的基期不同，发展速度可以分为环比发展速度、定基发展速度和同比发展速度。环比发展速度是报告期水平与其前一期水平之比，基期随着报告期改变而相应变化，用来反映某种现象的逐期发展速度。计算公式为

$$\frac{a_1}{a_0},\frac{a_2}{a_1},\frac{a_3}{a_2},\cdots,\frac{a_n}{a_{n-1}} \tag{9-10}$$

定基发展速度是报告期水平与某一固定时期水平之比，用来反映某现象在较长时期内的总速度。计算公式为

$$\frac{a_1}{a_0},\frac{a_2}{a_0},\frac{a_3}{a_0},\cdots,\frac{a_n}{a_0} \tag{9-11}$$

例9.8　计算我国人均住房面积的定基发展速度和环比发展速度，结果如表9-9所示。

表 9-9　2000～2004 年我国人均住房面积发展情况

年份		2000	2001	2002	2003	2004
人均住宅面积/平方米		20.3	20.8	22.8	23.7	25.0
发展速度	定基/%	—	102.5	112.3	116.7	123.2
	环比/%	—	102.5	109.6	103.9	105.5

从表 9-9 可以看到，2004 年的定基发展速度为 123.2%，而 2000～2004 年的环比发展速度的乘积为

$$102.5\%\times 109.6\%\times 103.9\%\times 105.5\%\approx 123.2\%$$

可以发现环比发展速度和定基发展速度之间的关系如下。

（1）某期定基发展速度等于该期及以前各期环比发展速度的连乘积。

（2）某期环比发展速度等于该期定基发展速度除以与之相邻的前一期定基发展速度。

利用这种关系可以进行发展速度的推算。

同比发展速度是报告期水平与上一年同期水平之比，同比是为了消除季节变动的影响，也称为年距增长速度。计算公式为

$$\text{同比发展速度}=\frac{\text{报告期水平}}{\text{上一年同期水平}}\times 100\% \tag{9-12}$$

二、增长速度

增长速度又称增减速度，是时间数列中不同时期增长水平与基期发展水平之比，用来说明某种社会经济现象的增长程度。其计算公式为

$$\text{增长速度}=\frac{a_n-a_0}{a_0}\times 100\%=\frac{a_n}{a_0}\times 100\%-100\% \tag{9-13}$$

增长速度与发展速度是相对应的，依据基期选择的不同，也分为环比增长速度、定基增长速度和同比增长速度。但是增长速度之间不能直接推算数据，定基增长速度和环比增长速度不存在数量上的换算关系，需要借助于发展速度来推算。

速度指标是一个相对数，相对数所固有的抽象化作用，把所对比的发展水平的绝对数给掩盖了，基期水平的高低不同时，相同增长速度所包含的绝对量有很大不同，不同水平的现象每变化 1%的绝对量是不同的，这一点只从平均速度上是看不出来的。

$$\text{增长1\%的绝对值}=\frac{\text{逐期增长量}}{\text{环比增长速度}\times 100}=\frac{\text{前期水平}}{100} \tag{9-14}$$

例 9.9 某建筑公司有甲乙两个建筑企业，建筑业总产值2008年分别为300万元、700万元，2009年分别为350万元、780万元。根据上述资料可以计算出甲企业年产值增加50万元，增长16.7%，每变化1%的绝对量为50/16.7 = 2.99万元。乙企业年产值增加80万元，增长11.4%，每增长1%的绝对量为80/11.4 = 7.02万元。通过上述计算，不仅可以分别说明各建筑企业每增长1%所增加的产值数，而且也反映了不同基期水平的建筑企业指标值的增长变化。上面的计算结果表明，甲企业的增长速度虽然快于乙企业，但每增长1%的绝对量不如乙企业，原因是两个建筑企业的基期水平不同。因此，必须把平均速度同环比速度、绝对量指标结合起来使用，以便全面深入地分析问题。

三、平均发展速度和平均增长速度

平均发展速度是某一段较长时期内所属各环比发展速度的序时平均数，用来说明某社会经济现象较长时期内逐期平均发展变化的程度。平均增长速度表示环比增长速度是根据平均发展速度的内在联系计算的，平均增长速度 = 平均发展速度 −100%。平均发展速度有两种计算方法，即几何平均法（也称水平法）和方程式法（也称累计法）。

（一）几何平均法

几何平均法的计算依据为：在基期发展水平 a_0 的基础上，平均每期以 $\overline{X_G}$ 的速度发展，经过 n 期后达到报告期的发展水平 a_n，那么，$a_n = a_0 \cdot (\overline{X_G})^n$，即

$$\overline{X_G} = \sqrt[n]{\frac{a_n}{a_0}} \times 100\% = \sqrt[n]{\frac{a_1}{a_0} \times \frac{a_2}{a_1} \times \frac{a_3}{a_2} \times \cdots \times \frac{a_n}{a_{n-1}}} \times 100\% \tag{9-15}$$

若以 X 表示各时期环比发展速度，则

$$\overline{X_G} = \sqrt[n]{X_1 \times X_2 \times X_3 \times \cdots \times X_n} = \sqrt[n]{\prod X} \tag{9-16}$$

上面两个公式的内容是一样的，可根据占有资料的不同进行选择。

例 9.10 根据表9-10中的资料计算1995～2005年我国卫生机构数平均发展速度和平均增长速度。

表 9-10 1995～2005 年我国卫生机构数

年份	1995	1996	1997	1998	1999	2000	2001	2002	2003	2004	2005
卫生机构数/个	190057	322566	315033	314097	300996	324771	330348	306038	291323	297540	298997

资料来源：《2006 中国卫生统计年鉴》

平均发展速度为

$$\overline{X_G} = \sqrt{\frac{298997}{190057}} \times 100\% = 104.6\%$$

平均增长速度为

$$\bar{X}'=104.6\%-100\%=4.6\%$$

在计算和利用平均发展速度与平均增长速度说明问题时应注意：平均发展速度大于 100%时，平均增长速度为正数，它表明所研究的现象在一定时期内的逐期平均递增的程度。当平均发展速度小于 100%时，平均增长速度为负数，表明现象逐期平均递减的程度。

几何平均发展速度的计算特点是侧重考察数列中的最末水平，当现象在一段时期内的发展波动不大时，用几何平均法计算平均发展速度具有较高的代表性。

（二）方程式法

方程式法基本思想是从最初水平出发，每期按照固定的平均发展速度发展，各期计划水平之和应等于到最后一期实际的累计水平。

其关系式如下：

$$a_1+a_2+a_3+\cdots+a_n=\sum a$$

若以 $\bar{X}$ 代表平均发展速度，则

$$a_1+a_2+a_3+\cdots+a_n=\sum a$$

$$a_0\bar{X}+a_0\bar{X}^2+a_0\bar{X}^3+\cdots+a_0\bar{X}^n=\sum a$$

即

$$\bar{X}+\bar{X}^2+\bar{X}^3+\cdots+\bar{X}^n=\frac{\sum a}{a_0} \tag{9-17}$$

式（9-17）是一个高次方程，解得 $\bar{X}$ 的正根，就是所要求的平均发展速度。解高次方程并非一件容易的事，因此，用方程法求解平均发展速度通常有两种方法。一种方法是查平均增长速度查对表；另一种方法就是采用计算机求解。

例 9.11 以 2000～2004 年我国用水总量资料（表 9-11）用平均增长速度查对表来求平均发展速度。

表 9-11 我国用水量资料

年份	2000	2001	2002	2003	2004	2005
用水总量/亿立方米	5497.6	5567.4	5497.3	5320.4	5547.8	5633

资料来源：《2006 中国统计年鉴》

由表 9-11 已知：

$$\sum_{i=1}^{n} a_i = 27565.9(\text{亿立方米})$$
$$a_0 = 5497.6(\text{亿立方米})$$
$$n = 5$$

总发展速度为

$$\frac{\sum_{i=1}^{n} a_i}{a_0} = \frac{27565.9}{5497.6} \times 100\% = 501.42\%$$

$$\frac{\text{总发展速度}}{\text{时期数}} = \frac{501.42\%}{5} = 100.284\%$$

从结果判断发展速度是递增还是递减，结果大于 100%，说明速度递增；结果小于 100%，说明速度递减。

从查对表（表 9-12）找到较接近 501.42%的数就是 515.2%，此数所在行查到的平均增长速度为 1%，那么平均发展速度为 1%+100% = 101%。资料表明，我国用水总量在 2001～2005 年每年递增 1%。

表 9-12　五年间年平均增长速度查对表

平均年增长/%	五年发展水平总和为基期的百分比/%	平均年增长/%	五年发展水平总和为基期的百分比/%	平均年增长/%	五年发展水平总和为基期的百分比/%
1	515.2	11	691.3	21	918.3
2	530.8	12	711.5	22	944.2
3	546.8	13	732.3	23	970.8
4	563.3	14	753.5	24	998.0
5	580.2	15	775.4	25	1025.9
6	597.5	16	797.7	26	1054.4
7	615.3	17	820.7	27	1083.7
8	633.6	18	844.2	28	1113.6
9	652.3	19	868.3	29	1144.2
10	671.6	20	893.0	30	1175.6

方程式法的计算特点是侧重考察各期发展水平的累计总和。当现象在一段时间内波动较大时，用此方法计算平均速度指标可提高代表性。

注意，在分析问题时要把平均速度指标同总速度、分段速度和环比速度，速度指标与水平指标结合起来分析，才能做出比较确切和全面的认识。

第四节　时间数列构成分析

一、时间数列的构成与分解

时间数列的形成是各种不同的因素对事物的发展变化共同起作用的结果。这些构成因素根据其性质和表现形式可以归纳为四类：长期趋势因素、季节变动因素、循环变动因素和不规则变动因素。由这些因素的影响造成客观事物变动呈现出四种不同的状态。

（1）长期趋势（T）。长期趋势因素是在事物的发展过程中起着主要的、决定性作用的因素，这类因素使得事物的发展变化水平沿着一定的方向发展，使事物的变化呈现出某种长期的变化趋势。例如，科技的进步、劳动生产率的提高和管理技术的完善都会促进经济的增长，因此从长期看经济发展会形成一种上升的趋势。

（2）季节变动（S）。季节变动或称季节波动，是指某些现象由于受自然条件和经济条件的影响而形成的每年重复出现的有规律的周期性变动。如海滨城市的旅游收入由于季节的影响会呈现出旺、淡交替变化的周期变动。季节变动的周期性比较稳定，大多以一年为一个变动周期，也有不到一年的变动周期，如银行的活期储蓄，在发工资前少，在发工资后多，是以一个月为变动周期的。

（3）循环变动（C）。循环变动是指以一年以上的周期性变化，其波动是从低到高再从高到低周而复始的一种循环变动，它实质上是一种不规则的周期，如经济发展呈周期性波动。形成周期循环波动的原因，有属于经济内部的，如市场供求变化；也有来自外界的，如自然气候周期等。循环波动不同于趋势变动，它不是沿着单一的方向持续运动，而是升降相同、涨落交替的变动；它也不同于季节变动，季节变动有比较固定的规律，且变动周期长度在一年以内，而循环变动则无固定规律周期，变动周期多在一年以上，且周期长短不一。

（4）不规则变动（I）。不规则变动属于时间数列中无法解释、往往也无须解释的那些剩余波动，引起事物发生不规则波动的因素很多是一些偶然因素，它们的影响使事物的发展变化呈现出无规律、不规则的状态。

通常时间数列的组合模式或者说因素分解的模型有以下两类：

$$\text{加法模型：}\quad a = T + S + C + I \tag{9-18}$$

$$\text{乘法模型：}\quad a = T \times S \times C \times I \tag{9-19}$$

二、长期趋势

测定时间数列中长期趋势的基本思想是，将时间数列中的其他因素逐个剔除，其结果就是时间数列所表现的长期趋势。采用的方法主要有时距扩大法、移动平均法和最小二乘法等。

（一）时距扩大法

时距扩大法是将时距比较短的时间数列加工处理成时距较长的时间数列，消除受偶然因素影响引起的不规则变动，从而使数列呈现出总的变动趋势。

例 9.12 现以表 9-13 具体说明。

表 9-13 北京市 2006 年接待入境旅游人数（一）

月份	1月	2月	3月	4月	5月	6月	7月	8月	9月	10月	11月	12月
接待入境旅游人数/万人次	41.0	40.8	71.2	106.7	143.4	178.0	251.4	247.7	284.7	326.2	363.6	350.6

从表 9-13 可看出，数列变化并不均匀，也就是说月与月之间的接待入境旅游人数起伏不定，用该数列资料不能清晰地反映 2006 年逐月接待入境旅游人数的变化，现将时距扩大到季，资料整理如表 9-14 所示。时距扩大后的资料，可以明显地反映出接待入境旅游人数有逐期增长的趋势。

表 9-14 北京市 2006 年接待入境旅游人数（二）

季度	第一季度	第二季度	第三季度	第四季度
接待入境旅游人数/万人次	153.00	428.10	783.80	1040.40

时距扩大法，可以用时距扩大总数（如上例），也可以用时距扩大平均数来编制新的动态数列。前者只用于时期动态数列，后者既可用于时期动态数列，也可用于时点动态数列。用表 9-15 资料来说明时距扩大平均数，编制新的动态数列的方法。

表 9-15 某企业流动资金占用额

时间	1月初	2月初	3月初	4月初	5月初	6月初	7月初
流动资金占用额/万元	210	215	214	216	229	231	238
时间	8月初	9月初	10月初	11月初	12月初	次年1月初	
流动资金占用额/万元	240	239	240	243	241	244	

将表 9-15 月度资料采用时点指标求序时平均数的方法扩大为季度资料，如表 9-16 所示。

表 9-16 该企业流动资金占用额

季度	第一季度	第二季度	第三季度	第四季度
流动资金平均占用额/万元	214	229	239	242

（二）移动平均法

移动平均法是时距扩大法的改良，按照事先规定的移动时间长度 N，采取逐项向后递移，计算出序时平均数数列，主要修匀不规则变动和季节变动的影响，使数列呈现出比较明显的趋势。移动平均法分为简单移动平均和加权移动平均，这里主要介绍简单移动平均。

首先，在运用移动平均数修匀数列时，确定移动平均项数是一个非常重要的问题。因为项数直接影响数列的修匀程度。一般项数越多，修匀作用越大，反之越小。其原则如下。

（1）移动周期一般以季节周期、循环变动周期长度为准。

（2）若不存在明显的季节周期和循环周期，一般而言，在确定移动周期的时间长度时，最好取奇数项目。

（3）如果必须取偶数项，则需要根据数据资料的特点确定。例如，当时间数列存在明显的季节变动时，季度资料则需要用四期移动平均来消除季节变动；月度资料则需要用 12 期移动平均来消除季节变动。

计算序时平均数时移动平均数应该放在时间的中间位置，若 N 为奇数，只需要进行一次移动平均即可；若 N 为偶数，则需要再处理，将偶数项移动平均的结果下移半期或再对移动平均数时间数列进行第二次偶数项移动平均，目的是为了“正位”，第二次移动的周期一般取两期。

例 9.13 把表 9-13 的时间数列进行移动平均，将 1～3 月的序时平均数代替原来 2 月份的数字，2～4 月的序时平均数代替原来 3 月份的数字，依次类推。这种逐项移动而得到的新数列（表 9-17），就是消除了现象中偶然因素的影响，从而较明显地呈现出经济现象所固有的趋势。

表 9-17 按移动平均数法呈现趋势表（单位：万人次）

月份	接待入境旅游人数	三项移动平均
1 月	41.00	—
2 月	40.80	51.00
3 月	71.20	72.90
4 月	106.70	107.10
5 月	143.40	142.70
6 月	178.00	190.93
7 月	251.40	225.70
8 月	247.70	261.27
9 月	284.70	286.20
10 月	326.20	324.83
11 月	363.60	346.80
12 月	350.60	—

移动平均具有平滑修匀的作用（修匀不规则变动和季节变动），N越大，平滑修匀作用越明显。另外，移动平均法会损失掉原始数据，N越大，损失数据越多。若N为偶数，则首尾各损失$N/2$个数据，若N为奇数，则首尾各损失$(N-1)/2$个数据。移动平均法一般不能够根据派生数列进行动态预测。

（三）最小二乘法

最小二乘法，又称最小平方法，是分析和预测现象长期趋势较理想的方法，可以建立数学模型，进行动态预测，其数学依据是：实际值（观察值）y_t与理论值（趋势值）$\hat{y}_t$离差平方和最小，即$\min\{Q\}=\min\left\{\sum_{t=1}^{n}(y_t-\hat{y}_t)^2\right\}$。长期趋势模型可以为线性模型或非线性模型，非线性趋势方程包括：二次曲线$\hat{y}_t=a+bt+ct^2$、指数曲线$\hat{y}_t=ab^t$、修正指数曲线、Gompertz 曲线、Logistic 曲线等，非线性趋势与线性思路相同，这里主要介绍线性趋势模型的方法。

设线性趋势方程为$\hat{y}_t=a+bt$，其中t表示时间变量，a,b是两个待定系数，分别表示趋势线在y轴上的截距和斜率。

将方程代入$\min\{Q\}=\min\left\{\sum_{t=1}^{n}(y_t-\hat{y}_t)^2\right\}$得

$$\min\{Q\}=\min\left\{\sum_{t=1}^{n}(y_t-\hat{y}_t)^2\right\}=\min\left\{\sum_{t=1}^{n}(y_t-a-bt)^2\right\}$$

因为Q是a,b的二元函数，所以极值存在的必要条件应有

$$\begin{cases}Q'_b=-2\sum(y_t-a-bt)=0\\ Q'_a=-2\sum(y_t-a-bt)\,t=0\end{cases}$$

整理得两个标准方程式：

$$\begin{cases}\sum_{t=1}^{n}y_t=\sum_{t=1}^{n}a+\sum_{t=1}^{n}b\times t\\ \sum_{t=1}^{n}y_t\times t=\sum_{t=1}^{n}a\times t+\sum_{t=1}^{n}b\times t^2\end{cases}$$

求解上述方程，可得到待定参数a,b的计算公式：

$$\begin{cases}b=\dfrac{n\sum_{t=1}^{n}y_t\times t-\sum_{t=1}^{n}y_t\times\sum_{t=1}^{n}t}{n\sum_{t=1}^{n}t^2-(\sum_{t=1}^{n}t)^2}\\ a=\dfrac{1}{n}\sum_{t=1}^{n}y_t-\dfrac{b}{n}\sum_{t=1}^{n}t=\overline{y}-b\times\overline{t}\end{cases}\tag{9-20}$$

得到a,b，再代入线性方程，就可以得到线性趋势方程。

例 9.14　以表 9-10 我国卫生机构数资料运用最小二乘法，计算资料如表 9-18 所示。

表 9-18　我国卫生机构数趋势分析计算表

年份	t	y	ty	t^2
1995	0	190057	0	0
1996	1	322566	322566	1
1997	2	315033	630066	4
1998	3	314097	942291	9
1999	4	300996	1203984	16
2000	5	324771	1623855	25
2001	6	330348	1982088	36
2002	7	306038	2142266	49
2003	8	291323	2330584	64
2004	9	297540	2677860	81
2005	10	298997	2989970	100
合计	55	3291766	16845530	385

把表中数字代入方程组得

$$\begin{cases} 3291766 = 11a + 55b \\ 16845530 = 55a + 385b \end{cases}$$

解此方程得

$$\begin{cases} a = 281674.18 \\ b = 3515.45 \end{cases}$$

则直线方程为

$$\hat{y}_t = 281674.18 + 3515.45t$$

用此式预测 2006 年我国卫生机构数为 $y_{11} = 3515.45 \times 11 + 281674.18 = 320344.13$

若时间数列的项数 n 为奇数项时，令时间 t 序列为…−3，−2，−1，0，1，2，3…；当时间数列的项数 n 为偶数项时，令时间 t 序列为…−5，−3，−1，1，3，5，…，此时 $\sum_{t=1}^{n} t = 0$，可以简化计算，得

$$a = \frac{\sum_{t=1}^{n} y_t}{n} = \overline{y}, \quad b = \frac{\sum_{t=1}^{n} y_t \times t}{\sum_{t=1}^{n} t^2} \tag{9-21}$$

三、季节变动

季节因素的剔除，是为了更好地分析其他因素。季节因素通常是用季节指数来实现测定和分离，即对一个时间序列计算出该月（或季）指数（季节指数），然后根据各季节指数与其平均数（100%）的偏差程度来测定季节变动的程度。按方法中是否消除长期趋势的影响，分为两类：其一是同期平均法（不剔除）；其二是移动平均趋势剔除法。

（一）同期平均法

同期平均法通常在现象不存在长期趋势或长期趋势不明显时使用，是测定季节变动的一种最基本方法。为使季节变动的情况测定比较准确，在计算季节变动时，要用三年或更多年份的资料（至少三年）作为基本数据进行计算分析，这样才能较好地消除偶然因素的影响使季节变动的规律性更切合实际。

这种方法的思想与长期趋势测定中的移动平均法是相同的，可以认为是一种特殊的“移动平均法”，即一方面它是平均，另一方面这种平均的范围是仅仅局限在不同年份的相同季节中，季节不同，平均数的范围也就随之而“移动”。因此所谓“同期平均”就是在同季（月）内“平均”，而在不同季（月）之间“移动”的一种“移动平均”法。“平均”是为了消除非季节因素的影响，而“移动”则是为了测定季节因素的影响程度。

例 9.15 以 2004～2006 年某邮电局邮电业务总量资料进行同期平均法剔除季节因素。如表 9-19 所示，首先把资料按年平均的顺序排成列，每年的同一个季度（月）的数据排在同一行。

表 9-19 某邮电局邮电业务总量的季节比率

时间	2007 年业务总量/元	2008 年业务总量/元	2009 年业务总量/元	同季平均数/元	季节比率/%
一季度	56384	69131	71659	65724.67	91.12
二季度	69578	73625	78166	73789.67	102.30
三季度	62631	73283	77403	71105.67	98.58
四季度	71020	78115	84588	77907.67	108.01
平均	64903.25	73538.5	77954	72131.92	100.00

（1）计算各年同一季度（或同一个月）的平均数，填入同季度平均数栏。如一季度：（56384+69131+71659）÷3 = 65724.67，其他季度类推。

（2）计算所有各时期的总平均数，即：$\dfrac{\sum \text{各期资料}}{\text{时期数}}$。这种方法计算较准确，但比较麻烦，也可以使用同季（月）平均数来求总平均数，即：$\dfrac{\sum \text{同季平均数}}{4}$或$\dfrac{\sum \text{同月平均数}}{12}$，得

（65724.67+73789.67+71105.67+77907.67）÷4 = 72131.92

（3）计算每个时期同季平均数与总平均数的对比数值，作为当期的季节比率，即

$$季节比率=\frac{同季平均数}{总平均数}\times 100\% \tag{9-22}$$

如第二季度的季节比率 = 73789.67÷72131.92 = 102.30%

季节比率说明各期平均水平和全期平均数相比高低的程度，也就是说各时期平均数占总平均数的百分比。如果季节比率等于 100%，那么该时期不受季节变动的影响；如果季节比率大于 100%，如第二季度和第四季度情况，表明邮电业务总量处于相对较大的时期，即忙季；如果季节比率小于 100%，如一季度和三季度的情况，表明邮电业务量处于相对较小的时期，即淡季。

（二）移动平均趋势剔除法

现象具有明显的长期趋势时，一般是先使用移动平均求长期趋势，接着在原数列中消除长期趋势，然后再用同期平均法计算季节比率，统计学中，把这种方法称为“移动平均趋势剔除法”。用移动平均法求长期趋势和用同期平均法求季节比率，前面已经详细介绍过了。这里着重说明如何剔除长期趋势。时间数列四个构成要素的组合模式中，对于各分量属于乘积形式的现象，应采用原数列除以长期趋势的方法剔除长期趋势；对于各分量属于和的形式的现象，应采用原数列减去长期趋势的方法剔除长期趋势。

例 9.16　对某超市冰淇淋销售收入进行移动平均趋势剔除。

1. 除法剔除趋势值求季节比率

（1）用移动平均法求出长期趋势。表 9-20 中第四栏数据是第三栏（原数列）做 12 项移动平均后，再做两项移动平均所得到的移动平均长期趋势。

表 9-20　某超市冰淇淋销售收入

年份	月份	销售收入 Y/元	移动平均长期趋势值 Y/元	除法剔除长期趋势值(Y/T)/%	减法剔除趋势值(Y−T)/元
2003	1	2613	—	—	—
	2	4643	—	—	—
	3	6673	—	—	—
	4	7400	—	—	—
	5	8963	—	—	—
	6	9685	—	—	—
	7	11041	8358.71	132.09	2682.29
	8	13121	8400.13	156.20	4720.88
	9	10069	8389.96	120.01	1679.04
	10	9301	8366.79	111.17	934.21
	11	8533	8291.17	102.92	241.83
	12	7765	8329.79	93.22	−564.79

续表

年份	月份	销售收入 Y/元	移动平均长期趋势值 Y/元	除法剔除长期趋势值(Y/T)/%	减法剔除趋势值(Y−T)/元
2004	1	3608	8536.04	42.27	−4928.04
	2	4642	8719.83	53.23	−4077.83
	3	6430	8825.29	72.86	−2395.29
	4	7087	8891.22	79.71	−1804.22
	5	7461	8942.25	83.44	−1481.25
	6	12114	8938.44	135.53	3175.56
	7	13562	9018.42	150.38	4543.58
	8	15011	9277.50	161.80	5733.50
	9	10710	9641.00	111.09	1069.00
	10	10242	10171.58	100.70	70.75
	11	8816	10845.04	81.29	−2028.71
	12	7390	11388.33	64.89	−3998.00
2005	1	5902	11780.25	50.10	−5878.25
	2	8566	12154.29	70.48	−3588.29
	3	11230	12516.46	89.72	−1286.46
	4	15021	12713.07	118.15	2307.93
	5	15690	12624.33	124.28	3065.67
	6	16924	12290.18	137.70	4633.82
	7	18158	12548.33	144.70	5609.67
	8	19392	13448.17	144.20	5943.83
	9	15021	14201.33	105.77	819.67
	10	10650	14760.88	72.15	−4110.88
	11	6279	15209.92	41.28	−8930.92
	12	1908	15655.00	12.19	−13747.00
2006	1	17580	16072.58	109.38	1507.42
	2	18484	16498.50	112.03	1985.50
	3	19388	17045.79	113.74	2342.21
	4	20292	17733.17	114.43	2558.83
	5	21196	18502.13	114.56	2693.88
	6	22100	19352.67	114.20	2747.33
	7	23004	—	—	—
	8	24768	—	—	—
	9	22780	—	—	—
	10	19388	—	—	—
	11	15996	—	—	—
	12	12604	—	—	—

（2）剔除长期趋势。用原数列除以同一时期的趋势值，例如，2003 年 7 月：11041÷8358.71 = 132.09%，8 月：13121÷8400.13 = 156.20%，其余依次类推。

（3）用同期平均法求季节比率，用表 9-20 中第五栏作为表 9-21 的基本数据，使用按月平均法计算，目的是去掉不规则变动，得到调整前的季节比率，如表 9-21 所示。

表 9-21　除法删除长期趋势后的季节比率计算表

月份	除法剔除长期趋势后的数值(Y/T)/%				同月平均数/%	调整前季节比率/%	调整后季节比率/%
	2003	2004	2005	2006			
1	—	42.27	50.10	109.38	67.25	65.72	66.48
2	—	53.23	70.48	112.03	78.58	76.79	77.68
3	—	72.86	89.72	113.74	92.11	90.01	91.05
4	—	79.71	118.15	114.43	104.10	101.72	102.9
5	—	83.44	124.28	114.56	107.43	104.97	106.19
6	—	135.53	137.70	114.20	129.14	126.20	127.66
7	132.09	150.38	144.70	—	142.39	139.14	140.75
8	156.20	161.80	144.20	—	154.07	150.55	152.3
9	120.01	111.09	105.77	—	112.29	109.73	111
10	111.17	100.70	72.15	—	94.67	92.51	93.58
11	102.92	81.29	41.28	—	75.16	73.45	74.3
12	93.22	64.89	12.19	—	56.77	55.47	56.11
合计	715.60	1137.18	1110.73	678.33	—	1186.24	1200
平均	119.26	94.76	92.56	113.05	101.16	100.00	100.00

（4）调整季节比率，各期的季节比率都是以全期的总平均数作为对比基础计算出来的。所以各期的季节比率都围绕 100%上下波动。各期季节比率的平均数应等于 100%，各月的季节比率值和应为 1200%，各季的季节比率值和应为 400%。有时由于其他因素的干扰，季节比率之和不等于 1200%或 400%，这就需要调整。方法是，首先计算一个调整系数，即

$$\text{调整系数}=\frac{1200\%}{\sum\text{季节比率}}\left(\text{或}\frac{400\%}{\sum\text{季节比率}}\right)$$

然后将调整后的系数乘到各期的季节比率中去，调整后的季节比率 = 调整前的季节比率×调整系数，如 1 月份调整后的季节比率 = $65.72\%\times\frac{1200\%}{1186.24\%}=66.48\%$，冰淇淋的销售收入的季节比率如图 9-1 所示。

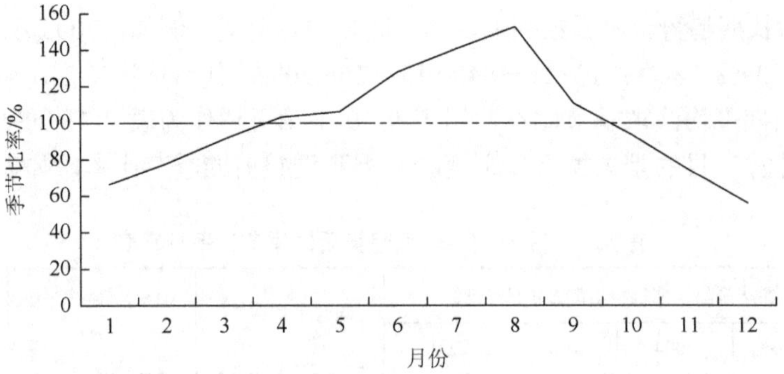

图 9-1 冰淇淋销售收入季节变动图

由图 9-1 可以看出，4～9 月的季节变动使冰淇淋的销售收入增高，8 月份是销售收入的高峰期；1～3 月和 10～12 月的季节变动使得销售收入减少，12 月份的销售收入最低。

2. 减法剔除趋势值求季节比率

为叙述方便，仍以前例说明计算方法。

（1）用移动平均法求出长期趋势值。

（2）剔除长期趋势。用原时间数列减去同一时期的趋势值。见表 9-20 中第六栏。如 2003 年 7 月：11041−8358.71 = 2682.29；2003 年 8 月：13121−8400.13 = 4720.88。

（3）计算同期平均数。以表 9-20 中第六栏的数字作为基本数据计算同月平均数。如 7 月份：$\dfrac{2682.29+4543.58+5609.67}{3}=4278.51$，见表 9-22。

表 9-22 减法剔除长期趋势后季节变差计算表（单位：元）

月份	减法剔除长期趋势后的数值（$Y-T$）				同月平均数	季节变差
	2003 年	2004 年	2005 年	2006 年		
1	—	−4928.04	−5878.25	1507.42	−3099.63	−3162.03
2	—	−4077.83	−3588.29	1985.50	−1893.54	−1955.94
3	—	−2395.29	−1286.46	2342.21	−446.51	−508.92
4	—	−1804.22	2307.93	2558.83	1020.85	958.45
5	—	−1481.25	3065.67	2693.88	1426.10	1363.70
6	—	3175.56	4633.82	2747.33	3518.90	3456.50
7	2682.29	4543.58	5609.67	—	4278.51	4216.11
8	4720.88	5733.50	5943.83	—	5466.07	5403.67
9	1679.04	1069.00	819.67	—	1189.24	1126.83
10	934.21	70.75	−4110.88	—	−1035.31	−1097.71
11	241.83	−2028.71	−8930.92	—	−3572.60	−3635.00
12	−564.79	−3998.00	−13747.00	—	−6103.26	−6165.67
合计	—	—	—	—	748.82	0.00

（4）分摊余数得季节变差。把同期平均数合计数分摊到各时期的同期平均数中去，即

$$季节变差=同期平均数-\frac{\sum 同期平均数}{时期数}$$

如 1 月份季节变差为：$-3099.63-\frac{748.82}{12}=-3162.03(元)$

季节变差表明由于季节的规律性变动，各期平均水平以长期趋势为中心的上下波动程度。季节变差大于零时，反映季节变动高于长期趋势的绝对量，如 4 月份，冰淇淋的销售收入平均比长期趋势高 958.45 元，属于销售旺季。季节变差小于零时，反映季节变动使实际值低于长期趋势值的绝对量。如 1 月份冰淇淋的销售收入平均比长期趋势收入少 3162.03 元，处于销售淡季。

由于在剔除趋势时，已经将时间数列的数据转化成了相对量，所以各年的同季平均就可以直接观察季节变动了，这与同期平均法略有差异。

四、循环变动与不规则变动

在实际分析时，人们发现没有固定周期的循环变动与长期趋势的影响很难严格分解开，而有固定周期的循环变动与季节性变化又很难严格分解开。近年来，人们对四因素的确定性分析做了改进，通常把时间数列分解为三大因素的综合影响。除了长期趋势因素和季节变动因素，其他因素的综合影响都归为不规则变动。

用原时间数列剔除移动平均数数列后得到的结果，就是季节因素和不规则因素的估计值。这些数值如果有明显的规律性，就是季节因素造成的，为找出这个规律应用同期平均法消除不规则因素。除了有规律性的变动，这些值往往还有一些因年而异、无规律可循的偶然性波动，这就是不规则变动。一般不规则变动是在无法预测的方式下发生的，它是各种不同的随机发生的事件造成的影响，使时间数列的实际值发生偏高或偏低的情况。要找出不规则变动，可在移动平均法剔除长期趋势的基础上，剔除季节比率得到。

例 9.17　2004 年某超市冰淇淋的销售收入，长期趋势、季节比率资料见表 9-23。

表 9-23　不规则波动计算表

月份	销售收入 Y/元	移动平均长期趋势值 T/元	季节比率 Z/%	不规则变动 $\left(\frac{Y}{T\cdot Z}\right)$
1	3608	8536.04	66.48	0.6358
2	4642	8719.83	77.68	0.68531
3	6430	8825.29	91.05	0.80021
4	7087	8891.22	102.9	0.77461
5	7461	8942.25	106.19	0.78572

续表

月份	销售收入 Y/元	移动平均长期趋势值 T/元	季节比率 Z/%	不规则变动 $\left(\frac{Y}{T\cdot Z}\right)$
6	12114	8938.44	127.66	1.06162
7	13562	9018.42	140.75	1.06843
8	15011	9277.50	152.3	1.06238
9	10710	9641.00	111	1.00079
10	10242	10171.58	93.58	1.07604
11	8816	10845.04	74.3	1.09413
12	7390	11388.33	56.11	1.15655

对于各分量以乘积形式构成的时间数列，求不规则变动，用原时间数列除以其他分量得到。如表 9-23 中，1 月份的不规则变动相对数 = 3608÷（8536.04×66.48%）= 0.6358，填入第五栏。

不规则变动相对数反映各种偶然因素在不同时期随机变动的程度。它一般在 1 左右波动，越远离 1，时期的偶然变动越大；越接近 1，不规则变动越小。当不规则变动相对数大于 1 时，不规则变动使时间数列值升高（如表中 6 月份，不规则变动使冰淇淋销售收入增加）；当不规则变动相对数小于 1 时，不规则变动使时间数列值降低（如 2 月份，受不规则变动影响使冰淇淋销售收入减少）。

对于各分量以和的形式构成的时间数列，计算不规则变动时，宜用原数列减去长期趋势，再减去季节变差得到。这种情况下得到的不规则变动是绝对量，它反映因偶然因素变动的影响是各时期数列水平提高或降低的绝对量。当不规则变动的绝对数等于零时，它对原数列没有影响；当不规则变动的绝对数大于零时，它是不规则变动使时间数列值减少的量。

具体选用哪种方法合适，要根据时间数列中各分量构成情况来确定。

本章小结

本章讨论的是统计学中时间数列的一些基本问题。

时间数列是重要的统计分析方法之一。通过本章的学习，了解时间数列的概念、种类和编制原则，掌握时间数列的各种水平指标、平均指标的含义及计算方法，尤其是时间数列速度指标的计算方法及应用，熟悉时间数列变动的几种分析方法，能从事物的发展变动中来描述现象的状态并研究其发展趋势及规律。

通过本章的学习，期望能对时间数列的处理有一个较为全面的了解和掌握，掌握时间数列的各种指标的意义和能够对时间数列进行确定性分析。

本章练习题

一、判断题（在题后的括号内，正确的打✓，错误的打×，并改正）。

1. 要编制 2000～2009 年北京市各年平均人口数的时间数列，首先必须占有 2000～2009 年各年的年末人口的资料。（　　）

2. 某些时点现象，如人口数、库存量，若统计其一定时期的增减数量变动时，它是时期数列。（　　）

3. 时间数列就是将一系列统计指标按时间先后顺序排列。（　　）

4. 把我国历年的人均储蓄额按时间顺序排列属于比较相对数时间数列。（　　）

5. 时间数列中，各项指标数值可以直接相加的是时期数列。（　　）

6. 如果时间数列的二级增长量接近某一常量宜拟合抛物线趋势线。（　　）

7. 对时间数列进行动态分析的基础指标是发展速度。（　　）

8. 用水平法平均发展速度推算，可使推算的期末水平等于实际期末水平。（　　）

9. 若时间数列环比发展速度大体相同，宜拟合直线趋势线。（　　）

10. 若无季节变动，则季节变动比率为零。（　　）

二、单选题（将备选答案中唯一正确的选项序号填在括号内）。

1. 若要观察现象在某一段时期内变动的基本趋势，需测定现象的（　　）

A. 季节变动　　B. 循环变动　　C. 长期变动　　D. 不规则变动

2. 一般平均数与序时平均数的共同之处是（　　）

A. 都是反映现象一般水平　　B. 都是反映同一总体的一般水平

C. 反映同质总体在不同时间上的一般水平

D. 都可以消除现象波动的影响

3. 按季度计算的季节比率之和应等于（　　）

A. 100%　　B. 400%　　C. 120%　　D. 1200%

4. 在时期数列中（　　）

A. 各指标数值所属的时期称作“间隔”

B. 各指标数值之间的距离称作“间隔”

C. 最初水平和最末水平之差称作“间隔”

D. 最初水平和最末水平之间的距离称作“间隔”

5. 下列数列中哪一个属于动态数列（　　）

A. 城市人口按规模分组形成的数列

B. 我国国民经济行业划分的 15 大类

C. 国内生产总值按时间先后顺序形成的数列

D. 职工按工资水平高低排列形成的数列

6. 发展速度与增长速度相比较（　　）

A. 发展速度不包括基期水平

B. 增长速度不包括基期水平

C. 定基发展速度等于各环比增长速度的连乘
D. 定基增长速度等于各环比增长速度的连乘

7. 时间数列中的平均发展速度（　　）
A. 是各时期定基发展速度的序时平均数
B. 是各时期环比发展速度的算术平均数
C. 是各时期环比发展速度的调和平均数
D. 是各时期环比发展速度的几何平均数

8. 应用几何平均数计算平均发展速度主要是因为（　　）
A. 各时期环比发展速度之和等于总速度
B. 各时期环比发展速度之积等于总速度
C. 几何平均数计算简便
D. 它与社会经济现象平均速度形成的客观面过程一致

9. 在下列哪种统计下，计算平均发展速度应采用几何法（　　）
A. 研究目的在于改变全时期发展水平总和时
B. 研究目的在于改变最初时期发展水平时
C. 研究目的在于改变最末时期发展水平时
D. 经济现象发展出现波动时

10. 如果某企业在“九五”计划期间规定最末一年总产值达到某一水平，则对于这种经济现象计算平均发展速度宜采用（　　）
A. 方程法　B. 几何平均法　C. 算术平均法　D. 调和平均法

11. 采用移动平均法计算平均数的方法是（　　）
A. 加权算术平均数　B. 简单算术平均数
C. 几何平均法　D. 调和平均法

12. 移动平均法适于修匀（　　）
A. 抛物线趋势　B. 指数曲线趋势
C. 直线趋势或曲线趋势　D. 曲线趋势

13. 已知动态数列的数据有 50 项。若采用 8 项移动平均法进行长期趋势的预测，则修匀后的趋势数列的项数是多少项（　　）
A. 48　B. 46　C. 44　D. 42

14. 受下列哪些因素的影响，使得现象的发展存在长期趋势（　　）
A. 基本因素　B. 偶然因素　C. 季节因素　D. 复杂因素

三、多项选择题（将备选答案中全部正确的选项序号填在括号内）。

1. 影响时间数列发展水平的因素主要有（　　）
A. 长期趋势变动　B. 季节变动　C. 循环变动
D. 不规则变动　E. 随机变动

2. 长期趋势的测定方法有（　　）
A. 季节比率法　B. 移动平均法　C. 半数平均法
D. 抛物线法　E. 最小平方法　F. 时距扩大法

3. 定基发展速度与环比发展速度的关系是（　　）
   A. 两者都属于速度指标
   B. 环比发展速度连乘积等于定基发展速度
   C. 环比发展速度之和等于定基发展速度
   D. 相邻两个定基发展速度之商等于相应的环比发展速度
4. 累计增长量与逐期增长量（　　）
   A. 前者基期水平不变，后者基期水平总在变动
   B. 前者基期水平总在变，后者基期水平不变
   C. 二者存在关系式：逐期增长量之和 = 累计增长量
   D. 根据这两个增长量都可以计算较长时期平均每期增长量
5. 有某企业月末库存资料：

月份	1 月	2 月	3 月	4 月	5 月
产品库存数/吨	10	11	13	12	10

则该时间数列有如下特点（　　）
   A. 数列中的各项指标数值可以直接相加
   B. 数列中的各项指标数值不能直接相加
   C. 数列中的每一指标数值大小与计算间隔长短存在直接关系
   D. 数列中的每一指标数值大小与计算间隔长短不存在直接关系
6. 相对数时间数列可以是（　　）
   A. 两个时期数列之比
   B. 两个时点数列之比
   C. 一个时期数列和一个时点数列之比
   D. 结构相对数构成的相对数时间数列
   E. 强度相对数时间数列
7. 编制时间数列应遵循的原则是（　　）
   A. 时间长短统一　　B. 总体范围一致
   C. 指标的经济内容应该一致　　D. 指标数值的变化幅度应一致
   E. 指标的计算方法、计算价格和计量单位应一致
8. 下列社会现象属于时期数列的有（　　）
   A. 某药店各月药品库存数　　B. 某药店各月实现的销售额
   C. 某企业某年各月末人数　　D. 某企业某年内各季度产值
   E. 某企业历年产品产量

9. 如果我们所关心的是某种现象最末一期所达到的水平，则应用几何平均法计算平均发展速度，这种现象的表现形式可以是（　　）
   A. 时期数列　　B. 时点数列　　C. 平均数列

D. 相对数列　　　　　　　　E. 带单位的强度相对数列

10. 计算移动平均数时，采用的项数（　　）

A. 可以是奇数项　　　　　B. 可以是偶数项　　　　　C. 一般多用奇数项

D. 一般多用偶数项　　　　E. 奇数项和偶数项并用

四、计算题（要求：有计算公式及计算过程，计算结果保留两位小数）。

1. 某百货公司 2009 年的商品销售额和职工人数资料如下：

月份	3 月	4 月	5 月	6 月
销售额/万元	1500	1600	1650	1850
月末职工人数/人	600	615	630	660

计算该公司第二季度人均商品销售额。

2. 2004～2009 年我国居民消费水平统计数据如下：

年份	2004	2005	2006	2007	2008	2009
居民消费水平/元	803	896	1070	1331	1781	2311

计算：（1）各年逐期增长量、累计增长量及年平均增长量；

（2）各年环比发展速度、定基发展速度及各自的增长速度；

（3）按水平法计算年平均发展速度及平均增长速度。

3. 某电子产品公司 2001～2009 年的产品销售数据如下：

年份	销售额/万元	年份	销售额/万元
2001	80	2006	101
2002	83	2007	107
2003	87	2008	115
2004	89	2009	125
2005	95		

要求：（1）应用 3 年和 5 年移动平均法计算趋势值；

（2）应用最小二乘法配合趋势直线，并计算出各年的趋势值。

4. 2009 年某城市的地区生产总值达到 95933 亿元，比 1997 年增长近两倍，年均增长速度为 9.3%，求 1997 年的产值、2008 年的产值具体是多少？又 2020 年地区生产总值力争比 2008 年翻两番，根据上述结果计算今后年均增长速度是多少才能达到翻两番？

5. 计算并描述广告费与销售额之间的相关系数和相关关系。

年份	广告费 X/万元	销售额 Y/万元
2004	10	200
2005	11	230
2006	12	250
2007	14	270
2008	15	280
2009	16	300

6. 甲、乙两个地区“十五”期间粮食产量资料如下：

年份	甲地区/吨	乙地区/吨
2000	4500	40044
2001	5100	42900
2002	6300	45000
2003	7000	50000
2004	7050	50150
2005	8700	51900

要求：计算两个地区年平均发展速度？

按这个平均发展速度发展，甲地区赶上乙地区还需要多少年？

若甲地区要在 15 年内赶上乙地区，则年平均发展速度应为多少？

7. 某汽车制造厂 2005 年产量为 30 万辆。

（1）若规定 2005～2008 年年递增率不低于 6%，其后不低于 5%，问 2010 年该厂汽车产量将达到多少？

（2）若规定 2020 年汽车产量在 2010 年的基础上翻一番，而 2011 年的增长速度可望达到 7.8%，问以后 9 年应以怎样的速度增长才能达到预定目标？

（3）若规定 2020 年汽车产量在 2010 年的基础上翻一番，并要求每年保持 7.4%的增长速度，问能提前多久达到预定目标？

8. 某地区社会商品零售额 1996～2000 年（1995 年为基期）每年平均增长 10%，2001～2005 年每年平均增长 8.2%，2006～2009 年每年平均增长 6.8%。问 2009 年与 1995 年相比该地区社会商品零售额共增长多少？年平均增长速度是多少？若 2005 年社会商品零售额为 30 亿元，按此平均增长速度，2012 年的社会商品零售额应为多少？

9. 某地区社会总产出增长速度资料如下：

年份	2004	2005	2006	2007	2008	2009
定基增长速度/%	—	5	11.3			35.049
环比增长速度/%	—	5		7	8	

问：五年间平均每年的增长速度是多少？超过平均增长速度的年份有哪些？

10. 填下表空栏数据：

年份	产量/百万平方米	与上一年比较			
		增长绝对量/百万平方米	发展速度/%	增长速度/%	增长百分之一绝对值/百万平方米
2004	95.2	—	—	—	—
2005		4.8			
2006			104.0		
2007				5.8	
2008					
2009		7.0			1.15

第十章

统计指数

第一节　统计指数概述

一、统计指数的概念

在分析社会经济现象数量变动时，统计指数法是一种重要方法，它在经济管理上、经济分析中及经济指标的对比上都有着广泛的应用。

统计指数产生于 18 世纪中叶的物价指数，距今已有 300 多年的历史。随着统计指数的应用不断扩大，统计指数的理论也在不断发展。指数从单纯说明某一种事物变动的个体指数，到说明多种事物综合变动的总指数；从仅仅说明商品价格变动的物价指数，到广泛说明各种社会经济现象变动的工业生产指数、成本指数、工资指数、货币购买力指数、就业指数等各类指数；从不同时间比较的动态指数，到不同空间对比的静态指数。直到现在，统计指数的理论与应用仍在发展。

关于统计指数的概念，在当今统计学的著作中有多种不同的表述。在我国统计界一般认为，统计指数是研究社会经济现象数量方面时间变动状况和空间对比关系的分析方法，还认为，统计指数有广义和狭义之别。从广义来说，凡是用来反映社会经济现象时间变动和空间对比状况的相对数，如动态相对数、比较相对数都可称为指数。从狭义来说，统计指数是一种特定的相对数，是用来综合反映复杂社会经济现象总体数量综合比较程度的相对数。所谓复杂社会经济现象总体是指不同度量单位或性质各异的若干事物所组成的、数量不能直接加总或不可以直接加总的总体。例如，我们在分析某商场的上万种商品的价格变动时，由于各种商品的计量单位不同，它们的价格是不能直接相加的，这个总体就称为复杂社会经济现象总体。

必须明确，统计指数法中的统计指数概念，是指狭义指数，不是指广义指数。

统计指数简称为指数。

二、统计指数的性质

概括地讲，统计指数具有以下性质。

（一）相对性

统计指数可以度量一个社会经济现象或社会经济总体现象在不同时间或不同空间

的相对变化，如一种或多种商品的价格变动或销售量变动，该种商品或多种商品在不同空间上的差异变化。

（二）综合性

统计指数是反映社会经济现象在不同场合下的综合变动水平，它是统计指数理论和方法的核心问题。综合性说明指数是一种特殊的相对数，它是社会经济现象总体的数量综合对比所形成的一个反映总变动的量，具有高度的综合性和概括性。例如，工业生产指数是用来反映一个国家全部工业产品产量总变动的相对数，常常用来表明一个国家的经济发展状况。

（三）平均性

统计指数是社会经济现象总体水平的一个代表性数值。有两层含义：一是指数进行比较的综合数量是作为个别量的一个代表，这本身就具有平均的性质；二是两个综合量对比形成的指数反映了个别量的平均变动水平，如物价指数反映了多种商品和服务项目价格的平均变动水平。

三、统计指数的作用

统计指数的作用与其性质有密切联系。狭义的统计指数主要有以下两个方面的作用。

（一）综合比较的作用

统计指数综合反映复杂社会经济总体在时间和空间方面的变动方向和变动程度。在社会经济现象中，大量存在着不能直接加总或不能直接对比的复杂总体，为了反映和研究它们的变动方向和变动程度，只能通过统计指数法，编制统计指数才能得到解决。

（二）因素分析的作用

指数可以分析受多因素影响的复杂社会经济现象总变动，各个因素的影响方向和影响程度。

研究总量指标指数变动及其影响，可以通过编制数量因素指数和质量因素指数分析和测定各因素变动对总体变动的影响。

研究平均指标指数变动及其受水平因素和结构因素变动的影响。平均指标中包含水平因素和结构因素，因此可以编制可变组成指数、固变组成指数和结构影响指数，研究平均指标的变动及其各因素变动对平均指标变动的影响。

四、统计指数的分类

统计指数按照不同的研究目的和要求，可以进行如下各种分类。

（1）按所研究对象的范围不同分为个体指数和总指数。

个体指数反映某种社会经济现象个别事物变动的情况。例如，反映某一种商品物价或物量变动的情况。

总指数则综合反映某种事物包括若干个别事物总的变动情况。例如，反映若干商品总的物价或物量变动的情况。

有时根据研究需要还编制介于个体指数与总指数之间的组指数（或类指数）。

（2）按指数化指标的性质不同分为数量指标指数和质量指标指数。

数量指标指数反映现象总体的规模和水平的变动状况，如产量指数、职工人数指数等。

质量指标指数则反映现象总体内涵质量的变动，如商品物价指数、劳动生产率指数等。

（3）按比较特征的不同分为动态指数和静态指数。

动态指数是反映社会经济现象在不同时间上发展变化程度的相对数，也称为时间性指数。统计指数按其本来的含义，都是指动态指数。

静态指数是指在同一时间条件下不同单位、不同地区间同一事物数量进行对比所形成的指数；或同一单位、同一地区计划指标与实际指标进行对比所形成的指数。静态指数的统计指数应用中拓展的新领域，如地区物价比较指数（地区性物价指数）就属于静态指数。

（4）按在指数数列中所采用的基期不同分为定基指数和环比指数。

定基指数指在数列中以某一固定时期的水平作对比基准的指数。

环比指数则是以其前一时期的水平作为对比基准的指数。

第二节 综合指数的编制方法

指数的编制通常情况下指的是总指数的编制。总指数包括综合指数与平均指数。作为总体变动来讲，总是从个体变动开始的，即简单现象的总体变化。首先介绍个体指数的编制。

一、个体指数的编制方法

个体指数是反映个别现象（即简单现象总体）数量变动的相对数，按指数化指标的性质不同可分为数量指标个体指数和质量指标个体指数。个体指数的计算比较简单。

要研究计算某商场上某种商品的销售情况，可以用报告期的销售量（平均价格）与基期的销售量（平均价格）进行直接对比。其中，销售量指数为个体物量指数，销售价格指数为个体物价指数。具体表示如下：

$$\text{个体物量指数}K_q=\frac{q_1}{q_0} \tag{10-1}$$

式中，q 为销售量；q_1 为报告期销售量；q_0 为基期销售量。

当计算结果大于 1 时，表示销售量增长，其绝对额为正数；当计算结果小于 1 时，表示销售量减少，其绝对额为负数。

$$个体物价指数K_p=\frac{p_1}{p_0} \quad (10\text{-}2)$$

式中，p 为销售量；p_1 为报告期销售量；p_0 为基期销售量。

当计算结果大于 1 时，表示销售价格上涨，其绝对额为正数；当计算结果小于 1 时，表示销售价格下跌，其绝对额为负数。

在经济生活中，往往是要获得总体性的认识，因此，就需要编制总指数。

例 10.1 通过表 10-1 资料分别计算某地区三种商品的个体物量指数和个体物价指数。

表 10-1 某地区三种商品价格和销售量资料

商品名称	计量单位	单价/元		销售量	
		基期 p_0	报告期 p_1	基期 q_0	报告期 q_1
甲	千克	20	22	300	280
乙	尺	5	5	400	400
丙	条	12	10	100	200

先计算个体物量指数。根据个体物量指数的计算公式 $K_q=\frac{q_1}{q_0}$，三种商品销售量的个体指数分别为

甲：$K_q=\frac{q_1}{q_0}=\frac{280}{300}=93.33\%$　　$q_1-q_0=280-300=-20$（千克）

乙：$K_q=\frac{q_1}{q_0}=\frac{400}{400}=100.00\%$　　$q_1-q_0=400-400=0$（尺）

丙：$K_q=\frac{q_1}{q_0}=\frac{200}{100}=200.00\%$　　$q_1-q_0=200-100=100$（条）

计算结果表明，甲种商品报告期比基期少销售 6.67%，销售量减少 20 千克；乙种商品报告期与基期相比，销售量没有变化；丙种商品报告期比基期多销售 100%，销售量增加 100 条。

计算个体物价指数。根据个体物价指数的计算公式 $K_p=\frac{p_1}{p_0}$，三种商品销售量的个体指数分别为

甲：$K_p=\frac{p_1}{p_0}=\frac{22}{20}=110.00\%$　　$p_1-p_0=22-20=2$（元/千克）

乙：$K_p=\frac{p_1}{p_0}=\frac{5}{5}=100.00\%$　　$p_1-p_0=5-5=0$（元/尺）

丙：$K_p=\frac{p_1}{p_0}=\frac{10}{12}=83.33\%$　　$p_1-p_0=10-12=-2$（元/条）

计算结果表明，甲种商品报告期比基期销售价格上涨 10%，每千克上涨 2 元；乙种商品报告期与基期相比，销售价格没有变化；丙种商品报告期比基期销售价格下降 16.67%，每条下降 2 元。

二、总指数的编制方法

在一家综合型商场内，经营着上万种商品。要研究这上万种商品的综合变动，就需要编制总指数。总指数是一种代表值，说明复杂经济现象总体各因素的变动。从某种意义上讲，它有“平均”的意义和作用，但对于总指数，不能用一般平均的方法去计算，在计算总指数的历史上曾经有过两种有明显缺陷的计算方法：简单总指数和简单平均指数。随着指数法的深入研究，逐步产生了与简单综合法相对应的综合法，即综合指数法以及与简单平均法相对应的平均指数法，这两种方法是总指数的两种基本形式。

综合指数是总指数的一种主要形式。它是按照加权综合的方法先计算出两个综合的总量并进行对比，因此，综合指数的编制可以概括为六个字“先综合，后对比”。

综合指数有数量指标综合指数和质量指标综合指数两种，具体计算方法分述于后。

三、数量指标综合指数的编制方法

数量指标综合指数研究的是以数量指标为对象的复杂社会经济现象总体的综合变动，如产品产量指数、商品销售量指数、进出口商品数量、货运量指数等。现以下例介绍数量指标指数的编制方法。

例 10.2 某商场 1 月份销售商品的价格和销售量资料如表 10-2 所示。

表 10-2 综合指数计算表

商品名称	计量单位	价格/元		销售量		销售额/元		
		基期 p_0	报告期 p_1	基期 q_0	报告期 q_1	基期 q_0p_0	报告期 q_1p_1	假定销售额 q_1p_0
甲	公斤	2	2.2	60000	72000	120000	158400	144000
乙	米	1.5	1.8	20000	2200	30000	39600	33000
丙	袋	4	4.1	40000	60000	160000	246000	240000
合计	—	—	—	—	—	310000	444000	417000

要求：研究该商场的三种商品销售量的变动。

要研究该商场的三种商品的变动首先要解决两个问题：一是这三种商品不同质，即不能把这三种商品的基期与报告期的销售量相加得到销售总量再对比；二是既然不能直接相加，需要用间接的手段，即用一个“同度量”因素使得这三个不同质的个体处于一个数量总体中，这个“同度量”因素又如何确定呢？

现在研究的是销售量的变动情况，销售量称为指数化指标。如果将销售量乘以与其相对应的商品的价格，就可得到销售额，销售额可以相加，因而得到算式：

$$销售额 = 销售量 \times 价格$$

根据数学原理，如果价格不变，销售量的变动与销售额的变动的方向一致且大小相等，这样测定销售额的变动就可以得到销售量的变动了，即得到了销售量指数。因此，“价格”被称为“同度量”因素，起同度量的作用。由于价格存在着两个时期的资料，故产生了两个公式。

第一式，以价格的基期水平为同度量因素：

$$\bar{K}_q = \frac{\sum q_1 p_0}{\sum q_0 p_0} \tag{10-3}$$

式中，$\bar{K}_q$ 表示销售量指数；q_1 表示报告期销售量；q_0 表示基期销售量；p_0 表示基期价格；$\sum q_1 p_0$ 表示假定的报告期销售额；$\sum q_0 p_0$ 表示基期销售额。

代入表 10-2 中的有关数据，得到销售量总指数：

$$\bar{K}_q = \frac{\sum q_1 p_0}{\sum q_0 p_0} = \frac{417000}{310000} = 134.52\%$$

销售量增加所引起的销售额的变动数额为

$$\sum q_1 p_0 - \sum q_0 p_0 = 417000 - 310000 = 107000(元)$$

计算结果表明，当价格固定在基期时，该商场三种商品的销售量报告期比基期综合增加了 34.52%，由于销售量的增加，该商场的销售额报告期比基期增加了 10700 元；同时也说明了居民购买商品时，由于购买量的增加，商品支出额报告期比基期多支付了 10700 元。

第二式，以价格的报告期水平为同度量因素：

$$\bar{K}_q = \frac{\sum q_1 p_1}{\sum q_0 p_1} \tag{10-4}$$

式中，p_1 表示报告期价格；$\sum q_1 p_1$ 表示报告期销售额；$\sum q_0 p_1$ 表示假定的基期销售额。

代入表 10-2 中的有关数据，得到销售量总指数：

$$\bar{K}_q = \frac{\sum q_1 p_1}{\sum q_0 p_1} = \frac{444000}{332000} = 133.73\%$$

销售量增加所引起的销售额的变动数额为

$$\sum q_1 p_1 - \sum q_0 p_1 = 444000 - 332000 = 112000(元)$$

计算结果表明，当价格固定在报告期，该商场三种商品的销售量报告期比基期综合增加了 33.73%，由于销售量的增加，该商场的销售额报告期比基期增加了 112000 元；同时也说明了居民购买商品时，由于购买量的增加，商品支出额报告期比基期多支付了 112000 元。

通过以上两种方法的计算都可以得到销售量指数，但结果却不同。从第一式看，采取以基期价格为同度量因素，目的在于说明基期价格条件下，销售量的总变动情况，缺点是不能反映出销售量的变动对销售额所产生的实际效果。在后一式中，采用报告期价格为同度量因素，目的说明在报告期条件下，销售量总的变动，注意，所计算出来的指数，是价格变动和销售量变动的综合结果。因为价格在报告期时的水平是由基期水平变动而来的，而分子、分母的差额正是这两个因素共同变动的结果，因而所产生的实际效果更加明显，表明实际增加的数额。在指数分析中，通常情况下，实际销售量变动的目的是反映销售量对销售额的实际影响，在两式比较中，第二式更符合研究目的与切实的经济意义。正是如此，才出现第一式相对数大于第二式，而第一式绝对数小于第二式的现象。一个是纯粹的变动，另一个是综合变动的效果。在实际应用中，一般情况下，在计算数量指标指数时，把作为同度量因素的质量指标固定在基期。

四、质量指标综合指数的编制方法

质量指标综合指数研究的是以质量指标为对象的复杂经济现象总体的综合变动，如产品单位成本指数、商品销售价格指数、商品的流通费用指数等。现以下例介绍质量指标综合指数编制的方法。

例 10.3　以表 10-2 资料为例，说明计算以价格综合指数为代表的质量指标指数的方法，测定三种商品销售价格总变动。

从三种商品的个体指数看，甲商品的价格指数为 110%，乙商品的价格指数为 120%，丙商品的价格指数为 102.5%，表现不一致。如何来测定这三种商品变动不一致的商品的综合物价变动，也需要用综合的办法。同上述数量指标综合指数原理相同，先引入同度量因素，在研究价格变动时，把影响销售额变动的数量指标销售量作为同度量因素。由于销售量也分为报告期和基期，同样产生了两个公式。

第一式，以销售量的基期水平为同度量因素：

$$\bar{K}_p = \frac{\sum p_1 q_0}{\sum p_0 q_0} \tag{10-5}$$

式中，$\bar{K}_p$ 表示销售价格指数；$\sum p_1 q_0$ 表示假定的报告期销售额；$\sum p_0 q_0$ 表示基期销售额。

代入表 10-2 中的有关数据，得到销售价格总指数：

$$\bar{K}_p = \frac{\sum p_1 q_0}{\sum p_0 q_0} = \frac{332000}{310000} = 107.10\%$$

销售价格上涨所引起的销售额的变动数额为

$$\sum p_1 q_0 - \sum p_0 q_0 = 332000 - 310000 = 22000(\text{元})$$

计算结果表明，当销售量固定在基期时，该商场三种商品的销售价格报告期比基期综合上涨了 34.52%，由于销售价格的上涨，该商场的销售额报告期比基期增加了 22000 元；同时也说明了居民购买商品时，由于购买价格的上涨，购买与基期同样多的商品，商品支出额报告期比基期多支付了 22000 元。

第二式，以销售量的报告期水平为同度量因素：

$$\bar{K}_p = \frac{\sum p_1 q_1}{\sum p_0 q_1} \tag{10-6}$$

式中，$\sum p_1 q_1$ 表示报告期销售额；$\sum p_0 q_1$ 表示假定的基期销售额。

代入表 10-2 中的有关数据，得到销售价格总指数：

$$\bar{K}_p = \frac{\sum p_1 q_1}{\sum p_0 q_1} = \frac{444000}{417000} = 106.47\%$$

销售价格上涨所引起的销售额的变动数额为

$$\sum p_1 q_1 - \sum p_0 q_1 = 444000 - 417000 = 27000(\text{元})$$

计算结果表明，当销售量固定在报告期时，该商场三种商品的销售价格报告期比基期平均上涨了 6.47%，由于销售价格的上涨，该商场的销售额报告期比基期增加了 27000 元；同时也说明了居民购买商品时，由于购买价格的上涨，商品支出额报告期比基期多支付了 27000 元。

上述两式由于采取的同度量因素不同，得到两种不同的结果。从前一式看，由于用基期销售量作同度量因素，所得到的指数仅仅反映价格的纯粹变动；后一式中，价格变动了，销售量也变动了，所得到的结果是两个因素共同变动所造成的，故而后一式比前一式有现实意义，它能说明由于价格变动的实际影响。如果从研究目的出发，不考虑销售量的影响，前一式较有意义。

在实际应用中，一般情况下，在计算质量指标指数时，把作为同度量因素的数量指标固定在报告期。

特别强调，通过数量综合指数和质量综合指数的编制，不难看出，同度量因素除了对指数化因素起到同度量的作用，还对指数化因素起着加权的作用，有时也被称为权数。无论是数量指标指数还是质量指标指数的计算结果同时体现了多种商品的综合性变动的特点，同时反映了多种商品平均变动的特性。

五、拉氏指数与帕氏指数的比较

（一）拉氏指数与帕氏指数的区别

在指数法的研究过程中，曾出现过两位影响至今的学者，他们在计算指数时，分别提出了在不同时期去固定同度量因素的方法，即权数的确定。德国的统计学家拉斯拜尔（E.Laspeyres）于 1864 年提出在计算平均指数时主张采取基期权数，从而得出综合指数方式，即拉氏物价指数 $\bar{K}_p = \frac{\sum p_1 q_0}{\sum p_0 q_0}$ 和拉氏物量指数 $\bar{K}_q = \frac{\sum q_1 p_0}{\sum q_0 p_0}$。1874 年，另一位德国统计学家帕煦（H.Paasche）则提出采取报告期资料作权数计算平均指数的方法，得到综合指数公式，即帕氏物价指数 $\bar{K}_p = \frac{\sum p_1 q_1}{\sum p_0 q_1}$ 和帕氏物量指数 $\bar{K}_q = \frac{\sum q_1 p_1}{\sum q_0 p_1}$。显然，两种公式的权数时期不同，计算出来的结果也必然存在差异，这一点在前面的计算中已得到了证实。

拉氏指数和帕氏指数作为总指数的计算方法中的两大流派影响至今。他们彼此的主张仍具有很大的科学价值。因此，事实上，对于同度量因素时期的选择，没有固定不变的原则，只有一个客观标准，即从实际出发，根据实际的研究目的与任务同实际的经济意义相结合来确定同度量因素的时期。

另外，拉氏指数与帕氏指数并不是在任何情况下的计算结果都不相同，当测定的全部商品的销售量按相同的比率变动时，所计算的拉氏指数与帕氏指数相等。在前一种情况下，消除了销售量的结构影响；在后一种情况下，消除了价格比率变动的影响。从某种意义上讲，拉氏指数与帕氏指数之间的关系往往取决于价格与销售量之间的相关关系。如果在一定时期内，商品价格和销售量呈反方向变动，即负相关条件下，按基期为权数的拉氏指数会大于帕氏指数；如果在一定时期内商品价格和销售量呈正方向变动，即在正相关条件下，拉氏指数会小于帕氏指数。决定两种指数差异的因素还有价格与销售量变动的幅度及其在总商品数的比重。当有些商品价格上升幅度大且销售量在总销售量中的比重也大时，帕氏指数会明显高于拉氏指数；如果价格上升幅度的商品的销售量比重很小，则拉氏指数会高于帕氏指数。在市场经济条件下，商品的供求关系极大地影响了价格和销售量的变动，因此，利用拉氏指数与帕氏指数在进行物价变动的测定时需要进一步进行经济现象分析，不断完善指数的计算方法。总之，在通常情况下，拉氏指数均大于帕氏指数。

（二）拉氏指数与帕氏指数的调和方法

正是由于拉氏指数与帕氏指数之间存在差异以及自身存在偏误，许多学者对综合指数的计算方法进行了深入而广泛的研究，提出了调和二者差异、尽量消除偏误、进一步优化计算公式的各种方法，比较典型的是马埃公式、费雪公式和杨格公式。

1. 交叉加权法——马埃公式

1887～1890 年，英国学者马歇尔（A. Marshall）和埃奇沃斯（F. Y. Edgeworth）提出使用基期和报告期的平均数作为权数来计算总指数，被称为马埃公式。由于在计算总指数时是用基期权数和报告期权数的平均作为加权的，所以这种折中方法可以在某种程度上消除基期加权的拉氏指数和报告期加权的帕氏指数中的权偏误。其基本形式如下。

马埃物价指数：

$$\bar{K}_p = \frac{\sum p_1\left(\frac{q_0+q_1}{2}\right)}{\sum p_0\left(\frac{q_0+q_1}{2}\right)} = \frac{\sum p_1(q_0+q_1)}{\sum p_0(q_0+q_1)} = \frac{\sum p_1 q_0 + \sum p_1 q_1}{\sum p_0 q_0 + \sum p_0 q_1} \tag{10-7}$$

马埃物量指数：

$$\bar{K}_q=\frac{\sum q_1\left(\frac{p_0+p_1}{2}\right)}{\sum q_0\left(\frac{p_0+p_1}{2}\right)}=\frac{\sum q_1(p_0+p_1)}{\sum q_0(p_0+p_1)}=\frac{\sum q_1p_0+\sum q_1p_1}{\sum q_0p_0+\sum q_0p_1} \tag{10-8}$$

在一般情况下，马埃公式的计算结果介于拉氏指数和帕氏指数之间。因而可以认为，马埃指数调和了拉氏指数和帕氏指数之间的差异，也在一定程度上降低了拉氏指数与帕氏指数的权偏误。但从理论上讲，马埃公式的分子和分母这两个综合的总量缺乏实际的经济意义。从实际计算的角度说，其计算资料取得的工作量大且比较困难。此外，在指数数列中各时期的指数也没有可比性。

2. 几何平均法——费雪公式

用几何平均综合法计算总指数，是将拉氏指数与帕氏指数的乘积开平方，即通过求两者的几何平均数的方法计算总指数。由于这种方法是一位美国学者费雪（I. Fisher）提出的，所以称为费雪公式。按费雪的观点，由于拉氏指数与帕氏指数出现的偏误具有方向相反、大小略等的特点，所以对这两种指数求几何平均数是消除偏误的一种理想方法。后来，费雪公式也被称为“理想公式”。其基本形式如下。

费雪物价指数：

$$\bar{K}_p=\sqrt{\frac{\sum p_1q_0}{\sum p_0q_0}\times\frac{\sum p_1q_1}{\sum p_0q_1}} \tag{10-9}$$

费雪物量指数：

$$\bar{K}_q=\sqrt{\frac{\sum q_1p_0}{\sum q_0p_0}\times\frac{\sum q_1p_1}{\sum q_0p_1}} \tag{10-10}$$

一般情况下，将费雪公式的计算结果与马埃公式的计算结果比较可以发现，两者之间的差异极微小。所不同的是费雪公式是用几何平均法抵消偏误的，而马埃公式则是用算术平均法。如果从调和差异和抵消偏误的角度看，费雪公式比马埃公式更优。而如果从计算的简单和实用性上看，马埃公式则比费雪公式更优。

目前，费雪公式在一些指标的国际对比中，如不同国家人均国民生产总值的对比时，往往借助于“理想公式”计算购买力指数的方法，被认为是比较理想的方法之一。此外，联合国编制地域差异生活费指数时，采取的也是这一“理想公式”。费雪公式的缺点与马埃公式的缺点相似。

3. 特定时期加权法——杨格公式

特定时期加权法也称为固定加权综合法。应用这种方法计算总指数，对所使用的同度量因素的时期，既不选择在基期，也不选择在报告期，而是将权数固定在某个具有代表性的特定时期。由于这一公式是由英国学者杨格（A. Young）提出的，后来被称为杨格公式。实际上，杨格公式将权数固定在特定时期的思想也是一种折中方法，其目的是设法消除拉氏指数和帕氏指数之间的差异和偏误。其基本形式如下。

杨格物价指数：

$$\bar{K}_p = \frac{\sum p_1 q_n}{\sum p_0 q_n} \tag{10-11}$$

杨格物量指数：

$$\bar{K}_q = \frac{\sum q_1 p_n}{\sum q_0 p_n} \tag{10-12}$$

式中，q_n 和 p_n 分别表示具有代表性的特定时期的物价和物量。

杨格公式的主要优点在于不受基期和报告期的限制，并且一旦选定后将长期内不变，因而使指数的计算更具灵活性与实用性。特别是在计算指数数列时，各时期的指数所使用的权数相同，不仅便于分析指数的长期趋势，也便于环比指数和定基指数之间的换算。

杨格指数的缺点是每隔一定时期权数就需要作一次调整，否则权数使用越久越脱离实际，致使指数的计算结果出现更大的偏误。

第三节　平均指数的编制

一、平均指数的概念及基本形式

（一）平均指数的概念

平均指数是个体指数的平均数，它是从个体指数出发，先计算总体各单位的个体指数，然后对其加权平均计算，以测定经济现象的总变动程度。

平均指数是总指数的另一种重要形式。从指数的发展历史看，总指数的计算是从平均指数开始的，因此，平均指数在国内外受到高度重视并被广泛加以应用。

许多学者认为，平均指数是综合指数的变形，同时在实际应用中，又有独立的意义。平均指数可以自行确定权数，解决了综合指数不能解决的问题。在统计实践中，加权平均指数可以使用代表性资料，即非全面调查资料，选取代表性的单位，按照它们在总体中的地位加权平均计算总指数。权数可以使用同时期实际的总量资料，而不必用两个不同时期的资料相乘，计算假定的总量指标（如 $\sum p_0 q_1$ 和 $\sum q_0 p_1$），可以节省相当大的工作量，并且简捷、快速，有较大的灵活性。因此，在统计工作中，加权平均指数被广泛地加以应用。

例如，在测定多种商品价格综合变动时，可以先计算出每种商品的个体指数，并以基期销售额作为权数进行计算。这种计算形式既易于取得资料，方法上也比较便捷。

（二）平均指数的形式

平均指数在应用过程中有两种基本形式：一是加权算术平均指数，简称算术平均指数；二是加权调和平均指数，简称调和平均指数。

二、加权算术平均指数

加权算术平均指数按其使用的权数不同可分为可变权数的算术平均指数和固定权

数加权算术平均指数两种。

（一）可变权数的算术平均指数

利用拉氏指数在计算总指数时，通常采取加权综合法，并以基期数据作为权数，优点在于各期权数相同，可以相互比较。于是在计算平均指数时，被公认为是拉氏综合指数的变形。

$$\text{加权平均物量指数}\ \bar{K}_q=\frac{\sum k_q q_0 p_0}{\sum q_0 p_0}=\frac{\sum \frac{q_1}{q_0} q_0 p_0}{\sum p_0 q_0}=\frac{\sum p_0 q_1}{\sum p_0 q_0}=\text{综合物量指数} \quad (10\text{-}13)$$

$$\text{加权平均物价指数}\ \bar{K}_p=\frac{\sum k_p q_0 p_0}{\sum q_0 p_0}=\frac{\sum \frac{p_1}{p_0} q_0 p_0}{\sum p_0 q_0}=\frac{\sum p_1 q_0}{\sum p_0 q_0}=\text{综合物价指数} \quad (10\text{-}14)$$

可见，只有用 q_0p_0 这个特定权数加权计算，平均指数才可变形成综合指数；反之，如果使用 q_0p_0 以外的任何其他权数加权计算，平均指数都不会等于综合指数。这就是平均指数独立意义之所在。

（二）固定权数加权算术平均指数

在国内外广泛使用的加权算术平均指数中，所用权数不是 q_0p_0，而是用某种固定的权数 W，W 为经过调整计算的不变权数，常用比重数表示，其基本形式如下：

$$W=\frac{q_0 p_0}{\sum q_0 p_0}$$

故产生了加权平均物价指数和加权平均物量指数，基本形式如下。

加权平均物价指数：

$$\bar{K}_p=\frac{\sum \frac{p_1}{p_0} W}{\sum W}=\frac{\sum k_p W}{\sum W} \quad (10\text{-}15)$$

加权平均物量指数：

$$\bar{K}_q=\frac{\sum \frac{q_1}{q_0} W}{\sum W}=\frac{\sum k_q W}{\sum W} \quad (10\text{-}16)$$

由于采用了固定权数的形式，这使得在实践中大大减少了计算价格指数的工作量。

三、加权调和平均指数

同样，加权调和平均指数按其使用的权数不同可分为可变权数的调和平均指数和固定权数加权调和平均指数两种。

（一）可变权数的调和平均指数

利用帕氏指数在计算总指数时，通常采取加权综合法，并以报告期数据作为权数，目的是从计算期水准出发研究问题，于是产生了用 p_1q_1 作权数的帕氏指数。

设个体物价指数 $k_p=\dfrac{p_1}{p_0}$，则 $\dfrac{1}{k_p}=\dfrac{p_0}{p_1}$，有

$$\text{加权平均物价指数 } \bar{K}_p=\frac{\sum p_1q_1}{\sum\frac{1}{k_p}q_1p_1}=\frac{\sum p_1q_1}{\sum\frac{p_0}{p_1}p_1q_1}=\frac{\sum p_1q_1}{\sum p_0q_1}=\text{综合物价指数} \quad (10\text{-}17)$$

设个体物量指数 $k_q=\dfrac{q_1}{q_0}$，则 $\dfrac{1}{k_q}=\dfrac{q_0}{q_1}$，有

$$\text{加权平均物量指数 } \bar{K}_q=\frac{\sum q_1p_1}{\sum\frac{1}{k_q}q_1p_1}=\frac{\sum q_1p_1}{\sum\frac{q_0}{q_1}p_1q_1}=\frac{\sum q_1p_1}{\sum p_0q_1}=\text{综合物量指数} \quad (10\text{-}18)$$

可见，只有用 q_1p_1 这个特定权数加权计算，平均指数才可变形成综合指数；反之，如果使用 q_1p_1 以外的任何其他权数加权计算，这种关系将不复存在。

（二）固定权数加权调和平均指数

在进行加权调和计算时，也可以把权数固定在特定权数 W，$W=\dfrac{q_1p_1}{\sum q_1p_1}$，由此产生了加权调和物价平均指数和加权调和物量平均指数，其基本形式如下。

加权调和物价平均指数：

$$\bar{K}_p=\frac{\sum W}{\sum\frac{1}{k_p}W} \quad (10\text{-}19)$$

加权调和物量平均指数：

$$\bar{K}_q=\frac{\sum W}{\sum\frac{1}{k_q}W} \quad (10\text{-}20)$$

在实际工作中，此种方法很少应用。

四、平均指数的应用

（一）加权算术平均指数的应用

从指数计算的目的和数学表达式的相互关系出发，加权算术平均指数常用于计算数量指标指数。有时由于资料所限，只能采取加权算术平均指数。其应用条件是：掌握每种商品的物量个体指数与每种商品的基期价值资料，不需要计算假定的价值总量。这种方法既可用于全面调查资料，也可用于非全面调查代表商品资料。其基本公式是

$$\bar{K}_q=\frac{\sum k_qq_0p_0}{\sum q_0p_0}=\frac{\sum\frac{q_1}{q_0}q_0p_0}{\sum p_0q_0} \quad (10\text{-}21)$$

例 10.4 某商场 1 月份三种商品的销售量和销售价格资料如表 10-3 所示，要求测定该商场三种销售量总变动。

表 10-3 加权算术平均指数计算表（一）

商品名称	计量单位	销售量		基期价格 p_0/元	基期销售额 p_0q_0/元	销售量个体指数 $k_q=\frac{q_1}{q_0}$	$k_qq_0p_0$
		基期 q_0	报告期 q_1				
甲	公斤	2100	2200	3.0	6300	110.0	6930
乙	米	5000	5600	6.0	30000	112.0	33600
丙	袋	9500	11000	2.0	19000	115.8	22002
合计	—	—	—	—	55300	—	62532

根据表 10-3 中数据计算三种商品销售量总指数为

$$\bar{K}_q=\frac{\sum k_qq_0p_0}{\sum q_0p_0}=\frac{62532}{55300}=1.1308=113.08\%$$

$$\sum k_pp_0q_0-\sum p_0q_0=62532-55300=7232(\text{元})$$

计算结果表明，三种商品销售量报告期比基期平均增长了 13.08%，由于销售量变动，销售额增加了 7232 元。

有些情况还可以以下列形式计算。

例 10.5 该商场 1 月份资料如下，测定三种商品销售量的总变动。

表 10-4 加权算术平均指数计算表（二）

商品名称	计量单位	销售额		销售量报告期比基期增长或降低百分比/%	$k_qq_0p_0$
		基期 q_0p_0	报告期 q_1p_1		
甲	公斤	6300	6350	10.0	6930
乙	米	30000	31000	12.0	33600
丙	袋	19000	21000	15.8	22002
合计	—	55300	58350	—	62532

根据表 10-4 中数据计算三种商品销售量总指数为

$$\bar{K}_q=\frac{\sum k_qq_0p_0}{\sum q_0p_0}=\frac{62532}{55300}=1.1308=113.08\%$$

$$\sum k_pp_0q_0-\sum p_0q_0=62532-55300=7232(\text{元})$$

经济含义与上题相同，表述从略。

（二）加权调和平均指数的应用

从指数计算的目的和数学表达式的相互关系出发，加权调和指数常用于质量指标指数的计算。有时也由于资料的限制，只能采取调和平均指数。其应用条件是：有各种商品的个体价格指数和报告期销售额。基本计算公式如下：

$$\bar{K}_p=\frac{\sum p_1q_1}{\sum\frac{1}{k_p}q_1p_1}=\frac{\sum p_1q_1}{\sum\frac{p_0}{p_1}p_1q_1} \tag{10-22}$$

目前，我国农产品收购价格指数的计算就是采取此种方法。

以下列资料为例，进行加权调和平均指数计算并予以说明。

例 10.6 某商场 1 月份三种商品的销售价格和相关资料如 10-5 所示，要求测定该商场三种销售价格总变动。

表 10-5 加权调和平均指数计算表

商品名称	计量单位	销售价格/元		报告期销售量 q_1	销售价格个体指数 $k_p=\frac{p_1}{p_0}$	销售额 q_1p_1 /元	$\frac{1}{k_p}q_1p_1$
		基期 p_0	报告期 p_1				
甲	公斤	30	40	2000	133.33	80000	60000
乙	米	25	30	4000	120.00	120000	100000
丙	袋	20	20	3500	100.00	70000	70000
合计	—	—	—	—	—	270000	230000

根据表 10-5 中数据计算三种商品销售价格总指数为

$$\bar{K}_p=\frac{\sum p_1q_1}{\sum\frac{1}{k_p}p_1q_1}=\frac{270000}{230000}=117.39\%$$

$$\sum p_1q_1-\sum\frac{1}{k_p}p_1q_1=270000-230000=40000(\text{元})$$

计算结果表明，该商场三种商品销售价格报告期比基期平均上涨了 17.39%，由于销售价格上涨，销售额增加 40000 元。

（三）固定权数加权平均指数的应用

我国的社会商品零售物价指数是根据平均指数的基本原理，并结合我国实际情况，采取固定加权平均法而编制的。在实践过程中，采取这种方法一方面解决了资料的限制，另一方面减少了资料汇集的工作量，不仅如此，还保证了资料的代表性和及时性。在编制时，所用权数是经过调整的基期销售额比重。

我国零售物价指数的编制分为小类指数、中类指数、大类指数和总指数。分级确定比重权数，逐级汇总，这样不但可以反映总物价水平的变动，而且可以反映各类物价水平的变动，还便于研究各类物价变动对总物价水平的影响。现以我国城市零售商品物价总指数为例，在每类商品中选取若干代表性的规格品，并计算每种商品的个体价格指数，再用固定权数加权计算，基本计算公式如下。

固定权数零售物价平均指数：

$$\bar{K}_p=\frac{\sum\frac{p_1}{p_0}W}{\sum W}=\frac{\sum k_pW}{\sum W} \tag{10-23}$$

式中，W 为固定权数。

例 10.7 2008 年我国某城市各类零售商品的类指数及固定权数资料如表 10-6 所示，要求测定该城市商品物价总变动。

表 10-6 某城市各类零售商品的类指数及固定权数

商品类别	类指数 k_p/%	固定权数 W	k_pW
食品类	125.1	51	6380.1
衣着类	130.2	23	2994.6
日用品类	110.5	16	1768.0
文化用品类	115.4	5	577.0
医药类	120.7	2	241.4
燃料类	125.8	3	377.4
合计	—	100	12338.5

该城市商品零售物价总指数为

$$\bar{K}_p=\frac{\sum k_pW}{\sum W}=\frac{12338.5}{100}=123.39\%$$

计算结果表明，该城市 2008 年比 2007 年各类商品物价平均上涨了 23.39%，出现了严重的通货膨胀。

第四节 指数体系与因素分析法

一、因素分析与指数体系的基本概念

（一）因素分析的概念及意义

在实际经济生活中，往往一个事物的变动受多个因素的影响，而每一个因素变动的方向和程度又不相同。例如，商业企业的销售额主要受销售量和销售价格的影响，有时价格上升，销售下降；有时价格下跌，销售量增加。对于销售额来讲，它是个结果因素，其变动取决于销售量与价格两个原因因素。

所谓因素分析就是研究每一个原因因素的变动对结果因素的影响程度。

进行因素分析时，一般采取指数体系分析的方法。

（二）指数体系

1. 指数体系的概念

社会经济现象之间存在着广泛的联系，依据社会经济现象各构成因素之间的联系，

可以编制具有相互联系的若干个指数。

所谓指数体系是指在经济上有联系在数量上保持一定对等关系的若干个指数所形成的整体。

指数体系中各指数之间的数量关系来自于社会经济现象本身的联系。从静态上讲，许多经济现象间存在着一定的数学关系。例如：

$$\text{商品销售额}=\text{销售量}\times\text{销售价格} \tag{10-24}$$

$$\text{工资总额}=\text{职工人数}\times\text{工资水平} \tag{10-25}$$

$$\text{原材料总费用额}=\text{产量}\times\text{单耗}\times\text{价格} \tag{10-26}$$

指数体系就是建立在经济现象静态关系基础上的动态联系。上述关系式可以进一步表示为

$$\text{销售额指数}=\text{销售量指数}\times\text{销售价格指数} \tag{10-27}$$

$$\text{工资总额指数}=\text{职工人数指数}\times\text{工资水平指数} \tag{10-28}$$

$$\text{原材料总费用额指数}=\text{产量指数}\times\text{单耗指数}\times\text{价格指数} \tag{10-29}$$

从上面的各例可以看出，指数体系中若干个指数在数量上存在的对等关系在相对数上表现为若干个因素指数的乘积等于总变动指数。

同时，在指数体系中各个指数的分子与分母的变动差额之间也存在数量上的对等关系，即在绝对量上表现为若干个变动绝对差额的总和等于实际变动的总差额。例如：

$$\begin{matrix}\text{商品销售额的}\\\text{实际变动增减额}\end{matrix}=\begin{matrix}\text{商品销售量变动}\\\text{影响的增减额}\end{matrix}+\begin{matrix}\text{商品销售价格变动}\\\text{影响的增减额}\end{matrix} \tag{10-30}$$

2. 指数体系的作用

利用指数体系可以根据指数间的关系，由已知指数推算未知指数。例如，某商场销售额指数为 120%，销售价格指数为 110%，则销售量指数为 109.1%。

利用指数体系进行因素分析时，通常都是在测定复杂经济现象总体的变动，须先固定一个原因因素，看另一个原因因素的变动对结果因素的影响，然后再测定固定的原因因素的变动影响，其具体的方法步骤如下。

（1）确定结果因素和原因因素。

对经济现象进行定性分析，从现象的变动中寻找因素之间的关联，并确定结果因素与原因因素。

（2）将结果因素和原因因素用经济表达式表示出来。

（3）分别确定每一个原因因素对结果因素的影响。

3. 指数体系的类型

指数体系按照包含要素的多少分为两因素分析和多因素分析；按分析的指标种类不同分为总量指标指数体系和总平均指标指数体系。

利用指数体系，本节重点讲述的是两因素的总量指标和总平均指标的因素分析方法。

4. 指数体系的内容

指数体系的内容可以概括为：社会经济现象总量变动（指数）等于影响它的各个因

素变动（指数）的乘积；社会经济现象总量变动差额等于影响它的各个因素变动的差额之和。以销售额指数为例进一步说明。

根据前面所示，销售额指数体系可写成：

销售额指数 = 销售量指数×销售价格指数

其中，把销售额的变动看成是结果因素，把销售量的变动看成是对销售额影响的数量原因因素，把销售价格看成是对销售额影响的质量原因因素，可以用符号表示为

$$\frac{\sum q_1p_1}{\sum q_0p_0}=\frac{\sum q_1p_0}{\sum q_0p_0}\times\frac{\sum p_1q_1}{\sum p_0q_1} \tag{10-31}$$

这是从相对数的形式反映销售额的变动情况。

$$\sum q_1p_1-\sum q_0p_0=(\sum q_1p_0-\sum q_0p_0)+(\sum p_1q_1-\sum p_0q_1) \tag{10-32}$$

这是从绝对数的形式反映销售额的变动情况。

在具体运用指数体系时，值得注意的是：必须遵守指数体系中指数之间在数量上的对等关系。所谓对等关系，是指总量指数等于它的因素指数之和的乘积，总量指数相应的绝对量差额等于它的各个因素指数所引起的绝对量差额之和。在一个指数体系中的数量指标指数用基期指标作同度量因素，质量指标指数用报告期指标作同度量因素。这样才能保持数量上的对等关系，才能称为完整而正确的指数体系，符合因素分解及因素分析的要求。

二、因素分析的具体应用

（一）总量指标变动的量因素分析

总量指标指数是两个不同时期的总量对比或两个不同空间的总量对比而形成的相对数。其对比的分子和分母可以是两个价值总量，也可以是两个实物总量。根据因素分析的原理，社会经济现象的总量变动往往可以分解成若干个数量原因因素和质量原因因素的影响变动。这样总量指标指数和其各影响因素指数就构成了总量指标的指数体系。

总量指标的指数体系有个体指数的指数体系（简单现象的指数体系）和总指数（复杂现象或多因素的指数体系）的指数体系。

1. 简单现象总量指标的因素分析

个体指数的计算很简单，是简单现象总体总量指标变动因素分析的基础。如例 10.8 所示，说明其分析的方法。

例 10.8 某企业 A 种商品的购进资料如表 10-7 所示，测定购进额的变动情况。

表 10-7 简单因素分析表

类型	计量单位	符号	报告期	基期	指数/%	影响绝对额/元
购进量	台	q	500	600	83.33	−80000
购进价格	元/台	p	1000	800	125	+100000
购进额	元	qp	500000	480000	104.17	+20000

根据经济意义可知，购进额 = 购进量×购进价格，将其指数化后变成指数体系为：购进额指数 = 购进量指数×购进价格指数。

$$\frac{q_1p_1}{q_0p_0}=\frac{q_1}{q_0}\times\frac{p_1}{p_0} \tag{10-33}$$

$$q_1p_1-q_0p_0=(q_1-q_0)p_0+(p_1-p_0)q_1 \tag{10-34}$$

代入表 10-7 中的相关数据，分析如下。

（1）分析购进额总体变动：

$$\frac{q_1p_1}{q_0p_0}=\frac{500000}{480000}=104.17\%$$

$$q_1p_1-q_0p_0=500000-480000=20000\text{（元）}$$

计算结果表明，该企业 A 种商品购进额报告期比基期增长了 4.17%，增加了 20000 元。

（2）分析购进量变动对购进额的变动影响：

$$\frac{q_1}{q_0}=\frac{500}{600}=83.33\%$$

$$(q_1-q_0)p_0=(500-600)\times 800=-80000\text{（元）}$$

计算结果表明，该企业 A 种商品购进量报告期比基期下降了 16.67%，使购进额减少了 80000 元。

（3）分析购进价格变动对购进额的变动影响：

$$\frac{p_1}{p_0}=\frac{1000}{800}=125\%$$

$$(p_1-p_0)q_1=(1000-800)\times 500=100000\text{（元）}$$

计算结果表明，该企业 A 种商品购进价格报告期比基期上涨了 25%，使购进额增加了 100000 元。

综上所述：

$$104.17\%=83.33\%\times 125\%$$

$$20000\text{ 元}=-80000\text{ 元}+100000\text{ 元}$$

2. 复杂现象总体的两因素分析

复杂现象总体的因素分析同简单现象总体因素分析的原理相同，采用综合的方法。现以例 10.9 介绍因素具体的分析方法。

例 10.9　某综合型商场销售四种商品的资料如表 10-8 所示，测定总体销售额的变动。

表 10-8　指数体系分析表

商品名称	计量单位	销售量		销售价格/元		销售额/元		
		报告期 q_1	基期 q_0	报告期 p_1	基期 p_0	q_1p_1	q_0p_0	q_1p_0
A	件	300	500	25	34	7500	17000	10200
B	公斤	400	200	33	15	13200	3000	600
C	米	250	800	6	10	1500	8000	2500
D	袋	600	350	16	14	9600	4900	8400
合计	—	—	—	—	—	31800	32900	27100

根据指数体系：销售额指数＝销售量指数×销售价格指数。

$$\frac{\sum q_1p_1}{\sum q_0p_0}=\frac{\sum q_1p_0}{\sum q_0p_0}\times\frac{\sum p_1q_1}{\sum p_0q_1} \tag{10-35}$$

$$\sum q_1p_1-\sum q_0p_0=(\sum q_1p_0-\sum q_0p_0)+(\sum p_1q_1-\sum p_0q_1) \tag{10-36}$$

代入表 10-8 有关资料，分析如下。

（1）测定综合商场四种商品销售额的总变动。

四种商品的销售额指数为

$$\frac{\sum q_1p_1}{\sum q_0p_0}=\frac{31800}{32900}=96.66\%$$

四种商品报告期与基期的增减额为

$$\sum q_1p_1-\sum q_0p_0=31800-32900=-1100\text{（元）}$$

计算结果表明，该商场四种商品的销售额报告期比基期降低了 3.34%，减少了 1100 元。

（2）测定销售量变动对销售额的影响。

四种商品的销售量指数为

$$\overline{k_q}=\frac{\sum q_1p_0}{\sum q_0p_0}=\frac{27100}{32900}=82.37\%$$

销售量指数影响的增减额为

$$\sum q_1p_0-\sum q_0p_0=27100-32900=-5800\text{（元）}$$

计算结果表明，该商场四种商品的销售量报告期比基期下降了 17.63%，使销售额报告期比基期减少了 5800 元。

（3）测定销售价格变动对销售额的影响。

四种商品的销售价格指数为

$$\overline{k_p}=\frac{\sum p_1q_1}{\sum p_0q_1}=\frac{31800}{27100}=117.34\%$$

销售价格指数影响的增减额为

$$\sum p_1q_1-\sum p_0q_1=31800-27100=4700\text{（元）}$$

计算结果表明，该商场的四种商品销售价格报告期比基期上涨了 17.34%，使销售额报告期比基期增加了 4700 元。

综上所述：

$$96.66\%=82.37\%\times117.34\%$$

$$-1100\text{ 元}=-5800\text{ 元}+4700\text{ 元}$$

计算结果表明，从相对数看，四种商品的销售额下降了 3.34%，是商品销售量下降 17.63%和销售价格上涨 17.34%两个因素共同作用的结果；从绝对数看，四种商品的销售额报告期比基期减少 1100 元，是销售量的下降使销售额减少 5800 元和销售价格上涨使销售额增加 4700 元两个因素共同作用的结果。

（二）总平均指标变动的因素分析

如前所述，加权算术平均数的大小取决于两个因素的影响：一是变量值（标志值）的大小，二是不同的变量在总体中所占比重的大小。这是加权算术平均数与其两个构成因素在静态上存在的固有联系。而平均指标指数体系是反映平均指标的变动与其两个构成因素的变动之间的有机联系。也就是说，平均指标数值的变动应该是各组变量值的总变动与各组次数或比重的总变动的共同结果。

因此，在进行总平均指标变动因素分析时，可以利用下列指数体系：

$$\frac{\overline{x_1}}{\overline{x_0}}=\frac{\dfrac{\sum x_1f_1}{\sum f_1}}{\dfrac{\sum x_0f_0}{\sum f_0}}=\frac{\sum x_1\dfrac{f_1}{\sum f_1}}{\sum x_0\dfrac{f_0}{\sum f_0}} \tag{10-37}$$

$$\overline{x_1}-\overline{x_0}=\frac{\sum x_1f_1}{\sum f_1}-\frac{\sum x_0f_0}{\sum f_0}\text{或}\overline{x}_1-\overline{x}_0=\sum x_1\frac{f_1}{\sum f_1}-\sum x_0\frac{f_0}{\sum f_0} \tag{10-38}$$

式中，$\overline{x_1}$ 表示报告期的总平均数；$\overline{x_0}$ 表示基期的总平均数。

可见，在应用指数法对总平均指标变动因素进行分析时，与总量指标变动的因素分析方法原理相同，也是固定一个因素分析另一个因素的变动影响程度。一般在测定组平均数的变动时，因为组平均数是质量指标，通常把数量指标的总体结构数固定在报告期；在测定总体构成的变动影响时，因为总体结构数是数量指标，通常把质量指标的组平均数固定在基期。故产生了三个指数：可变构成指数、固定构成指数和结构影响指数，其关系为

$$可变构成指数 = 固定构成指数 \times 结构影响指数 \tag{10-39}$$

可变构成指数是总体在分组的条件下，反映总体平均数变动的情况，分子和分母的差额说明总平均数变动的增减绝对额，可表示为

$$\frac{\overline{x_1}}{\overline{x_0}} = \frac{\dfrac{\sum x_1 f_1}{\sum f_1}}{\dfrac{\sum x_0 f_0}{\sum f_0}} = \frac{\sum x_1 \dfrac{f_1}{\sum f_1}}{\sum x_0 \dfrac{f_0}{\sum f_0}} \tag{10-40}$$

$$\overline{x_1} - \overline{x_0} = \frac{\sum x_1 f_1}{\sum f_1} - \frac{\sum x_0 f_0}{\sum f_0} \text{或} \overline{x}_1 - \overline{x}_0 = \sum x_1 \frac{f_1}{\sum f_1} - \sum x_0 \frac{f_0}{\sum f_0} \tag{10-41}$$

固定构成指数是把总体的构成固定在报告期而单纯地测定组平均数 x 的变动对总平均数的影响方向和程度，分子和分母的差额说明 x 对总平均数影响的绝对差额，可表示为

$$\frac{\overline{x_1}}{\overline{x_{01}}} = \frac{\dfrac{\sum x_1 f_1}{\sum f_1}}{\dfrac{\sum x_0 f_1}{\sum f_1}} = \frac{\sum x_1 \cdot \dfrac{f_1}{\sum f_1}}{\sum x_0 \cdot \dfrac{f_1}{\sum f_1}} \tag{10-42}$$

$$\overline{x_1} - \overline{x_{01}} = \frac{\sum x_1 f_1}{\sum f_1} - \frac{\sum x_0 f_1}{\sum f_1} \text{或} \overline{x}_1 - \overline{x}_{01} = \sum x_1 \frac{f_1}{\sum f_1} - \sum x_0 \frac{f_1}{\sum f_1} \tag{10-43}$$

结构影响指数是把组平均数固定在基期，而单纯地测定总体构成$\left(\dfrac{f}{\sum f}\right)$的变动对总平均数的影响方向和程度，分子和分母的差额可说明 $\dfrac{f}{\sum f}$ 对总平均数影响的绝对差额，可表示为

$$\frac{\overline{x_{01}}}{\overline{x_0}} = \frac{\dfrac{\sum x_0 f_1}{\sum f_1}}{\dfrac{\sum x_0 f_0}{\sum f_0}} = \frac{\sum x_0 \cdot \dfrac{f_1}{\sum f_1}}{\sum x_0 \cdot \dfrac{f_0}{\sum f_0}} \tag{10-44}$$

$$\overline{x_{01}} - \overline{x_0} = \frac{\sum x_0 f_1}{\sum f_1} - \frac{\sum x_0 f_0}{\sum f_0} \text{或} \overline{x}_{01} - \overline{x}_0 = \sum x_0 \frac{f_1}{\sum f_1} - \sum x_0 \frac{f_0}{\sum f_0} \tag{10-45}$$

由此，总平均指标变动的指数体系相对数变动的关系为

$$\frac{\overline{x_1}}{\overline{x_0}} = \frac{\overline{x_1}}{\overline{x_{01}}} \times \frac{\overline{x_{01}}}{\overline{x_0}} \tag{10-46}$$

$$\frac{\dfrac{\sum x_1 f_1}{\sum f_1}}{\dfrac{\sum x_0 f_0}{\sum f_0}} = \frac{\dfrac{\sum x_1 f_1}{\sum f_1}}{\dfrac{\sum x_0 f_1}{\sum f_1}} \times \frac{\dfrac{\sum x_0 f_1}{\sum f_1}}{\dfrac{\sum x_0 f_0}{\sum f_0}} \tag{10-47}$$

或表示为

$$\frac{\sum x_1 \cdot \frac{f_1}{\sum f_1}}{\sum x_0 \cdot \frac{f_0}{\sum f_0}}=\frac{\sum x_1 \frac{f_1}{\sum f_1}}{\sum x_0 \frac{f_1}{\sum f_1}}\times\frac{\sum x_0 \frac{f_1}{\sum f_1}}{\sum x_0 \frac{f_0}{\sum f_0}} \tag{10-48}$$

绝对数变动的关系为

$$\begin{matrix}\text{总平均指标变动}\\ \text{的增减量}\end{matrix}=\begin{matrix}\text{组平均数变动产生}\\ \text{的总平均数增减量}\end{matrix}+\begin{matrix}\text{总体结构变动产生}\\ \text{的总平均数增减量}\end{matrix}$$

$$\overline{x}_1-\overline{x}_0=(\overline{x}_1-\overline{x}_{01})+(\overline{x}_{01}-\overline{x}_0) \tag{10-49}$$

利用上述关系，就可以从相对数和绝对数两个方面对总平均指标变动进行因素分析。

在实际测定总平均指标的变动分析中，既可以分析加权算术平均数的变动，如平均劳动生产率（劳动生产率是算术平均数，平均劳动生产率是平均数的平均数，计算公式为：平均劳动生产率 = $\sum$(各组的劳动生产率×各组工人人数)/$\sum$各组职工人数）的变动。也可以测定相对数的平均数的变动，如平均销售利润率（销售利润率是相对指标，平均销售利润率是相对数的平均数，计算公式为：平均销售利润率 = $\sum$(各组的销售利润率×各组销售额)/$\sum$组销售额）的变动。

值得注意的是：利用总平均指标指数体系既可以分析可变构成指数、固定构成指数、结构影响指数的变动，还需测定对总量（或总额）变动的影响。例如，分析总平均成本的变动时，就需要反映出总平均成本的变动对总成本的影响。

例 10.10 某商场两种商品的年销售额和流通费用率情况如表 10-9 所示，测定两种商品平均流通费用率的变动。

表 10-9 总平均指标指数计算表

商品名称	销售额/万元		流通费用率/%		流通费用额/万元		
	基期 f_0	报告期 f_1	基期 x_0	报告期 x_1	基期 x_0f_0	报告期 x_1f_1	假定 x_0f_1
A	200	400	25	25	50	100	100
B	300	250	15	10	45	25	37.5
合计	500	650	19	19.23	95	125	137.5

平均流通费用率的经济学定义公式为

$$\text{平均流通费用率}=\frac{\sum(\text{各种商品的流通费用率}\times\text{各种商品销售额})}{\sum\text{各种商品的销售额}} \tag{10-50}$$

通过定义公式可以看出，平均流通费用率的变化受两个因素的影响：一是各种商品的流通费用率和各种商品销售额。它属于相对数的平均数的变动分析方法。

流通费用率是相对指标，平均流通费用率是相对数的平均数。测定平均流通费用率的变动，可以把它看成是结果因素，需编制作为可变构成指数的流通费用率指数；各种商品的流通费用率是质量指标，是影响平均流通费用率变动的质量因素，测定其变动需编制作为固定构成指数的流通费用率指数；各种商品销售额是数量指标，是影响平均流通费用率的数量原因因素，测定其变动需编制作为结构影响指数的商品销售额指数。因此，总平均流通费用率指数、各种商品流通费用率指数和各种商品销售额指数就可以构成指数体系，就可以进行分析。

具体计算与分析过程如下：

$$\overline{x_1}=\frac{\sum x_1f_1}{\sum f1}=\frac{125}{650}=0.1923=19.23\%$$

$$\overline{x_{01}}=\frac{\sum x_0f_1}{\sum f1}=\frac{137.5}{650}=0.2115=21.92\%$$

$$\overline{x_0}=\frac{\sum x_0f_0}{\sum f_0}=\frac{95}{500}=0.19=19\%$$

（1）测定总平均流通费率的可变构成指数：

$$\frac{\overline{x_1}}{\overline{x_0}}=\frac{\dfrac{\sum x_1f_1}{\sum f_1}}{\dfrac{\sum x_0f_0}{\sum f_0}}=\frac{0.1923}{0.19}=101.21\%$$

$$\overline{x_1}-\overline{x_0}=0.1923-0.19=0.0023$$

$$(\overline{x_1}-\overline{x_0})\sum f_1=(0.1923-0.19)\times 650=0.0023\times 650=1.495(\text{万元})$$

计算结果表明，该商场两种商品的总平均流通费用率的报告期比基期提高了 1.21%，增长了 0.23 个百分点，使流通费用额报告期比基期增加了 1.495 万元。

（2）测定流通费用率变动的固定构成指数：

$$\frac{\overline{x_1}}{\overline{x_{01}}}=\frac{\dfrac{\sum x_1f_1}{\sum f_1}}{\dfrac{\sum x_0f_1}{\sum f_1}}=\frac{0.1923}{0.2115}=0.9092=90.92\%$$

$$\overline{x_1}-\overline{x_{01}}=0.1923-0.2115=-0.0192$$

$$(\overline{x_1}-\overline{x_{01}})\sum f_1=(0.1923-0.2115)\times 650=-0.0192\times 650=-12.48(\text{万元})$$

计算结果表明，在报告期销售额的结构情况下，两种商品总平均流通费用率的报告期比基期下降了 9.08%，降低了 1.92 个百分点，使流通费用额报告期比基期减少了 12.48 万元。

（3）测定平均流通费率的结构影响指数：

$$\frac{\overline{x_{01}}}{\overline{x_0}}=\frac{\dfrac{\sum x_0f_1}{\sum f_1}}{\dfrac{\sum x_0f_0}{\sum f_0}}=\frac{0.2115}{0.19}=1.1132=111.32\%$$

$$\overline{x_{01}}-\overline{x_0}=0.2115-0.19=0.0215$$

$$(\overline{x_{01}}-\overline{x_0})\sum f_1=(0.2115-0.19)\times 650=0.0215\times 650=13.975(\text{万元})$$

计算结果表明，在各商品流通费用率不变的情况下，商品销售额的变动使总平均流通费用率的报告期比基期提高了 11.32%，提高了 2.15 个百分点，使流通费用额增加了 13.975 万元。

综上所述：

$$101.21\% = 90.92\% \times 111.32\%$$

$$0.0023 = -0.0192 + 0.0215$$

$$1.495\text{万元} = -12.48\text{万元} + 13.975\text{万元}$$

计算结果表明，从相对数看，两种商品的平均流通费用率报告期比基期提高了 1.21%，是由两种商品的流通费用率平均下降 9.08%和两种商品销售额平均增加 11.32%共同作用的结果；从绝对数看，两种商品的平均流通费用率报告期比基期提高了 0.23 个百分点，是由各种商品的流通费用率平均下降了 1.92 个百分点和两种商品销售额平均提高了 2.15 个百分点共同作用的结果。两种商品的流通费用额报告期比基期增加了 1.495 万元，是由两种商品的流通费用率下降而减少流通费用额 12.48 万元和两种商品的销售额增加而增加的流通费用额 13.95 万元两因素共同作用的结果。

第五节 几种常见的统计指数

一、零售商品价格指数

商品零售价格指数是指反映一定时期内商品零售价格变动趋势和变动程度的相对数。

商品零售价格指数分为食品、饮料烟酒、服装鞋帽、纺织品、中西药品、化妆品、书报杂志、文化体育用品、日用品、家用电器、首饰、燃料、建筑装潢材料、机电产品等十四个大类，国家规定 304 种必报商品，需要予以特别说明的是，从 1994 年起，国家、各省（区）和县编制的商品零售价格指数不再包括农业生产资料。零售物价的调整变动直接影响城乡居民的生活支出和国家的财政收入，影响居民购买力和市场供需平衡，影响消费与积累的比例。因此，计算零售价格指数，可以从侧面对上述经济活动进行观察和分析。

我国的零售物价指数主要有：零售商品牌价指数、零售商品议价指数、集市贸易价格指数和全社会零售物价总指数。零售物价指数主要用来观察研究零售物价变动对城乡居民生活的影响，为平衡市场供求、加强市场管理、控制货币发行量提供参考。

零售物价的调整升降直接影响城乡居民的生活费用节约或多支，直接关系国家财政的收支，直接影响居民购买力和市场商品供需平衡，还影响消费和积累的比例。

零售物价指数是编制财政计划、价格计划，制定物价政策、工资政策的重要依据。目前，统计工作中按月、季、年编制零售物价指数，计算工作量和采价工作量非常大。

零售物价指数采用加权算术平均公式计算。权数直接影响指数的可靠性，因此每年要根据居民家庭收支调查的资料调整一次权数。物价不可能全面调查，只能在部分市、县调查，在我国根据人力、财力，大约选 200 个市、100 个县城作为物价变动资料的基层填报单位。在城市选商品 350 种左右，在县城选 400 种左右。每种商品的指数采用代表规格品的平均价格计算。

二、居民消费价格指数

居民消费价格指数是指城乡居民购买支付生活消费品和服务项目的价格，是社会产品和服务项目的最终价格，同人民生活密切相关，在整个国民经济价格体系中具有极为重要的地位。

居民消费价格指数是一个反映居民家庭一般所购买的消费商品和服务价格水平变动情况的指标；是通过一组代表性消费品及服务项目随着时间的变动，反映在居民家庭购买消费品及服务价格水平变动情况的相对数（指数的基期数值定为一百）。居民消费价格指数用来度量指定的一篮子消费商品和服务随着时间的变动，其价格发生的变动。它是进行经济分析和决策、价格总水平监测和调控及国民经济核算的重要指标。其按年度计算的居民消费价格指数变动率通常被用来作为反映通货膨胀或紧缩程度的指标。一般来讲，物价全面、持续上涨被认为发生了通货膨胀。

核心消费价格指数（consumer price index，CPI）是近二十年来美国等西方国家统计部门编制公布的一种价格指数，是经济界分析由货币因素影响的价格水平变动情况的一个重要的宏观经济指标。目前，美国、日本、法国、加拿大均于月末公布每月的核心 CPI。

CPI 中食品、能源和烟酒类商品的价格受自然气候因素或国际政治经济因素的影响会出现剧烈波动，进而造成价格总水平的涨跌，事实上这种涨跌与货币供应关系并不紧密。而剔除上述因素后编制的核心 CPI 则与货币供应关系较为密切，可作为研判货币因素造成价格变动的重要指标。目前国际统计界计算核心 CPI 主要有三种口径。第一种是扣除了食品和能源项目后计算的 CPI；第二种是扣除食品中的新鲜食品后计算的 CPI；第三种是扣除食品、能源以及烟酒项目后计算的 CPI。

结合我国国情以及食品、能源供求关系的变动受自然环境、国际市场变化的影响远大于货币因素的影响，因此我国编制口径采取了扣除食品和能源项目后计算的核心 CPI。

国家统计局从 2001 年起按上述方法就开始了核心 CPI 测算工作。数据显示，相对于 CPI 来说，剔除了食品和能源后的核心 CPI 变化较为平缓。

三、货币购买力指数

货币购买力指数反映货币购买力变动情况的相对数，单位货币所能买到的商品和服务的数量。它的大小直接受商品和服务价格的影响。商品和服务价格上涨，单位货币购买力就下降，居民以货币购买的商品和服务的数量就减少，生活水平就会下降。

在实际测算中，往往采用货币购买力指数来反映不同时期货币购买力的变动，以说明单位货币在不同时期所能获得的商品和服务数量的变动情况。其计算公式是

$$\text{货币购买力指数} = \frac{\text{报告期单位货币购买的某种商品或服务的数量}}{\text{基期单位货币购买的该种商品或服务的数量} } \qquad (10\text{-}51)$$

货币购买力同商品和服务的价格水平变动成反比，计算公式如下：

$$\text{货币购买力指数} = \frac{1}{\text{某种商品或服务价格指数} } \qquad (10\text{-}52)$$

综合反映购买力指数的公式为

$$货币购买力指数=\frac{1}{生活费用价格指数} \tag{10-53}$$

$$货币购买力指数=\frac{1}{居民消费价格指数} \tag{10-54}$$

因此，货币购买力指数实际是居民生活费用价格指数（含消费品价格指数和服务性支出价格指数）的倒数。

货币购买力指数为研究居民家庭的实际收入与名义收入之间的差距、职工的实际工资水平与名义工资水平之间的差距提供了依据。它们之间的关系如下：

$$实际收入指数=货币收入指数\times货币购买力指数 \tag{10-55}$$

$$实际工资指数=货币工资指数\times货币购买力指数 \tag{10-56}$$

四、工业产量指数

工业产量指数是反映工业品产量变动程度的一种相对数。

国外，大多数国家都十分重视编制用来综合反映工业产量增减变化的指数，以表明一个国家经济发展状况，称为工业生产指数。它是按算术平均数的形式计算的。具体计算形式如下：

$$\bar{K}_q=\frac{\sum k_q q_0 p_0}{\sum q_0 p_0}=\frac{\sum \frac{q_1}{q_0} q_0 p_0}{\sum p_0 q_0}=\sum \frac{q_0 p_0}{\sum q_0 p_0} \tag{10-57}$$

其特点是：只要计算部门的重点产品或代表性产品的个体指数，然后用部门或分类的基期增加值进行加权平均计算。同时基期权数也可以采用部门或分类产品增加值在全部增加值中所占的比重。目前，许多国家编制的工业生产指数多是采取这样的方法。

我国现行统计制度规定，我国工业生产指数是固定加权综合指数，它以不变价格为同度量因素，即以不同时期的按不变价格计算的总产值对比来反映工业发展情况。具体计算形式如下：

$$\bar{K}_q=\frac{\sum q_0 p_n}{\sum q_0 p_n} \tag{10-58}$$

式中，p_n 为不变价格。

事实上，我国编制工业产量指数的方法是杨格固定加权综合法。为使不变价格总产值接近实际情况，不变价格经过一段时间就要更新，例如，我国曾使用 1952 年、1970 年、1980 年、1990 年、2000 年的不变价格。当编制长期工业产量指数遇到不变价格更换时，要采用价格换算系数，即更替年份——宣布改用新不变价格的年份影响。

五、股票价格指数

（一）股票价格指数的概念及计算

1. 股票价格指数的概念

股票价格指数即股票指数，是由证券交易所或金融服务机构编制的表明股票行市变动的一种供参考的指示数字。

编制股票指数，通常以某年某月为基础，以这个基期的股票价格作为 100，用以后各时期的股票价格和基期价格比较，计算出升除的百分比，就是该时期的股票指数。投资者根据指数的升降，可以判断出股票价格的变动趋势。并且为了能实时地向投资者反映股市的动向，所有的股市几乎都是在股价变化的同时即时公布股票价格指数。

2. 股票价格指数的编制

计算股票指数，要考虑三个因素：一是抽样，即在众多股票中抽取少数具有代表性的成分股；二是加权，按单价或总值加权平均，或不加权平均；三是计算程序，计算算术平均数、几何平均数或兼顾价格与总值。

股票指数的计算方法有三种。

（1）相对法。相对法又称平均法，就是先计算各样本股票指数，再加总求总的算术平均数，其基本计算形式为

$$\text{股票指数}=\frac{n\text{个样本股票指数之和}}{n} \tag{10-59}$$

英国的《经济学人》普通股票指数就使用这种计算法。

（2）综合法。综合法是先将样本股票的基期和报告期价格分别加总，然后相比求出股票指数，其基本计算形式为

$$\text{股票指数}=\frac{\text{报告期股价之和}}{\text{基期股价之和}} \tag{10-60}$$

（3）加权法。加权股票指数是根据各期样本股票的相对重要性予以加权，其权数可以是成交股数、股票发行量等。按时间划分，权数可以是基期权数，也可以是报告期权数。以基期成交股数（或发行量）为权数的指数称为拉斯拜尔指数；以报告期成交股数（或发行量）为权数的指数称为帕氏指数。目前世界上大多数股票指数都是报告期权数。我国上海证券交易所编制的股价指数采用的就是这种方法，其基本计算形式为

$$\text{本日股票指数}=\frac{\text{本日市价总值}}{\text{基期市价总值}}=\frac{\sum p_1q_1}{\sum p_0q_0} \tag{10-61}$$

（二）世界上几种著名的股票指数

1. 道·琼斯股票指数

道·琼斯股票指数是世界上历史最悠久、影响最大的股票指数。它是在 1884 年由道·琼斯公司的创始人查理斯·道开始编制的。

目前，道·琼斯股票价格平均指数共分四组。第一组是工业股票价格平均指数。它由 30 种有代表性的大工商业公司的股票组成，且随经济发展而变大，大致可以反映美国整个工商业股票的价格水平，这也就是人们通常所引用的道·琼斯工业股票价格平均数。第二组是运输业股票价格平均指数。它包括 20 种有代表性的运输业公司的股票，即 8 家铁路运输公司、8 家航空公司和 4 家公路货运公司。第三组是公用事业股票价格平均指数，是由代表着美国公用事业的 15 家煤气公司和电力公司的股票所组成。第四组是平均价格综合指数。它是综合前三组股票价格平均指数 65 种股票而得出的综合指

数，这组综合指数虽然为优等股票提供了直接的股票市场状况，但现在通常引用的是第一组——工业股票价格平均指数。

2. 标准·普尔股票价格指数

标准·普尔股票价格指数在美国影响也很大，它是美国最大的证券研究机构，即标准·普尔公司编制的股票价格指数。该公司于 1923 年开始编制发表股票价格指数。

标准·普尔公司股票价格指数以 1941～1943 年抽样股票的平均市价为基期，以上市股票数为权数，按基期进行加权计算，其基点数为 10。以目前的股票市场价格乘以股票市场上发行的股票数量为分子，用基期的股票市场价格乘以基期股票数为分母，相除之数再乘以 10 就是股票价格指数。

3. 纽约证券交易所股票价格指数

纽约证券交易所股票价格指数是由纽约证券交易所编制的股票价格指数。它起自 1966 年 6 月，先是普通股股票价格指数，后来改为混合指数，包括在纽约证券交易所上市的 1500 家公司的 1570 种股票。具体计算方法是将这些股票按价格从高到低分开排列，分别计算工业股票、金融业股票、公用事业股票、运输业股票的价格指数，最大和最广泛的是工业股票价格指数，由 1093 种股票组成；金融业股票价格指数包括投资公司、储蓄贷款协会、分期付款融资公司、商业银行、保险公司和不动产公司的 223 种股票；运输业股票价格指数包括铁路、航空、轮船、汽车等公司的 65 种股票；公用事业股票价格指数则有电话电报公司、煤气公司、电力公司和邮电公司的 189 种股票。

纽约股票价格指数是以 1965 年 12 月 31 日确定的 50 点为基数，采用的是综合指数形式。纽约证券交易所每半小时公布一次指数的变动情况。虽然纽约证券交易所编制股票价格指数的时间不长，因它可以全面、及时地反映其股票市场活动的综合状况，较受投资者欢迎。

4. 日经道·琼斯股价指数（日经平均股价）

日经道·琼斯股价指数是由日本经济新闻社编制并公布的反映日本股票市场价格变动的股票价格平均数，该指数从 1950 年 9 月开始编制。

按计算对象的采样数目不同，该指数分为两种。一种是日经 225 种平均股价。其所选样本均为在东京证券交易所第一市场上市的股票，样本选定后原则上不再更改。1981 年定位制造业 150 家，建筑业 10 家，水产业 3 家，矿业 3 家，商业 12 家，路运及海运 14 家，金融保险业 15 家，不动产业 3 家，仓库业、电力和煤气 4 家，服务业 5 家。由于日经 225 种平均股价从 1950 年一直延续下来，所以其连续性及可比性较好，成为考察和分析日本股票市场长期演变及动态的最常用和最可靠指标。另一种是日经 500 种平均股价。这是从 1982 年 1 月 4 日起开始编制的。由于其采样包括 500 种股票，其代表性就相对更为广泛，但它的样本是不固定的，每年 4 月份要根据上市公司的经营状况、成交量和成交金额、市价总值等因素对样本进行更换。

5. 《金融时报》股票价格指数

《金融时报》股票价格指数的全称是“伦敦《金融时报》工商业普通股股票价格指数”，是由英国《金融时报》公布发表的。该股票价格指数包括在英国工商业中挑选出来的具有代表性的 30 家公开挂牌的普通股股票。它以 1935 年 7 月 1 日作为基期，其基点为 100 点。该股票价格指数以能够及时显示伦敦股票市场情况而闻名于世。

6. 香港恒生指数

香港恒生指数是香港股票市场上历史最久、影响最大的股票价格指数，由香港恒生银行于 1969 年 11 月 24 日开始发表。

恒生股票价格指数包括从香港 500 多家上市公司中挑选出来的 33 家有代表性且经济实力雄厚的大公司股票作为成分股，分为四大类——4 种金融业股票、6 种公用事业股票、9 种地产业股票和 14 种其他工商业（包括航空和酒店）股票。

由于恒生股票价格指数所选择的基期适当，所以不论股票市场狂升或猛跌，还是处于正常交易水平，恒生股票价格指数基本上能反映整个股市的活动情况。

本章小结

本章共分五节，内容包括两大类。第一类问题是从第一节到第三节，阐述指数的概念及计算方法；第二类问题是在第四节，介绍如何运用指数体系进行复杂经济现象总体的因素分析；第三类问题是在第五节，简单介绍几种在生活中常见的统计指数。

统计上的指数是一种特殊的相对数，用来反映不能直接相加的单位所组成的复杂经济现象总体数量上的变动。指数的作用主要表现在分析经济现象总体变动中的各个因素的影响作用。

综合指数计算的基本特点是先综合后对比。一般情况下，在计算数量指标指数时，将作为同度量因素的质量指标固定在基期；在计算质量指标指数时，将作为同度量因素的数量指标固定在报告期。

平均指数计算的基本特点是先对比后平均。在一般情况下，在计算数量指标指数时，用基期总值作权数来加权计算，采取算术平均数的形式；在计算质量指标指数时，用报告期总值做权数来加权，采取调和平均数的形式。

指数体系是因素分析的基础。所谓指数体系是指在经济上有联系在数量上保持一定对等关系的若干个指数所形成的整体。利用总量指标指数体系和平均指标指数体系可以分析现象总体总量指标和平均指标的变动受各个因素变动的影响程度。

本章练习题

一、判断题（在题后的括号内，正确的打✓，错误的打×，并改正）。

1. 指数的实质是相对数，它能反映社会经济现象的变动方向和差异程度。（　　）
2. 只有总指数可划分为数量指标指数和质量指标指数，个体指数不能作这种划分。（　　）
3. 质量指标指数是固定质量指标因素，只观察数量指标因素的综合变动。（　　）
4. 算术平均指数是反映平均指标变动程度的相对数。（　　）
5. 综合指数是一种加权指数。（　　）
6. 从狭义上说，指数体系中各指数间在数量上不一定存在推算关系。（　　）

7. 数量指标指数和质量指标指数的划分具有相对性。（　　）

8. 拉氏价格指数和帕氏价格指数计算结果不同，是因为拉氏价格指数主要受报告期商品结构的影响，而帕氏价格指数主要受基期商品结构的影响。（　　）

9. 在总平均数变动因素分析中，可变构成指数是专门用以反映总体构成变化这一因素影响的指数。（　　）

10. 本年与上一年相比，若物价上涨 10%，则本年的 1 元只值上一年的 0.9 元。（　　）

11. 在计算总指数时，为了解决总体各要素的量不能直接相加而使用的一个媒介因素，叫同度量因素。（　　）

12. 综合指数是总指数的基本形式，也是唯一的形式。（　　）

13. 某种商品的销售价格指数为个体指数，而某商场全部商品的销售价格指数为总指数。（　　）

14. 从指数化指标的性质来看，单位产品成本指数是数量指标指数。（　　）

15. 加权算术平均指数是用综合指数的分子作权数，加权调和平均指数是用综合指数的分母作权数。（　　）

16. 总指数中的综合指数含有“平均”的意思，因此，它是一种平均指数。（　　）

17. 同度量因素的作用就是使各种商品或产品的不同使用价值量改变为价值量。（　　）

18. 只有用 p_0q_0 这个特定权数，加权平均指数才可变形为综合指数；只有用 p_1q_1 这个特定权数，加权调和平均指数才可变形为综合指数。（　　）

19. 物价降低后同样多的人民币可多购商品 15%，则物价指数为 85%。（　　）

20. 商品价格上涨 3%，商品销售量增长 5%，则商品销售额增长 15%。（　　）

二、单选题（将备选答案中唯一正确的选项序号填在括号内）。

1. 统计指数按其反映的对象范围不同分为（　　）

A. 简单指数和加权指数　　B. 综合指数和平均指数

C. 个体指数和总指数　　D. 数量指标指数和质量指标指数

2. 总指数编制的两种形式是（　　）

A. 算术平均指数和调和平均指数　　B. 个体指数和综合指数

C. 综合指数和平均指数　　D. 定基指数和环比指数

3. 某市居民以相同的人民币在物价上涨后少购商品 15%，则物价指数为（　　）

A. 17.6%　　B. 85%　　C. 115%　　D. 117.6%

4. 在掌握基期产值和各种产品产量个体指数资料的条件下，计算产量总指数要采用（　　）

A. 综合指数　　B. 可变构成指数

C. 加权算术平均指数　　D. 加权调和平均指数

5. 某商店报告期与基期相比，商品销售额增长 6.1%，商品销售量增长 6.5%，则商品价格（　　）

A. 增长 13%　　B. 增长 6.5%　　C. 增长 1%　　D. 不增不减

6. 单位产品成本报告期比基期下降 6%，产量增长 6%，则生产总费用（　　）

A. 增加　　B. 减少　　C. 没有变化　　D. 无法判断

7. 编制数量指标指数一般是采用（　　）作同度量因素。

A. 基期质量指标　　B. 报告期质量指标

C. 基期数量指标　　D. 报告期数量指标

8. 编制质量指标指数一般是采用（　　）作同度量因素。

A. 基期质量指标　　B. 报告期质量指标

C. 基期数量指标　　D. 报告期数量指标

9. 若销售量增加，销售额持平，则销售价格指数（　　）

A. 提高　　B. 降低　　C. 不变　　D. 无法判定

10. 某地区物价指数上升了25%，则货币购买力（　　）

A. 下降了20%　　B. 下降了25%

C. 下降了75%　　D. 无法判定

11. 若某地区居民在维持基期生活水准的情况下，按报告期销售价格购买商品多支出200元，基期商品销售额为4000元，则价格指数为（　　）

A. 95%　　B. 110%　　C. 90%　　D. 105%

12. 目前，我国农产品收购价格指数的编制所应用的方法是（　　）

A. 加权算术平均指数法　　B. 加权调和平均指数法

C. 固定权数加权平均指数法　　D. 因素分析法

13. 某公司2009年产品单位成本比上一年提高了8.09%，产品产量结构变动影响指数为107.09%，则该公司2009年总平均单位成本（　　）

A. 提高了15.18%　　B. 提高了1%

C. 降低了15.8%　　D. 提高了15.8%

14. 某工业管理局为了反映所属各企业劳动生产率水平的提高对管理局劳动生产率水平的作用，需要编制的指数属于（　　）

A. 质量指标综合指数　　B. 数量指标综合指数

C. 可变构成指数　　D. 固定构成指数

三、多项选择题（将备选答案中全部正确的选项序号填在括号内）。

1. 统计指数的作用包括（　　）

A. 综合反映事物的变动方向　　B. 综合反映事物的变动程度

C. 利用指数可以进行因素分析　　D. 研究事物在长时间内的变动趋势

E. 反映社会经济现象的一般水平

2. 拉斯拜尔综合指数的基本公式有（　　）

A. $\dfrac{\sum p_1q_1}{\sum p_0q_1}$　　B. $\dfrac{\sum p_1q_0}{\sum p_0q_0}$　　C. $\dfrac{\sum p_1q_0}{\sum p_0q_0}$

D. $\dfrac{\sum p_1q_1}{\sum p_1q_0}$　　E. $\dfrac{\sum p_1q_1}{\sum p_0q_0}$

3. 某企业为了分析木厂生产的两种产品产量的变动情况，已计算出产量指数为112.5%，这一指数是（　　）

A. 综合指数　　B. 总指数　　C. 个体指数

D. 数量指标指数　　E. 质量指标指数

4. 平均数变动因素分析的指数体系中包括的指数有（　　）

A. 可变构成指数　　B. 固定构成指数　　C. 结构影响指数

D. 算术平均指数　　E. 调和平均指数

5. 同度量因素的作用有（　　）

A. 平衡作用　　B. 权数作用　　C. 稳定作用

D. 同度量作用　　E. 调和作用

6. 若 p 表示商品价格，q 表示商品销售量，则公式 $\sum p_1q_1-\sum p_0q_1$ 表示的意义是（　　）

A. 综合反映销售额变动的绝对额

B. 综合反映价格变动和销售量变动的绝对额

C. 综合反映多种商品价格变动而增减的销售额

D. 综合反映由于价格变动而使消费者增减的货币支出额

E. 综合反映多种商品销售量变动的绝对额

7. 指数按计算形式不同可分为（　　）

A. 简单指数　　B. 总指数　　C. 数量指标指数

D. 质量指标指数　　E. 加权指数

8. 当权数为 p_0q_0 时，以下哪些说法是正确的（　　）

A. 数量指标综合指数可变形为加权算术平均指数

B. 数量指标综合指数可变形为加权调和平均指数

C. 质量指标指数可变形为加权算术平均指数

D. 质量指标指数可变形为加权调和平均指数

E. 综合指数与平均指数没有变形关系

9. 指数体系中（　　）

A. 一个总值指数等于两个（或两个以上）因素指数的代数和

B. 一个总值指数等于两个（或两个以上）因素指数的乘积

C. 存在相对数之间的数量对等关系

D. 存在绝对变动额之间的数量对等关系

E. 各指数都是综合指数

10. 通常情况下计算总指数包括两种形式（　　）

A. 综合指数　　B. 平均指数　　C. 数量指标指数

D. 质量指标指数　　E. 平均指标指数

11. 下列指数中属于质量指标指数的是（　　）

A. 劳动生产率指数　　B. 股票价格指数

C. 货币购买力指数　　D. 产品产量指数

E. 利润额指数　　F. 原材料消耗额指数

12. 零售商品价格指数属于（　　）

A. 个体指数　　B. 总指数　　C. 数量指标指数

D. 质量指标指数　　E. 平均指标指数　　F. 综合指数

13. 下列指数哪些属于数量指标指数（　　）

A. 平均税率指数　　B. 生产费用总额指数

C. 固定资产总额指数　　D. 商品贸易额指数

E. 工农业商品比价指数　　F. 职工人数指数

14. 某商场三种商品的销售价格指数为 110%，其绝对影响额为 1000 元，则结果表明（　　）

A. 该三种商品的销售价格平均上涨 10%

B. 价格上涨使该商场商品销售额增加 1000 元

C. 价格上涨使居民在报告期购买与基期购买同样多的商品要多支出 1000 元

D. 价格上涨使商场在报告期销售与基期销售同样多的商品多收入 1000 元

E. 价格报告期比基期的绝对额多 1000 元

15. 平均指数（　　）

A. 是个体指数的加权平均数

B. 是计算总指数的一种形式

C. 既可以作为综合指数的变形使用，也可以作为独立的指数形式而广泛应用

D. 平均指数与平均指标指数的性质含义相同

16. 若用某企业职工人数和劳动生产率的分组资料来进行分析，该企业总的劳动生产率的变动主要受到（　　）

A. 企业全部职工人数变动的影响

B. 企业各类职工人数中所占比重变动的影响

C. 企业各类职工劳动生产率变动的影响

D. 各组职工人数和相应劳动生产率两因素的影响

E. 企业劳动生产率变动的影响

17. 某企业基期现价计算的总产值为 86000 元，报告期增加到 90000 元，工业品出厂价格上涨 10%，则（　　）

A. 按现行价格计算的工业总产值指数为 104.65%

B. 工业产品产量指数为 95.14%

C. 工业总产值实际增加额为 4000 元

D. 价格上涨使工业总产值增加的绝对额为 8182 元

E. 产量下降使工业总产值减少的绝对额为 4182 元

18. 根据三种产品基期和报告期的生产费用和产品单位成本的个体指数资料编制的三种产品成本指数属于（　　）

A. 总指数　　B. 综合指数　　C. 平均指数

D. 固定构成指数　　E. 调和平均指数

19. 按指数反映的对象范围不同可分为（　　）

A. 综合指数　　B. 个体指数

C. 平均指数　　D. 平均指标指数

E. 总指数

四、计算与分析题（要求：有计算公式及计算过程，计算结果保留两位小数）。

1. 某厂生产三种主要产品有如下资料：

产品名称	单位	产量		出厂价格/元	
		第一季度	第二季度	第一季度	第二季度
甲	件	200	220	100	90
乙	套	600	720	40	30
丙	台	40	50	600	650

要求：计算三种产品产量总指数和三种产品出厂价格总指数。

2. 三种产品成本资料如下：

产品名称	单位	总成本/万元		报告期与基期相比单位成本提高（+）或降低（–）的百分比/%
		基期	报告期	
甲	个	40	40	–2
乙	件	150	200	+4
丙	台	1240	1300	–3

要求：

（1）根据上述资料计算总成本指数及其差额并说明其经济意义；

（2）根据上述资料计算单位成本总指数及其差额并说明其经济意义；

（3）根据上述资料计算产量总指数及其差额并说明其经济意义。

3. 某企业三种产品产值和产量资料如下：

产品名称	单位	产值/万元		报告期与基期相比产量提高（+）或降低（–）的百分比/%
		基期	报告期	
甲	台	360	332.5	–5
乙	件	226	288.0	+20
丙	吨	207	207.9	+5

要求：

（1）测定三种产品产值的变动；

（2）测定三种产品产量变动及其对产值的影响程度；

（3）测定三种产品价格变动及其对产值的影响程度。

4. 某企业生产三种主要产品产量和出厂价格资料如下：

产品名称	单位	产量		出厂价格/元	
		基期	报告期	基期	报告期
甲	套	1000	1150	100	120
乙	件	2000	2200	50	55
丙	条	3000	3150	20	18

试从相对数与绝对数两个方面分析三种产品产量变动、出厂价格变动各对三种产品产值变动的影响。

5. 某企业成本和产量资料如下：

产品名称	单位	单位成本/元		产量	
		基期	报告期	基期	报告期
甲	公斤	10.0	9.0	1000	1200
乙	米	5.0	4.0	6000	8000
丙	件	8.0	8.0	2000	2200

要求：

（1）计算总成本指数及总成本变动额；

（2）分析单位成本及产量的变动对总成本的影响。

6. 某总厂有关工资资料如下：

分组	工人人数/人		工资总额/万元	
	基期	报告期	基期	报告期
甲厂	250	300	11.25	15.00
乙厂	120	050	5.52	7.20
丙厂	80	100	4.00	5.50

要求：计算总厂工资水平变动情况并对其进行因素分析。

7. 某总厂下属三个分厂总产值和工人人数资料如下：

分组	总产值/万元		工人人数/人	
	基期	报告期	基期	报告期
甲厂	120	350	300	700
乙厂	450	500	500	500
丙厂	600	660	600	600

试分析：总厂劳动生产率变动中，各分厂劳动生产率变动以及各分厂工人人数构成变动的影响。

8. 某高新技术企业员工工资和人数资料如下：

分组	工资总额/万元		平均人数/人	
	基期	报告期	基期	报告期
工程技术人员	132.00	157.50	330	350
普通员工	117.60	133.30	420	430

试分析：

（1）工资总额变动受总平均工资变动及员工总数变动影响的相对程度及影响额；

（2）企业员工平均工资变动受各组员工工资水平变动及员工结构变动影响的相对程度和绝对额。

9. 已知三种商品的销售额及价格指数资料如下：

商品种类	计量单位	基期销售额/万元	报告期销售额/万元	个体物价指数/%
字台	张	126	146	115
椅子	把	68	94	120
书柜	个	87	106	110
合计	—	279	346	—

根据上表资料从相对数和绝对数两方面计算三种商品销售额的变动及分析原因，并说明销售额变动的主要原因是什么。

10. 某企业生产甲、乙两种产品，2008 年和 2009 年其产量和单价如下：

产品名称	计量单位	产量		单价/元	
		2000 年	2001 年	2000 年	2001 年
甲	件	20	24	4	5
乙	台	10	12	50	45

试计算：

（1）该企业工业总产值指数；

（2）产量增长对总产值变动的影响；

（3）价格变动对总产值变动的影响。

11. 某商品在两个市场出售资料如下表：

	一季度		二季度	
	单价/(元/公斤)	销售量/公斤	单价/(元/公斤)	销售量/公斤
甲	2.90	600	2.85	500
乙	3.20	400	3.15	1000
合计	—	1000	—	1500

要求：试分析该商品总平均价格的变动及原因。

第十一章

我国国民经济核算体系

第一节　国民经济核算体系概述

一、国民经济

国民经济又称宏观经济，是各类经济活动组成的总体，是由社会在生产环节、各部门和各生产要素组成的总体系统。从横向结构看，国民经济是由从事不同性质社会经济活动的部门构成的，按是否生产实物产品，把这些部门分为物质生产部门和非物质生产部门。物质生产部门是从事物质资料生产并创造物质财富的国民经济部门的总称，包括农业、工业、建筑业，直接为生产服务的交通运输业、邮电业、商业等。除物质生产部门以外，都是非物质生产部门，包括服务行业、城市公用事业、金融保险事业、科研、文化、教育、卫生、广播、体育、国家政府机关、军队、宗教团体等。从纵向结构看，在社会再生产的完整运行过程中，作为起点的是生产要素的投入。在生产这个首要环节中，产出的成果包括实物产品和劳务。在市场经济条件下，这些国民经济成果一方面以实物形态进入流通领域，另一方面以价值形态进入分配过程，经过初次分配和再分配，各部门、单位和居民取得最终收入，他们用所得收入在市场上购买物质资料和劳务，使生产成果的使用价值和价值得以实现。社会产品中部分作为生产资料重新投入再生产过程，部分则作为消费资料进入最终使用。居民通过消费进行自身的再生产，同时，以劳动力形式再投入生产过程。这样，劳动力和积累下来的劳动产品就成为社会再生产运行过程重新开始的条件，如此循环往复地运行，国民经济不断地发展和更新。

总之，国民经济是一个复杂的有机整体，不同部门从事不同的再生产活动，而各部门又在再生产过程中得到调整和发展。国民经济各部门之间是横向关系，再生产各环节之间是纵向关系，纵横关系相互交叉，二者互为条件、相互结合、共同发展，形成国民经济有机整体及运行机制。

二、国民经济核算体系

（一）国民经济核算的含义

国民经济核算是以整个国民经济或社会再生产为对象的宏观经济核算。它从数量上系统地反映国民经济运行状况及社会再生产过程中生产、分配、交换、使用各环节之间的内在联系，为国家宏观经济管理提供依据。

（二）国民经济核算体系的含义

国民经济核算体系是对国民经济运行或社会再生产过程进行全面系统的计算、测定和描述的宏观经济信息系统，它是整个经济信息系统的核心。

国民经济核算体系有两层含义，一层是指为进行国民经济核算而制定的标准和规范。它以一定的经济理论为基础，明确规定一系列核算概念和核算原则，制定一套反映国民经济循环的核算指标和科学的核算方法以及相应的表现形式，为国民经济核算提供标准和规范。这些标准和规范不仅是保证国民经济核算的客观性和完整性所不可缺少的，而且是正确地理解和使用国民经济核算资料并进行国际比较所必需的。

国民经济核算体系的另一层含义是指国民经济核算资料，它通过具有内在联系的总量数据和分部门数据，系统地反映从生产、分配到交换、使用这一经济循环全貌，为国家宏观管理提供科学依据，是整个经济信息系统的核心。

国民经济核算是高层次的宏观经济核算，它既源于统计、会计、业务三大核算，又高于三大核算，是三大核算的综合和升华。它把来自各基层的核算资料纳入统一的国民经济核算体系，经过加工和调整，使之形成一个完整、统一的综合体系，同时，按照标准化、通用化、系列化的要求来协调三大核算，使之互相衔接，逐步趋于统一。

（三）国民经济核算体系的作用

国民经济核算体系的作用可以用一句话来概括：它是宏观经济以至微观经济管理的重要工具。具体地说，有以下几方面的作用。

（1）全面反映国民经济发展的进程。

国民经济是一个许多经济活动部门组成的有机整体，各部门之间存在一定的相互联系，各部门的协调发展是保证国民经济协调发展的基础。通过国民经济核算体系可以全面揭示国民经济的运行状况，系统反映社会再生产过程及其内在联系，反映国民经济的发展速度和效益、发展规模和比例。

（2）为宏观经济以至微观经济管理和决策提供科学依据。

国民经济核算体系是一个巨大的经济信息系统，这些经济信息为国家宏观管理、科学决策提供依据，同时也为基层企事业单位制定自身发展规划提供指导性数据。

（3）正确地进行国际比较。

世界各国的经济发展已越来越紧密，要对国家间经济发展作正确的比较都需要可供借鉴的共同准则。联合国所推荐的有关国民经济核算的文献提供了这样的准则。

（4）协调统计、会计和业务三大核算制度的核算方法、分类标准，推进宏观经济核算的规范化和系统化。

三、世界两大核算体系的回顾

国民经济核算是近几十年来随着国家经济管理职能的加强而逐步发展起来的。由于各国经济运行机制和经济管理体制不同，形成了各种不同的国民经济核算体系，它们曾在相当长时期里并存发展。

（一）物质产品平衡表体系

物质产品平衡表体系（system of material product balance，MPS）是为适应对国民经济实行高度集中的计划管理的需要，由苏联首先建立起来，以后逐步为东欧等一些实行计划经济管理体制的社会主义国家所采用，习惯称东方体系。苏联从 20 世纪 20 年代中期开始编制国民经济平衡表，该平衡表反映社会总产品（物质产品）的生产、分配和使用的平衡关系。这种表式在 20 世纪 50 年代末已基本定型，1971 年经联合国统计委员会通过，并于 1977 年作为官方文件公布，题为《国民经济平衡表体系的基本原理》（简称旧 MPS）。以后，随着经济互助委员会成员国经济形势的发展，经济互助委员会统计合作常设委员会于 1984 年提出并交由联合国发表了《编制国民经济统计平衡表的基本方法原则》（简称新 MPS），用以代替旧 MPS。它以物质产品的生产、分配、交换和使用为主线来核算物质产品再生产过程，核算范围包括农业、工业、建筑业、货物运输业及邮电业、商业等物质生产部门，用平衡法进行核算，共包括 30 多个平衡表，采用单式记账法。近年来独联体和东欧各国为适应向市场经济过渡，已放弃使用这一体系。1993 年联合国统计委员会第 27 次会议讨论决定今后只存在一种核算制度，即国民账户体系（a system of national accounts，SNA），而 MPS 作为一种核算制度已成为历史。

（二）国民账户体系

SNA 适用于市场经济条件下的国民经济核算，它是从国民收入统计发展起来的。国民收入统计起源于 17 世纪的英国，在 20 世纪 30 年代得到迅速发展，从 1994 年开始，英国、美国、加拿大三国着手共同研究核算体系标准化问题。1953 年联合国公布了《国民经济账户体系及辅助表》（简称旧 SNA），标志着西方核算体系的形成。经过十几年的讨论研究和修订，联合国于 1968 年公布了《国民经济核算体系》（简称新 SNA，也称国民账户体系），目前已有 150 多个国家和地区采用这种核算体系。它以全面生产的概念为基础，把国民经济各行各业都纳入核算范围，将社会产品分为货物和服务两种形态，完整地反映全社会生产活动成果及其分配和使用过程，并注重社会再生产过程中资金流量和资金负债的核算。在核算方法上打破了原来单纯局限于统计方法的模式，吸收了会计和数学的一些方法，运用复式记账的原理，建立一系列宏观经济循环账户和核算表式，组成结构严谨、逻辑严密的体系。

（三）MPS 和 SNA 的比较

1. MPS 和 SNA 的共同点

作为对社会经济进行计量与分析、对宏观经济进行管理的国民经济核算体系，SNA 与 MPS 有其共同点，如下所示。

（1）产生的客观基础。二者的产生都是随着生产社会化的发展，为了加强国家控制、调节经济职能而需要以某种形式对社会产品、国民收入进行核算。

（2）指标体系的建立。它们都以反映社会产品和国民收入的生产、分配、使用等主要经济活动的过程为基础。因而两大国民经济核算体系模式都有生产、分配、使用方面的指标。

（3）平衡原则。两大核算体系都遵循了以下平衡原则，即生产范围划到哪里，生产成果就计算到哪里，中间消耗和最终使用也就计算到哪里，原始收入与派生收入、初次分配与再分配也就在哪里分界。因此，从整个国民经济运行看，做到了不重复计算，也无遗漏计算。

2. MPS 和 SNA 的不同点

（1）两大体系产生的现实经济基础不同。MPS 产生于计划经济土壤，国家又大多处于经济不发达状况，因而在核算体系设计上反映出这两大特征。SNA 产生于市场经济土壤，其设计者又多数是来自发达国家，因而，SNA 的内容不可避免地会较多反映发达国家市场经济的现实。

（2）两大体系的核算范围不同。从核算内容上看，MPS 核算范围过窄，侧重于反映物质生产、实物流量、生产环节的核算、国内经济活动的核算。对第三产业的状况、资金运动状况、分配相使用状况、国际收支状况反映不力，难以适应现代经济社会中宏观经济管理对核算的要求。

（3）两大体系的核算方法不同。SNA 以账户平衡表为主要核算形式，采用复式记账方式，可以系统地、科学地反映国民经济运行全过程。

MPS 以单式平衡表为主要核算形式，采用单式记账方式。核算时往往注重平衡表内的平衡关系，忽略平衡表间的平衡关系，没有在方法上形成一个整体结构。这就难以系统反映整个国民经济运行过程及各种经济活动间的联系。

四、我国新国民经济核算体系的建立

我国从 20 世纪 50 年代起采用的国民经济核算体系基本上属于 MPS，这与高度集中的计划经济管理体制相适应，在过去的经济管理中曾经发挥了重要的作用。但是，随着经济体制改革的深入和经济运行机制的变化，原核算制度的缺陷日益突出，同经济发展的要求越来越不适应，主要表现在以下几个方面。

（1）原有的核算制度侧重于反映物质生产与物质产品的使用，不能反映非物质生产部门的发展状况。这同国家加快社会、科技事业，加快发展第三产业，提高人民物质和文化生活水平的要求不相适应，既不利于反映综合国力，也不利于全面掌握产业结构。

（2）原有核算制度侧重于反映实物流量，不能完整、系统地反映社会资金的运动情况，同国家转变经济管理的职能不适应，不利于国家通过财政、金融、物价和税收等经济杠杆对宏观经济进行调控。

（3）原有核算制度侧重于生产核算，对于分配、消费、积累等方面的核算比较薄弱，不能反映国民经济全貌及各环节之间的衔接关系，同国家掌握整个经济运行和进行总体平衡的要求不相适应。

（4）原有核算制度侧重于国内经济活动的核算，不能综合反映与国外的经济交往情况，整个核算制度与世界上大多数国家通用的 SNA 不可比，同我国扩大对外开放、走向国际市场的要求不相适应。

因此，改革原有的国民经济核算制度，建立新的核算体系，已成为我国统计改革的首要任务，并已受到了各方面的高度重视。1984 年，国务院成立了国民经济统一核算标准领导小组，国家统计局在这个小组的领导下组织了大量研究工作，提出了新国民经济核算体系的初步方案。1989 年，国务院又批准成立了全国国民经济核算协调委员会，作为部级专项工作的协商、咨询组织。在多次论证、试点的基础上，1992 年 3 月已研制出新国民经济核算体系实施方案，决定从 1992 年起分两步实施。1995 年，基本完成向国民经济核算体系的全面过渡，在新体系的实际内容上，与国际多数国家在核算制度上接轨。实质上选择了 SNA 作为改革目标。国家统计局于 1993 年停止了对 MPS 国民收入指标的核算，并且于 1994 年再度对国民经济核算制度方案进行了重大修订，形成了明确地以 SNA 为主体的新核算制度方案，并于 1995 年开始组织实施。

第二节 新国民经济核算的基本概念和核算原则

国民经济核算是以整个国民经济为对象的宏观经济核算。掌握新国民经济核算的基本结构和主要内容，必须明确一系列的核算概念和核算原则。科学地确定这些核算概念和核算原则，是统一规范国民经济核算工作，保证核算资料的一致性和可比性所必需的。

一、新国民经济核算的基本概念和分类

（一）生产范围

生产决定着分配、交换和使用，它是社会再生产过程中的首要环节。根据国民经济核算的整体原则要求，生产范围划到哪里，生产成果就算到哪里，中间投入和最终使用也就算到哪里，初次分配与再分配，原始收入与派生收入也就在哪里分界。因此，确定了生产范围，也就决定了整个体系的核算范围。

新国民经济核算体系中的生产，是指经过劳动和物质资料的投入，形成货物和服务产出的活动过程。货物和服务都具有价值和使用价值，是为社会提供的可用于交换和使用的产品。货物是有形产品，它在生产过程结束后进入使用过程，可以储存并进行多次交换。服务是提供给使用者的无形产品，它的生产和使用过程一般同时进行，生产的完成也就是使用的结束，所以不能进行储存和多次交换。新核算体系对生产范围的界定，“货物”指核算期内生产的全部实物产品，包括生产者（企业、个体户）留作自用的产品，以及住户为自身使用进行的住房建筑，也就是包括核算期内生产的全部货物。“服务”指对外单位、居民或整个社会提供的各种形式的服务，不包括居民为自身最终消费从事的家务劳动。我国原来核算的生产范围只限于五大物质生产部门，只核算物质产品的生产，非物质生产性服务被排除在生产范围之外。这一概念不符合市场经济下经济生活的实际情况，而且与国际通用的概

念不一致，因此被新核算体系所界定的生产范围所取代。但为了与原有核算口径的衔接和历史资料的对比，新体系在扩大生产范围的同时，暂时保留了物质生产部门与非物质生产部门的划分。

（二）常住单位

国民经济活动是由各个单位的经济活动组成的，这些单位构成国民经济的细胞，是进行经济交易的主体。为了界定交易主体的范围，确定生产和使用核算的口径，区分国内交易和国外交易，国民经济核算中采用了“常住单位”的概念。所谓常住单位，是指在一国经济领土上具有经济利益中心的单位。我国的经济领土主要由我国控制的地理领土组成，还包括我国在国外的领土“飞地”（如驻外使领馆等），不包括外国在我国领土“飞地”。一个经济单位在我国经济领土上拥有一定活动场所，长期（通常为一年以上）从事一定规模的经济活动，这个单位就是我国的常住单位。它包括我国经济领土内的企业（含外商投资企业）、事业、行政单位和居民，不包括我国在境外投资的企业。常住单位一般是按机构单位确定的，所以又称为常住机构单位。在国民账户体系中，机构单位是指拥有资产、承担债务、独立从事经济活动并与其他单位进行交易的经济实体。我国把机构单位定义为独立核算的企业、事业、行政单位和住户。

（三）部门分类

国民经济核算的对象是由许多个经济单位组成的，因此有必要把各种单位分成不同的类，按“类”描述经济活动，一般称为“部门”。

1. 机构单位与机构部门分类

机构部门（institutional sector）分类是对国民经济各常住单位，按其在取得收入和支配收入、筹集资金和运用资金的财务决策权的同一性进行分类的一种方法。分类的基本单位即是机构单位（institutional unit），是指能够独立拥有资产、承担负债、从事经济活动并与其他单位进行经济交易的经济实体，特征是能够编制出一套包括资产负债表在内的完整的账户。

机构单位的特点：有权以自己的名义拥有货物或资产，并因此能够在与其他机构单位进行交易时转移货物或资产的所有权；能做出经济决策，并能从事本身负直接法律责任的经济活动；能为自身的利益发生负债、承担其他义务或未来承诺、签订合同；具有一套包括资产负债表在内的账户。

我们常说的企事业单位都是独立的机构单位。但机构单位又比“企事业单位”的概念宽，它还包括个体经营者和居民住户等。之所以将居民住户也包括在机构单位中，原因在于以住户为单位的个人或群体有权集中该住户的全部（或部分）收入和财产，有权共同享有同样的生活设施，有权处理以住户为单位的有关事务。从这个意义上说，它也是一个独立的“单位”。

机构部门分类以机构单位为一个统计单位，一个机构单位只能与一个机构部门相对应，即一个机构单位只能归入一个机构部门中去。

在 SNA—1993 的分类中，将机构单位归并为五个机构部门。

（1）非金融企业部门：由不从事金融媒介活动的所有常住法人企业组成，包括具备法人资格的国营、集体，各种形式的合资、合作经营及外商独资的常住工商企业、农业企业、建筑企业、运输邮电企业及其他不从事金融媒介活动的服务企业，但不包括附属于行政事业单位的不具备法人资格的企业和个体经济，因为它们在财务收支、资产负债方面不独立于它们所属的行政事业单位和居民住户。

（2）金融部门：由从事金融媒介活动的所有常住法人单位和企业组成，它包括中国人民银行、各专业银行、信用社、保险公司、信托投资机构等。

（3）政府部门：由各类具备法人资格的常住行政单位和非企业化管理的事业单位组成，其中包括军事单位，也包括行政事业单位附属的不具备法人资格的企业，但不包括行政事业单位附属的法人企业，这类企业划入企业部门。

（4）住户部门：由所有常住居民住户组成，其中包括为住户所有的个体经营者。

（5）为住户服务的私人非营利机构部门：由向住户提供非市场性货物服务的非常住非营利机构组成。

我国分为四个机构部门：非金融企业部门、金融部门、政府部门和住户部门。

2. *基层单位和产业分类*

根据机构部门分类法可以看出，“企业”是构成机构部门的机构单位，换句话说，“企业”单位的集合可以构成机构部门。但是，某些企业的生产活动并非单一，除了主要活动以外，还包括一些次要的生产活动，其中，主要活动和次要活动的生产性质往往完全不同。如果以“企业”为单位来划分产业部门，就会将生产活动完全不同的产品或服务包括进去。为此，按同质性的要求，将“企业”单位进行更为同质性的细分组，然后将分组后的同质单位归并起来，形成的就是产业部门。

基层单位（establishment）是指在一个地点，从事一种或主要从事一种类型生产活动，具有相应收支核算资料的生产单位。

产业部门是基层单位的组合，基层单位是将活动类型和活动场所结合起来加以定义的。具体来说，一个基层单位内可以包括一种或一种以上次要活动，但这些次要活动的规模必须小于主要活动。如果一个企业内某种次要活动与主要活动相等或几乎同等重要，那么该活动就应当从其主要活动中划出来，并作为单独的基层单位来处理。根据定义，辅助活动不能构成一个独立的基层单位。

我国以联合国制定的《所有经济活动的国际标准产业分类》为基础，对全部经济活动采用四级分类标准：小类、中类、大类和门类，制定了《国民经济行业分类和代码》。目前应用的是2017年修订版本《国民经济行业分类》（GB/T 4754—2017）。为了更好地满足宏观经济管理与决策的需要，保持同我国原有核算制度的衔接，新体系还对产业部门进行了两种类型的交叉分组。

一是物质生产部门与非物质生产部门的分组。物质生产部门包括农业，工业，建筑业，运输邮电业，商业。非物质生产部门则包括运输客运业，房地产业，科学研究、技术服务和地质勘查业，水利、环境和公共设施管理业，居民服务和其他服务业，教育，卫生、社会保障和社会福利业，文化、体育和娱乐业，公共管理和社会组织，国际组织等。

二是三次产业的分类。产业分类是根据社会生产活动历史发展的顺序对产业结构的划分，产品直接取自自然界的部门称为第一产业，对初级产品进行再加工的部门称为第二产业，为生产和消费提供各种服务的部门称为第三产业。我国三次产业的划分为：第一产业为农业，第二产业为工业，第三产业包括流通部门和服务部门，具体又分为四个层次。第一层次：流通部门，包括交通运输业、邮电通信业、商业、饮食业、物质供销和仓储业；第二层次：为生产和生活服务的部门，包括金融业、保险业、地质勘探普查业、房地产业、公用事业、居民服务业、旅游业、咨询服务业和各类技术服务业等；第三层次：为提高科学文化水平和居民素质服务的部门，包括教育、文化、广播电视业、科学研究事业、卫生、体育和社会福利事业等；第四层次：为社会公共需要服务的部门，包括国家机关、政党机关、社会团体以及军队和警察等。

产业部门分类主要用于核算各产业部门的生产活动和收入形成，还用于核算固定资产形成、库存增加额和固定资产存量，反映各产业经济活动的结果及产业结构变化。编制国内生产总值及其使用表和经济循环账户中的产业部门账户都使用这种分类。联合国SNA—1993要求将反映生产成果、原始收入、固定资产形成等指标同时按机构部门与产业部门进行交叉分类，所以在国民经济核算中上述两种主要分类是结合使用的。

此外，在投入产出核算中还采用了产品部门（纯部门）分类，它更加强调按产品的同质性进行部门分类，以更加精确地反映部门之间在生产中的经济技术联系。

（四）流量与存量

流量与存量是国民经济核算中一对基本概念。国民经济核算就是对国民经济运行中的流量和存量进行核算，核算体系中的所有指标不是反映经济流量就是反映经济存量。社会再生产活动是川流不息地进行的，在一定时期测定的量是经济流量，它具有时间量纲（一月、一季或一年），时间越长，流量越大；在一定时间点上测定的量就是经济存量，它没有时间量纲，与观测时间的长度没有直接对应关系，如某年度的生产额属于流量，而年末的成品库存额则属于存量。

流量与存量之间具有一定的对应关系。存量是流量的基础，又是流量的结果，流量则是引起存量变化的原因。两者的平衡关系是：期初存量±本期流量＝期末存量。国民经济核算中的存量是指资产负债的存量，所以并非所有经济流量都有对应的经济存量，如收入、分配、消费及进出口指标等就没有存量。

二、新国民经济核算原则和方法

（一）核算原则

国民经济核算的总原则是要遵循权责发生制，而不是依据收付实现制。权责发生制原则是指对经济活动中机构单位之间的交易按照其债权债务发生的时间或生产活动中价值转移或新价值形成或取消的时间进行统计的原则。收付实现制原则是指机构单位之间的交易按照实际收到或支付款项的时间进行统计的原则。

国民经济核算总的原则是遵循权责发生制原则，即凡是本期实际发生的权益和债务的变化，都作为本期的实际交易加以核算，而不论款项是否在本期收付。遵循权责发生制原则的目的在于真实地反映本期经济活动的投入产出及资产负债的变化，这一原则适用于社会再生产过程各环节的一切交易，交易双方按同一时间进行记录，从而保证生产核算、分配核算、消费核算、投资核算以及对外交易核算之间的内在一致性。

（二）记录时间与估价方法

国民经济核算所涉及的各种流量原则上以债权债务发生的时间（即经济权益发生变化的时点）作为统一的记录时点，以现期的市场价格作为共同的估价尺度。

1. 记录时间

（1）生产核算。货物的总产出在货物制成时记录，服务的产生按提供服务的时间记录；中间投入在投入使用时记录。

（2）收支核算。按收入权益和支出义务的发生时间记录。其中有关生产活动收入项目的记录时间必须与生产核算的时间相对应。

（3）使用核算。最终使用项目按获得货物所有权的时间记录。如果是以购买或转移方式实现的最终使用，则按货物所有权的变更时予以记录；如果是自产自用的货物，则按该货物的产出时间予以记录。进出口项目的记录时间，原则上以货物所有权的法律规定变更时间为准。

2. 估价方法

国民经济核算中所采用的价格，原则上都应以市场价格为准，即一般都按通过市场交易商定的实际价格估价，对没有货币交易行为的活动，依据同类产品或服务的市场价格估价（如自给性产品生产、自有住房服务等），或按照实际发生的费用估价（如政府机构提供的服务）。原则上单位内部的中间消耗、固定资产消耗、各种库存都应按当期价格估价，而不按购入时或入库时的价格计算；资产和负债存量都应按编制资产负债表时的当期价格估价，而不按其原始价值计算。总之，对生产与使用的流量和资产负债存量都按照当期的市场价格估价，就使本期社会再生产各个环节的核算具有共同的价格基础。但是各个时期的市场价格是有变化的，为了消除价格变动影响以反映经济的发展速度，国民经济核算中还必须采用不变价格或可比价格。

在国民经济核算中，对产品的估价受到税收、运输等附加费用的影响。不同的涵盖口径会影响最终的估价结果。一般说，国民经济核算中有以下几种价格口径：要素价格、基本价格、生产者价格、购买者价格。

要素价格是国民经济核算价格口径中最窄的一个，包括任何形式的生产税及补贴。它是指单纯根据单位产品中直接和间接累计的雇员报酬、固定资本消耗和营业盈余而确定的价格。从其内涵上看，它不仅包括本生产单位的雇员报酬、固定资本消耗和营业盈余，而且包含以前各生产环节中累计的雇员报酬、固定资本消耗和营业盈余。要素价格中由于不包括税收及补贴，所以它不易受到外界非生产因素的影响，比较稳定，是一种理想状况下的生产价格。但是，由于确定要素价格需要扣除所有的生产税，数据很难得到，所以它并没有被 SNA—1993 推荐。

基本价格是生产者应向购买者收取的、每一单位货物和服务的价格，减去该单位货物和服务上的应付产品税，再加上生产和销售中的应收补贴。特别指出的是，它不包括生产者在发票上单列的运输费用。按照这一定义，我们可以知道，基本价格考虑了生产税的问题，但它只包括了一部分生产税，而产品税净额被扣除。当产出按基本价格记录时，产出上实际应付的任何产品税都没有记作生产者的收入，而被视作购买者对政府的直接支付，与之相反，任何产品补贴都可视作购买者而非生产者的直接所得。也就是说，基本价格的经济意义是归生产者所有的部分，显然，这个价格同生产决策密切相关，统计意义比较强。基本价格是国民经济核算体系中重点推荐的价格口径，很多国家的生产价格指数是按基本价格编制的。但由于统计数据上的问题，中国目前尚未采纳基本价格口径。

生产者价格最近似于生产者销售单位产品获得的市场价格。它是指生产者应向购买者收取的，每一单位货物和服务的价格，减去开给购买者发票上列出的增值税或其他类似的可抵扣税。当然，它也不包括生产者在发票上单列的运输费用。与基本价格比较，生产者价格的口径进一步加大，它包括了除增值税以外的全部的产品税净额。

购买者价格是购买者为了在其要求的时间和地点提取一单位货物和服务而支付的价格，它不包括任何可抵扣的增值税或类似的可抵扣税，但包括生产者在发票上单列的运输费用。必须提醒大家的是，增值税是否可抵扣取决于购买者是否是最终消费者，而不是取决于上一个生产环节。在购买者价格与生产者价格之间，主要存在以下两种差异：①购买者支付的任何不可抵扣增值税额；②购买者单独支付的运输费用。在购买者价格与基本价格之间，除了以上两种差异，购买者还要支付除增值税以外的产品税净额。

3. 账户原理和核算规则

国民经济核算采用复式记账原理，分别按部门、经济运行环节设置一系列 T 型账户，对国民经济运行过程进行完整、系统的描述。T 型账户的右方表示来源，记录获得的收入、负债和净值的变化、负债和净值的存量；左方表示使用、记录发生的支出、资产变化和资产存量。每个账户 P 来源合计减去使用合计后的余额，称为平衡项，它是账户之间相互连接的纽带，不仅使每个账户的两方保持数量相等的平衡关系，而且平衡项本身往往是具有重要经济意义的总量指标。对于各个机构部门来说，以复式记账原理为基础编制账户，每一笔交易必须记录两次，一次作为来源，记录在账户的右方。一次作为使用，记录在账户的左方。机构部门之间的每笔记录都涉及两个部门，也就是说一笔交易要进行四次记录，称为四式记账。因此，对于整个国民经济来说，大多数交易是根据四式记账规则编制账户，即每一笔交易的双方都记录两次。采用四式记账方法，可以全面地记录经济运行中部门之间的交易及由此引起的经济流量及存量的变化，反映部门之间的关系，同时也有利于检查账户数据的准确性。

第三节　新国民经济核算的基本结构和内容

我国新国民经济核算体系，在马克思主义社会再生产理论与我国社会主义市场经济实践相结合的基础上，遵循国民经济核算的整体性、系统性和平衡性原则，扩大了核算范围，充实了核算内容，改进了核算方法，充分吸收SNA与MPS两大体系的长处，最终建立了一个既非 SNA，也非 MPS，并同时具有较强国际对比功能的具有中国特色的国民经济核算体系。

新国民经济核算体系由社会再生产核算表和经济循环账户两大基本部分组成。

一、社会再生产核算表

社会再生产核算表采用平衡表和矩阵式平衡表，反映社会再生产全过程及各环节、各部门的经济活动，分为基本表和补充表两种。基本表是对国民经济总体运行情况进行全面、综合、系统的价值量核算的表式，包括：

（1）国内生产总值及其使用表；

（2）投入产出表；

（3）资金流量表；

（4）国际收支平衡表；

（5）资产负债表。

这五张核算表彼此衔接，形成一体，构成社会再生产过程的系统描述，但它们又是各自具有相对独立性的子体系。五张核算表的中心是国内生产总值及其使用表，它核算社会生产、分配、消费、投资和进出口等社会再生产中的基本总量，并对其他核算表中的有关总量起着控制作用。其他基本表是国内生产总值及其使用表的进一步延伸和扩展。通过投入产出表反映社会产品生产与使用的结构，特别是各产业部门在生产中的经济技术联系；通过资金流量表反映社会生产过程中与实物运动相对应的各部门之间收入分配与金融交易等资金运动；通过国际收支平衡表集中反映对外经济往来的各种联系。以上四张核算表构成了对国民经济总流量和部门之间流量的系统描述。流量核算表的进一步延伸，则是把经济流量核算与经济存量核算联系起来，这是通过资产负债表来实现的，它核算各种资产与金融负债的序量，这是社会再生产的基本条件，也是社会再生产的结果。把流量核算与存量核算结合起来，能更为完整地反映国民经济循环的全过程。

补充表设有八张表，也是新体系的重要组成部分。它有两种类型，一是不以价值量表现的社会再生产基本条件的核算，包括人口、劳动力、自然资源等平衡表，其内容十分重要，但它与价值形成的基本表及账户没有直接的数量关系。二是对基本的核算的扩展和补充，包括主要商品资源与使用平衡表（是国内生产总值及其使用表的补充）、综合价格指数表（与国内生产总值及其使用表相配套）、财政信贷资金平衡表（是资金流量表的补充）、企业部门产出表和企业部门投入表（是投入产出表的补充）。这些内容从不同角度适应我国当前宏观经济管理中的各种需要，特别是研究人口、劳动力再生产和财政、信贷、物资平衡等问题所必需的。但它们的核算范围、核算内容和表现形式各异，为了使核算体系各表之间的关系更加清晰，将这一部分内容并列为基本核算表的补充表。五张基本核算表之间的关系如图 11-1 所示。

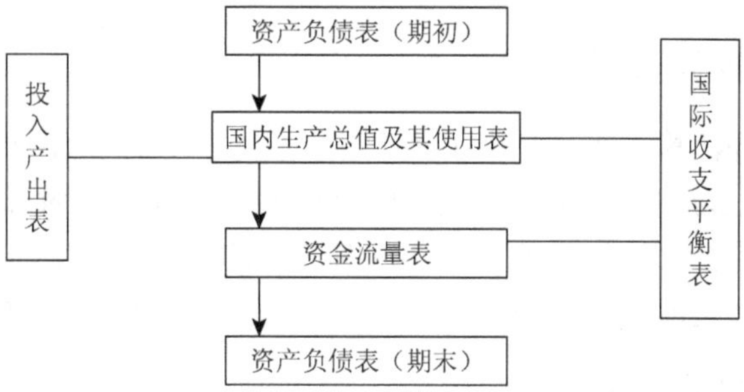

图 11-1　新国民经济核算体系结构图

二、经济循环账户

经济循环账户采用 T 型账户和复式记账方法，把基本核算表中各种流量和存量的基本指标连接起来，形成一套逻辑严密、结构严谨的账户体系，系统地描述国民经济循环过程中各环节、各部门之间的内在联系。经济循环账户包括两个层次的账户，即国民经济账户和部门账户。国民经济账户以国民经济总体为对象进行核算，是经济循环账户体系的主体；部门账户是国民经济账户的分解，分别按机构部门和产业部门设置。机构部门账户反映各部门经济活动及部门之间的经济联系，与国民经济账户相对应。产业部门目前只设置了生产账户，反映社会产品的价值构成及产业结构，与国内生产总值账户相对应。把各个账户连接起来用矩阵的形式集中地加以表现，就是经济循环矩阵。它把分散的账户集中于一个表，可以概括地反映社会再生产的过程。

三、社会再生产基本核算表和经济循环账户之间的关系

经济循环账户与基本核算表是对同一国民经济运行过程进行系统核算采用的不同方法。基本核算表采用的是平衡表和矩阵平衡表延算形式，它保持五个子体系相对的独立性。每张表侧重于对国民经济运行过程中某一方面的完整描述，可以根据需要和可能进行比较精细的核算，提供比经济循环账户更为丰富和精细的内容。经济循环账户采用复式记账方法，将经济运行中国民经济及各部门的基本指标连成一体，形成有机的指标链，从而能综合地、系统地描述宏观经济运行的各个环节之间、各部门之间的内在联系。并通过检验各账户之间的平衡表系，提高数据的准确性。因此。将两者结合起来，可以在内容上、功能上相互补充，更有利于提高国民经济核算的水平。

四、我国新国民经济核算体系的特点

新国民经济核算体系是对 SNA 和 MPS 两大核算体系兼容并蓄，并适合我国现阶段国情的新国民经济核算体系。与旧的核算制度相比具有以下特点。

（一）扩大了核算范围

从过去单纯的物质产品核算，扩大为包括服务在内的全面生产的核算；从过去对财政、信贷资金运动的核算扩大到对全社会资金运动的核算。但为了与历史资料作对比研究，也保留了过去的一些总量指标，包括社会总产值、国民收入等。

（二）充实了核算内容

我国新国民经济核算体系（包括了五大核算体系）在国内生产总值总量核算的基础上，充实了反映全社会部门经济技术联系的投入产出核算；从对部分产品价格的核算，扩大到对国民经济综合价格指数的核算，从对流量的核算，扩大到对实物资产和金融资产的存量核算，这极大地丰富了国民经济信息量，充分发挥了核算的功能作用。

（三）完善了核算方法

我国新国民经济核算体系既借鉴了西方 SNA 的长处，同时又保留了 MPS 的优点，采用了账户矩阵的平衡表相结合的科学核算方法，组成结构比较严谨、逻辑比较严密的信息系统，为进行国民经济总量核算、结构核算和各种数量分析提供条件。

（四）增强了国际对比能力

新体系采用了模型板块式组合结构，既可适用于新的国民经济核算，并满足于对历史资料的对比分析；又可通过板块式的转换结构方便、科学地与世界各国进行国际对比。

第四节　我国国民经济核算中的主要总量指标

我国长期以来基本上按 MPS 计量国民经济总量，主要指标有社会总产值、工农业总产值和社会净产值（国民收入）。1985 年才兼用国际上通用的 SNA 的指标计量国民经济总量。目前，为了兼顾我国原有的主要核算指标，同时也积极、全面地向国际通用标准 SNA 靠拢，我国常用的主要经济总量指标除上述指标，还有国内生产总值、国民生产总值和国民可支配收入等。我国的国民经济总量指标，在核算时遵守了适用于 MPS，也适用于 SNA 的国民经济核算的平衡原则“生产范围划到哪里，产值指标就算到哪里，中间消耗与最终使用也算到哪里，初次分配与再分配、原始收入与派生收入就在哪里分界”。生产的范围不同，中间产品、最终产品、初次分配、再分配等概念和范围也就必然不同。

一、国内生产总值

国内生产总值（gross domestic product，GDP）是一个国家或地区在一定时期内所生产和提供的最终货物和服务的总价值。从价值构成上看，国内生产总值是一国范围内各生产单位当期增加值的总和；从实物构成上看，国内生产总值是一时期一国范围内各生产单位所生产最终产品的价值总和。

国内生产总值的核算方法有三种：生产法、收入法和支出法。

（一）生产法

生产法是从生产的角度计算国内生产总值。其计算的出发点是先求出国民经济各部门的总产出，然后扣除其中间消耗，即得到各部门的增加值，加总后即得到国内生产总值。其计算的基本公式为

$$\text{国内生产总值}=\sum\text{各部门增加值}=\sum(\text{各部门的总产出}-\text{各部门的中间消耗}) \quad (11\text{-}1)$$

式中，增加值是生产单位对产品所追加的价值部分，仅是一种价值形态，而没有相应的实物形态，但从价值形态上看，它等于社会上实物最终产品的价值总和。从式中可以看出，国内生产总值的计算必须以总产出的计算和中间消耗的计算为基础。

（二）收入法

收入法的基本思想是计算生产单位所拥有的生产要素在生产中得到的市场价格收入，这也是以“收入”命名该法的原因。这些生产要素归纳起来有资本、劳动、政府服务及管理等，具体说来，这些要素的收入被称为雇员报酬、固定资本消耗、生产和进口税净额、营业盈余或混合收入。它们分别是雇员的收入、资本的收入（对资本消耗的补偿）、政府的收入及企业（业主）的收入。

事实上，将这四部分收入加总也就可以得到国内生产总值，其基本算式为

$$国内生产总值=劳动者报酬+生产税净额+固定资本消耗+营业盈余 \quad (11\text{-}2)$$

1. 劳动者报酬

劳动者报酬，即劳动收入，是劳动者从事生产活动而从生产单位得到的报酬收入。其中包括各类企业职工的基本工资、附加工资以及由业务费支付的各种劳动报酬，农民取得的联产计酬包干收入、家庭副业收入以及其他个体经营者的收入，内容多样，但主要靠劳动生产取得的收入。其中还包括各种奖励金、稿费、讲课费和价格补贴等。

2. 生产税净额

生产税净额中的生产税是利前税，是指各生产经营单位向政府部门因生产销售产品而缴纳的税金，又称产品税，也称间接税。生产税的种类很多，不同产业缴纳不同的税金，如农业税、林业税、销售税、营业税等，包括烟酒等专卖商品向政府缴纳的专项收入。与生产税密切相关的有生产补贴，是指政府为价格控制等原因付给生产单位的补贴，包括价格补贴和亏损补贴。随着社会主义市场经济体制的不断强化和完善，这方面的支出将大幅度减少，但很难完全避免，它是生产税缴纳的充抵数，故称生产税净额。

3. 固定资产折旧

固定资产折旧，即在生产中补偿固定资产损耗而提取的费用，其中分基本折旧和大修理折旧两大部分。基本折旧是对固定资产的原值按比例提取的数额，大修理折旧是根据固定资产原值在使用中大修理金额和次数而提取的数额，企业单位按时提取折旧，计入增加额，而事业单位则不予提取，但需要计算虚拟折旧，加到该单位的增加值中。居民个人住房消费和机关事业单位的住房消费就要按此原则进行处理。

4. 营业盈余

营业盈余是指社会总产出扣除中间投入、固定资产折旧、劳动报酬和生产税净额后的剩余部分，相当于企业的利润，但不完全是企业的利润。因为企业盈余还要作一些开支，在财务上作营业外等开支以后，才是真正的企业盈余。

（三）支出法

支出法也叫最终使用法，这是在使用环节对国内生产总值的统计，是国内生产总值统计的三种路径的最后一个环节，计算思想是将全社会用于最终使用的支出汇总起来求

得国内生产总值的一种方法。也就是说，从最终使用的角度看，国内生产总值等于按购买者价格计算的货物和服务的最终使用价值之和（包括进口价值），减去货物和服务的进口价值。之所以要减去这部分价值是因为它来自国外，不是本国的经济总量。

支出法国内生产总值的构成公式如下：

$$\begin{aligned}\text{国内生产总值} &= \text{最终消费支出} + \text{资本形成总额} \\ &\quad + \text{货物和服务净出口} - \text{货物和服务进口}\end{aligned} \tag{11-3}$$

1. 最终消费

最终消费是指当期为满足居民个人生活需要和社会成员的公共需要所使用的货物和服务价值。最终消费是出于非生产目的而使用货物服务，要与生产过程中的中间消耗相区别；最终消费是为了满足即期生活需要，不是为了增加所持有的资产，要与资本形成相区别。最终消费由两部分构成：居民个人消费和社会公共消费。居民个人消费是指由国内常住居民个人或住户为满足自身生活需要获得货物服务而花费的支出。按照消费对象又分为耐用性消费品、非耐用消费品、各种消费性服务和住房服务四大部分。社会公共消费是指由政府等部门为满足整个社会或社会某个部分成员公共需要而花费的支出。社会公共消费的主要部分是政府消费支出，此外还包括为住户服务的各种非政府非营利组织的最终消费支出。公共消费支出不仅包括政府购买的各种商品和劳务，而且包括对各级机构成员支付的工薪报酬。因为政府购买各种商品劳务与各级机构人员的劳动相结合，才形成国家军政活动，提供所谓军政服务，即公共产品服务。

2. 资本形成

资本形成代表用于资产积累的最终产品，也即花费与生产资产积累的投资支出。其内容极其广泛，包括各种机器设备、船舶、建筑物和各种原材料、辅助材料等的储存增加额等，都构成资本形成的内容。按照其使用特点分为固定资本形成和存货增加两大部分。

固定资本形成是指当年购买投入的可供长期使用并在使用中保持原有物质形态的各种物质资料，具体包括各种房屋建筑、机器设备、道路桥梁、公共设施以及新种植的各种林木与所购买、所产的大牲畜等。存货变化核算是要用当期获得存货价值与处理的存货价值相减求得存货变化净值。存货增加是指当年净增的各种物资库存，包括原材料、燃料、辅助材料以及生产中在制品、半成品的期末、期初增加额等。

3. 净出口

净出口是指商品和劳务出口减进口的净额。出口是指常住单位向非常住单位出售或无偿转让商品和劳务总值，进口则相反，是指常住单位从非常住单位购买或无偿得到的商品和劳务总值。对国内生产总值的使用，需要分别列出出口和进口的总值，故两者需要分别加以计算。由于进出口界定为常住单位与非常住单位之间的往来关系，所以其商品劳务进出口数字，就不能仅靠海关统计了。其中一部分是在国内发生的，如对外国使馆人员供应的商品劳务消费，应作为出口的项目。反之，作进口处理。但从总体说，通过海关进出口的占了绝大部分。因此净出口数字主要来自海关统计，也兼有其他来源，如国际收支统计资料、商品购买力调查资料统计和各部门对外有偿服务的收支材料等。

例 11.1 根据上面介绍的方法，结合某国的国内生产总值账户（表 11-1）来试算三种算法计算的国内生产总值。

表 11-1 某国国内生产总值账户列表（单位：亿元）

使用		来源	
最终消费	8000.3	总产出	28229.3
居民消费	6537.3	中间消耗	15662.9
政府消费	1463.0	生产法 GDP	12566.4
资本形成总额	4810.3	雇员报酬	6476.8
固定资本形成总额	4183.3	固定资本消耗	1322.2
存货增加	627.0	生产及进口税净额	881.1
货物和服务净出口	−244.2	营业盈余或混合收入	3886.3
支出法 GDP	12566.4	收入法 GDP	12566.4

（1）生产法。

国内生产总值 = 总产出−中间消耗 = 28229.3−15662.9 = 12566.4（亿元）

（2）收入法。

$$\begin{aligned}\text{国内生产总值} &= \text{雇员报酬}+\text{固定资本消耗}+\text{生产及进口税净额}+\text{营业盈余或混合收入}\\ &= 6476.8+1322.2+881.1+3886.3=12566.4(\text{亿元})\end{aligned}$$

（3）支出法。

$$\begin{aligned}\text{国内生产总值} &= \text{最终消费}+\text{资本形成总额}+\text{货物和服务净出口}\\ &= 8000.3+4810.3+(-244.2)=12566.4(\text{亿元})\end{aligned}$$

经计算可知，从理论上讲，国内生产总值可以有三种算法，其结果应是相等的。

在实践中，按三种方法计算的国内生产总值反映的是同一经济总体在同一时期的生产活动成果，虽然从理论上讲，三种方法所得到的结果应该是一致的，但在实践中，受资料来源的口径的限制和计算方法的影响，要保证这三种计算方法所得到的结果完全相等几乎是不可能的。在国内生产总值的三种计算方法中，生产法和收入法都是对各产业部门的增加值进行核算，为了就每一产业取得一致的增加值数据，根据资料来源状况，在某些产业部门，如农业、工业的增加值，确定以生产法的计算结果为准，在另外的产业部门，如部分服务业增加值，确定以收入法的计算结果为准，因此，中国的生产法计算的国内生产总值等于收入法计算的国内生产总值。但是，支出法计算的国内生产总值与生产法和收入法计算的国内生产总值之间存在统计误差，有的年份支出法计算的国内生产总值大于生产法和收入法计算的国内生产总值，有的年份则相反。中国通常以生产法和收入法计算的国内生产总值数据为准，将上述统计误差控制在一定范围内。各种公开发表的国内生产总值总量和增长速度数据均是生产法和收入法的计算结果。

二、国民生产总值

随着国际经济交流的不断扩大，经济活动主体的流动性不断增大，本国的常住居民可能到国外去从事某些经济活动，而国外的非常住居民也可能在本国从事某些经济活动。这些经济活动会引起相应的本国收入变化，即本国人有可能从国外获取某种要素收入，而国外单位也可以从国内获取某种收益。例如，按照常住原则，日本本田汽车公司的美国制造分厂所创造的利润应是美国国内生产总值的一部分，而这部分收入却是日本人的收入，对日本经济有明显的影响；相似地，法国的国内生产总值中包含了一个美国人在巴黎工作所得到的收入，这部分收入虽不被计入美国的国内生产总值，但与美国息息相关。如何核算这些经济活动?很显然这已经超出了国内生产总值的统计范围，需要设立另外的指标，这一指标就是国民生产总值（gross national product，GNP）。

可见，国民生产总值是反映常住单位全部收入（国内与国外）的指标，是一定时期内本国的生产要素所有者所占有的最终产品（货物）和服务的总价值。

国民生产总值与国内生产总值有密切的关系，从计算上说，它等于国内生产总值减去支付给非常住单位的原始收入，再加上从非常住单位得到的原始收入，即

国民生产总值=国内生产总值+来自国外的净要素收入
=国内生产总值+生产、进口税减生产、
进口补贴(来自国外的净额)+雇员报酬(来自国外的净额)
+财产收入(来自国外的净额) （11-4）

由于发达国家在国际上处于要素净输出地位，所以它们会获得大量正的“国外净要素收入”，即发达国家的国民生产总值通常要大于国内生产总值；与此相反，广大发展中国家的“国外净要素收入”通常为负值，这使得它们的国内生产总值要大于国民生产总值。一般说来，一国的国内生产总值与国民生产总值不会有太大的差额，但对于一部分国家而言，这部分差额也不容忽视，如瑞士 1990 年的瑞士国内生产总值是国民生产总值的 95%。

三、国内生产净值

国内生产总值是常住单位的增加值之和，增加值是由总产出减去中间消耗计算出来的，而中间消耗并不包括资本的消耗，即固定资本消耗（折旧），也就是说国内生产总值中包含着折旧的成分。从这个意义上讲，国内生产总值所指的增加值是指总增加值，而要进一步分析真实的增加值，即净增加值，则要从国内生产总值中扣除固定资本消耗。所有国内的净增加值之和便是国内生产净值（net domestic product，NDP），即

国内生产净值 = 国内生产总值–固定资本消耗 （11-5）

本章小结

国民经济核算是以整个国民经济或社会再生产为对象的宏观经济核算。它从数量上系统地反映国民经济运行状况及社会再生产过程中生产、分配、交换、使用各环节之间

的内在联系，为国家宏观经济管理提供依据。本章紧紧围绕国民经济运行特点，以国民经济核算指标为重点和核心，详细地阐述了我国国民经济核算体系的计算方法。

通过本章学习，学生要系统掌握国民经济核算指标体系以及指标的计算方法。

本章练习题

1. 怎样理解国民经济核算和国民经济核算体系？
2. 怎样理解机构部门分类与产业部门分类的区别和其目的与作用？
3. 怎样理解计算国内生产总值的三种方法？
4. 国内生产总值与国民生产总值和国内生产净值的关系是什么？

附 录

Excel在统计学中的应用及统计学分布表

附录一 Excel在统计数据整理中的应用

Excel 在数据整理中主要是应用于统计分组，它的工具有两种：FREQUENCY 函数和插入-图表工具。

（一）整理频数分布表

附例 浦口区苗圃对110株树苗的高度进行测量（单位：厘米），数据如下，编制次数分布表。

154	133	116	128	85	100	105	150	118	97	110	131	119	103	93
108	100	111	130	104	135	113	122	115	103	90	108	114	127	87
127	108	112	100	117	121	105	136	123	108	89	94	139	82	113
110	109	118	115	126	106	108	115	133	114	119	104	147	134	117
119	91	137	101	107	112	121	125	103	89	110	122	123	124	125
115	113	128	85	113	143	80	102	132	96	129	83	142	112	120
107	108	111	100	97	111	131	109	145	93	135	98	142	127	106
110	101	116	110	123										

Excel 中有“FREQENCY”函数，可以完成这一任务。FREQENCY 函数的格式为：= FREQUENCY（ARRAY，BINS），其中 ARRAY 是指原始资料的存放区域，BINS 是指统计分组的组上限构成的数值序列。附图 1-1 是用 Excel 操作过程与结果的部分截图。

（1）输入原始资料，本例的资料存放在 A2：A111；

（2）计算基础数据，如 B 列、C 列，B 列是文字提示，C 列存放的是相应公式和函数；

（3）输入分组标志，如本例的 D 列；列出各组的上限，如本例的 H3：H10；

（4）用鼠标选定函数返回值存放的区域，如本例应选 I3：I10；

（5）输入函数“= FREQUENCY（A2：A111，H3：H10）”；

（6）同时按下组合键“Ctrl+Shift+Enter”，计算机会将统计出的次数放在 I3：I10 中。

Microsoft Excel - data

文件(F) 编辑(E) 视图(V) 插入(I) 格式(O) 工具(T) 数据(D) 窗口(W) 帮助(H)

M19

	A	B	C	D	E	F	G	H
1	树苗高度	数据个数:	110	分组标志	分组上限1	次数	分组上限2	次数
2	154	最大值:	154	70-80	80	1		
3	133	最小值:	80	80-90	90	8	89.5	8
4	116	全距:	74	90-100	100	12	99.5	9
5	128	组数:	7.78	100-110	110	27	109.5	26
6	85	组距:	9.51	110-120	120	26	119.5	30
7	100			120-130	130	18	129.5	18
8	105			130-140	140	11	139.5	12
9	150			140-150	150	6	149.5	5
10	118			150-160	160	1	159.5	2
11	97				合计	110	合计	110
12	110							
13	131							
14	119							
15	103							
16	93							
17	108							

附图 1-1　统计分组图

特别注意，FREQUENCY 函数在统计次数时，将与对应上限值一样大的数也统计在内。以第一个上限为例，若H3中上限定为90，当原始资料中恰有90时，则该“90”被计入这一组，这样就与我们常说的“上限不包括原则”相违背，因而我们在 H 列所列的上限必须是一个略小于 90 的数，如 89.5。

附表 1-1 是一个内容相对丰富的次数分布表。

附表 1-1　树苗高度的次数分布表

树苗高度 x/厘米	频数 f/棵	频率/%	向下累计		向上累计	
			频数/棵	频率/%	频数/棵	频率/%
80～90	8	7.3	8	7.3	110	100.0
90～100	9	8.2	17	15.5	102	92.7
100～110	26	23.6	43	39.1	93	84.5
110～120	30	27.3	73	66.4	67	60.9
120～130	18	16.4	91	82.7	37	33.6
130～140	12	10.9	103	93.6	19	17.3
140～150	5	4.5	108	98.2	7	6.4
150～160	2	1.8	110	100.0	2	1.8
合计	110	100	—	—	—	—

向下累计有时又称“较小制累计”，它表示的是低于某分组上限的频数与频率，如树苗高度在 120 厘米以下的树苗有 73 棵，占总数的 66.4%；向上累计有时又称“较大制累计”，它表示的是高于某分组下限的频数与频率，如树苗高度在 110 厘米以上的树苗有 67 棵，占总数的 60.9%。

（二）统计图的制作

Excel 提供了 14 种标准图表类型，见附图 1-2，每种标准图表类型还可以包含几种不同的子类型，可以根据自己的要求决定采用哪种图形来表现数据。

附图 1-2 Excel 中标准图表类型

仍以附例数据为例，制作直方图、折线图、圆饼图、雷达图、气泡图（附图 1-3～附图 1-6）。

（1）直方图的制作。

①打开文件或者键入数据，准备好建立图表的数据；

②调用菜单“插入”→“图表”，或单击“常用”工具栏中“图表向导”按钮；

③如附图 1-2 所示的“图表向导”，选择柱形图第一个子类型，单击“下一步”；

④数据区域选 F2：F10，在系列选项中分类标志选 D2：D10，单击“下一步”；

⑤填写标题、选择图例位置、选择数据标志的表现方式，单击“下一步”；

⑥选“作为其中的对象插入”，单击“完成”后即在工作表中生成一个粗糙的直方图；

⑦双击感觉不满意的地方，进行修饰。

（2）类似地，可以制作折线图、圆饼图、雷达图（过程略）。

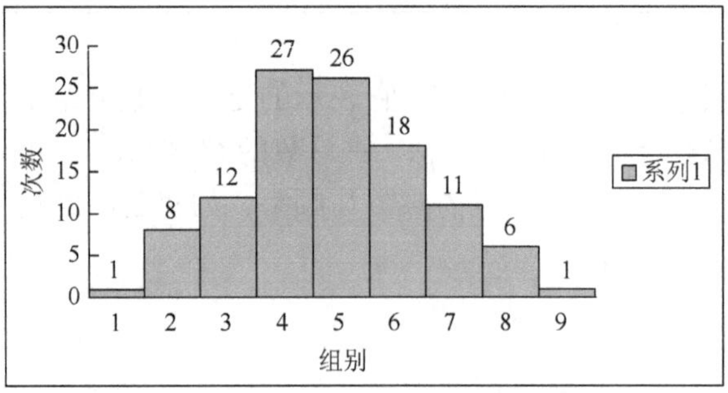

附图 1-3 树苗高度频次图

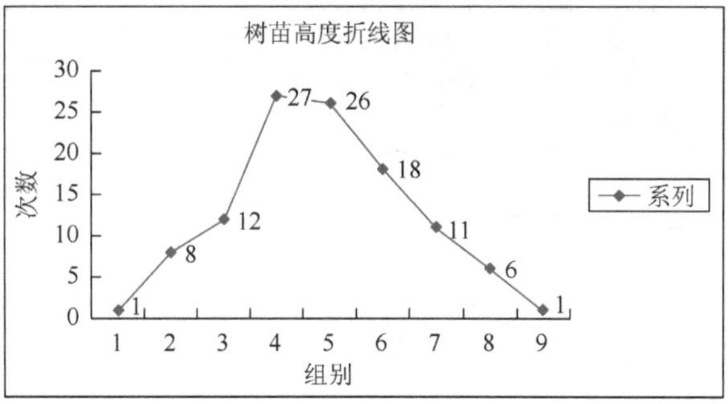

附图 1-4　树苗高度折线图

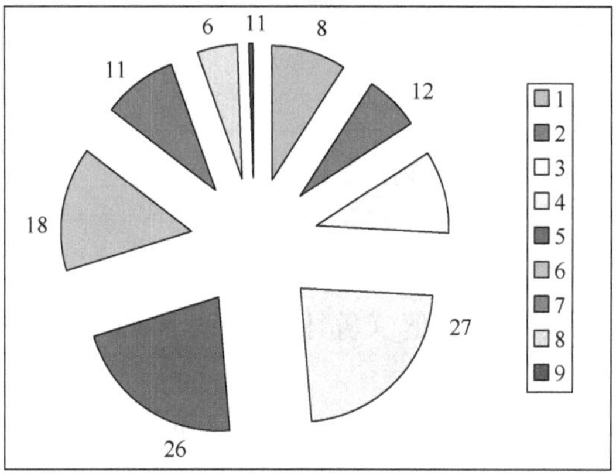

附图 1-5　树苗高度饼图

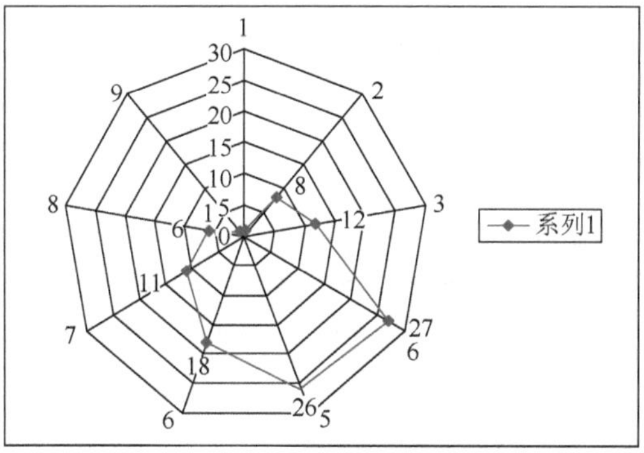

附图 1-6　树苗高度雷达图

附录二　Excel 在平均指标的应用

利用 Excel 自带的函数功能可以计算多种平均指标，首先启动插入函数功能，弹出对话框，本附录使用的函数均在“统计”大类中（附图 2-1）。

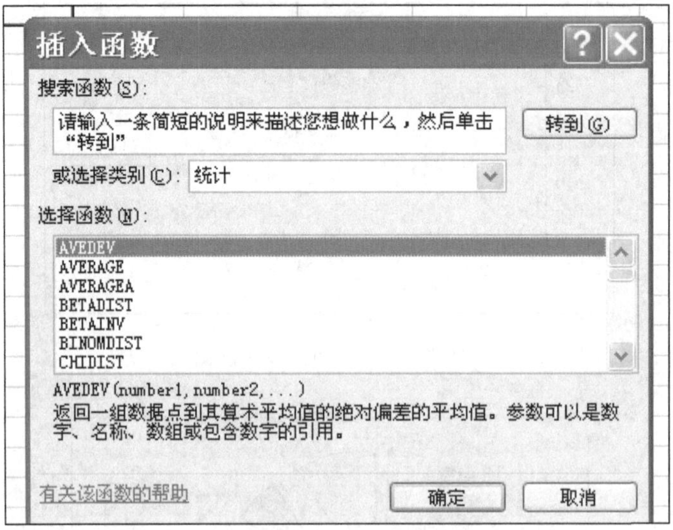

附图 2-1　插入函数

一、算术平均数

AVERAGE 返回参数的平均值（算术平均值）。语法：AVERAGE（number1，number2，…）。

输入一组数据后，计算算术平均数的具体操作如下。

第一步：将鼠标放在空白单元格，启动 AVERAGE 函数。

第二步：在 Number1 区域中输入（A1：A10）。

第三步：单击“确定”返回计算结果，即 5.5（附图 2-2）。

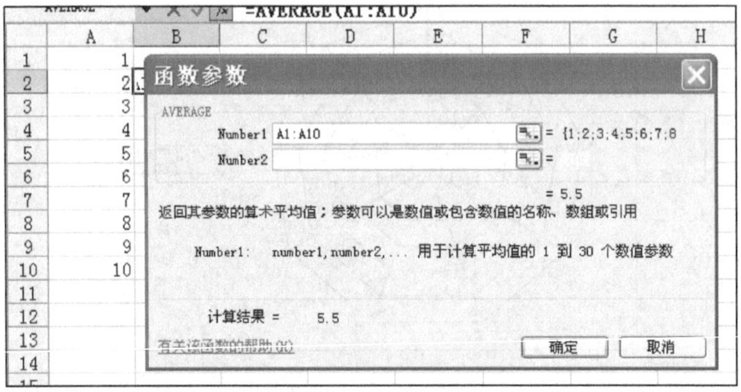

附图 2-2　计算算术平均数

二、调和平均数

HARMEAN 返回数据集合的调和平均值。调和平均值与倒数的算术平均值互为倒数。语法：HARMEAN（number1，number2，…）。

输入一组数据后，计算调和平均数的具体操作如下。

第一步：将鼠标放在空白单元格，启动 HARMEAN 函数。

第二步：在 Number1 区域中输入（A1：A10）。

第三步：单击“确定”返回计算结果，即 3.414171521（附图 2-3）。

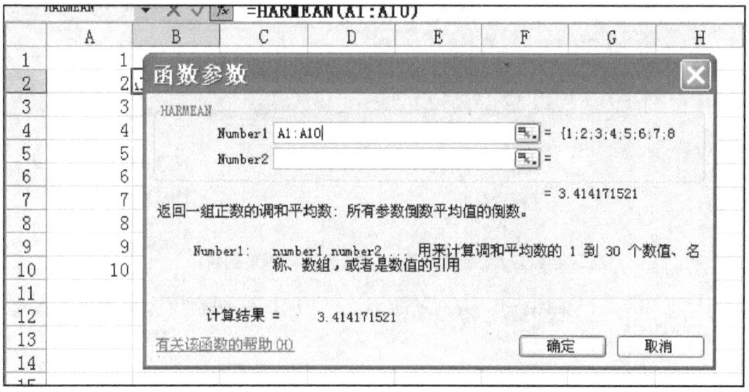

附图 2-3　计算调和平均数

三、几何平均数

GEOMEAN 返回正数数组或区域的几何平均值。例如，可以使用函数 GEOMEAN 计算可变复利的平均增长率。语法：GEOMEAN（number1，number2，…）。

输入一组数据后，计算几何平均数的具体操作如下。

第一步：将鼠标放在空白单元格，启动 GEOMEAN 函数。

第二步：在 Number1 区域中输入（A1：A4）。

第三步：单击“确定”返回计算结果，即 1.22753324（附图 2-4）。

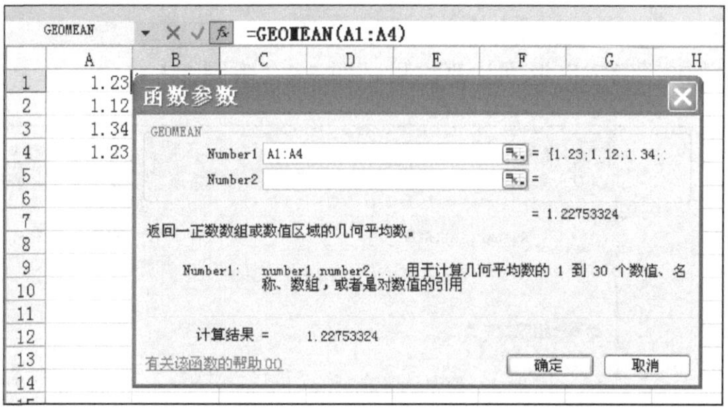

附图 2-4　计算几何平均数

四、众数

MODE 返回在某一数组或数据区域中出现频率最多的数值。同 MEDIAN 一样，MODE 也是一个位置测量函数。语法：MODE（number1，number2，…）。

输入一组数据后，计算众数的具体操作如下。

第一步：将鼠标放在空白单元格，启动 MODE 函数。

第二步：在 Number1 区域中输入（A1：A11）。

第三步：单击“确定”返回计算结果，即 10（附图 2-5）。

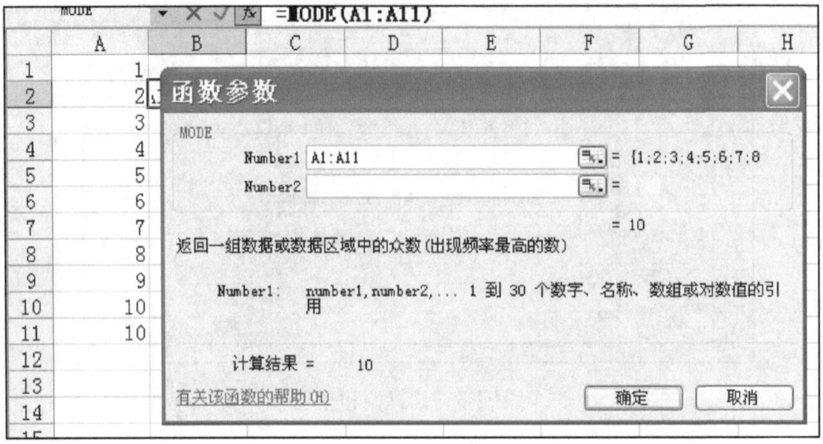

附图 2-5 计算众数

五、中位数

MEDIAN 返回给定数值集合的中值。中值是在一组数据中居于中间的数，即在这组数据中，有一半的数据比它大，有一半的数据比它小。语法：MEDIAN（number1，number2，…）。

输入一组数据后，计算中位数的具体操作如下。

第一步：将鼠标放在空白单元格，启动 MEDIAN 函数。

第二步：在 Number1 区域中输入（A1：A10）。

第三步：单击“确定”返回计算结果，即 5.5（附图 2-6）。

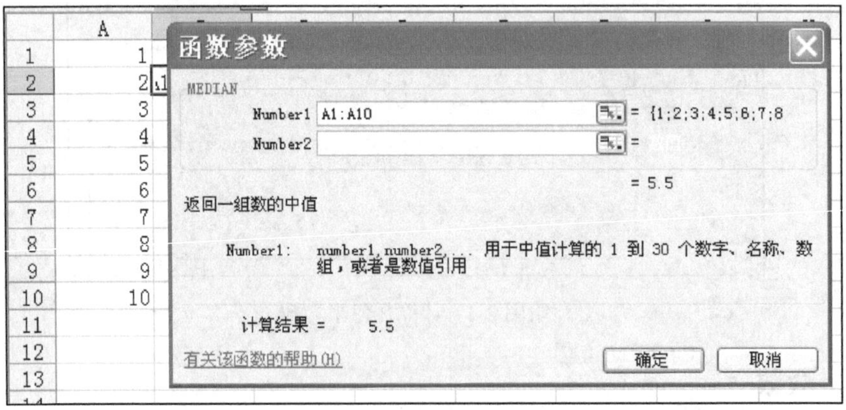

附图 2-6 计算中位数

六、分位数

QUARTILE 返回数据集的四分位数。四分位数通常用于在销售额和测量数据中对总体进行分组。例如，可以使用函数 QUARTILE 求得总体中前 25%的收入值。语法：QUARTILE（array，quart）。Array 为需要求得四分位数值的数组或数字型单元格区域。Quart 决定返回哪一个四分位值（附表 2-1）。

附表 2-1　四分位数函数

如果 Qurart 等于	函数 QUARTILE 返回
0	最小值
1	第一个四分位数（第 25 个百分点值）
2	中分位数（第 50 个百分点值）
3	第三个四分位数（第 75 个百分点值）
4	最大值

输入一组数据后，计算分位数的具体操作如下：

第一步：将鼠标放在空白单元格，启动 QUARTILE 函数。

第二步：在 Array 输入（A1：A10），在 Quart 输入 0～4 任意值。

第三步：单击“确定”返回计算结果（附图 2-7）。

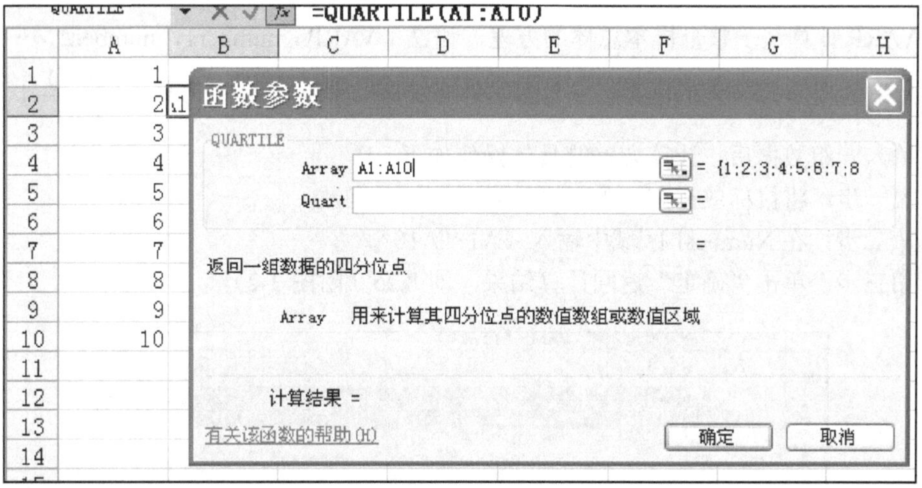

附图 2-7　计算四分位数

附录三　Excel 在变异指标的应用

与计算平均指标相同，也可以利用 Excel 自带的函数功能计算多种变异指标，本附录使用的函数均在粘贴函数对话框“统计”大类中。

一、平均差

AVEDEV 返回一组数据与其均值的绝对偏差的平均值，AVEDEV 用于评测这组数据的离散度。语法：AVEDEV（number1，number2，…）。

输入一组数据后，计算平均差的具体操作如下。

第一步：将鼠标放在空白单元格，启动 AVEDEV 函数。

第二步：在 Number1 区域中输入（A1：A10）。

第三步：单击“确定”返回计算结果，即 2.5（附图 3-1）。

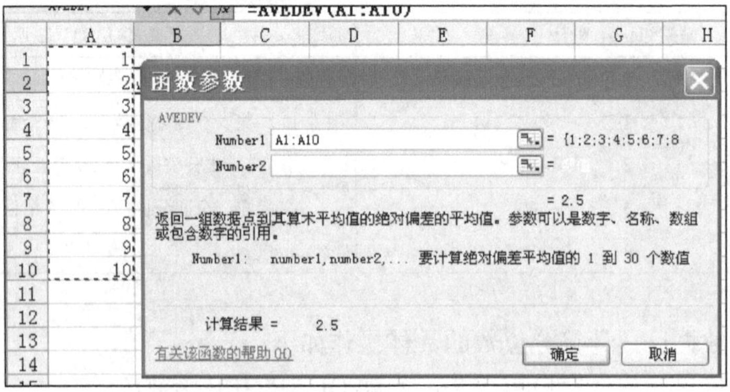

附图 3-1　计算平均差

二、方差

VARP 计算基于整个样本总体的方差。语法：VARP（number1，number2，…）。此外 VARP 也是计算方差的函数，它计算样本的方差，依据的公式为 $s^2 = \frac{(x-\overline{x})^2}{n-1}$。

输入一组数据后，计算方差的具体操作如下。

第一步：将鼠标放在空白单元格，启动 VARP 函数。

第二步：在 Number1 区域中输入（A1：A10）。

第三步：单击“确定”返回计算结果，即 8.25（附图 3-2）。

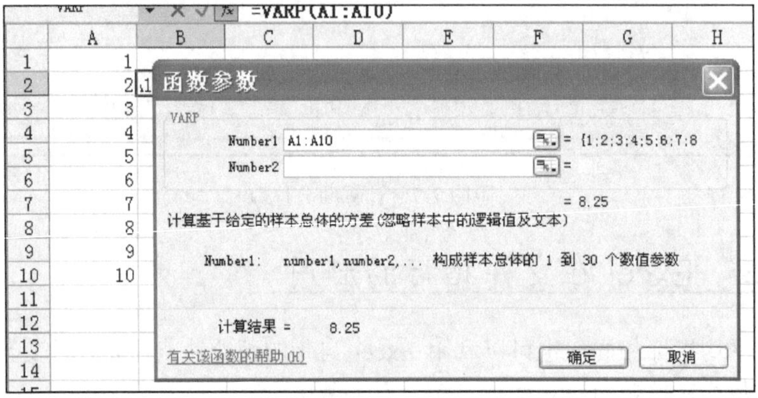

附图 3-2　计算方差

三、标准差

STDEVP 计算基于整个样本总体的标准差。语法：STDEVP（number1，number2，…）。

此外 STDEV 也是计算标准差的函数，它计算样本的标准差，依据的公式为 $s=\sqrt{\frac{(x-\bar{x})^2}{n-1}}$。

输入一组数据后，计算标准差的具体操作如下。

第一步：将鼠标放在空白单元格，启动 STDEVP 函数。

第二步：在 Number1 区域中输入（A1：A10）。

第三步：单击“确定”返回计算结果，即 2.872281323（附图 3-3）。

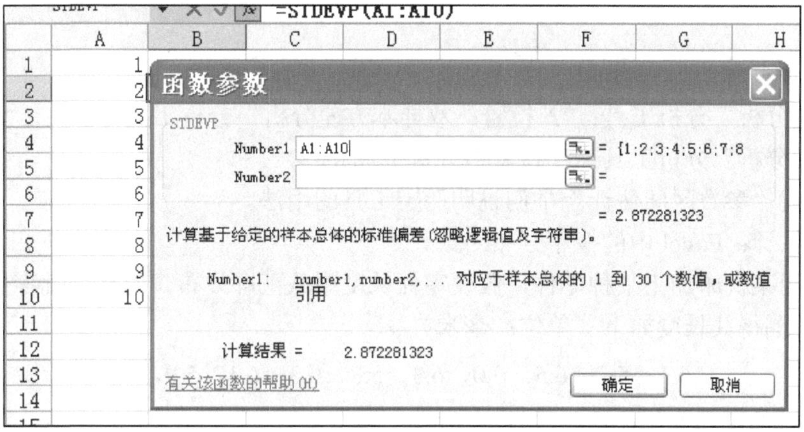

附图 3-3　计算标准差

附录四　Excel 在抽样推断中的应用

Excel 中用于抽样推断的工具主要有两类：概率分布函数与数据分析工具。

1. 概率分布函数

常用函数如附表 4-1 所示。

附表 4-1　常用函数表

函数名	功能简述
BINOMDIST	返回单独项二项式分布概率
CHIDIST	返回 chi 平方分布的单尾概率
CHIINV	返回 chi 平方分布的反单尾概率
CHITEST	返回独立性检验值
CONFIDENCE	返回总体平均值的置信区间
EXPONDIST	返回指数分布
FDIST	返回 *F* 概率分布
FINV	返回反 *F* 概率分布
FTEST	返回 *F* 检验的结果
NORMDIST	返回普通正态累积分布
NORMINV	返回反普通正态累积分布

续表

函数名	功能简述
NORMSDIST	返回标准普通累积分布
NORMSINV	返回反标准普通累积分布
TDIST	返回学生氏——t 分布
TINV	返回反学生氏——t 分布
TTEST	返回与学生氏——t 检验相关的概率
ZTEST	返回 z 检验的双尾 P 值

2. “数据分析”工具

“方差分析”分析工具：“F 检验：双样本方差分析”分析工具；

“抽样分析”分析工具：“t 检验”分析工具。

以下就“参数区间估计”举例说明两类工具的用法。

参数估计：Excel 中的概率分布函数。

某厂用某机床加工某种零件，假设零件长度服从正态分布。现从该批零件中随机抽取 10 件，测得其长度如下（单位：毫米）：

6.1，5.7，6.5，6.0，6.3，5.8，6.3，6.1，5.9，6.4

以 95%的可靠性估计该种零件的长度。

操作步骤如下所示。

第一步：输入样本数据。

第二步：绘制计算表。

第三步：在计算表中用各种公式和函数计算。

以上三个步骤如附图 4-1 所示。

	A	B	C	D	E
1	样本数据			计算表	
2	6.1		中间计算	样本容量	10
3	5.7			样本均值	6.11
4	6.5			样本标准差	0.264365
5	6			抽样误差	0.0836
6	6.3			置信度	0.95
7	5.8			自由度	9
8	6.3			t临界值	2.262157
9	6.1			误差范围	0.189115
10	5.9		最终结果	估计下限	5.920885
11	6.4			估计上限	6.299115

附图 4-1　区间估计

附图 4-1 中 E 列由附表 4-2 中各公式计算：

附表 4-2　计算公式

样本容量	COUNT（A2：A11）
样本均值	AVERAGE（A2：A11）
样本标准差	STDEV（A2：A11）
抽样误差	E4/SQRT（E2）
置信度	0.95
自由度	E2−1
t 临界值	TINV（(1−E6)，E7）
误差范围	E8*E5
估计下限	E3−E9
估计上限	E3＋E9

附录五　Excel 在相关与回归分析中的应用

一、相关图的绘制

将第八章表 8-1 中的资料建立 Excel 工作表，如附图 5-1 所示。

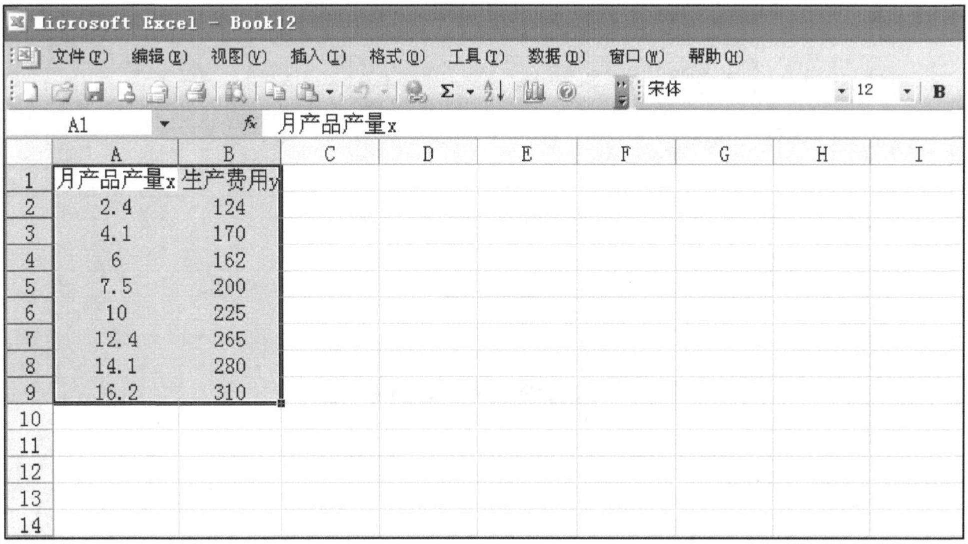

附图 5-1　表 8-1 的 Excel 工作表

制作相关图的步骤如下。

选择区域 A1：B9，如附图 5-1 所示。

（1）单击 Excel 图表向导。

（2）在“图表类型”中选择“XY 散点图”，如附图 5-2 所示。

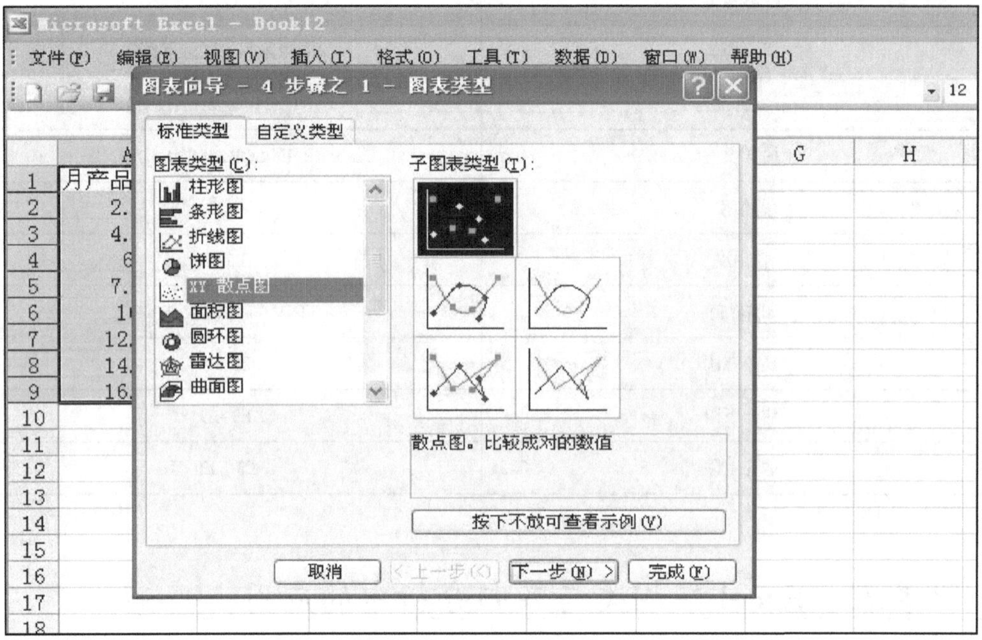

附图 5-2　散点图的制作 1

（3）在“子图表类型”中选择第一种散点图，并单击“下一步”，即可得到附图 5-3 和附图 5-4。

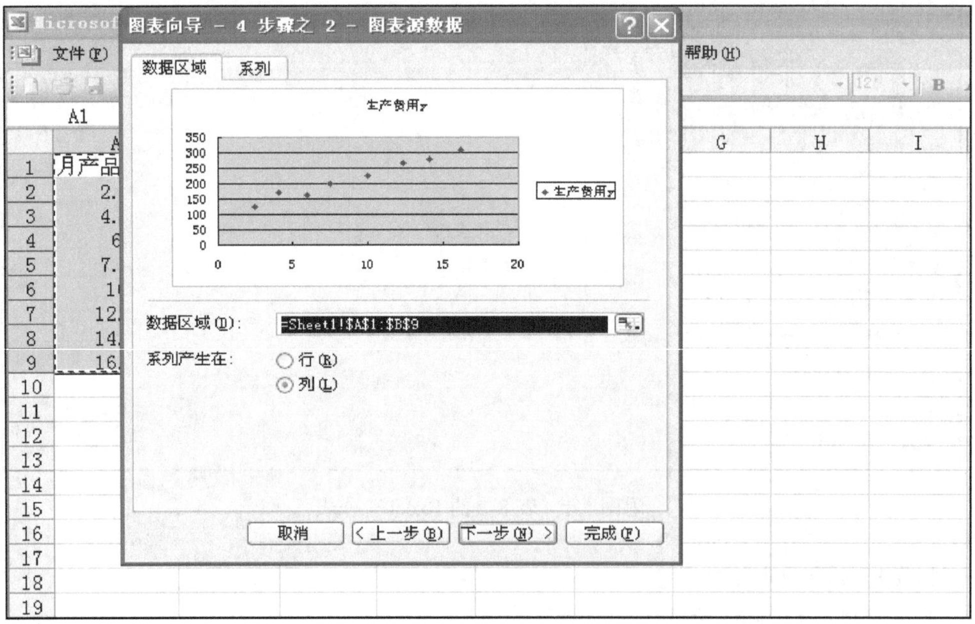

附图 5-3　散点图的制作 2

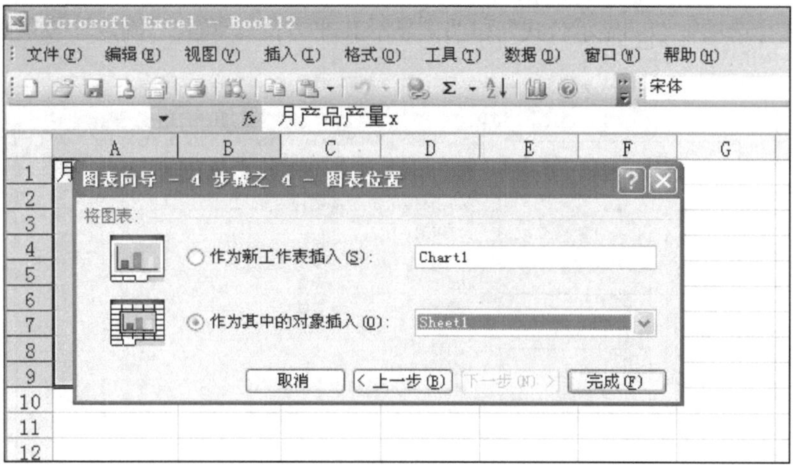

附图 5-4　散点图的制作 3

（4）单击“完成”，并对图形进行修饰编辑，得到如附图 5-5 所示月产品产量与生产费用之间的散点图。

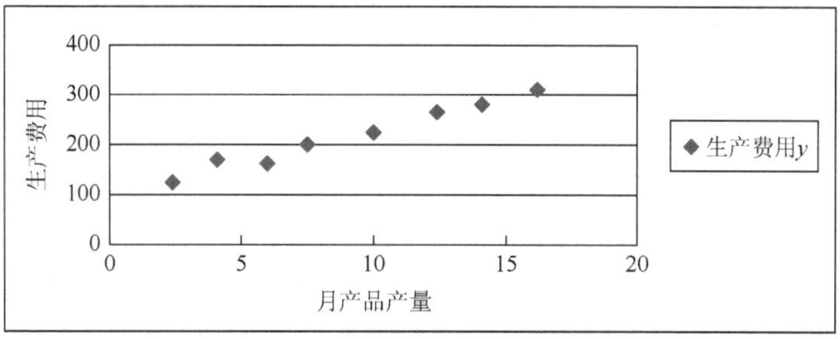

附图 5-5　月产品产量与生产费用的散点图

（5）在散点图的任意一个点上右击→添加趋势线→类型，选与散点图近似的趋势线，如附图 5-6 和附图 5-7 所示。

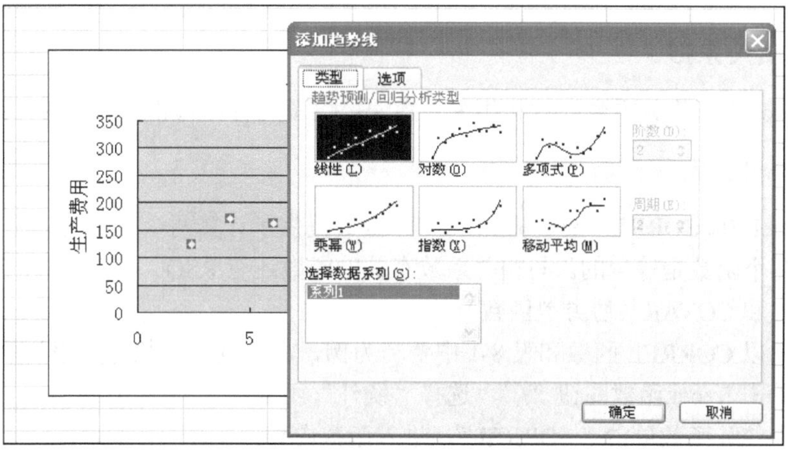

附图 5-6　添加趋势线的制作 1

（6）选择选项中“☑显示公式”和“☑显示 R 平方值”，单击“确定”，如附图 5-7 所示。

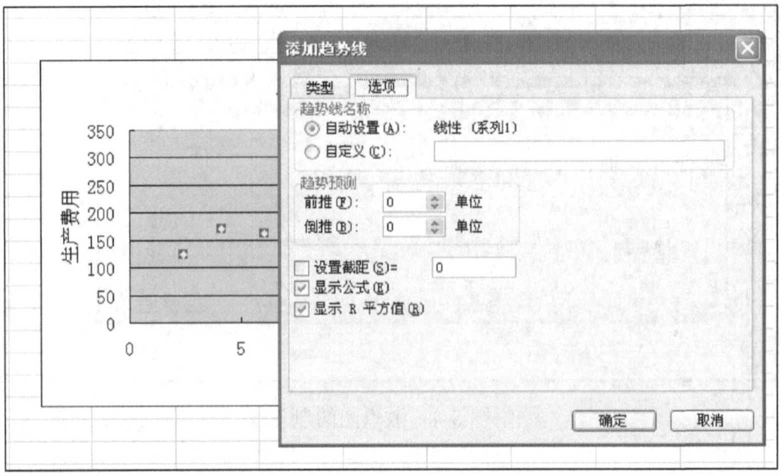

附图 5-7　添加趋势线的制作 2

（7）得到如附图 5-8 所示的趋势线图、回归方程和 R 平方值。

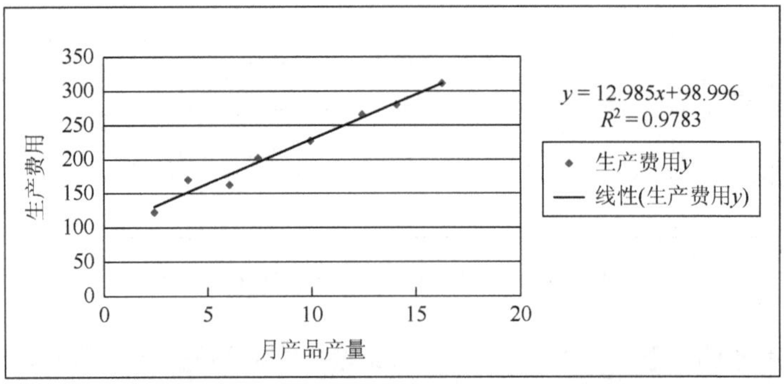

附图 5-8　月产品产量与生产费用的趋势线图

二、相关系数

在 Excel 中，相关系数函数和相关系数宏提供了两种计算相关系数的方法。

（一）相关系数函数

在 Excel 中，CORREL 函数和 PERSON 函数提供了计算两个变量之间的相关系数的方法，这两个函数是等价的。与相关系数有关的函数还有 RSQ（相关系数的平方，即判定系数 r^2）和 COVAR（协方差函数）。

在这里以 CORREL 函数和表 8-1 中资料为例，介绍利用函数计算相关系数的方法。

（1）单击 Excel 函数图钮“f_x”，选择“统计”函数；

（2）在统计函数单击“CORREL”，进入函数向导；

（3）在“Array1”中输入第一个变量“月产品产量”的数据区域 A2：A9。在“Array2”

中输入第二个变量“生产费用”的数据区域 B2：B9，即可在当前光标所在单元格显示函数的计算结果，如附图 5-9 所示。

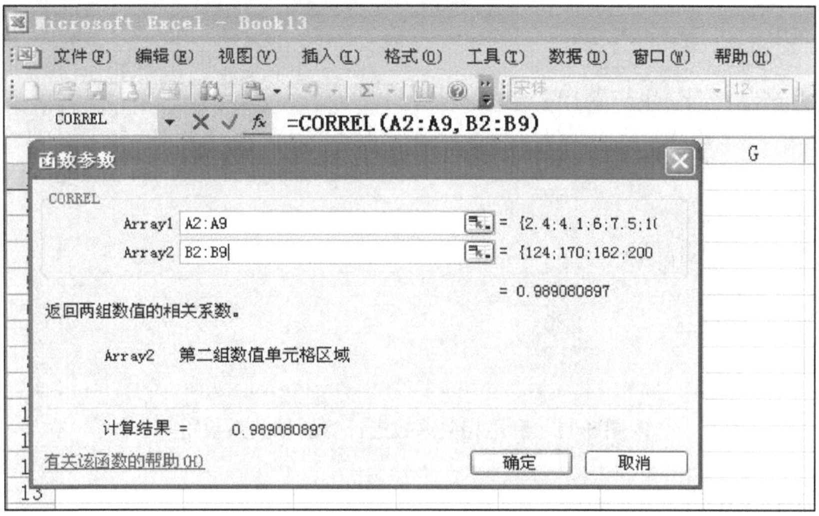

附图 5-9　CORREL 函数计算相关系数

（二）相关系数宏

在 Excel 数据分析宏中，Excel 专门提供了计算相关系数宏过程。利用此宏过程，可以计算多个变量之间的相关矩阵。

仍然以表 8-1 中资料为例，利用相关系数宏计算相关系数矩阵的过程如下。

（1）单击 Excel“工具”菜单，选择“数据分析”过程；

（2）在“数据分析”宏过程中，选择“相关系数”过程，如附图 5-10 所示；

（3）在“输入区域”中选择两个变量所在区域 A2：B9，数据以列排列，输出区域选择在同一工作表中的以 D1：E5 区域里，计算结果如附图 5-11 所示。

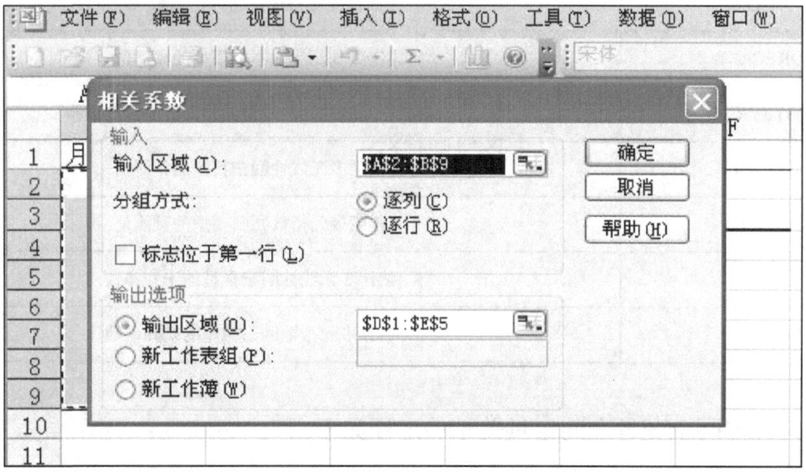

附图 5-10　相关系数宏

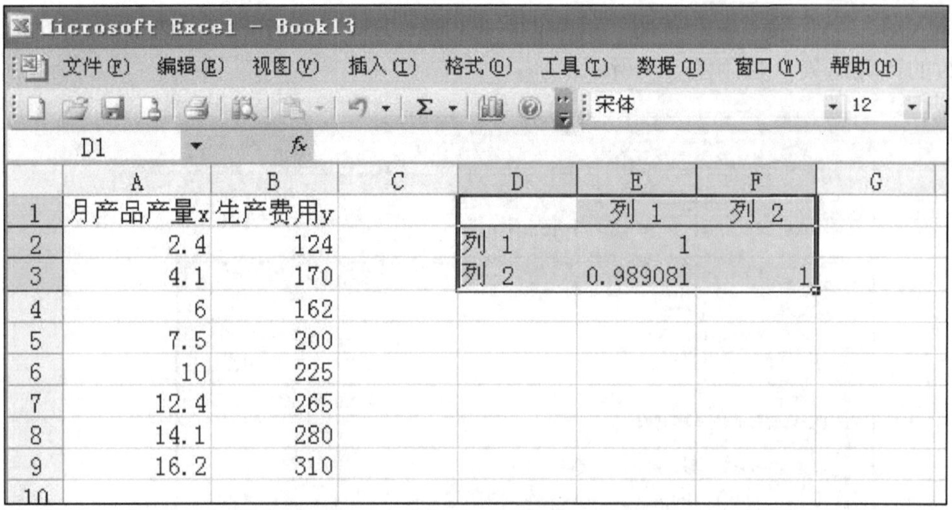

附图 5-11　利用相关系数宏计算的相关系数矩阵

三、回归分析宏

除了回归分析宏，Excel 还提供了 9 个函数用于建立回归模型和回归预测。这 9 个函数列于附表 5-1 中。但 Excel 提供的回归分析宏具有更方便的特点。仍以表 8-1 中月产品产量与生产费用的关系资料为例，利用一元线性回归方程确定两个变量之间的定量关系。

附表 5-1　用于回归分析的工作表函数

函数名	定义
INTERCEPT	一元线性回归模型截距的估计值
SLOPE	一元线性回归模型斜率的估计值
RSQ	一元线性回归模型的判定系数（r^2）
FORECAST	依照一元线性回归模型的预测值
STEYX	依照一元线性回归模型的预测值的标准误差
TREND	依照多元线性回归模型的预测值
GROWTH	依照多元指数回归模型的预测值
LINEST	估计多元线性回归模型的未知参数
LOGEST	估计多元指数回归模型的未知参数

回归宏确定两个变量之间定量关系的过程如下。

（1）在“工具栏”菜单“数据分析”过程中选择“回归”宏过程（附图5-12）；

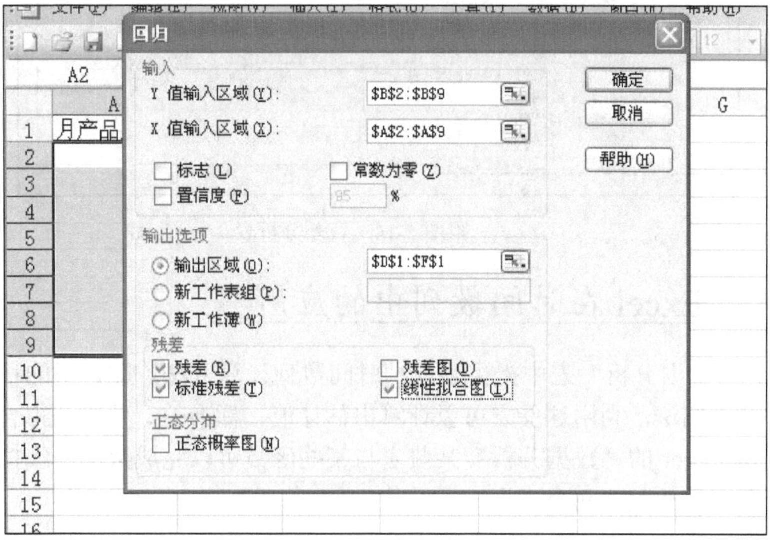

附图5-12　回归分析宏过程

（2）在“Y值输入区域”内选择B2：B9，在“X值输入区域”选择A2：A9，如果是多元线性回归，则X值的输入区域就是除Y变量以外的全部解释变量；

（3）选择“标志”；置信度水平为95%，输出结果选择在一张新的工作表中；

（4）选择“残差分析”，并绘制回归拟合图，单击“确定”即得到附图5-13所示的回归分析结果和附图5-14的残差分析表。

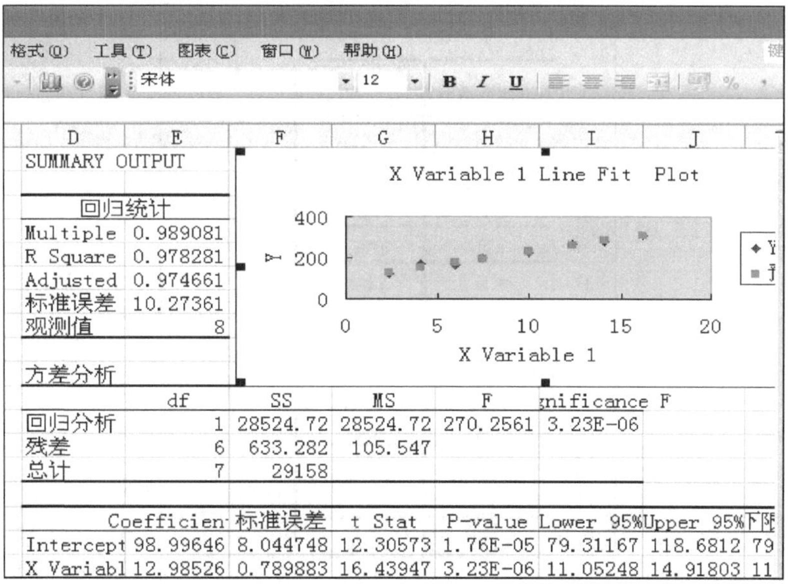

附图5-13　回归分析结果

RESIDUAL OUTPUT

观测值	预测 124	残差	标准残差
1	155.4865	14.51346	1.48759
2	179.4007	-17.4007	-1.78352
3	198.2803	1.7197	0.176265
4	229.7463	-4.7463	-0.48648
5	259.9537	5.046346	0.517237
6	281.3505	-1.35053	-0.13843
7	307.782	2.21803	0.227342

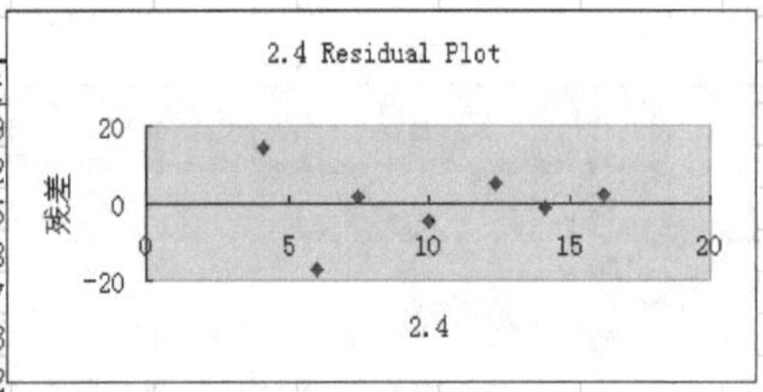

附图 5-14　残差分析表

附录六　Excel 在时间数列中的应用

Excel 在“数据分析”宏中提供了三种时间数列计算方法，即常用的移动平均法、指数平滑法和回归法，利用这些宏可以计算出估计值、标准差、残差和拟合图。同时，如果配合使用 Excel 的“数据分析”某些宏与某些函数可以完成数学曲线拟合法。这里只介绍与课程内容相关的两个应用。

一、移动平均法

在 Excel 工作表中输入本书表 9-13 的北京市 2006 年接待入境旅游人数资料，如附图 6-1 所示。

Microsoft Excel - Book1

文件(F)　编辑(E)　视图(V)　插入(I)

宋体　12　B　I

E15　fx

	A	B	C
1	月　份	接待入境旅游人数	
2	1月	41	
3	2月	40.8	
4	3月	71.2	
5	4月	106.7	
6	5月	143.4	
7	6月	178	
8	7月	251.4	
9	8月	247.7	
10	9月	284.7	
11	10月	326.2	
12	11月	363.6	
13	12月	350.6	
14			

附图 6-1　接待入境旅游人数工作表

下面介绍两种计算移动平均的方法。

1. 公式法

在 C1 位置输入“三项移动平均”，在 C 这一列显示三项移动平均结果，在 C3 位置输入公式“=AVERAGE（B2：B4）”，并将公式复制到 C4 到 C12 位置，确定之后，C3 到 C12 位置就显示了 B 列的三项移动平均值，结果如附图 6-2 所示。

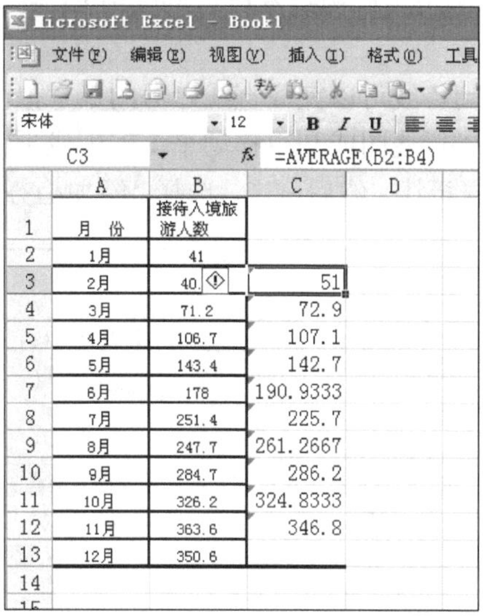

附图 6-2　公式法计算移动平均结果

2. 移动平均宏计算

仍在附图 6-1 所示工作表下，在 Excel“工具”菜单下选择“数据分析”，并单击“移动平均”过程。

在移动平均弹出菜单的“输入区域”中选择 B2：B13，在“间隔”中输入“3”表示进行三项移动平均，选择“输出区域”，单击“确定”，计算结果与公式法相同，并且自动将公式放入工作表中（附图 6-3）。

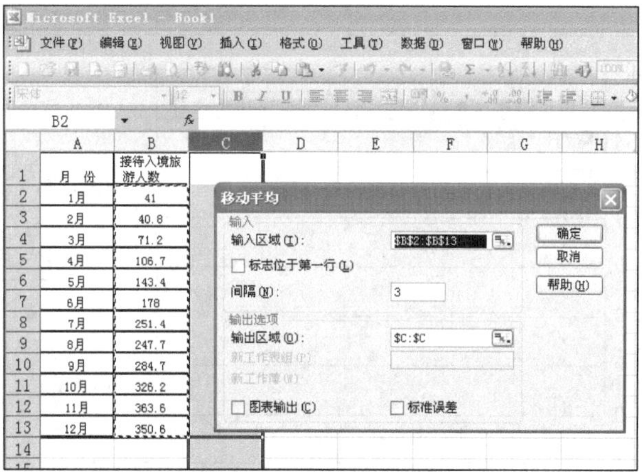

附图 6-3　移动平均弹出菜单

二、最小二乘法

在 Excel 中虽没有提供数学曲线拟合法的直接计算工具，但是通过配合使用某些宏与函数可以完成直线或曲线趋势的数学拟合。

下面以本书表 9-10 我国卫生机构数资料为例应用 Excel 进行最小二乘的直线趋势的拟合。

利用图形向导和添加趋势线可以完成直线趋势的数学拟合。其具体过程如下。

（1）利用图形向导生成折线图或利用移动平均宏生成折线图。

（2）在图表上单击选择折线，然后右击，选择“添加趋势线”，操作如附图 6-4 所示。

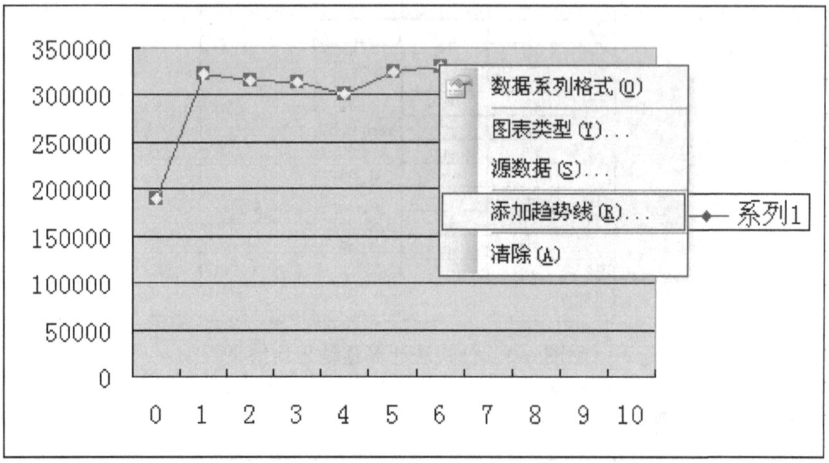

附图 6-4 添加趋势线

（3）在“添加趋势线”操作中，在“类型”中选择“线性”趋势线，然后单击“选项”，在“选项”菜单选择输出“显式公式”，然后单击“确定”，得到如附图 6-5 所示趋势线和直线趋势方程。

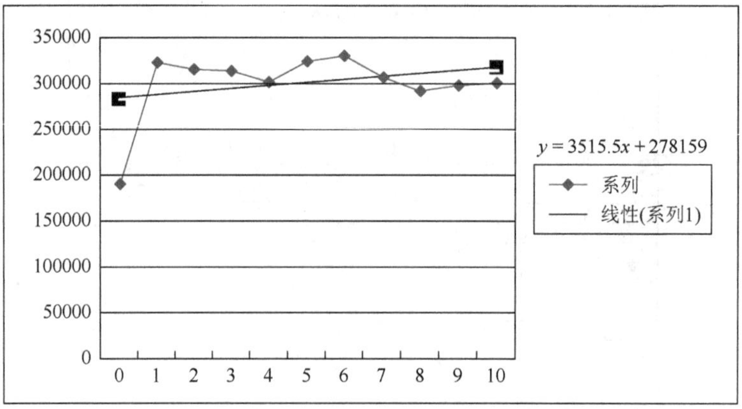

附图 6-5 趋势线和趋势线方程

附录七　标准正态分布概率表

$$\phi(x)=\int_{-\infty}^{x}\frac{1}{\sqrt{2\pi}}e^{-\frac{t^2}{2}}dt=p \quad (X \leqslant x)$$

$$\phi(-x)=1-\phi(x)$$

$\phi(x)$	0.00	0.01	0.02	0.03	0.04	0.05	0.06	0.07	0.08	0.09
0.0	0.5000	0.5040	0.5080	0.5120	0.5160	0.5199	0.5239	0.5279	0.5319	0.5359
0.1	0.5398	0.5438	0.5478	0.5517	0.5557	0.5596	0.5636	0.5675	0.5714	0.5753
0.2	0.5793	0.5832	0.5871	0.5910	0.5948	0.5987	0.6026	0.6064	0.6103	0.6141
0.3	0.6179	0.6217	0.6255	0.6293	0.6331	0.6368	0.6406	0.6443	0.6480	0.6517
0.4	0.6554	0.6591	0.6628	0.6664	0.6700	0.6736	0.6772	0.6808	0.6844	0.6879
0.5	0.6915	0.6950	0.6985	0.7019	0.7054	0.7088	0.7123	0.7157	0.7190	0.7224
0.6	0.7257	0.7291	0.7324	0.7357	0.7389	0.7422	0.7454	0.7486	0.7517	0.7549
0.7	0.7580	0.7611	0.7642	0.7673	0.7703	0.7734	0.7764	0.7794	0.7823	0.7852
0.8	0.7881	0.7910	0.7939	0.7967	0.7995	0.8023	0.8051	0.8078	0.8106	0.8133
0.9	0.8159	0.8186	0.8212	0.8238	0.8264	0.8289	0.8315	0.8340	0.8365	0.8389
1.0	0.8413	0.8438	0.8461	0.8485	0.8508	0.8531	0.8554	0.8577	0.8599	0.8621
1.1	0.8643	0.8665	0.8686	0.8708	0.8729	0.8749	0.8770	0.8790	0.8810	0.8830
1.2	0.8849	0.8869	0.8888	0.8907	0.8925	0.8944	0.8962	0.8980	0.8997	0.9015
1.3	0.9032	0.9049	0.9066	0.9082	0.9099	0.9115	0.9131	0.9147	0.9162	0.9177
1.4	0.9192	0.9207	0.9222	0.9236	0.9251	0.9265	0.9278	0.9292	0.9306	0.9319
1.5	0.9332	0.9345	0.9357	0.9370	0.9382	0.9394	0.9406	0.9418	0.9430	0.9441
1.6	0.9452	0.9463	0.9474	0.9484	0.9495	0.9505	0.9515	0.9525	0.9535	0.9545
1.7	0.9554	0.9564	0.9573	0.9582	0.9591	0.9599	0.9608	0.9616	0.9625	0.9633
1.8	0.9641	0.9648	0.9656	0.9664	0.9671	0.9678	0.9686	0.9693	0.9700	0.9706
1.9	0.9713	0.9719	0.9726	0.9732	0.9738	0.9744	0.9750	0.9756	0.9762	0.9767
2.0	0.9772	0.9778	0.9783	0.9788	0.9793	0.9798	0.9803	0.9808	0.9812	0.9817
2.1	0.9821	0.9826	0.9830	0.9834	0.9838	0.9842	0.9846	0.9850	0.9854	0.9857
2.2	0.9861	0.9864	0.9868	0.9871	0.9874	0.9878	0.9881	0.9884	0.9887	0.9890
2.3	0.9893	0.9896	0.9898	0.9901	0.9904	0.9906	0.9909	0.9911	0.9913	0.9916
2.4	0.9918	0.9920	0.9922	0.9925	0.9927	0.9929	0.9931	0.9932	0.9934	0.9936
2.5	0.9938	0.9940	0.9941	0.9943	0.9945	0.9946	0.9948	0.9949	0.9951	0.9952
2.6	0.9953	0.9955	0.9956	0.9957	0.9959	0.9960	0.9961	0.9962	0.9963	0.9964
2.7	0.9965	0.9966	0.9967	0.9968	0.9969	0.9970	0.9971	0.9972	0.9973	0.9974
2.8	0.9974	0.9975	0.9976	0.9977	0.9977	0.9978	0.9979	0.9979	0.9980	0.9981
2.9	0.9981	0.9982	0.9982	0.9983	0.9984	0.9984	0.9985	0.9985	0.9986	0.9986
3.0	0.9987	0.9990	0.9993	0.9995	0.9997	0.9998	0.9998	0.9999	0.9999	1.0000

注：本表最后一行自左至右依次是$\phi(3.0)$，$\phi(3.1)$，…，$\phi(3.9)$的值

附录八 T分布的临界值表

n \ α	0.25	0.10	0.05	0.025	0.01	0.005
1	1.0000	3.0777	6.3138	12.7062	31.8205	63.6567
2	0.8165	1.8856	2.9200	4.3027	6.9646	9.9248
3	0.7649	1.6377	2.3534	3.1824	4.5407	5.8409
4	0.7407	1.5332	2.1318	2.7764	3.7469	4.6041
5	0.7267	1.4759	2.0150	2.5706	3.3649	4.0321
6	0.7176	1.4398	1.9432	2.4469	3.1427	3.7074
7	0.7111	1.4149	1.8946	2.3646	2.9980	3.4995
8	0.7064	1.3968	1.8595	2.3060	2.8965	3.3554
9	0.7027	1.3830	1.8331	2.2622	2.8214	3.2498
10	0.6998	1.3722	1.8125	2.2281	2.7638	3.1693
11	0.6974	1.3634	1.7959	2.2010	2.7181	3.1058
12	0.6955	1.3562	1.7823	2.1788	2.6810	3.0545
13	0.6938	1.3502	1.7709	2.1604	2.6503	3.0123
14	0.6924	1.3450	1.7613	2.1448	2.6245	2.9768
15	0.6912	1.3406	1.7531	2.1314	2.6025	2.9467
16	0.6901	1.3368	1.7459	2.1199	2.5835	2.9208
17	0.6892	1.3334	1.7396	2.1098	2.5669	2.8982
18	0.6884	1.3304	1.7341	2.1009	2.5524	2.8784
19	0.6876	1.3277	1.7291	2.0930	2.5395	2.8609
20	0.6870	1.3253	1.7247	2.0860	2.5280	2.8453
21	0.6864	1.3232	1.7207	2.0796	2.5176	2.8314
22	0.6858	1.3212	1.7171	2.0739	2.5083	2.8188
23	0.6853	1.3195	1.7139	2.0687	2.4999	2.8073
24	0.6848	1.3178	1.7109	2.0639	2.4922	2.7969
25	0.6844	1.3163	1.7081	2.0595	2.4851	2.7874
26	0.6840	1.3150	1.7056	2.0555	2.4786	2.7787
27	0.6837	1.3137	1.7033	2.0518	2.4727	2.7707
28	0.6834	1.3125	1.7011	2.0484	2.4671	2.7633
29	0.6830	1.3114	1.6991	2.0452	2.4620	2.7564
30	0.6828	1.3104	1.6973	2.0423	2.4573	2.7500
31	0.6825	1.3095	1.6955	2.0395	2.4528	2.7440
32	0.6822	1.3086	1.6939	2.0369	2.4487	2.7385
33	0.6820	1.3077	1.6924	2.0345	2.4448	2.7333
34	0.6818	1.3070	1.6909	2.0322	2.4411	2.7284
35	0.6816	1.3062	1.6896	2.0301	2.4377	2.7238
36	0.6814	1.3055	1.6883	2.0281	2.4345	2.7195
37	0.6812	1.3049	1.6871	2.0262	2.4314	2.7154

续表

n \ α	0.25	0.10	0.05	0.025	0.01	0.005
38	0.6810	1.3042	1.6860	2.0244	2.4286	2.7116
39	0.6808	1.3036	1.6849	2.0227	2.4258	2.7079
40	0.6807	1.3031	1.6839	2.0211	2.4233	2.7045
41	0.6805	1.3025	1.6829	2.0195	2.4208	2.7012
42	0.6804	1.3020	1.6820	2.0181	2.4185	2.6981
43	0.6802	1.3016	1.6811	2.0167	2.4163	2.6951
44	0.6801	1.3011	1.6802	2.0154	2.4141	2.6923
45	0.6800	1.3006	1.6794	2.0141	2.4121	2.6896
46	0.6799	1.3002	1.6787	2.0129	2.4102	2.6870
47	0.6797	1.2998	1.6779	2.0117	2.4083	2.6846
48	0.6796	1.2994	1.6772	2.0106	2.4066	2.6822
49	0.6795	1.2991	1.6766	2.0096	2.4049	2.6800
50	0.6794	1.2987	1.6759	2.0086	2.4033	2.6778
51	0.6793	1.2984	1.6753	2.0076	2.4017	2.6757
52	0.6792	1.2980	1.6747	2.0066	2.4002	2.6737
53	0.6791	1.2977	1.6741	2.0057	2.3988	2.6718
54	0.6791	1.2974	1.6736	2.0049	2.3974	2.6700
55	0.6790	1.2971	1.6730	2.0040	2.3961	2.6682
56	0.6789	1.2969	1.6725	2.0032	2.3948	2.6665
57	0.6788	1.2966	1.6720	2.0025	2.3936	2.6649
58	0.6787	1.2963	1.6716	2.0017	2.3924	2.6633
59	0.6787	1.2961	1.6711	2.0010	2.3912	2.6618
60	0.6786	1.2958	1.6706	2.0003	2.3901	2.6603
61	0.6785	1.2956	1.6702	1.9996	2.3890	2.6589
62	0.6785	1.2954	1.6698	1.9990	2.3880	2.6575
63	0.6784	1.2951	1.6694	1.9983	2.3870	2.6561
64	0.6783	1.2949	1.6690	1.9977	2.3860	2.6549
65	0.6783	1.2947	1.6686	1.9971	2.3851	2.6536
66	0.6782	1.2945	1.6683	1.9966	2.3842	2.6524
67	0.6782	1.2943	1.6679	1.9960	2.3833	2.6512
68	0.6781	1.2941	1.6676	1.9955	2.3824	2.6501
69	0.6781	1.2939	1.6672	1.9949	2.3816	2.6490
70	0.6780	1.2938	1.6669	1.9944	2.3808	2.6479
71	0.6780	1.2936	1.6666	1.9939	2.3800	2.6469
72	0.6779	1.2934	1.6663	1.9935	2.3793	2.6459
73	0.6779	1.2933	1.6660	1.9930	2.3785	2.6449
74	0.6778	1.2931	1.6657	1.9925	2.3778	2.6439
75	0.6778	1.2929	1.6654	1.9921	2.3771	2.6430
76	0.6777	1.2928	1.6652	1.9917	2.3764	2.6421

续表

n \ α	0.25	0.10	0.05	0.025	0.01	0.005
77	0.6777	1.2926	1.6649	1.9913	2.3758	2.6412
78	0.6776	1.2925	1.6646	1.9908	2.3751	2.6403
79	0.6776	1.2924	1.6644	1.9905	2.3745	2.6395
80	0.6776	1.2922	1.6641	1.9901	2.3739	2.6387
81	0.6775	1.2921	1.6639	1.9897	2.3733	2.6379
82	0.6775	1.2920	1.6636	1.9893	2.3727	2.6371
83	0.6775	1.2918	1.6634	1.9890	2.3721	2.6364
84	0.6774	1.2917	1.6632	1.9886	2.3716	2.6356
85	0.6774	1.2916	1.6630	1.9883	2.3710	2.6349
86	0.6774	1.2915	1.6628	1.9879	2.3705	2.6342
87	0.6773	1.2914	1.6626	1.9876	2.3700	2.6335
88	0.6773	1.2912	1.6624	1.9873	2.3695	2.6329
89	0.6773	1.2911	1.6622	1.9870	2.3690	2.6322
90	0.6772	1.2910	1.6620	1.9867	2.3685	2.6316
91	0.6772	1.2909	1.6618	1.9864	2.3680	2.6309
92	0.6772	1.2908	1.6616	1.9861	2.3676	2.6303
93	0.6771	1.2907	1.6614	1.9858	2.3671	2.6297
94	0.6771	1.2906	1.6612	1.9855	2.3667	2.6291
95	0.6771	1.2905	1.6611	1.9853	2.3662	2.6286
96	0.6771	1.2904	1.6609	1.9850	2.3658	2.6280
97	0.6770	1.2903	1.6607	1.9847	2.3654	2.6275
98	0.6770	1.2902	1.6606	1.9845	2.3650	2.6269
99	0.6770	1.2902	1.6604	1.9842	2.3646	2.6264
100	0.6770	1.2901	1.6602	1.9840	2.3642	2.6259
101	0.6769	1.2900	1.6601	1.9837	2.3638	2.6254
102	0.6769	1.2899	1.6599	1.9835	2.3635	2.6249
103	0.6769	1.2898	1.6598	1.9833	2.3631	2.6244
104	0.6769	1.2897	1.6596	1.9830	2.3627	2.6239
105	0.6768	1.2897	1.6595	1.9828	2.3624	2.6235
106	0.6768	1.2896	1.6594	1.9826	2.3620	2.6230
107	0.6768	1.2895	1.6592	1.9824	2.3617	2.6226
108	0.6768	1.2894	1.6591	1.9822	2.3614	2.6221
109	0.6767	1.2894	1.6590	1.9820	2.3610	2.6217
110	0.6767	1.2893	1.6588	1.9818	2.3607	2.6213
111	0.6767	1.2892	1.6587	1.9816	2.3604	2.6208
112	0.6767	1.2892	1.6586	1.9814	2.3601	2.6204
113	0.6767	1.2891	1.6585	1.9812	2.3598	2.6200
114	0.6766	1.2890	1.6583	1.9810	2.3595	2.6196
115	0.6766	1.2890	1.6582	1.9808	2.3592	2.6193

续表

n \ α	0.25	0.10	0.05	0.025	0.01	0.005
116	0.6766	1.2889	1.6581	1.9806	2.3589	2.6189
117	0.6766	1.2888	1.6580	1.9804	2.3586	2.6185
118	0.6766	1.2888	1.6579	1.9803	2.3584	2.6181
119	0.6766	1.2887	1.6578	1.9801	2.3581	2.6178
120	0.6765	1.2886	1.6577	1.9799	2.3578	2.6174
121	0.6765	1.2886	1.6575	1.9798	2.3576	2.6171
122	0.6765	1.2885	1.6574	1.9796	2.3573	2.6167
123	0.6765	1.2885	1.6573	1.9794	2.3570	2.6164
124	0.6765	1.2884	1.6572	1.9793	2.3568	2.6161
125	0.6765	1.2884	1.6571	1.9791	2.3565	2.6157
126	0.6764	1.2883	1.6570	1.9790	2.3563	2.6154
127	0.6764	1.2883	1.6569	1.9788	2.3561	2.6151
128	0.6764	1.2882	1.6568	1.9787	2.3558	2.6148
129	0.6764	1.2881	1.6568	1.9785	2.3556	2.6145
130	0.6764	1.2881	1.6567	1.9784	2.3554	2.6142
131	0.6764	1.2880	1.6566	1.9782	2.3552	2.6139
132	0.6764	1.2880	1.6565	1.9781	2.3549	2.6136
133	0.6763	1.2879	1.6564	1.9780	2.3547	2.6133
134	0.6763	1.2879	1.6563	1.9778	2.3545	2.6130
135	0.6763	1.2879	1.6562	1.9777	2.3543	2.6127
136	0.6763	1.2878	1.6561	1.9776	2.3541	2.6125
137	0.6763	1.2878	1.6561	1.9774	2.3539	2.6122
138	0.6763	1.2877	1.6560	1.9773	2.3537	2.6119
139	0.6763	1.2877	1.6559	1.9772	2.3535	2.6117
140	0.6762	1.2876	1.6558	1.9771	2.3533	2.6114
141	0.6762	1.2876	1.6557	1.9769	2.3531	2.6111
142	0.6762	1.2875	1.6557	1.9768	2.3529	2.6109
143	0.6762	1.2875	1.6556	1.9767	2.3527	2.6106
144	0.6762	1.2875	1.6555	1.9766	2.3525	2.6104
145	0.6762	1.2874	1.6554	1.9765	2.3523	2.6102
146	0.6762	1.2874	1.6554	1.9763	2.3522	2.6099
147	0.6762	1.2873	1.6553	1.9762	2.3520	2.6097
148	0.6762	1.2873	1.6552	1.9761	2.3518	2.6095
149	0.6761	1.2873	1.6551	1.9760	2.3516	2.6092
150	0.6761	1.2872	1.6551	1.9759	2.3515	2.6090
151	0.6761	1.2872	1.6550	1.9758	2.3513	2.6088
152	0.6761	1.2871	1.6549	1.9757	2.3511	2.6086
153	0.6761	1.2871	1.6549	1.9756	2.3510	2.6083
154	0.6761	1.2871	1.6548	1.9755	2.3508	2.6081

续表

n \ α	0.25	0.10	0.05	0.025	0.01	0.005
155	0.6761	1.2870	1.6547	1.9754	2.3506	2.6079
156	0.6761	1.2870	1.6547	1.9753	2.3505	2.6077
157	0.6761	1.2870	1.6546	1.9752	2.3503	2.6075
158	0.6760	1.2869	1.6546	1.9751	2.3502	2.6073
159	0.6760	1.2869	1.6545	1.9750	2.3500	2.6071
160	0.6760	1.2869	1.6544	1.9749	2.3499	2.6069
161	0.6760	1.2868	1.6544	1.9748	2.3497	2.6067
162	0.6760	1.2868	1.6543	1.9747	2.3496	2.6065
163	0.6760	1.2868	1.6543	1.9746	2.3494	2.6063
164	0.6760	1.2867	1.6542	1.9745	2.3493	2.6061
165	0.6760	1.2867	1.6541	1.9744	2.3492	2.6060
166	0.6760	1.2867	1.6541	1.9744	2.3490	2.6058
167	0.6760	1.2866	1.6540	1.9743	2.3489	2.6056
168	0.6760	1.2866	1.6540	1.9742	2.3487	2.6054
169	0.6759	1.2866	1.6539	1.9741	2.3486	2.6052
170	0.6759	1.2866	1.6539	1.9740	2.3485	2.6051
171	0.6759	1.2865	1.6538	1.9739	2.3484	2.6049
172	0.6759	1.2865	1.6538	1.9739	2.3482	2.6047
173	0.6759	1.2865	1.6537	1.9738	2.3481	2.6045
174	0.6759	1.2864	1.6537	1.9737	2.3480	2.6044
175	0.6759	1.2864	1.6536	1.9736	2.3478	2.6042
176	0.6759	1.2864	1.6536	1.9735	2.3477	2.6041
177	0.6759	1.2864	1.6535	1.9735	2.3476	2.6039
178	0.6759	1.2863	1.6535	1.9734	2.3475	2.6037
179	0.6759	1.2863	1.6534	1.9733	2.3474	2.6036
180	0.6759	1.2863	1.6534	1.9732	2.3472	2.6034
181	0.6758	1.2862	1.6533	1.9732	2.3471	2.6033
182	0.6758	1.2862	1.6533	1.9731	2.3470	2.6031
183	0.6758	1.2862	1.6532	1.9730	2.3469	2.6030
184	0.6758	1.2862	1.6532	1.9729	2.3468	2.6028
185	0.6758	1.2861	1.6531	1.9729	2.3467	2.6027
186	0.6758	1.2861	1.6531	1.9728	2.3466	2.6025
187	0.6758	1.2861	1.6530	1.9727	2.3465	2.6024
188	0.6758	1.2861	1.6530	1.9727	2.3463	2.6022
189	0.6758	1.2860	1.6530	1.9726	2.3462	2.6021
190	0.6758	1.2860	1.6529	1.9725	2.3461	2.6020
191	0.6758	1.2860	1.6529	1.9725	2.3460	2.6018
192	0.6758	1.2860	1.6528	1.9724	2.3459	2.6017
193	0.6758	1.2860	1.6528	1.9723	2.3458	2.6015

续表

n \ α	0.25	0.10	0.05	0.025	0.01	0.005
194	0.6758	1.2859	1.6527	1.9723	2.3457	2.6014
195	0.6757	1.2859	1.6527	1.9722	2.3456	2.6013
196	0.6757	1.2859	1.6527	1.9721	2.3455	2.6011
197	0.6757	1.2859	1.6526	1.9721	2.3454	2.6010
198	0.6757	1.2858	1.6526	1.9720	2.3453	2.6009
199	0.6757	1.2858	1.6525	1.9720	2.3452	2.6008
200	0.6757	1.2858	1.6525	1.9719	2.3451	2.6006
201	0.6757	1.2858	1.6525	1.9718	2.3450	2.6005
202	0.6757	1.2858	1.6524	1.9718	2.3449	2.6004
203	0.6757	1.2857	1.6524	1.9717	2.3449	2.6003
204	0.6757	1.2857	1.6524	1.9717	2.3448	2.6001
205	0.6757	1.2857	1.6523	1.9716	2.3447	2.6000
206	0.6757	1.2857	1.6523	1.9715	2.3446	2.5999
207	0.6757	1.2857	1.6522	1.9715	2.3445	2.5998
208	0.6757	1.2856	1.6522	1.9714	2.3444	2.5997
209	0.6757	1.2856	1.6522	1.9714	2.3443	2.5996
210	0.6757	1.2856	1.6521	1.9713	2.3442	2.5994
211	0.6757	1.2856	1.6521	1.9713	2.3442	2.5993
212	0.6756	1.2856	1.6521	1.9712	2.3441	2.5992
213	0.6756	1.2855	1.6520	1.9712	2.3440	2.5991
214	0.6756	1.2855	1.6520	1.9711	2.3439	2.5990
215	0.6756	1.2855	1.6520	1.9711	2.3438	2.5989
216	0.6756	1.2855	1.6519	1.9710	2.3437	2.5988
217	0.6756	1.2855	1.6519	1.9710	2.3437	2.5987
218	0.6756	1.2854	1.6519	1.9709	2.3436	2.5986
219	0.6756	1.2854	1.6518	1.9709	2.3435	2.5985
220	0.6756	1.2854	1.6518	1.9708	2.3434	2.5984
221	0.6756	1.2854	1.6518	1.9708	2.3433	2.5983
222	0.6756	1.2854	1.6517	1.9707	2.3433	2.5982
223	0.6756	1.2854	1.6517	1.9707	2.3432	2.5981
224	0.6756	1.2853	1.6517	1.9706	2.3431	2.5980
225	0.6756	1.2853	1.6517	1.9706	2.3430	2.5979
226	0.6756	1.2853	1.6516	1.9705	2.3430	2.5978
227	0.6756	1.2853	1.6516	1.9705	2.3429	2.5977
228	0.6756	1.2853	1.6516	1.9704	2.3428	2.5976
229	0.6756	1.2853	1.6515	1.9704	2.3427	2.5975
230	0.6756	1.2852	1.6515	1.9703	2.3427	2.5974
231	0.6756	1.2852	1.6515	1.9703	2.3426	2.5973
232	0.6755	1.2852	1.6514	1.9702	2.3425	2.5972

续表

n \ α	0.25	0.10	0.05	0.025	0.01	0.005
233	0.6755	1.2852	1.6514	1.9702	2.3425	2.5971
234	0.6755	1.2852	1.6514	1.9702	2.3424	2.5970
235	0.6755	1.2852	1.6514	1.9701	2.3423	2.5969
236	0.6755	1.2851	1.6513	1.9701	2.3423	2.5968
237	0.6755	1.2851	1.6513	1.9700	2.3422	2.5967
238	0.6755	1.2851	1.6513	1.9700	2.3421	2.5966
239	0.6755	1.2851	1.6513	1.9699	2.3421	2.5966
240	0.6755	1.2851	1.6512	1.9699	2.3420	2.5965
241	0.6755	1.2851	1.6512	1.9699	2.3419	2.5964
242	0.6755	1.2851	1.6512	1.9698	2.3419	2.5963
243	0.6755	1.2850	1.6511	1.9698	2.3418	2.5962
244	0.6755	1.2850	1.6511	1.9697	2.3417	2.5961
245	0.6755	1.2850	1.6511	1.9697	2.3417	2.5960
246	0.6755	1.2850	1.6511	1.9697	2.3416	2.5960
247	0.6755	1.2850	1.6510	1.9696	2.3415	2.5959
248	0.6755	1.2850	1.6510	1.9696	2.3415	2.5958
249	0.6755	1.2850	1.6510	1.9695	2.3414	2.5957
250	0.6755	1.2849	1.6510	1.9695	2.3414	2.5956
251	0.6755	1.2849	1.6509	1.9695	2.3413	2.5956
252	0.6755	1.2849	1.6509	1.9694	2.3412	2.5955
253	0.6755	1.2849	1.6509	1.9694	2.3412	2.5954
254	0.6755	1.2849	1.6509	1.9693	2.3411	2.5953
255	0.6755	1.2849	1.6509	1.9693	2.3411	2.5952
256	0.6754	1.2849	1.6508	1.9693	2.3410	2.5952
257	0.6754	1.2849	1.6508	1.9692	2.3409	2.5951
258	0.6754	1.2848	1.6508	1.9692	2.3409	2.5950
259	0.6754	1.2848	1.6508	1.9692	2.3408	2.5949
260	0.6754	1.2848	1.6507	1.9691	2.3408	2.5949
261	0.6754	1.2848	1.6507	1.9691	2.3407	2.5948
262	0.6754	1.2848	1.6507	1.9691	2.3407	2.5947
263	0.6754	1.2848	1.6507	1.9690	2.3406	2.5947
264	0.6754	1.2848	1.6506	1.9690	2.3406	2.5946
265	0.6754	1.2848	1.6506	1.9690	2.3405	2.5945
266	0.6754	1.2847	1.6506	1.9689	2.3404	2.5944
267	0.6754	1.2847	1.6506	1.9689	2.3404	2.5944
268	0.6754	1.2847	1.6506	1.9689	2.3403	2.5943
269	0.6754	1.2847	1.6505	1.9688	2.3403	2.5942
270	0.6754	1.2847	1.6505	1.9688	2.3402	2.5942
271	0.6754	1.2847	1.6505	1.9688	2.3402	2.5941

续表

n \ α	0.25	0.10	0.05	0.025	0.01	0.005
272	0.6754	1.2847	1.6505	1.9687	2.3401	2.5940
273	0.6754	1.2847	1.6505	1.9687	2.3401	2.5940
274	0.6754	1.2846	1.6504	1.9687	2.3400	2.5939
275	0.6754	1.2846	1.6504	1.9686	2.3400	2.5938
276	0.6754	1.2846	1.6504	1.9686	2.3399	2.5938
277	0.6754	1.2846	1.6504	1.9686	2.3399	2.5937
278	0.6754	1.2846	1.6504	1.9685	2.3398	2.5936
279	0.6754	1.2846	1.6503	1.9685	2.3398	2.5936
280	0.6754	1.2846	1.6503	1.9685	2.3397	2.5935
281	0.6754	1.2846	1.6503	1.9684	2.3397	2.5934
282	0.6754	1.2846	1.6503	1.9684	2.3396	2.5934
283	0.6754	1.2846	1.6503	1.9684	2.3396	2.5933
284	0.6754	1.2845	1.6502	1.9684	2.3395	2.5933
285	0.6754	1.2845	1.6502	1.9683	2.3395	2.5932
286	0.6753	1.2845	1.6502	1.9683	2.3395	2.5931
287	0.6753	1.2845	1.6502	1.9683	2.3394	2.5931
288	0.6753	1.2845	1.6502	1.9682	2.3394	2.5930
289	0.6753	1.2845	1.6501	1.9682	2.3393	2.5929
290	0.6753	1.2845	1.6501	1.9682	2.3393	2.5929
291	0.6753	1.2845	1.6501	1.9681	2.3392	2.5928
292	0.6753	1.2845	1.6501	1.9681	2.3392	2.5928
293	0.6753	1.2844	1.6501	1.9681	2.3391	2.5927
294	0.6753	1.2844	1.6501	1.9681	2.3391	2.5927
295	0.6753	1.2844	1.6500	1.9680	2.3391	2.5926
296	0.6753	1.2844	1.6500	1.9680	2.3390	2.5925
297	0.6753	1.2844	1.6500	1.9680	2.3390	2.5925
298	0.6753	1.2844	1.6500	1.9680	2.3389	2.5924
299	0.6753	1.2844	1.6500	1.9679	2.3389	2.5924
300	0.6753	1.2844	1.6499	1.9679	2.3388	2.5923

附录九　F分布临界值表

$\alpha = 0.005$

F_α	$N1 = 1$	2	3	4	5	6	8	12	24	∞
$N2 = 1$	16211	20000	21615	22500	23056	23437	23925	24426	24940	25465
2	198.5	199.0	199.2	199.2	199.3	199.3	199.4	199.4	199.5	199.5
3	55.55	49.80	47.47	46.19	45.39	44.84	44.13	43.39	42.62	41.83
4	31.33	26.28	24.26	23.15	22.46	21.97	21.35	20.70	20.03	19.32
5	22.78	18.31	16.53	15.56	14.94	14.51	13.96	13.38	12.78	12.14

续表

F_α	$N1=1$	2	3	4	5	6	8	12	24	∞
6	18.63	14.45	12.92	12.03	11.46	11.07	10.57	10.03	9.47	8.88
7	16.24	12.40	10.88	10.05	9.52	9.16	8.68	8.18	7.65	7.08
8	14.69	11.04	9.60	8.81	8.30	7.95	7.50	7.01	6.50	5.95
9	13.61	10.11	8.72	7.96	7.47	7.13	6.69	6.23	5.73	5.19
10	12.83	9.43	8.08	7.34	6.87	6.54	6.12	5.66	5.17	4.64
11	12.23	8.91	7.60	6.88	6.42	6.10	5.68	5.24	4.76	4.23
12	11.75	8.51	7.23	6.52	6.07	5.76	5.35	4.91	4.43	3.90
13	11.37	8.19	6.93	6.23	5.79	5.48	5.08	4.64	4.17	3.65
14	11.06	7.92	6.68	6.00	5.56	5.26	4.86	4.43	3.96	3.44
15	10.80	7.70	6.48	5.80	5.37	5.07	4.67	4.25	3.79	3.26
16	10.58	7.51	6.30	5.64	5.21	4.91	4.52	4.10	3.64	3.11
17	10.38	7.35	6.16	5.50	5.07	4.78	4.39	3.97	3.51	2.98
18	10.22	7.21	6.03	5.37	4.96	4.66	4.28	3.86	3.40	2.87
19	10.07	7.09	5.92	5.27	4.85	4.56	4.18	3.76	3.31	2.78
20	9.94	6.99	5.82	5.17	4.76	4.47	4.09	3.68	3.22	2.69
21	9.83	6.89	5.73	5.09	4.68	4.39	4.01	3.60	3.15	2.61
22	9.73	6.81	5.65	5.02	4.61	4.32	3.94	3.54	3.08	2.55
23	9.63	6.73	5.58	4.95	4.54	4.26	3.88	3.47	3.02	2.48
24	9.55	6.66	5.52	4.89	4.49	4.20	3.83	3.42	2.97	2.43
25	9.48	6.60	5.46	4.84	4.43	4.15	3.78	3.37	2.92	2.38
26	9.41	6.54	5.41	4.79	4.38	4.10	3.73	3.33	2.87	2.33
27	9.34	6.49	5.36	4.74	4.34	4.06	3.69	3.28	2.83	2.29
28	9.28	6.44	5.32	4.70	4.30	4.02	3.65	3.25	2.79	2.25
29	9.23	6.40	5.28	4.66	4.26	3.98	3.61	3.21	2.76	2.21
30	9.18	6.35	5.24	4.62	4.23	3.95	3.58	3.18	2.73	2.18
40	8.83	6.07	4.98	4.37	3.99	3.71	3.35	2.95	2.50	1.93
60	8.49	5.79	4.73	4.14	3.76	3.49	3.13	2.74	2.29	1.69
120	8.18	5.54	4.50	3.92	3.55	3.28	2.93	2.54	2.09	1.43

$\alpha=0.01$

F_α	$N1=1$	2	3	4	5	6	8	12	24	∞
$N2=1$	4052	4999	5403	5625	5764	5859	5981	6106	6234	6366
2	98.49	99.01	99.17	99.25	99.30	99.33	99.36	99.42	99.46	99.50
3	34.12	30.81	29.46	28.71	28.24	27.91	27.49	27.05	26.60	26.12
4	21.20	18.00	16.69	15.98	15.52	15.21	14.80	14.37	13.93	13.46
5	16.26	13.27	12.06	11.39	10.97	10.67	10.29	9.89	9.47	9.02
6	13.74	10.92	9.78	9.15	8.75	8.47	8.10	7.72	7.31	6.88
7	12.25	9.55	8.45	7.85	7.46	7.19	6.84	6.47	6.07	5.65
8	11.26	8.65	7.59	7.01	6.63	6.37	6.03	5.67	5.28	4.86

续表

F_α	$N1=1$	2	3	4	5	6	8	12	24	∞
9	10.56	8.02	6.99	6.42	6.06	5.80	5.47	5.11	4.73	4.31
10	10.04	7.56	6.55	5.99	5.64	5.39	5.06	4.71	4.33	3.91
11	9.65	7.20	6.22	5.67	5.32	5.07	4.74	4.40	4.02	3.60
12	9.33	6.93	5.95	5.41	5.06	4.82	4.50	4.16	3.78	3.36
13	9.07	6.70	5.74	5.20	4.86	4.62	4.30	3.96	3.59	3.16
14	8.86	6.51	5.56	5.03	4.69	4.46	4.14	3.80	3.43	3.00
15	8.68	6.36	5.42	4.89	4.56	4.32	4.00	3.67	3.29	2.87
16	8.53	6.23	5.29	4.77	4.44	4.20	3.89	3.55	3.18	2.75
17	8.40	6.11	5.18	4.67	4.34	4.10	3.79	3.45	3.08	2.65
18	8.28	6.01	5.09	4.58	4.25	4.01	3.71	3.37	3.00	2.57
19	8.18	5.93	5.01	4.50	4.17	3.94	3.63	3.30	2.92	2.49
20	8.10	5.85	4.94	4.43	4.10	3.87	3.56	3.23	2.86	2.42
21	8.02	5.78	4.87	4.37	4.04	3.81	3.51	3.17	2.80	2.36
22	7.94	5.72	4.82	4.31	3.99	3.76	3.45	3.12	2.75	2.31
23	7.88	5.66	4.76	4.26	3.94	3.71	3.41	3.07	2.70	2.26
24	7.82	5.61	4.72	4.22	3.90	3.67	3.36	3.03	2.66	2.21
25	7.77	5.57	4.68	4.18	3.86	3.63	3.32	2.99	2.62	2.17
26	7.72	5.53	4.64	4.14	3.82	3.59	3.29	2.96	2.58	2.13
27	7.68	5.49	4.60	4.11	3.78	3.56	3.26	2.93	2.55	2.10
28	7.64	5.45	4.57	4.07	3.75	3.53	3.23	2.90	2.52	2.06
29	7.60	5.42	4.54	4.04	3.73	3.50	3.20	2.87	2.49	2.03
30	7.56	5.39	4.51	4.02	3.70	3.47	3.17	2.84	2.47	2.01
40	7.31	5.18	4.31	3.83	3.51	3.29	2.99	2.66	2.29	1.80
60	7.08	4.98	4.13	3.65	3.34	3.12	2.82	2.50	2.12	1.60
120	6.85	4.79	3.95	3.48	3.17	2.96	2.66	2.34	1.95	1.38
∞	6.64	4.60	3.78	3.32	3.02	2.80	2.51	2.18	1.79	1.00

$\alpha=0.025$

F_α	$N1=1$	2	3	4	5	6	8	12	24	∞
$N2=1$	647.8	799.5	864.2	899.6	921.8	937.1	956.7	976.7	997.2	1018
2	38.51	39.00	39.17	39.25	39.30	39.33	39.37	39.41	39.46	39.50
3	17.44	16.04	15.44	15.10	14.88	14.73	14.54	14.34	14.12	13.90
4	12.22	10.65	9.98	9.60	9.36	9.20	8.98	8.75	8.51	8.26
5	10.01	8.43	7.76	7.39	7.15	6.98	6.76	6.52	6.28	6.02
6	8.81	7.26	6.60	6.23	5.99	5.82	5.60	5.37	5.12	4.85
7	8.07	6.54	5.89	5.52	5.29	5.12	4.90	4.67	4.42	4.14
8	7.57	6.06	5.42	5.05	4.82	4.65	4.43	4.20	3.95	3.67
9	7.21	5.71	5.08	4.72	4.48	4.32	4.10	3.87	3.61	3.33

续表

F_α	$N1=1$	2	3	4	5	6	8	12	24	∞
10	6.94	5.46	4.83	4.47	4.24	4.07	3.85	3.62	3.37	3.08
11	6.72	5.26	4.63	4.28	4.04	3.88	3.66	3.43	3.17	2.88
12	6.55	5.10	4.47	4.12	3.89	3.73	3.51	3.28	3.02	2.72
13	6.41	4.97	4.35	4.00	3.77	3.60	3.39	3.15	2.89	2.60
14	6.30	4.86	4.24	3.89	3.66	3.50	3.29	3.05	2.79	2.49
15	6.20	4.77	4.15	3.80	3.58	3.41	3.20	2.96	2.70	2.40
16	6.12	4.69	4.08	3.73	3.50	3.34	3.12	2.89	2.63	2.32
17	6.04	4.62	4.01	3.66	3.44	3.28	3.06	2.82	2.56	2.25
18	5.98	4.56	3.95	3.61	3.38	3.22	3.01	2.77	2.50	2.19
19	5.92	4.51	3.90	3.56	3.33	3.17	2.96	2.72	2.45	2.13
20	5.87	4.46	3.86	3.51	3.29	3.13	2.91	2.68	2.41	2.09
21	5.83	4.42	3.82	3.48	3.25	3.09	2.87	2.64	2.37	2.04
22	5.79	4.38	3.78	3.44	3.22	3.05	2.84	2.60	2.33	2.00
23	5.75	4.35	3.75	3.41	3.18	3.02	2.81	2.57	2.30	1.97
24	5.72	4.32	3.72	3.38	3.15	2.99	2.78	2.54	2.27	1.94
25	5.69	4.29	3.69	3.35	3.13	2.97	2.75	2.51	2.24	1.91
26	5.66	4.27	3.67	3.33	3.10	2.94	2.73	2.49	2.22	1.88
27	5.63	4.24	3.65	3.31	3.08	2.92	2.71	2.47	2.19	1.85
28	5.61	4.22	3.63	3.29	3.06	2.90	2.69	2.45	2.17	1.83
29	5.59	4.20	3.61	3.27	3.04	2.88	2.67	2.43	2.15	1.81
30	5.57	4.18	3.59	3.25	3.03	2.87	2.65	2.41	2.14	1.79
40	5.42	4.05	3.46	3.13	2.90	2.74	2.53	2.29	2.01	1.64
60	5.29	3.93	3.34	3.01	2.79	2.63	2.41	2.17	1.88	1.48
120	5.15	3.80	3.23	2.89	2.67	2.52	2.30	2.05	1.76	1.31
∞	5.02	3.69	3.12	2.79	2.57	2.41	2.19	1.94	1.64	1.00

$\alpha=0.05$

F_α	$N1=1$	2	3	4	5	6	8	12	24	∞
$N2=1$	161.4	199.5	215.7	224.6	230.2	234.0	238.9	243.9	249.0	254.3
2	18.51	19.00	19.16	19.25	19.30	19.33	19.37	19.41	19.45	19.50
3	10.13	9.55	9.28	9.12	9.01	8.94	8.84	8.74	8.64	8.53
4	7.71	6.94	6.59	6.39	6.26	6.16	6.04	5.91	5.77	5.63
5	6.61	5.79	5.41	5.19	5.05	4.95	4.82	4.68	4.53	4.36
6	5.99	5.14	4.76	4.53	4.39	4.28	4.15	4.00	3.84	3.67
7	5.59	4.74	4.35	4.12	3.97	3.87	3.73	3.57	3.41	3.23
8	5.32	4.46	4.07	3.84	3.69	3.58	3.44	3.28	3.12	2.93

续表

F_α	$N1=1$	2	3	4	5	6	8	12	24	∞
9	5.12	4.26	3.86	3.63	3.48	3.37	3.23	3.07	2.90	2.71
10	4.96	4.10	3.71	3.48	3.33	3.22	3.07	2.91	2.74	2.54
11	4.84	3.98	3.59	3.36	3.20	3.09	2.95	2.79	2.61	2.40
12	4.75	3.88	3.49	3.26	3.11	3.00	2.85	2.69	2.50	2.30
13	4.67	3.80	3.41	3.18	3.02	2.92	2.77	2.60	2.42	2.21
14	4.60	3.74	3.34	3.11	2.96	2.85	2.70	2.53	2.35	2.13
15	4.54	3.68	3.29	3.06	2.90	2.79	2.64	2.48	2.29	2.07
16	4.49	3.63	3.24	3.01	2.85	2.74	2.59	2.42	2.24	2.01
17	4.45	3.59	3.20	2.96	2.81	2.70	2.55	2.38	2.19	1.96
18	4.41	3.55	3.16	2.93	2.77	2.66	2.51	2.34	2.15	1.92
19	4.38	3.52	3.13	2.90	2.74	2.63	2.48	2.31	2.11	1.88
20	4.35	3.49	3.10	2.87	2.71	2.60	2.45	2.28	2.08	1.84
21	4.32	3.47	3.07	2.84	2.68	2.57	2.42	2.25	2.05	1.81
22	4.30	3.44	3.05	2.82	2.66	2.55	2.40	2.23	2.03	1.78
23	4.28	3.42	3.03	2.80	2.64	2.53	2.38	2.20	2.00	1.76
24	4.26	3.40	3.01	2.78	2.62	2.51	2.36	2.18	1.98	1.73
25	4.24	3.38	2.99	2.76	2.60	2.49	2.34	2.16	1.96	1.71
26	4.22	3.37	2.98	2.74	2.59	2.47	2.32	2.15	1.95	1.69
27	4.21	3.35	2.96	2.73	2.57	2.46	2.30	2.13	1.93	1.67
28	4.20	3.34	2.95	2.71	2.56	2.44	2.29	2.12	1.91	1.65
29	4.18	3.33	2.93	2.70	2.54	2.43	2.28	2.10	1.90	1.64
30	4.17	3.32	2.92	2.69	2.53	2.42	2.27	2.09	1.89	1.62
40	4.08	3.23	2.84	2.61	2.45	2.34	2.18	2.00	1.79	1.51
60	4.00	3.15	2.76	2.52	2.37	2.25	2.10	1.92	1.70	1.39
120	3.92	3.07	2.68	2.45	2.29	2.17	2.02	1.83	1.61	1.25
∞	3.84	2.99	2.60	2.37	2.21	2.09	1.94	1.75	1.52	1.00

$\alpha=0.10$

F_α	$N1=1$	2	3	4	5	6	8	12	24	∞
$N2=1$	39.86	49.50	53.59	55.83	57.24	58.20	59.44	60.71	62.00	63.33
2	8.53	9.00	9.16	9.24	9.29	9.33	9.37	9.41	9.45	9.49
3	5.54	5.46	5.36	5.32	5.31	5.28	5.25	5.22	5.18	5.13
4	4.54	4.32	4.19	4.11	4.05	4.01	3.95	3.90	3.83	3.76
5	4.06	3.78	3.62	3.52	3.45	3.40	3.34	3.27	3.19	3.10
6	3.78	3.46	3.29	3.18	3.11	3.05	2.98	2.90	2.82	2.72

续表

F_{α}	$N1=1$	2	3	4	5	6	8	12	24	∞
7	3.59	3.26	3.07	2.96	2.88	2.83	2.75	2.67	2.58	2.47
8	3.46	3.11	2.92	2.81	2.73	2.67	2.59	2.50	2.40	2.29
9	3.36	3.01	2.81	2.69	2.61	2.55	2.47	2.38	2.28	2.16
10	3.29	2.92	2.73	2.61	2.52	2.46	2.38	2.28	2.18	2.06
11	3.23	2.86	2.66	2.54	2.45	2.39	2.30	2.21	2.10	1.97
12	3.18	2.81	2.61	2.48	2.39	2.33	2.24	2.15	2.04	1.90
13	3.14	2.76	2.56	2.43	2.35	2.28	2.20	2.10	1.98	1.85
14	3.10	2.73	2.52	2.39	2.31	2.24	2.15	2.05	1.94	1.80
15	3.07	2.70	2.49	2.36	2.27	2.21	2.12	2.02	1.90	1.76
16	3.05	2.67	2.46	2.33	2.24	2.18	2.09	1.99	1.87	1.72
17	3.03	2.64	2.44	2.31	2.22	2.15	2.06	1.96	1.84	1.69
18	3.01	2.62	2.42	2.29	2.20	2.13	2.04	1.93	1.81	1.66
19	2.99	2.61	2.40	2.27	2.18	2.11	2.02	1.91	1.79	1.63
20	2.97	2.59	2.38	2.25	2.16	2.09	2.00	1.89	1.77	1.61
21	2.96	2.57	2.36	2.23	2.14	2.08	1.98	1.87	1.75	1.59
22	2.95	2.56	2.35	2.22	2.13	2.06	1.97	1.86	1.73	1.57
23	2.94	2.55	2.34	2.21	2.11	2.05	1.95	1.84	1.72	1.55
24	2.93	2.54	2.33	2.19	2.10	2.04	1.94	1.83	1.70	1.53
25	2.92	2.53	2.32	2.18	2.09	2.02	1.93	1.82	1.69	1.52
26	2.91	2.52	2.31	2.17	2.08	2.01	1.92	1.81	1.68	1.50
27	2.90	2.51	2.30	2.17	2.07	2.00	1.91	1.80	1.67	1.49
28	2.89	2.50	2.29	2.16	2.06	2.00	1.90	1.79	1.66	1.48
29	2.89	2.50	2.28	2.15	2.06	1.99	1.89	1.78	1.65	1.47
30	2.88	2.49	2.28	2.14	2.05	1.98	1.88	1.77	1.64	1.46
40	2.84	2.44	2.23	2.09	2.00	1.93	1.83	1.71	1.57	1.38
60	2.79	2.39	2.18	2.04	1.95	1.87	1.77	1.66	1.51	1.29
120	2.75	2.35	2.13	1.99	1.90	1.82	1.72	1.60	1.45	1.19
∞	2.71	2.30	2.08	1.94	1.85	1.17	1.67	1.55	1.38	1.00